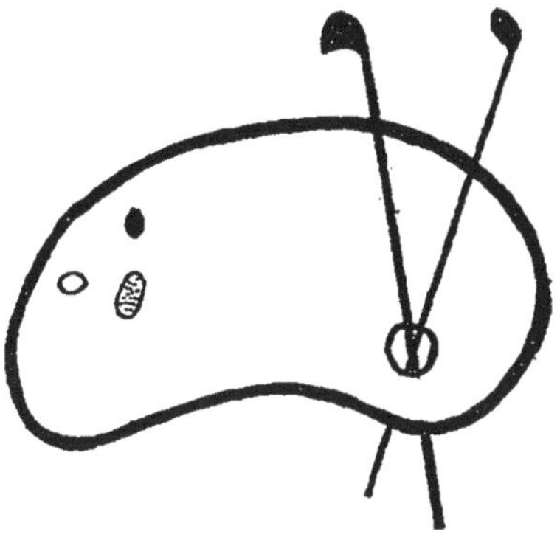

RITUEL

DU DIOCÈSE

D'AMIENS.

AMIENS. — TYPOGRAPHIE DE CARON-VITET.

RITUEL

DU

DIOCÈSE D'AMIENS,

NOUVELLE ÉDITION,

PUBLIÉE PAR MONSEIGNEUR

JEAN-MARIE MIOLAND,

ÉVÊQUE D'AMIENS.

Première Partie.

A AMIENS,

CHEZ CARON-VITET, IMPRIMEUR-LIBRAIRE,

Place du Grand-Marché, N°. 1.

1845.

Le prix du présent Rituel a été fixé à 10 fr. broché, en deux volumes.

MANDEMENT

DE MONSEIGNEUR L'ÉVÊQUE D'AMIENS,

POUR LA PUBLICATION
D'UNE NOUVELLE ÉDITION DU RITUEL.

JEAN-MARIE, PAR LA GRACE DE DIEU ET L'AUTORITÉ DU SAINT-SIÈGE, ÉVÊQUE D'AMIENS,

Aux Curés et autres Prêtres de notre Diocèse, Salut et Bénédiction en Notre-Seigneur Jésus-Christ.

Nous publions, NOS TRÈS-CHERS FRÈRES, la nouvelle édition du *Rituel* du Diocèse, commencée par notre prédécesseur, de vénérable mémoire. Nous eussions désiré qu'il eût été possible de la terminer plus tôt; du reste nous avons suivi, en tout point, les indications qui nous avaient été laissées pour continuer ce travail.

A cette occasion, nous croyons utile et intéressant de vous rappeler quelle est la tradition de l'Église d'Amiens, relativement à son Rituel. Ce Diocèse était l'un des quarante du Royaume, qui, à l'époque du célèbre Décret du Concile de Trente, sur cette matière, possédait une liturgie propre et un Rituel particulier.

Le plus ancien Rituel d'Amiens, qui nous reste imprimé, est de 1509, sous ce titre : *Manuale Sacerdotum, ad usum insignis Ecclesiæ Ambianensis, impressum Parisiis, in vico Judæ, juxta Carmelitas, expensis honestorum virorum bibliopolarum, Fr. Regnault Parisiis commorantis in vico sancti Jacobi, in interlignio Divi Claudii et Petri*

Lepaveur, Ambiani commorantis, juxta porticum divæ Mariæ. — Ambiani, anno Domini millesimo quingentesimo nono, 1. Maii (1).

Le second, de 1554, est intitulé : *Enchiridium, seu mavis, Manuale sacerdotum, secundùm percelebris Ecclesiæ et Diœcesis Ambianensis usum, recenter visum ac omnibus penè mendis tersum, in quo omnia (ut ejus lectura docebit) ad meliorem ordinem reducta conspiciuntur. Paris, chez Madeleine Bourcette, veuve de François Regnault.* Ce Rituel parut à Amiens, chez Michel Wessepesse, 1554 (2).

Le Concile de Reims, de 1583, ayant ordonné la publication d'un Rituel commun à tous les Diocèses de la province ecclésiastique, le Cardinal de Guise, Archevêque de Reims, *recommanda à ses suffragans l'usage* de celui qui avait été rédigé par suite de cette disposition. La lettre qui le prescrit, est datée du 9 des calendes de mai 1585, et adressée *à tous les Évêques, Curés et autres Ministres sacrés de la province.*

En conséquence Mgr. Geoffroy de la Marthonie, Évêque d'Amiens, par un Mandement du mois de septembre 1585, déclare *qu'après avoir reçu ce Rituel de l'Éminentissime Cardinal Métropolitain, il l'a lu et approuvé, et qu'après l'avoir mis, autant que possible, en rapport avec l'ancienne liturgie de son Église, il en ordonne l'usage, en vertu de la sainte obéissance.* Ce Rituel a pour titre : *Sacerdotale, vulgò Manuale seu Agenda, id est, liber in quo planè continentur ea quæ sacerdotes præstare oportet in administratione sacramentorum, rerum benedictionibus, et aliis plerisque peragendis quæ ad Paræciale munus spectant, ad usum omnium Ecclesiarum Provinciæ Rhemensis, juxta decretum Concilii provincialis, anno Domini 1583, Rhemis celebrati, magnâ curâ digestum atque editum,* PRO ECCLESIA ET DIOECESI AMBIANENSI. (Rhemis, Defoigny, 1586.) (3).

Par ordonnance du 1er. avril 1687, Mgr. Faure publia un nou-

(1) Catalogue de la Bibliothèque de la ville d'Amiens.

(2) Catalogue de la Bibliothèque de l'Évêché d'Amiens.

(3) Idem. idem.

veau Rituel, sous le titre de *Rituel du Diocèse d'Amiens, renouvelé et augmenté*. Ce Prélat explique ainsi les raisons qui le déterminent à cette publication : « Nous avons souvent remarqué, dans » le cours de nos visites, qu'il s'est introduit dans vos paroisses des » usages et des pratiques fort différentes, par la diversité des Rituels » étrangers, dont plusieurs d'entre vous ont été contraints de se servir, » à cause de la difficulté que l'on avait de trouver des exemplaires » de celui qui a été publié en l'année 1586 ; nous n'avons pas cru » pouvoir autrement remédier à ce désordre, que par une édition » nouvelle et exacte du Rituel particulier de ce Diocèse... Il vous » paraîtra nouveau, parce qu'il est augmenté de plusieurs choses qui » ont été omises dans l'ancien, auquel toutefois on s'est presque entiè- » rement conformé, pour les prières et pour les cérémonies. »

Enfin, le 30 mai 1784, Mgr. de Machault adopta, pour son Diocèse, le Rituel que Mgr. de Partz de Pressy avait donné au Diocèse de Boulogne, en 1750. C'est de ce Rituel, NOS TRÈS-CHERS FRÈRES, que nous vous donnons une nouvelle édition.

Outre quelques légers changemens dans certaines expressions, nous avons jugé utile d'y faire quelques additions que nous indiquons ici.

Ainsi la première Partie est augmentée des chapitres suivans :

Manière d'administrer le Baptême le Samedi-Saint.

Manière d'administrer le Baptême aux Adultes.

Cérémonies du Baptême administré par Mgr. l'Évêque.

Ordre et Cérémonies pour administrer le sacrement de Confirmation.

Observations sur les symptômes d'une Mort prochaine.

Ordre de la Communion des Laïques malades.

Ordre pour la Communion des Infirmes au Temps Pascal.

Table des Excommunications prononcées par le droit canonique et reconnues en France.

Table des Suspenses portées par le droit canon.

Formule pour accorder l'Indulgence Plénière aux Mourans.

Absolution des Moribonds.

Bénédiction des Enfans malades.

Des Cimetières.

Des Mariages mixtes.

Ordre à suivre pour la Célébration des Mariages mixtes.

Catalogue des Noms de Saints et de Saintes que l'on peut donner au Baptême.

La Seconde Partie reproduit les modifications que nous avions apportées dans le *Petit Rituel*, imprimé en 1839, aux chapitres de la Célébration du Mariage et de l'Administration des Malades, et offre quelques Bénédictions et quelques Formules nouvelles pour certains actes, et un abrégé des dispositions actuellement en usage, relativement aux Fabriques.

Enfin, à la place du *Recueil d'Ordonnances, Édits*, etc., que renfermait le Rituel précédent, nous avons imprimé le Concordat de 1801, et quelques Actes canoniques qui s'y rattachent. Nous les avons fait suivre de cinq Ordonnances de discipline, publiées par Nous-même, depuis notre Épiscopat.

A CES CAUSES, nous renouvelons et publions de nouveau le Mandement de Monseigneur Charles de Machault, en confirmant le dispositif qui le termine.

Donné à Amiens, en notre Palais Épiscopal, sous notre seing, le sceau de nos armes, et le contre-seing du Secrétaire-Général de notre Évêché, le vingt-sixième jour du mois de mai, de l'an de Notre-Seigneur, mil huit cent quarante-cinq.

† **JEAN**, *Évêque d'Amiens.*

Par Mandement de Monseigneur :

L.-F. **LUCAS**, *Chan. Sec.-Gén.*

MANDEMENT

DE MONSEIGNEUR DE MACHAULT.

LOUIS-CHARLES, PAR LA GRACE DE DIEU ET DU SAINT-SIÈGE APOSTOLIQUE, EVÊQUE D'AMIENS,

Aux Curés, Vicaires et autres Prêtres de notre Diocèse, Salut et Bénédiction en Notre-Seigneur Jésus-Christ.

NOUS satisfaisons, NOS TRÈS-CHERS FRÈRES, au désir que vous nous avez souvent témoigné; Nous vous présentons une nouvelle édition de notre Rituel. La rareté des exemplaires de l'ancien exigeait cette nouvelle édition. Nous espérons que les excellentes instructions que vous y trouverez, vous la rendront également utile et agréable. Le Rituel peut être appelé le livre des Prêtres; l'étude de ce qui regarde les Sacremens dont ils sont les Ministres, étant une des plus importantes qui doivent les occuper. Dépositaires des mérites du sang de Jésus-Christ, de qui ces signes sacrés tirent toute leur vertu, distributeurs des trésors célestes dont ces symboles mystérieux sont les canaux, ils doivent apporter toute l'attention de leur esprit et toute la ferveur de leur cœur, pour honorer le plus saint des ministères, et pour le faire honorer par ceux envers lesquels ils l'exercent. Car c'est principalement alors qu'étant élevés jusqu'à être les ministres et les représentans de Notre-Seigneur Jésus-Christ, nous devons nous appliquer les paroles de l'Apôtre : *Sic nos existimet homo ut Ministros Christi et dispensatores Mysteriorum Dei* (1). C'est en effet Jésus-Christ, qui, lorsque nous remplissons ce très-saint ministère, parle par notre bouche; c'est

(1) Ad Cor. 4. 1.

Jésus-Christ qui bénit, c'est lui qui opère par nos mains : *ille est qui baptizat, de quo dictum est, ipse est qui baptizat* (1). Par une conséquence nécessaire, il n'est point de fonctions plus importantes au bien de l'Église, dans les membres de laquelle les Sacremens produisent ou ressuscitent, entretiennent et augmentent l'esprit vivifiant de la grâce. Une exacte fidélité de la part des Prêtres à les administrer, selon que les bonnes règles le demandent, une grande dévotion du côté des Fidèles à les fréquenter avec les dispositions qu'ils exigent, ramèneront, parmi nous, les plus beaux siècles du Christianisme. Saint Charles, cet illustre restaurateur de la discipline ecclésiastique, réduisait à ces deux points ses désirs, en parlant aux Pasteurs dans les mêmes circonstances où nous vous parlons aujourd'hui : *Ut eorum tùm administratio sancta sit, tùm perceptio plena religionis* (2). Vous parviendrez à remplir le premier point, Nos très-chers Frères, si vous suivez, dans la pratique des Sacremens, les principes d'une saine morale, autant ennemie d'un rigorisme qui ne serait propre qu'à éloigner de leur fréquentation, que d'un relâchement qui conduirait à les faire profaner; tels sont ceux que nous vous offrons, dans ce Rituel, avec d'autant plus de confiance, que nous n'y parlons que d'après un Prélat (3) cher à la Religion, par ses lumières et par ses vertus, dont nous avons adopté l'ouvrage. Lisez-le donc avec respect et avec assiduité, Nos très-chers Frères; que ceux qui sont déjà anciens dans le saint ministère, se nourrissent de cette lecture, pour ne pas perdre de vue les règles qui doivent les diriger; que ceux qui entrent dans cette redoutable carrière, en fassent une étude profonde, pour éclairer leurs premiers pas. Nous pouvons assurer que, par cette étude, on parviendra à la connaissance exacte de ce qui suffit pour la pratique ordinaire des Sacremens. Aussi nous nous proposons de faire désormais, sur le Rituel, une partie de l'examen préliminaire à l'Ordination de la Prêtrise et à l'approbation des Confesseurs.

---

(1) S. Aug. lib. 7. contra Donat. Cap. 14.

(2) Acta Eccles. Mediolan. Sacramental. Ambros. Instruc. gener.

(3) Mgr. de Pressy, Evêque de Boulogne

A la science nécessaire pour conférer dignement les Sacremens, joignez, dans le temps de leur administration, toutes les démonstrations de la plus sincère piété dont vos cœurs doivent être animés, pour inspirer les mêmes sentimens à ceux qui les reçoivent : que l'extérieur du Ministre, dit saint Charles, soit alors tellement accompagné de religion, qu'il paraisse rendre sensibles aux yeux des assistans, les précieux et invisibles dons que les Sacremens contiennent : *Solemnes... ritus, Cœremoniasque ità decenter observabit, ut veluti ante oculos ponere videatur eximia illa dona quæ in eo Sacramento continentur* (1).

Enfin, Nos TRÈS-CHERS FRÈRES, souvenez-vous qu'en communiquant, par le moyen des Sacremens, la vie spirituelle aux autres, vous vous donneriez la mort à vous-mêmes, si vous les confériez avec une conscience souillée du péché mortel. Car, dit encore saint Charles, quoique les Sacremens aient, en eux-mêmes, une sainteté qu'ils ne peuvent perdre, ils ne laisseraient pas d'être la cause de la damnation éternelle de ceux qui les confèreraient avec un cœur impur : *Etsi Sacramenta divinam quidem virtutem quæ illis inest, nunquàm amittant, tamen impurè ea ministrantibus æternam mortem afferunt* (2). Nous vous conjurons donc de ne jamais faire cette sainte fonction, qu'après vous être rendu à vous-mêmes compte de l'état de vos âmes, et les avoir, selon leur besoin, purifiées par la confession sacramentelle, si les circonstances ne la rendent pas impossible, ou, dans ce cas, par les actes de la contrition la plus vive et la plus sincère. *Quòd si reum se esse novit, priùs Sacramentali confessione se expiare studebit; contritionem certè habere diligenter curet* (3). Recourez au cœur sacré de Jésus-Christ, source intarissable des grâces dont vous êtes les dispensateurs dans les Sacremens; unissez votre intention à celles que ce divin Sauveur s'est proposées en enrichissant son Église de ces signes féconds et salutaires, qui sont un des plus grands témoignages de son amour pour elle et de sa miséricorde sur les hommes. En vous proposant, dans votre ministère,

---

(1) Acta Eccles. Mediolan. Sacramental. Ambros. Instruc. géner.

(2) Ibidem. — (3) Ibidem.

ces saintes intentions, vous aurez l'inestimable avantage d'accroître vos mérites, en sanctifiant les Fidèles sur qui vous l'exercerez.

Vous remarquerez que nous avons conservé la plupart des Rits et des usages particuliers, pratiqués de temps immémorial dans notre Diocèse; s'il en est quelques-uns où nous ayons apporté quelque changement, en les ramenant à la pratique universelle, nous avons cru devoir le faire, pour procurer plus de facilité, et nous n'avons eu en vue, que votre avantage et celui de nos Ouailles.

A ces Causes, après avoir consulté notre Chapitre dont les sentimens se sont trouvés conformes aux nôtres, Nous vous ordonnons de vous servir désormais du Rituel que Nous vous annonçons aujourd'hui, et Nous défendons l'usage de tout autre Rituel dans notre Diocèse, quatre mois après la publication de notre présente Ordonnance.

Donné à Amiens, en notre Palais Episcopal, le saint jour de la Pentecôte, 30 de Mai 1784.

✝ LOUIS-CHARLES, Ev. d'Amiens.

Par Monseigneur,

ô Mellane, *Chantre, Chanoine et Secrétaire.*

FÊTES CÉLÉBRÉES

DANS LE DIOCÈSE D'AMIENS.

FÊTES D'OBLIGATION.

1°. L'Ascension; 2°. L'Assomption; 3°. La Toussaint; 4°. Noël.

Fêtes dont la solennité est transférée au Dimanche qui suit:

INDULT *du Cardinal Caprara, du 9 avril* 1802.

1°. L'Epiphanie.

2°. La Fête-Dieu.

3°. La Fête de St. Pierre et de St. Paul.

4°. La Fête de St. Firmin, patron du Diocèse.

5°. La Fête patronale de chaque paroisse.

6°. La Fête de la Dédicace de toutes les Eglises se célèbre le Dimanche qui suit l'Octave de la Toussaint.

INDULT *du* 30 *août* 1839.

7°. La Conception de la Sainte Vierge se solennise le 2e. Dimanche d'Avent.

Fêtes autrefois d'obligation, qui ne sont plus *qu'à dévotion*.

1er. *Janvier*. . . 1°. La Circoncision de N.-S.

2 *Février*. . . . 2°. La Présentation de N.-S. et la Purification de la Sainte Vierge.

25 *Mars* . . . . . 3°. L'Annonciation de la Sainte Vierge.

4°. Le Vendredi-Saint (jusqu'après l'Office).

	5°. Le Lundi et le Mardi de Pâques.
Le Lundi de Quasimodo. .	6°. La Décollation de St. Jean-Baptiste.
	7°. Le Lundi de la Pentecôte.
24 *Juin*	8°. La Nativité de St. Jean-Baptiste.
8 *Septembre* . .	9°. La Nativité de la Sainte Vierge.
2 *Novembre*. .	10°. La Commémoration de tous les Fidèles défunts (jusqu'après l'Office).
30 *Novembre*. .	11°. Saint André.
26 *Décembre*. .	12°. Saint Etienne.
27 *Décembre* . .	13°. Saint Jean.

Jeûnes d'obligation dans le Diocèse d'Amiens.

1°. Tous les jours de Carême, excepté les Dimanches.
2°. Les Quatre-Temps de l'année.
3°. La veille de l'Assomption de la Sainte Vierge.
4°. La veille de la Toussaint.
5°. La veille de Noël (*).

Jours d'abstinence où il n'est pas jeûne.

1°. Tous les Vendredis de l'année, excepté celui auquel tomberait la Fête de Noël.

2°. Tous les Samedis, excepté ceux depuis Noël jusqu'à la Purification inclusivement.

(*) La veille de la Pentecôte n'a jamais été jour de jeûne dans le Diocèse d'Amiens, comme l'indiquent tous les Rituels, depuis 1509 jusqu'ici.

3°. Le jour de Saint Marc.
4°. Les trois jours des Rogations.

Temps des Ordinations.

1°. Tous les Samedis des Quatre-Temps.
2°. Le Samedi avant le Dimanche de la Passion.
3°. Le Samedi-Saint.

Temps des Noces.

Il n'est pas permis de célébrer les Mariages sans dispense, depuis le premier Dimanche de l'Avent jusqu'au jour de l'Epiphanie inclusivement, ni depuis le Mercredi des Cendres jusqu'au Dimanche de l'Octave de Pâques aussi inclusivement.

RITUEL

DU DIOCÈSE

D'AMIENS.

PREMIÈRE PARTIE.

INSTRUCTION

SUR LES SACREMENS EN GÉNÉRAL.

Les Prêtres étant les Ministres et les Dispensateurs des Mystères de Dieu, qui sont les Sacremens, ils doivent en connaître la nature, l'efficace et l'excellence, aussi bien que la manière de les administrer : c'est pour cela qu'avant que d'en prescrire l'ordre et les cérémonies, dans ce Rituel, on a jugé à propos d'y insérer quelques instructions, tant sur les Sacremens en général, que sur chaque d'eux en particulier, que tous ceux qui sont chargés de les conférer, auront soin de bien méditer.

De la nature et de l'excellence des Sacremens.

Les Sacremens de la loi nouvelle sont des signes sensibles et efficaces de la grâce invisible, institués par Jésus-Christ, pour la sanctification de nos âmes. Ils diffèrent des Sacremens de la loi ancienne, que St. Paul appelle de *pauvres et faibles élémens : infirma et egena elementa.* (Gal. 4.) Ils ne servent pas seulement à exciter la foi et les autres dispositions nécessaires pour obtenir la grâce; mais ils ont encore la vertu, par eux-mêmes, de produire cette grâce; et ils la produisent, selon le langage des Théologiens, *ex opere operato*, c'est-à-dire, précisément par l'application du Sacrement, ou du signe extérieur auquel Jésus-Christ a bien voulu l'attacher.

Ce n'est pas que, pour recevoir cette grâce, il ne faille certaines dispositions dans les Adultes; mais ces dispositions ne sont pas les causes qui produisent la grâce: elles servent seulement à ôter les obstacles qui s'opposeraient à sa réception dans nos âmes. Ces obstacles levés, la grâce est infailliblement produite, dans les Adultes, par la vertu du Sacrement. Nous disons, dans les Adultes; car pour les Enfans, ils sont sanctifiés par la seule application du Sacrement de Baptême, sans aucune disposition de leur part, parce que n'étant pas libres, ils n'y mettent jamais d'obstacles.

C'est Jésus-Christ qui est l'auteur de nos Sacremens, parce que c'est lui qui, en qualité d'Homme-Dieu et de Médiateur entre Dieu et les hommes, a attaché à ces signes sensibles la vertu de produire la grâce par les mérites de sa mort. Il en fait, dans son Église, des fontaines publiques, où nous devons puiser avec joie cette eau salutaire qui rejaillit jusque dans la vie éternelle. Ainsi l'on peut dire qu'il n'y a rien de plus grand, dans l'Église, que nos Sacremens, et qu'ils contiennent ce qu'il y a de plus excellent dans la Religion. Il n'est rien aussi de plus nécessaire, puisque c'est par eux, que nous sont appliqués les mérites de Jésus-Christ, sans lesquels il n'y a point de salut à espérer. Les Prêtres auront soin d'expliquer ces vérités aux peuples, afin de leur donner une haute idée des Sacremens qu'ils ont à recevoir.

Les Sacremens sont des signes composés, pour l'ordinaire, de choses, d'actions sensibles et de quelques paroles. La chose sensible qui est appliquée, s'appelle, dans le langage des Théologiens, matière éloignée; et l'application qui s'en fait, est appelée matière prochaine. Dans le Baptême, par exemple, l'eau est la matière éloignée, et l'effusion sur le corps du baptisé en est la matière prochaine : les paroles que prononce le Ministre en appliquant la matière, sont la forme : telles sont dans le Baptême celles-ci : *Ego te baptizo, etc.*

Comme par la matière et la forme, on entend ce qui est de l'essence du Sacrement, on ne peut les changer essentiellement, sans le rendre nul. Dans la matière, le changement est censé essentiel, quand elle devient d'une espèce différente, suivant l'usage ordinaire et le jugement des hommes, de celle que Jésus-Christ a déterminée : comme si, pour baptiser, on prenait du vin, ou un autre liqueur qui ne fût pas de l'eau naturelle; et dans la forme, le changement est essentiel, quand les paroles ont un autre sens que celui qu'elles doivent avoir par l'institution de Jésus-Christ.

De là il suit 1°. qu'un Ministre ferait un sacrilège, si, de propos délibéré, par ignorance ou négligence coupable, il changeait essentiellement la matière ou la forme d'un Sacrement ; 2°. qu'il pècherait grièvement, s'il usait d'une matière ou d'une forme douteuse, quand il pourrait en avoir une certaine, parce qu'il exposerait le Sacrement à être nul ; et d'ailleurs il n'est pas permis de laisser le certain, pour suivre des opinions probables, touchant la validité des Sacremens, comme il paraît par la censure qu'Innocent XI et l'Assemblée du Clergé de 1700 ont faite de cette Proposition : *Non est illicitum, in Sacramentis conferendis, sequi opinionem probabilem de validitate Sacramenti, relictâ tutiore.*

Cela n'empêche pas que, dans le cas de nécessité, lorsqu'il s'agit de donner un Sacrement nécessaire, comme le Baptême ou la Pénitence, on ne doive se servir d'une matière douteuse, quand on n'en a point de certaine ; parce qu'il vaut mieux exposer un Sacrement à être nul, qu'un homme à la damnation éternelle, les Sacremens étant institués pour les hommes, et non les hommes pour les Sacremens.

A l'égard d'un changement dans la matière ou dans la forme, qui ne serait qu'accidentel, c'est péché que de le faire, hors les cas de nécessité; et même le péché serait grief, si ce changement était considérable, ou s'il se faisait par le retranchement de quelques paroles ou de quelques choses que Jésus-Christ ou l'Église ont prescrites, pour des raisons importantes : tel serait, par exemple, le retranchement de ces mots : *novi et æterni Testamenti ;* il en serait de même, si un Prêtre administrait publiquement un Sacrement en langue vulgaire.

Du nombre et des effets des Sacremens.

Il y a sept Sacremens dans la Loi nouvelle, savoir : le Baptême, la Confirmation, la Pénitence, l'Eucharistie, l'Extrême-Onction, l'Ordre et le Mariage. Tous contiennent la grâce qu'ils signifient, et ils la confèrent à tous ceux qui n'y mettent point d'obstacles.

Le Baptême et la Pénitence produisent, par eux-mêmes, la grâce sanctifiante en ceux qui ne l'avaient pas encore reçue, ou qui en étaient déchus; et on les nomme, pour cela, Sacremens des morts; les cinq autres augmentent la grâce dans ceux qui l'ont déjà reçue, et on les appelle, pour cette raison, Sacremens des vivans; parce qu'on ne doit les recevoir qu'en état de grâce, qui est la vie surnaturelle de l'âme. C'est de quoi les Prêtres auront soin d'avertir ceux qui s'y présentent. Chaque Sacrement, outre la grâce sanctifiante qu'il produit, donne encore droit à certaines grâces actuelles que Dieu s'engage de donner, en temps et lieu, à celui qui les reçoit avec les dispositions requises. C'est ce qu'on appelle grâces sacramentelles; parce qu'elles correspondent à la nature de chaque Sacrement, et en sont les effets propres et spécifiques. Ainsi le Baptême donne droit aux grâces nécessaires pour vivre en enfant de Dieu, et conformément à l'Évangile; la Confirmation, pour professer et défendre la foi dans les occasions; l'Eucharistie, pour se nourrir et croître dans la vie spirituelle; la Pénitence, pour se purifier du péché et éviter la rechute; l'Extrême-Onction, pour se fortifier contre les douleurs de la maladie, les craintes de la mort et les tentations du démon, en ce dernier passage; l'Ordre, pour s'acquitter dignement des fonctions sacrées, et travailler avec zèle au salut des âmes; le Mariage, pour purifier et sanctifier l'amour conjugal, porter chrétiennement les charges de cette société, et élever saintement les enfans qu'il plaît à Dieu de donner aux époux.

Enfin, des sept Sacremens, il y en a trois, savoir : le Baptême, la Confirmation et l'Ordre, qui impriment dans l'âme un caractère ou une marque spirituelle qui ne s'efface jamais, et qui fait qu'on ne peut les réitérer; elle distingue tous ceux qui ont reçu le Sacrement qui la produit, de ceux qui ne l'ont pas reçu, et les consacre, d'une façon particulière, au service de Dieu et à certains devoirs de la Religion : un baptisé, par le caractère du Baptême, devient l'enfant et le temple de Dieu, et il est rendu capable de recevoir les autres

Sacremens ; un confirmé devient, par la Confirmation, propre à combattre les ennemis de la Foi et de l'Évangile ; un Ministre, qui a reçu le Sacrement de l'Ordre, est consacré au service des Autels, et a le pouvoir d'administrer les Sacremens. Il faut observer qu'il peut arriver qu'on reçoive la Confirmation et l'Ordre (ou le Baptême, s'il s'agit des Adultes), avec des dispositions qui en empêchent les effets, savoir, avec l'affection au péché mortel. On a véritablement alors reçu le Sacrement, parce que la matière, la forme et l'intention du Ministre qui en forment l'essence, sont absolument indépendantes de la pureté ou l'impureté intérieure de celui qui les reçoit, ce qui ne pourrait se dire du Sacrement de Pénitence ; mais on n'a pas reçu la grâce sanctifiante, ni la grâce sacramentelle, qui en sont les effets ; par exemple : un Prêtre qui a eu le malheur de se présenter à l'Ordination en état de péché mortel, est véritablement Prêtre, de manière que les hosties qu'il consacre, sont véritablement consacrées, et que les péchés qu'il remet avec juridiction, sont véritablement remis ; mais il n'a reçu ni la grâce sanctifiante de son ordination, qui eût augmenté en lui l'état de justice, si elle l'y eût trouvée, ni la grâce sacramentelle qui consiste dans le droit que lui donne le Sacrement à certains secours surnaturels, dont il aura besoin en plus d'une circonstance, pour exercer dignement les fonctions du saint Ministère. Dans ces conjonctures, dira-t-on qu'il faut l'ordonner une seconde fois, pour qu'il recouvre les dons précieux qu'il a perdus ? Tout le monde sait que l'Ordre, parce qu'il imprime un caractère, ainsi que la Confirmation et le Baptême, ne peut être réitéré. Mais voici une autre ressource que lui présente la divine Bonté : qu'il se hâte, par la contrition et l'absolution, d'ôter de son cœur le péché mortel ; alors la grâce sanctifiante et la grâce sacramentelle de son ordination qui étaient arrêtées et comme suspendues, à cause de ce péché qui y mettait obstacle, ce même péché étant ôté, couleront d'elles-mêmes dans le cœur de ce Ministre, et lui rendront toute la justice qu'il doit avoir et tous ses droits aux secours à attendre. Voilà ce que l'Église appelle la reviviscence des Sacremens ; et ce que nous disons de l'Ordre, dites-le de la Confirmation et du Baptême en pareil cas.

Du Ministre des Sacremens.

Tous les hommes indifféremment ne sont pas les ministres de tous les Sacremens : il y en a que les seuls Évêques peuvent conférer ; d'autres sont réservés aux Évêques et aux Prêtres ; et tout le monde peut, en cas de nécessité, administrer le Baptême. On expliquera ceci davantage, dans le détail de chaque Sacrement.

Pour administrer validement un Sacrement, il faut avoir l'intention au moins de faire ce que fait l'Église : le Ministre, pour satisfaire à son obligation sur ce point, doit avoir la volonté de faire ou le Sacrement dont il emploie le rit extérieur, ou ce que Jésus-Christ a institué, en établissant ce rit, dans son Église, ou du moins vouloir faire ce que les Chrétiens pratiquent en pareille occasion.

On ne peut trop recommander aux Ministres des Sacremens d'y procéder avec une intention actuelle, c'est-à-dire, d'en pratiquer le rit extérieur avec réflexion actuelle au Sacrement qu'il opère. Mais l'esprit humain est si sujet à se distraire, dans les actions mêmes les plus saintes, quelques efforts qu'il fasse pour y soutenir son attention, qu'il n'est pas toujours le maître de conserver cette intention actuelle, dans le moment qu'il confère le Sacrement; aussi n'est-il pas essentiel de la conserver, et il suffit, pour la validité, que le Ministre ait une intention virtuelle dans le moment de l'action, c'est-à-dire, qu'il ait eu véritablement l'intention actuelle, avant que d'agir, et qu'il fasse le rit extérieur, en vertu de sa première volonté; cette volonté première persévérant en lui, malgré les distractions qui peuvent lui survenir; la nécessité de cette intention actuelle ne doit plus lui causer de scrupule, puisqu'il ne doit aucunement douter de l'avoir eue, lorsqu'il a commencé à agir; comme font les hommes raisonnables, dans les affaires sérieuses de la vie, qu'ils ont une véritable intention de faire, quoiqu'ils ne forment pas toujours, dans le moment qu'ils les font, un nouvel acte de leur volonté. L'indignité du Ministre ou sa mauvaise disposition n'empêche pas qu'un Sacrement ne soit valide, quand ce Ministre n'omet rien de ce qui est essentiel. Elles ne préjudicient point à ceux auxquels il le confère, s'ils ne connaissent point son crime, ou si, le connaissant, ils ont droit de s'adresser à lui, et qu'ils n'aient pas la commodité de recourir à un autre; cependant celui qui administre un Sacrement en état de péché mortel, commet un grand sacrilège, en traitant indignement ce qu'il y a de plus grand dans la Religion, et profanant ces signes sacrés qui sont les canaux de la grâce et les instrumens par lesquels le sang et les mérites de Jésus-Christ sont appliqués aux hommes.

Pour éviter un si grand malheur, les Prêtres auront soin d'entretenir en eux une pureté de conscience qui réponde à une si haute administration. Avant que de faire les fonctions de leur ministère, ils sonderont leurs cœurs, et s'ils se sentent coupables d'un péché mortel, ils se confesseront. Que si, dans ce triste état, ils se trouvent dans la nécessité d'administrer quelque Sacrement, manquant de Confesseur, ou ne pouvant recourir à lui, à raison des circonstances du lieu et du temps, ils doivent s'exciter, de tout leur pouvoir, à la douleur, et faire un acte de contrition parfaite, qui, jointe au désir du Sacrement, puisse les réconcilier avec Dieu. Mais alors ils sont obligés de se confesser aussitôt qu'ils le pourront.

Quand ils seront appelés pour donner les Sacremens, même à des heures incommodes, ils seront toujours prêts, et ne témoigneront point de chagrin, pour ne pas ôter aux peuples la confiance et la liberté de s'adresser à eux : ils n'auront même jamais plus de joie, s'ils ont l'esprit de leur état, que quand ils seront occupés dans ces fonctions sacrées; parce que rien ne peut être plus agréable à un vrai Pasteur, que le salut des âmes et leurs progrès dans la vertu. C'est pourquoi ils auront soin d'avertir leurs peuples de ne pas se priver, par la crainte de les incommoder, du fruit qu'ils peuvent tirer, en s'approchant souvent des Sacremens, et que la rigueur des temps et la difficulté des chemins ne les empêcheront jamais de leur donner tous les secours dont ils ont besoin, pour le bien de leurs âmes; ils les exhorteront sur tout à ne pas différer trop tard la réception des Sacremens nécessaires au salut.

Avant que d'administrer les Sacremens, ils se mettront à genoux, si le temps le leur permet, pour se recueillir et faire quelques réflexions sur la sainteté de l'action qu'ils vont faire, demandant à Dieu, par une humble prière, la grâce de s'en acquitter comme ils le doivent. Ils tâcheront d'exciter en ceux qui les reçoivent, la piété et la dévotion requises pour des œuvres si saintes; pour y réussir, ils expliqueront souvent aux peuples leur vertu, leur excellence et les dispositions nécessaires pour s'en approcher dignement. Ils avertiront aussi ceux qui y assistent, de s'y tenir dans le respect que demandent les choses saintes, de n'y jamais parler sans nécessité, et de faire voir, par leur retenue la vénération dont ils sont pénétrés pour les Mystères de notre sainte Religion; ils seront particulièrement attentifs pendant l'administration, s'y appliquant uniquement et y procédant avec beaucoup de gravité et de modestie. Ils prononceront distinctement et dévotement la forme et les oraisons prescrites, et liront exactement dans le Rituel, sans se fier à leur mémoire qui souvent est infidèle. Durant l'action ils ne salueront personne, et ne donneront aucune marque de respect humain; en un mot, ils tâcheront d'honorer et de faire respecter leur Ministère, en se comportant comme il convient à des Ministres de Jésus-Christ et à des Dispensateurs des Mystères de Dieu.

Enfin, après avoir administré le Sacrement, ils se mettront à genoux, pour remercier Dieu d'avoir bien voulu se servir d'eux, pour une fonction si sainte, lui demander pardon des fautes qu'ils y auraient commises, et le prier d'en conserver le fruit en ceux qui viennent de le recevoir.

Il est défendu de rien exiger directement ni indirectement, pour l'administration des Sacremens : ce serait une avarice sordide et une détestable simonie, dont il faut éviter les moindres soupçons; si néanmoins on leur offre quelque chose, après qu'ils se seront acquittés de leurs fonctions, ils pourront le recevoir. Nous ne pouvons en général trop leur recommander le désintéressement dans l'exercice du saint Ministère; et, s'il est quelques fonctions pour lesquelles les Ministres soient autorisés à recevoir quelque honoraire pour leur subsistance, Nous leur défendons de rien exiger au-delà de ce que portent les règlemens par Nous donnés sur cet objet : encore ne doivent-ils le demander que d'une manière pleine de charité, et qui surtout ne puisse, en aucune façon, éloigner les Fidèles de la perception des Sacremens; ils se souviendront qu'étant redevables, à titre de justice, des secours spirituels à leurs Paroissiens, soit riches, soit pauvres, ils ne peuvent en conscience les refuser, ni même les différer à aucun d'eux, à raison des difficultés qu'ils pourraient faire de leur payer les rétributions ou honoraires qui leur sont assignés, lorsqu'ils ont rempli certaines fonctions.

Des personnes qui peuvent recevoir les Sacremens.

JÉSUS-CHRIST n'ayant institué les Sacremens que pour les hommes, eux seuls sont sujets capables de les recevoir. Le Baptême est pour tous, et il faut nécessairement l'avoir reçu, pour recevoir validement les autres; tous ceux néanmoins qui sont baptisés, ne sont pas capables de les recevoir tous. Une femme, par exemple, ne peut pas recevoir validement le Sacrement de l'Ordre, ni un enfant celui de la Pénitence avant l'usage de raison. Il faut, dans les adultes, l'intention ou la volonté de recevoir les Sacremens, et on ne peut en administrer aucun à celui qui n'aurait jamais témoigné par aucun signe, qu'il voulût le recevoir. Il y a, sur ce point, quelques exceptions que nous expliquerons, en traitant de chaque Sacrement en particulier.

Nous disons: dans les adultes; car pour les enfans, on les baptise sans qu'il soit besoin d'attendre ou de présupposer leur consentement; autrefois même on leur administrait le Sacrement de Confirmation, et en plusieurs endroits, celui de l'Eucharistie; ce qui prouve que l'Eglise les en juge capables. Il faut dire la même chose des insensés qui ont toujours été privés de l'usage de la raison; pour ceux qui ont de bons intervalles, on tâchera de les étudier et d'en profiter, pour leur faire recevoir les Sacremens dont ils seraient susceptibles, comme, le Baptême et la Pénitence, et même la sainte Eucharistie, à proportion de ce qu'ils pourront être instruits et disposés. A l'égard de ceux qui sont sourds et muets de naissance on nous consultera, ou nos Vicaires-Généraux, avant de les y admettre. On n'admettra aux Sacremens que ceux auxquels on a droit de les administrer, autrement l'administration en serait toujours illicite et même nulle à l'égard de la Pénitence et du Mariage. On expliquera plus amplement ce principe, en traitant de chaque Sacrement; on traitera aussi en particulier des dispositions que chacun des Sacremens exige des adultes qui se disposent à le recevoir, et dont les Curés doivent instruire ceux qui s'y présentent.

Jésus-Christ défend (*Math.* 7) *de donner les choses saintes aux chiens*, c'est-à-dire, aux indignes; on doit refuser les Sacremens à ceux qui se présentent pour les recevoir en mauvais état: cependant il faut examiner si leur crime est secret, ou s'il est public; s'il est secret, le pécheur se présente ou en public et avec les autres, ou en particulier et sans témoins: dans le premier cas, on ne doit pas les lui refuser, pour éviter le scandale et d'autres grands inconvéniens, à l'exemple de Jésus-Christ qu'on croit communément avoir administré la sainte Eucharistie à Judas, dont la perfidie n'était pas connue des autres Apôtres. Mais dans le second cas, le Prêtre ne doit pas l'admettre lorsqu'il connaît son mauvais état autrement que par la confession sacramentelle; car dans cette dernière supposition, il faudrait l'admettre, pour ne pas donner atteinte au secret inviolable du Tribunal. Si le crime est notoirement public et scandaleux, on doit refuser, même en public, les Sacremens à celui qui en est coupable, jusqu'à ce qu'il l'ait quitté et qu'il ait réparé le scandale : toutefois, nous enjoignons de ne procéder à ce refus qu'avec beaucoup de discrétion. Nous voulons que les Pasteurs, avant d'en venir là, nous consultent toujours Nous ou nos Vicaires-Généraux ; et s'ils n'en avaient pas le temps, ils se conformeront aux règles qui seront prescrites dans la suite, en traitant des Sacremens de l'Eucharistie et de l'Extrême-Onction.

Des Cérémonies des Sacremens.

L'Eglise a institué plusieurs Cérémonies qu'elle veut être observées dans l'administration des Sacremens. La fin qu'elle se propose dans la pratique des cérémonies, est d'inspirer de la dévotion à ceux qui les reçoivent et qui les administrent ; d'exciter à la piété ceux qui y assistent, de représenter plus sensiblement les effets de chaque Sacrement et les obligations que l'on contracte en les recevant.

Quoique ces Cérémonies ne soient pas essentielles aux Sacremens, on ne peut pas sans péché, hors le cas d'une véritable nécessité les omettre, ou les changer de sa propre autorité, soit en ajoutant, soit en diminuant. Voici de quelle manière s'en explique le saint Concile de Trente, (*Sess.* 7. *C.* 31.) « Si quelqu'un dit » que les Cérémonies reçues et ap» prouvées par l'Eglise Catholi» que, et qui sont en usage dans » l'administration des Sacremens, » peuvent être méprisées sans pé» ché, ou omises selon qu'il plait » aux Ministres, ou qu'elles peu» vent être changées en d'autres » nouvelles par tout Pasteur, tel » qu'il soit, qu'il soit anathème. »

Les Prêtres doivent donc observer très-exactement ces Cérémonies, et quant aux actions, et quant aux paroles. Ils auront soin pour cela de les prévoir, de les apprendre et de s'y exercer, afin d'acquérir la facilité de les faire avec toute la bienséance requise. Ils s'instruiront aussi de leur signification, afin de pouvoir quelquefois l'expliquer aux peuples.

Hors le cas de nécessité, ils n'administreront aucun Sacrement, sans être revêtus d'une soutane, d'un surplis et d'une étole d'une couleur convenable, excepté le Sacrement de Pénitence, qu'on peut administrer sans étole à l'église, et même sans surplis, quand on l'administre aux infirmes dans les maisons particulières. Ils se feront aussi assister d'une ou de plusieurs personnes en habit décent, et s'il se peut, d'Ecclésiastiques revêtus de soutane et de surplis, pour répondre aux Prières, porter et présenter ce qui sera nécessaire.

Enfin, ils feront en sorte que tout ce qui sert à l'administration des Sacremens, comme les vases, les linges, les livres et ornements soient dans la décence et la pròpreté que demande notre sainte Religion.

PRIÈRE

AVANT L'ADMINISTRATION DES SACREMENS.

Lorsque le temps le permet, le Prêtre, avant d'administrer un Sacrement quelconque, se mettra à genoux pour implorer les lumières du Saint-Esprit, diriger son intention et demander à Dieu la grâce de remplir dignement cette sainte fonction. Dans cette vue, il pourra réciter l'Hymne suivante, à laquelle Pie VI, par son Bref universel et à perpétuité, du 26 mai 1796, a attaché une indulgence plénière *perpétuelle, applicable aux âmes du Purgatoire, chaque mois, quand on l'a dite tous les jours, et cent jours d'indulgence toutes les fois qu'on la récite.*

HYMNUS.

VENI, Creátor Spíritus,
Mentes tuórum vísita,
Imple supérnâ grátiâ,
Quæ tu creâsti péctora.

Qui Paraclétus díceris,
Altíssimi donum Dei,
Fons vivus, ignis, cháritas,
Et spiritális únctio.

Tu septifórmis múnere,
Dextræ Dei tu dígitus,
Tu ritè promíssum Patris,
Sermóne ditans gúttura.

Accénde lumen sénsibus,
Infúnde amórem córdibus,
Infírma nostri córporis,
Virtúte firmans pérpeti.

Hostem repéllas lóngiùs,
Pacémque donès prótinùs,
Ductóre sic te prævio,
Vitémus omne nóxium.

Per te sciámus da Patrem,
Noscámus atque Fílium,
Et te utriúsque Spíritum,
Credámus omni témpore.

Sit laus Patri, laus Fílio,
Sit et tibi laus, Spíritus,
Afflánte quo mentes sacris
Lucent et ardent ígnibus.

Amen.

℣. Emíttes Spíritum tuum, et creabúntur;
℟. Et renovábis fáciem terræ.

Orémus.

Deus, qui corda fidélium Sancti Spíritûs illustratióne docuísti, da nobis in eódem Spíritu recta sápere et de ejus semper consolatióne gaudére;

Dómine Deus omnípotens, qui me indígnum, propter tuam misericórdiam, Minístrum fecísti sacerdotális offícii, propítius esto mihi peccatóri, ut condígnè possim divína cleméntiæ tuæ Sacraménta fidélibus ad te confugiéntibus ministráre; Per Dóminum nostrum Jesum Christum Fílium tuum, qui tecum vivit et regnat...

PRIÈRE

APRÈS L'ADMINISTRATION DES SACREMENS.

Le Prêtre qui vient d'administrer un Sacrement, se recueillera un moment, et élèvera son cœur à Dieu, pour le prier d'affermir l'œuvre que sa grâce a opérée, et s'humilier des fautes qu'il pourrait avoir commises. Dans cette vue, il récitera les prières suivantes, en se rappelant que, s'il dit tous les jours le Salve, Regina...., *le matin, et le* Sub tuum...., *le soir, avec les versets:* Dignare...., *et* Benedictus...., *pour réparer les outrages faits à l'honneur de Marie, il gagnera cent jours d'indulgences chaque jour, et sept ans et sept quarantaines tous les Dimanches; de plus, qu'il pourra gagner aussi une indulgence* plénière *tous les jours de fêtes de la Sainte Vierge et le jour de la Toussaint, deux Dimanches chaque mois, (en remplissant les conditions ordinaires pour gagner les indulgences* plénières,*) et à l'article de la mort, pourvu qu'alors il soit au moins contrit de cœur, s'il ne peut se confesser et communier. (Pie VI, décret* Urbis *et* Orbis, *du 5 Avril* 1786.*)*

Antienne.

Salve, Regína, Mater misericórdiæ; vita, dulcédo, et spes nostra, salve. Ad te clamámus éxsules Fílii Evæ. Ad te suspirámus geméntes et flentes in hâc lacrymárum valle. Eia ergò, advocáta nostra, illos tuos misericórdes óculos ad nos convérte; et Jesum, benedíctum fructum ventris tui, nobis post hoc exsílium osténde, O clemens, ô pia, ô dulcis Virgo María.

℣. Dignáre me laudáre te, Virgo sacráta;
℟. Da mihi virtútem contra hostes tuos.
℣. Benedíctus Deus in Sanctis suis.
℟. Amen.

ORÉMUS.

OMNÍPOTENS sempitérne Deus, qui gloriósæ vírginis matris Maríæ corpus et ánimam, ut dignum Fílii tui habitáculum éffici mererétur, Spíritu sancto cooperánte, præparàsti, da ut, cujus commemoratióne lætámur, ejus piâ intercessióne, ab instántibus malis et à morte perpétuâ liberémur; Per eúmdem.....

Ant. Confírma hoc, Deus, quod operátus es in nobis.

ORÉMUS.

OMNÍPOTENS et misericors Deus, qui mihi indígno fámulo tuo adésse dignátus es, ad sacrum istud Ministérium peragéndum, ne respícias peccáta mea, sed fidem Ecclésiæ tuæ, et præsta ut in fámulis tuis grátia tua intùs operétur quod exterióre ópere à nobis exercétur, et quos hâc in re fragílitas nostra deféctus admisit, tuâ benígnus misericórdiâ supplére dignéris; Per Dóminum...

INSTRUCTION

SUR LES SACREMENS EN PARTICULIER.

DU SACREMENT DE BAPTÊME.

Le Baptême est le premier et le plus nécessaire de tous les Sacremens ; il est le premier, parce qu'il fait naître en Jésus-Christ ceux qui le reçoivent, qu'il les fait enfans de son Eglise, et leur donne droit aux autres Sacremens ; il est le plus nécessaire, parce que non-seulement les adultes, mais encore les enfans des Païens, et même des Fidèles délivrés de la damnation que le péché originel a attirée sur toute la nature humaine, ne peuvent, sans le recevoir, être sauvés. Jésus-Christ lui-même l'a déclaré en ces termes : « Je vous dis en vérité » que si un homme ne renaît » de l'eau et du Saint-Esprit, il » ne peut entrer dans le royaume » de Dieu. »

Il est vrai que ce Sacrement peut être suppléé dans les enfans et les adultes par le martyre, et dans les adultes par un acte de charité qui renferme le désir de le recevoir ; c'est pour cette raison que les Théologiens distinguent trois sortes de Baptême : celui de l'eau, celui du feu ou du désir, et celui du sang ; mais il n'y a que le Baptême d'eau qui soit proprement un véritable Sacrement: l'acte de charité, en produisant la grâce sanctifiante, et en effaçant le péché sans ce Sacrement, laisse néanmoins l'obligation de le recevoir, si on le peut.

Les Pasteurs ne peuvent donc avoir trop de zèle et de vigilance pour administrer un Sacrement si nécessaire, et empêcher, autant qu'il sera possible, qu'aucun enfant ne meure dans leur Paroisse, sans l'avoir reçu. Pour cet effet, ils avertiront souvent aux Prônes et quelquefois même en particulier les femmes enceintes, de prendre beaucoup de précaution pour se bien conserver ; ils représenteront aux maris l'obligation où ils sont d'y veiller, de les ménager et de ne pas leur permettre de faire en cet état, des ouvrages qui pourraient préjudicier au salut éternel des enfans qu'elles portent dans leur sein. Ils enjoindront aux sages-femmes de les informer de bonne heure, de la naissance des enfans, et avertiront leurs peuples que les pères et mères ne doivent pas, sous prétexte d'attendre les parrains et marraines, différer le Baptême de leurs enfans plus de vingt-quatre heures après leur naissance.

Par la déclaration de 1698, art. 8, le Roi enjoint à tous ses sujets de faire baptiser leurs enfans à l'église de leur paroisse, dans les vingt-quatre heures après leur naissance, s'ils n'ont obtenu de l'Evêque la permission de différer les cérémonies du Baptême; enjoint aussi aux sages-femmes et autres personnes qui assistent les femmes dans leur accouchement, d'avertir les Curés des lieux de la naissance des enfans, et aux Officiers de la Justice d'y tenir la main, et de punir les contrevenans.

De la matière du Baptême.

LA matière du Baptême est l'eau pure et naturelle, telle qu'est celle de mer, de rivière, de puits, de fontaine, de pluie, et non pas artificielle, comme l'eau-rose et tout autre suc tiré des fleurs et des herbes qui n'est pas proprement de l'eau. Si l'eau naturelle elle-même était entièrement corrompue, elle ne serait pas suffisante pour baptiser, mais si elle était seulement un peu altérée, on pourrait en user, faute d'autre dans un besoin pressant.

Quand on baptise solennellement, on ne doit point se servir d'autre eau que celle qui a été bénite la même année le Samedi Saint, ou la veille de la Pentecôte. Cette eau doit être conservée aux Fonts-Baptismaux dans un vase bien net; et quand on voudra en bénir de nouvelle, on versera l'ancienne, non dans les Bénitiers, mais dans la Piscine de l'Eglise, ou dans celle du Baptistaire.

On aura soin d'en tenir une quantité assez considérable, afin qu'elle se conserve mieux et qu'elle puisse suffire jusqu'à la nouvelle. Si elle diminuait en sorte qu'on ne crût pas en avoir assez pour fournir jusqu'à la veille de Pâques ou de la Pentecôte, on pourrait y en mêler d'autre non bénite, pourvu que ce soit en moindre quantité que celle qui resterait; si elle venait à manquer tout-à-fait, à se répandre, ou à se corrompre, il faudrait, après avoir bien nettoyé le vase, en bénir d'autre en la manière que nous prescrirons dans la seconde partie de ce Rituel.

Quand l'eau des Fonts sera gelée, on en prendra pour baptiser dans un vase, et on la fera dégeler, soit en la mettant auprès du feu, soit en y versant un peu d'eau chaude : on prendra la même précaution lorsqu'elle sera froide au point de pouvoir incommoder les petits enfans.

La matière prochaine du Baptême est l'ablution ou l'application de l'eau sur le corps du baptisé. Elle peut se faire en trois manières, savoir : ou par aspersion, en jetant sur la personne plusieurs gouttes d'eau, comme quelques-uns présument que faisaient les Apôtres, quand plusieurs milliers d'hommes se présentaient au Baptême; ou par immersion, en plongeant la personne dans l'eau, comme on le pratiquait autrefois; ou par infusion, en répandant l'eau sur la tête : il faut baptiser en cette manière qui est maintenant seule en usage dans toute l'Eglise Latine.

On doit verser l'eau sur celui que l'on baptise, en telle quantité, qu'on puisse dire qu'il est lavé. Il ne suffit donc pas d'en répandre quelques gouttes, ni de mouiller son pouce pour l'en toucher ensuite, mais il faut prendre de l'eau dans un vase et la verser sur lui. Cette eau doit toucher la peau : car si elle ne touchait que les habits ou les cheveux, l'enfant ne serait pas baptisé. C'est pourquoi il est bon que celui qui baptise, sépare les cheveux avec l'index de la main gauche, et frotte un peu la tête de l'enfant, pendant qu'il verse l'eau de la main droite. Elle doit être aussi répandue sur la tête, où résident principalement les organes des sens et de la raison : c'est l'usage de l'Eglise auquel il faut se conformer exactement, hors des cas de nécessité : dans lesquels même, si on avait versé l'eau sur une autre partie du corps, il serait bon de rebaptiser sous condition, parce qu'il n'est pas tout-à-fait certain qu'un tel Baptême soit valide.

Il suffit, pour la validité du Baptême, de verser l'eau une seule fois sur celui que l'on baptise; néanmoins, l'usage de l'Eglise qu'on doit suivre, est d'en verser par trois fois, en formant chaque fois le signe de la croix. On doit prendre garde que l'eau bénite qu'on répand, ne tombe à terre ou dans celle des Fonts; mais il faut la recevoir dans un bassin, ou la faire tomber immédiatement dans la Piscine du Baptistaire.

Il faut aussi que la personne qui verse l'eau, prononce elle-même les paroles de la forme et dans le même temps qu'elle verse.

De la forme du Baptême.

La forme du Baptême consiste essentiellement dans ces paroles : *Je te baptise, au nom du Père et du Fils et du Saint-Esprit :* on n'en peut rien retrancher; car pour la validité du Baptême, il faut exprimer l'action du Ministre, la personne qu'on baptise, et l'invocation expresse et distincte des trois Personnes de la très-sainte Trinité, au nom desquelles il doit être administré. C'est pourquoi, si le Ministre prononçait seulement ces paroles :

Au nom du Père, sans dire : *Je te baptise ;* ou disait : *Je te baptise, au nom de Notre-Seigneur Jésus-Christ ;* ou, *au nom de la Sainte Trinité ;* ou, *au nom du Père et du Fils*, sans ajouter *et du Saint-Esprit ;* il n'y aurait point de Sacrement, selon ce précepte de Jésus-Christ : *Baptizantes eos in nomine Patris et Filii et Spiritûs Sancti.*

On doit prononcer les paroles de la forme, en même temps qu'on verse l'eau, comme nous l'avons déjà dit ; et il n'importe, pour la validité du Baptême, en quel langage ces paroles soient exprimées ; mais, lorsqu'on baptise solennellement, il faut les exprimer en latin.

Comme le Baptême imprime un caractère et qu'on ne peut le réitérer sans sacrilége, lorsqu'on doute que quelqu'un ait été baptisé, ou si on doute qu'en le baptisant il ait été omis ou changé quelque chose d'essentiel au Sacrement, il faut le baptiser sous condition en disant : *Si tu non es baptizatus* (ou, *baptizata*), *ego te baptizo in nomine Patris et Filii et Spiritûs Sancti. Amen.*

Voici les principaux cas dans lesquels on doit baptiser sous condition:

1°. Quand des enfans ont été exposés, même avec des billets portant qu'ils ont été baptisés, si après une exacte recherche, on ne découvre d'autres indices certains de leur Baptême ; car, outre qu'on ne doit point ajouter foi à des papiers non signés, non plus qu'aux pères et mères de ces enfans, qui sont présumés les avoir écrits ou dictés, le trouble qui accompagne communément la naissance de ces enfans, ôte souvent l'attention nécessaire pour leur administrer valablement le Baptême. Il faudrait excepter de cette règle ceux qui seraient exposés avec des extraits baptistaires dûment légalisés et qu'on saurait certainement être véritables. Si le billet énonçait qu'ils eussent été baptisés dans une Paroisse qui y fût dénommée, il faudrait consulter, s'il était possible, les registres de cette Paroisse, avant de les baptiser sous condition.

2°. Quand l'enfant a été baptisé, étant encore en partie dans le sein de sa mère.

3°. Quand l'enfant a été baptisé par un laïque peu instruit ou suspect d'avoir peu de probité ou de religion : s'il l'a fait sans témoins, ou lorsque la personne qui a baptisé, ou les témoins en rapportant le fait, vacillent dans leurs réponses, et donnent un juste sujet de soupçonner qu'à raison du trouble où l'on était, on a pu omettre quelque chose d'essentiel, ou se servir d'une matière douteuse, telle que serait une eau bourbeuse ou corrompue. Lors donc qu'on présente à l'église un enfant baptisé à la maison à cause du péril de mort, le Prêtre examinera soigneusement de quelle manière la chose s'est passée. S'il apprend par le témoignage clair de la Sage-Femme ou d'une personne instruite et d'une probité reconnue qui ait baptisé, et par la déposition de deux autres personnes dignes de foi qui y aient été présentes, que les règles du Baptême ont été observées, il se contentera de suppléer les cérémonies, comme il sera marqué ci-après; mais si la Sage-Femme ou une autre personne laïque qui aurait baptisé, déposait seule sur son propre fait, sans être soutenue de deux témoins, il rebaptisera sous condition. Cette sage précaution est nécessaire, parce qu'on ne doit, selon la décision de plusieurs Conciles (Rouen 1581, Reims 1583, Aix 1585), juger avec assurance dans une matière de cette conséquence et dans des circonstances presque inséparables du trouble et de la précipitation, que sur la déposition au moins de deux témoins dignes de foi; le témoignage d'une seule personne dans le cas énoncé ci-dessus ne pouvant jamais faire la preuve d'un fait dont il est néanmoins si important d'être assuré.

4°. Lorsque le Baptême a été donné par des hérétiques, et qu'il y a sujet de douter s'ils n'ont rien omis ou changé d'essentiel : le plus sûr est de ne rien faire qu'après Nous avoir consulté ou nos Vicaires-Généraux, à moins qu'on ne se trouve dans une nécessité si pressante, qu'on ne puisse attendre la réponse, et pour lors, on rebaptisera sous condition.

5°. Quand on doute si l'enfant est en vie, ou si c'est une créature raisonnable, comme nous l'expliquerons plus au long dans la suite.

Du Ministre du Baptême.

Le Ministre ordinaire du Baptême est l'Évêque, le Curé ou tout autre Prêtre commis ou délégué par eux; et il est de foi que, dans un besoin pressant, ce Sacrement peut être validement administré par toute sorte de personnes, Ecclésiastiques ou Laïques, Hommes ou Femmes, Fidèles ou Infidèles, Catholiques ou Hérétiques, pourvu qu'elles observent tout ce qui est de l'essence du Baptême. Il faut néanmoins remarquer qu'un Prêtre en cette fonction doit être préféré à un Diacre, un Diacre à un Clerc, un Clerc à un Laïque, et un homme à une femme, à moins que pour certaines raisons, il ne fût plus à propos qu'une femme baptisât qu'un homme, comme si elle savait mieux la manière de baptiser, ou qu'il fallût baptiser un enfant qui ne serait pas entièrement sorti du sein de la mère.

Le père et la mère ne doivent pas baptiser leur enfant, si ce n'est qu'il y ait danger apparent de mort, et qu'il ne se trouvât personne pour le baptiser; s'ils le faisaient, hors ce cas de nécessité, ils contracteraient entr'eux une affinité spirituelle qui leur rendrait illicite l'usage du mariage, jusqu'à ce qu'ils eussent obtenus de Nous une dispense.

Il est donc important que tous les Fidèles, et surtout les Sages-Femmes et autres qui assistent les femmes dans leurs couches, soient instruits de la manière d'administrer le Baptême en cas de nécessité. Les Curés auront soin de la leur apprendre, et de répéter souvent dans leurs instructions, que, pour baptiser, il faut prendre de l'eau naturelle, la verser par trois fois sur la tête de l'enfant, en sorte qu'elle touche à la peau, et dire en même temps ces paroles : *Je te baptise, au nom du Père et du Fils et du Saint-Esprit;* mais aussi ils leur recommanderont de ne baptiser de la sorte que dans un besoin pressant, et de le faire toujours, s'il se peut, en présence de deux ou trois personnes, qui puissent redresser celle qui baptise, en cas qu'elle vînt à manquer, et rendre témoignage au Curé de la manière dont le Baptême aura été administré.

Il est d'une extrême importance que les Sages-Femmes soient instruites de ce qui concerne leur ministère, et s'en acquittent fidèlement ; puisque la vie des femmes et des enfans, et quelquefois même le salut éternel de ces derniers, en dépend. C'est pour cela qu'il leur est défendu très-expressément de s'ingérer dans la fonction d'assister les femmes en leurs couches, jusqu'à ce qu'elles aient été approuvées par l'autorité civile des lieux où elles veulent exercer leur état.

Du temps et du lieu convenable pour l'administration du Baptême.

Quoiqu'on puisse baptiser tous les jours de l'année, même dans le temps d'un interdit général, les veilles de Pâques et de la Pentecôte ont toujours été particulièrement destinées à cette cérémonie, à cause des grands mystères qui s'y célèbrent : c'est pourquoi, pour se conformer à l'ancien usage de l'Église, on fera en sorte de baptiser alors les adultes, s'il s'en trouvait qui demandassent le Baptême. On pourra même différer les enfans nés de la veille, pour les baptiser après la Bénédiction des Fonts, pourvu qu'on le puisse commodément, et qu'il n'y ait aucun risque pour leur vie.

Le lieu du Baptême solennel est l'Église Paroissiale ou l'Annexe, quand il y a des Fonts Baptismaux. Il est défendu très-expressément de baptiser les enfans à la maison ou dans un Oratoire ou Chapelle particulière, hors le cas de péril de mort, à moins qu'on n'en ait obtenu de Nous la permission par écrit. Dans le cas de la permission, on portera, dans un vase, de l'eau du Baptistaire, dont on baptisera l'enfant.

De ce qui concerne la personne qui reçoit le Baptême.

Tous les hommes qui n'ont pas été baptisés, de tout sexe et de toute condition, sont sujets propres à recevoir le saint Baptême. Les enfans en sont capables, aussi bien que les adultes, et l'usage de l'Église, depuis les Apôtres, a toujours été de les baptiser.

Si tôt donc qu'un enfant sera né, le Père, ou quelqu'un de sa part, en avertira le Curé et prendra heure pour lui faire recevoir le Baptême. Ceux qui l'apporteront à l'église, auront soin, surtout s'il y a loin, d'avoir avec eux de l'eau dans un vase, afin que, si dans le chemin il se trouve en péril de mort, on puisse le baptiser sur le champ.

Il est bon aussi d'avertir les Pères et Mères de faire présenter leurs enfans au Baptême avec toute la modestie qui convient à un Sacrement où ils doivent renoncer aux Pompes de Satan, et d'éviter toute dépense superflue, soit avant, soit après la cérémonie.

On ne doit pas ordinairement baptiser un enfant, qu'il ne soit sorti du sein de la mère. Si néanmoins l'enfant étant en danger de mort, on voyait paraître un membre qui donnât par son mouvement quelque signe de vie, il faudrait le baptiser sous cette condition : *Si tu es vivant :* quand bien même le membre ne donnerait pas de signe certain de vie, dans le doute, il faudrait encore baptiser sous cette condition. S'il sortait après cela tout entier et vivant, on le baptiserait sous condition. Si la mère meurt avant d'être délivrée, il faut aussitôt avoir recours à un Chirurgien ou à un autre Officier de santé, pour ouvrir le sein de la mère et en tirer l'enfant le plus promptement qu'il est possible ; et, s'il se trouve vivant, ou même s'il y a lieu de douter qu'il le soit, on le baptisera ; que si on le tire mort, sans qu'il ait pu être baptisé, on ne doit pas l'inhumer en terre sainte, non pas même conjointement avec la mère, mais dans un lieu non béni et destiné pour enterrer les enfans morts sans Baptême. S'il restait dans le sein de la mère, sans en avoir été tiré, il faudrait l'inhumer avec elle, sans crainte que le lieu saint fût pollu, parce qu'en cet état il fait comme partie de la mère.

Quand il s'agira de baptiser un monstre, il faudra y apporter une grande précaution, et nous consulter, si le temps le permet, ou au moins prendre conseil de quelque personne savante ; pourvu qu'il n'y ait point de péril de mort : car, en ce cas, les règles suivantes pourront servir pour former un avis.

Un monstre, qui n'a point de forme ni de figure humaine, ne doit jamais être baptisé ; mais s'il y a lieu de douter que ce soit un homme, on le baptisera sous cette condition : *Si tu es homo, ego te baptizo in nomine Patris et Filii et Spiritûs Sancti. Amen.*

Lorsqu'on doute si dans un monstre il y a une ou plusieurs personnes, il ne faut point le baptiser jusqu'à ce que cela soit connu. Or, on peut le connaître par le nombre de têtes ou de poitrines ; car il y a autant de cœurs et d'âmes raisonnables, et par conséquent de personnes distinctes, qu'il y a de têtes ou de poitrines ; et en ce cas, il faut les baptiser séparément, versant de l'eau sur chacune d'elles, en disant ces paroles : *Ego te baptizo in nomine Patris et Filii et Spiritûs Sancti. Amen.*

Mais, s'il y avait danger de mort et qu'il n'y eût pas assez de temps pour les baptiser séparément et l'une après l'autre, on pourrait les baptiser toutes ensemble, versant de l'eau sur la tête de chacune, et disant en même temps ces paroles : *Ego vos baptizo in nomine Patris et Filii et Spiritûs Sancti. Amen* ; et il faut observer qu'il n'est pas permis de baptiser plusieurs personnes ensemble, si ce n'est dans le cas de péril imminent de mort, et lorsqu'on n'a pas le temps de les baptiser séparément.

Que si l'on doute qu'il y ait deux personnes, comme, quand les deux têtes ou les deux poitrines ne sont pas bien distinctes, il faut alors en baptiser l'une absolument et sans condition, et ensuite baptiser l'autre sous condition, en disant : *Si tu non es baptizatus* (ou, *baptizata*), *ego te baptizo in nomine Patris et Filii et Spiritûs Sancti. Amen.*

Il est bon de ne baptiser les monstres qu'en secret.

Pour le Baptême des *fœtus* qui n'ont pas la forme humaine, il faut consulter les Théologiens. Nous nous contenterons de dire en général qu'il faut toujours incliner de préférence pour l'administration du Baptême, dans ces sortes d'occasions, même dans le cas d'avortement, *parce que le temps précis de l'animation du fœtus*, dit saint François de Sales, *est incertain.*

Des Parrains et Marraines.

L'USAGE des Parrains et Marraines paraît venir des Apôtres, et être aussi ancien que l'Eglise. Leur fonction, qui n'a lieu pour le Baptême, que lorsqu'on l'administre solennellement, est de présenter à l'église ceux qui doivent le recevoir, de répondre pour eux, et de les tenir sur les Fonts sacrés. Ils sont donc en quelque sorte leur parens spirituels, puisqu'ils contribuent à leur régénération. Aussi contractent-ils une alliance spirituelle avec eux et avec leurs père et mère, qui fait que le Parrain ne peut, sans dispense et sans nullité de Sacrement, épouser sa Filleule ni la mère de sa Filleule, et que la Marraine ne peut pareillement épouser son Filleul, ni le père de son Filleul. Celui ou celle qui administre le Baptême, contracte la même alliance avec la personne baptisée, et avec son père et sa mère. (*Conc. Trident. Sess. 24. cap. 2. de Reformat.*)

Tout autre que les personnes susdites, qui mettrait la main sur l'enfant, pendant qu'on le baptise, ne contracterait pas cette alliance spirituelle, non plus que ceux qui tiennent un enfant sur les Fonts de Baptême comme ayant procuration des Parrains ou Marraines. Il faut dire la même chose de ceux qui tiennent un enfant à qui on ne fait que suppléer les cérémonies du Baptême, ou qui, par ignorance des règles, auraient pris la qualité de Parrains et de Marraines dans un Baptême donné hors de l'église et sans solennité; ce qui est vrai aussi lorsqu'on baptise un enfant sous condition.

Pour ne point multiplier cette alliance, on n'admettra pour chaque Baptême, qu'un Parrain et une Marraine, conformément au Décret du Concile de Trente, qui n'exige même que l'un ou l'autre. Comme ils sont obligés de répondre pour le baptisé, et de l'instruire au défaut de ses parens, ils doivent avoir un âge suffisant, être de bonnes mœurs, savoir la doctrine chrétienne. Il serait même à désirer qu'ils eussent été confirmés; et il faut qu'au moins, selon le Concile de Trente, le Parrain ou la Marraine ait fait sa première Communion.

C'est à quoi les Curés feront attention, lorsqu'on viendra les prévenir pour un Baptême. Ils s'informeront des personnes qu'on aura choisies pour tenir l'enfant, les interrogeront, s'ils doutent de leur capacité, et refuseront absolument ceux qui n'en seront pas dignes, comme les infidèles, les hérétiques, les excommuniés dénoncés, les pécheurs notoirement publics et scandaleux. Il est encore défendu d'admettre à cette cérémonie les insensés et les personnes inconnues et sans aveu. On n'y admettra pas non plus les enfans avant l'âge de sept ou huit ans; encore faudra-t-il alors, comme on vient de le dire, que l'un ou l'autre du Parrain et de la Marraine proposés ait fait sa première Communion.

Suivant les Canons de l'Eglise, les Religieux et les Religieuses ne peuvent jamais être Parrains et Marraines, ni faire tenir en leur nom, des enfans sur les Fonts du Baptême.

Les Curés auront soin de s'informer des noms qui auront été donnés à l'enfant devant l'officier civil, pour imposer les mêmes au Baptême ; pourvu que ces noms soient de Saints ou de Saintes généralement reconnus et révérés par l'Eglise catholique, que les Baptisés puissent se proposer pour modèles, et avoir dans le ciel pour intercesseurs auprès de Dieu, et qui sont inscrits dans le Catalogue qui se trouve à la fin de ce Rituel : mais s'il en était autrement, il faudrait imposer un autre nom tiré du susdit Catalogue, et l'inscrire avec les autres noms sur les Registres des Actes de Baptême.

Ils ne souffriront point non plus qu'on impose des noms profanes, ni ceux qui étant joints au surnom, auraient une signification ridicule et contre la bienséance.

On fera en sorte que les Parrains et Marraines qui se présentent pour cette fonction, et tous ceux qui y assistent, se comportent pendant la cérémonie avec tout le respect et la modestie convenables.

Les devoirs des Parrains et Marraines envers leurs Filleuls et Filleulles, sont de prier pour eux, de les aimer comme leurs enfans spirituels, de veiller à leur éducation chrétienne, et même de s'en charger au défaut de leurs parens, de leur expliquer les promesses qu'ils ont faites pour eux au Baptême, et de veiller à les leur faire garder.

Des effets du Baptême, et des obligations qu'on y contracte.

Les Pasteurs auront soin d'exposer aux peuples les effets du Baptême, pour leur donner une haute idée de la grâce qu'ils ont reçue, et les porter à vivre d'une manière conforme à la sainteté de leur profession.

Le Baptême efface non seulement le péché originel, mais encore tous les autres péchés qu'on aurait commis avant de le recevoir. Il remet aussi toutes les peines dues au péché, soit en ce monde, soit en l'autre ; en sorte que, comme parle l'Apôtre (*Rom. chap.* 8.) *Il n'y a plus de condamnation pour ceux qui sont en Jésus-Christ par ce Sacre-*

ment. L'ignorance néanmoins, la concupiscence, les infirmités du corps et de l'âme, la nécessité de mourir, qui sont les suites du péché d'Adam, ne sont pas détruites par le Baptême, parce que Dieu a voulu que, dans ce lieu d'exil, l'homme, en les conservant, se souvînt de sa chute, vécût dans la crainte, et que toutes ces misères servissent d'exercice continuel à sa vertu.

Le Baptême nous régénère et nous donne une nouvelle vie en Jésus-Christ, par la grâce sanctifiante et les vertus infuses qu'il nous communique. Il nous rend en quelque sorte participans de la nature divine, nous faisant enfans de Dieu par adoption : il nous donne le Saint-Esprit avec tous ses dons, en sorte qu'il répand la charité dans nos cœurs, et qu'il nous unit à Jésus-Christ. Il le fait vivre en nous, et nous fait vivre de sa vie, comme les membres vivent de la vie de leur chef.

Ce Sacrement nous donne droit d'appeler Dieu notre Père, et de regarder le Ciel comme notre héritage, parce qu'étant ses enfans, nous sommes aussi ses héritiers et les cohéritiers de Jésus-Christ.

Il nous rend aussi les enfans de l'Église, parce qu'il nous met au nombre des Fidèles, qu'il nous donne droit aux autres Sacremens, et qu'il nous fait participer à tous les biens communs de l'Église notre Mère.

Enfin, le Baptême imprime en l'âme un caractère ineffaçable, qui fait qu'on ne peut le réitérer. Ce caractère marque un baptisé au sceau de Dieu, et le lui consacre si absolument, qu'il ne peut, sans une espèce de sacrilége, être employé à d'autres usages ; et c'est ce qui rend les péchés commis après le Baptême beaucoup plus griefs, parce qu'ils profanent un cœur et un temple que Dieu s'est dédiés d'une façon toute particulière.

A de si grandes grâces répondent aussi de notre part de grandes obligations. Car, en recevant le Baptême, nous avons fait profession de la Loi de Jésus-Christ, et contracté l'obligation de l'imiter et de vivre conformément aux règles et aux maximes de son Évangile. Nous avons aussi, comme enfans de l'Église, voué une obéissance filiale à cette Mère commune, et promis de nous soumettre à ses ordonnances et à la conduite des Pasteurs que Jésus-Christ a établis pour la gouverner.

Nous avons solennellement renoncé au démon, à ses maximes et à ses malheureuses suggestions. Nous avons promis de n'avoir jamais aucun commerce avec lui, et de faire tous nos efforts pour lui résister et le combattre, soit en lui même, soit en ses suppôts, qui sont les méchans et tous ceux qui travaillent à établir son empire au préjudice de celui de Jésus-Christ.

Nous avons renoncé à toutes les œuvres du démon, c'est-à-dire, aux péchés auxquels i tâche de nous porter par ses tentations. Nous avons promis, avec la grâce de Dieu, de les éviter : et la vie toute divine que nous avons reçue dans le Baptême, doit nous en inspirer une horreur infinie. « Car quiconque est » né de Dieu, dit l'Apôtre St. » Jean, ne péche point ; mais » la naissance qu'il a reçue, le » conserve pur, et le malin es» prit ne le touche point. » (1. *Ep. c.* 5.)

Nous avons renoncé aux pompes du démon, qui sont les vanités du monde, les plaisirs défendus par la loi de Dieu, le faux-brillant des honneurs et des richesses, pour suivre un Dieu crucifié, et nous attacher uniquement à lui.

Les Pasteurs auront soin de représenter souvent toutes ces obligations aux Fidèles, et de les exhorter à renouveler de temps en temps les promesses de leur Baptême, à les garder inviolablement jusqu'à la mort, à se faire chaque année une grande Fête du jour auquel ils l'auront reçu.

Des Cérémonies du Baptême.

Les cérémonies du Baptême sont très-anciennes, très-augustes et très-édifiantes. Elles nous viennent, selon les Saints Pères, de la Tradition des Apôtres. On ne doit jamais les omettre ni même les séparer du Baptême, si ce n'est dans le cas de nécessité, ou pour des raisons considérables, desquelles le jugement nous appartient ; en sorte qu'on ne doit jamais, sans notre permission par écrit, ou celle de nos Vicaires-Généraux, administrer le Baptême sans les cérémonies ordinaires, hors le cas de nécessité. Lorsqu'elles auront été omises par nécessité, il faudra les suppléer au plus tôt ; et quand elles auront été omises par dispense, on se conformera au temps qui y sera marqué. Les Curés auront soin d'avertir leurs paroissiens de prendre, de bonne heure, toutes les mesures nécessaires pour qu'ils ne soient point obligés de demander cette dispense, qui ne sera accordée que très-difficilement.

Pour suppléer les cérémonies omises lors du Baptême, on se conformera exactement à l'ordre inséré dans ce Rituel, sans en retrancher aucun exorcisme ou autre prière.

Nous allons donner une courte explication des cérémonies du Baptême, afin que les Pasteur puissent, dans l'occasion, en instruire les fidèles.

D'abord on arrête à la porte de l'église ceux qu'on présente au Baptême, pour marquer qu'étant, par le péché, soumis à l'empire du démon, ils sont indignes d'entrer dans les lieux saints.

Ensuite le Prêtre souffle sur eux en forme de croix, pour chasser le démon par la vertu du Saint-Esprit, qui est comme le souffle de Dieu, et par les mérites de Jésus-Christ crucifié. On leur imprime aussi sur le front et sur le cœur le signe de la Croix, pour montrer qu'ils doivent se faire honneur de la croix de Jésus-Christ, l'aimer, y mettre toute leur confiance, et témoigner hautement qu'ils sont Chrétiens, bien loin d'avoir honte de le paraître, et d'en faire les actions. Les autres signes de croix qu'on répète souvent dans le Baptême, signifient qu'il tire toute sa vertu de la Croix du Sauveur et des mérites de sa Passion.

On fait sur eux plusieurs exorcismes, pour chasser le Démon, sous la puissance duquel ils sont par le péché originel. On ne doit pas omettre ces exorcismes, quand on ne fait que suppléer ces cérémonies à une personne déjà baptisée ; car l'Église les emploie non-seulement pour chasser le démon, mais encore pour diminuer ses forces, et l'empêcher de nuire à ceux de l'âme desquels il a été chassé par le Baptême. On fait aussi plusieurs impositions des mains, pour signifier que Dieu, en place du démon, prend possession de ceux que l'on baptise, se les soumet et les assujettit à sa douce et heureuse domination.

Le sel qu'on met dans la bouche, signifie la sagesse et le goût des choses du Ciel, que l'Église demande pour ceux qui reçoivent le Baptême. On leur met de la salive aux oreilles et aux narines, pour signifier qu'ils doivent avoir les oreilles ouvertes aux vérités de l'Évangile, et en sentir la bonne odeur. On imite en cela l'action de Jésus-Christ, qui en usa, pour guérir un homme sourd et muet, en disant : *Ephphetha, quod est adaperire.*

En les conduisant aux Fonts Baptismaux, le Prêtre ordonne à leurs Parrains et Marraines de réciter pour eux l'Oraison Dominicale, la Salutation Angélique et le Symbole des Apôtres, qu'ils réciteraient eux-mêmes, s'ils étaient en état de le faire.

On exige d'eux qu'ils renoncent à Satan, à ses pompes et à ses œuvres. Quand ce sont des enfans, les Parrains et Marraines répondent pour eux et leur servent de caution. Rien de plus juste que ces renoncemens ; car l'homme s'étant perdu, pour avoir écouté les suggestions et les promesses du démon, il faut qu'il y renonce, pour rentrer en grâce avec Dieu et devenir son enfant par le Baptême.

On fait une onction sur la poitrine et sur les épaules, pour signifier la grâce dont ceux qui vont recevoir le Baptême ont besoin, et que Dieu leur accorde pour combattre le démon et adoucir le joug de Jésus-Christ auquel ils se soumettent. Après, on leur demande s'ils veulent être baptisés, parce qu'on n'accorde le Baptême qu'à ceux qui le désirent; et comme les enfans ne peuvent témoigner leur désir, l'Église le demande pour eux aux Parrains et Marraines qui leur servent encore en cela de caution, comme pour la profession de foi qu'on leur fait faire avant de les baptiser.

On oint les baptisés à la tête avec le S. Chrême, pour marquer qu'ils sont unis à Jésus-Christ, comme les membres à leur chef, qu'il leur fait part de sa royauté, pour dominer leurs convoitises, et de son sacerdoce, pour offrir à Dieu un sacrifice continuel d'œuvres saintes.

Le Chrémeau tient lieu de la robe blanche qu'on donnait autrefois aux baptisés comme le signe de l'innocence, qu'ils doivent conserver jusqu'à la mort, et de la gloire dont ils espèrent être revêtus après la résurrection.

Enfin, le cierge allumé qu'on leur met à la main, signifie qu'étant devenus enfans de lumière, ils doivent se montrer tels par leurs bonnes œuvres, et conserver avec soin la foi qui opère par la charité.

Des Fonts Baptismaux et des Saintes Huiles.

Dans chaque église paroissiale ou autre, destinée pour l'administration des Sacremens, il doit y avoir des Fonts Baptismaux, qui seront placés ordinairement au bas de l'église, ou dans une chapelle fermée. Ce lieu sera tenu dans une grande propreté, et les Fonts seront si bien couverts, qu'il n'y entre ni poussière ni ordure. Ils seront fermés d'une clef que les Curés ou leurs Vicaires garderont avec soin, et environnés d'une balustrade, et couverts d'une pyramide, ou au moins, d'un tapis propre et, autant que faire se pourra, de couleur violette. Il serait à souhaiter qu'on plaçât où ils sont, un Tableau du Baptême de Notre-Seigneur.

Chaque Curé en fera la bénédiction solennelle deux fois par an, savoir : le Samedi Saint et la veille de la Pentecôte. Le vaisseau destiné pour contenir les eaux baptismales, doit être d'étain ou de plomb, avec un couvercle de même matière, fermant bien exactement ; ou, s'il est de cuivre, il sera soigneusement étamé en dedans, de crainte qu'il ne s'y amasse de la rouille qui corrompe l'eau.

Les Fonts Baptismaux doivent être d'une matière solide, comme de pierre dure ou de marbre, d'une hauteur convenable, élevés de terre au moins de trois pieds, creusés en forme de cuve, et divisés, s'il est possible, en deux parties, percés dans le milieu jusqu'en bas. Dans la plus grande partie sera le vase des Eaux Baptismales ; l'autre, qui doit être large de plus d'un pied, servira de Piscine, pour recevoir l'eau qu'on verse sur la tête de ceux qu'on baptise.

On ne doit point mettre les vases des Saintes Huiles dans le Tabernacle, mais, si l'on peut pratiquer dans la chapelle des Fonts une petite armoire propre et qui ferme à la clef, on les y conservera ; autrement, on pourra les renfermer dans les Fonts, auprès du vaisseau qui contient l'eau baptismale.

Il en faut de deux sortes pour le Baptême, l'huile des Catéchumènes et le Saint Chrême. On doit avoir, pour les contenir, deux petits vases d'argent ou, au moins, d'étain bien propres, fermés et unis ensemble. Pour les tenir propres, on aura soin de les essuyer au dehors plusieurs fois dans l'année, et de bien les nettoyer en dedans, lorsqu'on renouvellera les Saintes Huiles. Chaque vase doit avoir sa propre inscription, pour ne pas se tromper, en prenant l'un pour l'autre. Sur le vase de l'Huile des Catéchumènes seront gravés en gros caractère ces mots : *OLEUM CATHECUMENORUM*, ou du moins, ces lettres initiales *O. C.*; et sur celui du Saint Chrême : *SANCTUM CHRISMA*, ou *S. C.*

Pour empêcher que les Saintes Huiles ne se répandent, on mettra entre le couvercle et le vaisseau, du coton ou des étoupes, qu'on changera de temps en temps, et qu'on brûlera sur la Piscine, quand on les ôtera, pour en mettre d'autres.

Les Saintes Huiles doivent être bénites par l'Evêque, le Jeudi Saint, et renouvelées tous les ans. Les Curés de la Ville auront soin de les prendre dans l'Église Cathédrale pour s'en servir le Samedi Saint. Les autres Curés ne pourront les recevoir d'aucun autre que de leur Doyen Rural qui, pour cet effet, les viendra ou enverra prendre à Amiens, chaque année, au jour marqué pour les distribuer aux Curés de son Doyenné dans la quinzaine suivante. Si tôt qu'on aura les nouvelles, on fera brûler les anciennes, soit en les mettant dans la Lampe qui brûle devant le Saint-Sacrement, soit en les imbibant dans des étoupes qu'on brûlera au dessus de la Piscine.

Il doit y avoir à cet effet, dans chaque église, une Piscine distinguée de celle qui tient au Baptistaire, c'est-à-dire, un endroit fermé, où il y ait dans la terre une grande fosse, dont l'orifice soit étroit, sur lequel il y ait une pierre ou couvercle qui le bouche bien. C'est dans cette fosse qu'on jetera les cendres des Saintes-Huiles, des boules d'étoupes ou autre chose qui aurait servi à essuyer les saintes onctions, celles des ornemens et linges d'Autel et de toutes les choses sacrées qu'on doit brûler, quand elles sont hors d'usage, pour en empêcher la profanation : on y jetera pareillement l'eau bénite qu'on ôtera des bénitiers, l'eau qui aura servi à laver les corporaux et les purificatoires, et généralement toutes les choses que le Missel et le Rituel ordonnent de jeter dans cette Piscine. Les Prêtres auront soin que ce lieu soit fermé, et qu'on n'y jette rien de profane. Lorsqu'on renouvellera l'eau des Fonts Baptismaux, l'ancienne pourra être jetée dans la Piscine des Fonts, ou dans la Piscine commune.

On doit traiter les Saintes Huiles avec un grand respect, ne les laissant porter, autant qu'il se pourra, que par des Ecclésiastiques, et n'en donnant à personne, sous quelque prétexte que ce soit, de peur qu'on en abuse d'une manière profane ou sacrilége. Si, durant le cours de l'année, elles venaient à diminuer notablement, en sorte qu'elles ne puissent suffire, et qu'on n'eût pas la commodité d'en prendre ailleurs, il faudrait verser dans l'huile bénite qui resterait, un peu d'huile d'olives commune en moindre quantité, et les mêler ensemble.

De ce qu'il faut préparer pour baptiser solennellement.

Pour le Baptême solennel, on aura soin de préparer les choses suivantes :

1°. Le vase de l'huile des Catéchumènes et du Saint Chrême.

2°. Un petit vase dans lequel il y ait du sel pour être mis dans la bouche de celui qu'on baptisera. Ce sel doit être sec, broyé, bien net et béni d'une bénédiction propre pour servir au Baptême : quand il a été béni, il n'en faut donner à personne, ni le rendre à ceux qui l'ont apporté; mais on doit le conserver, pour s'en servir une autre fois au Baptême; et quand il est fondu, il faut le jeter dans la Piscine.

3°. Un vase d'argent ou d'autre métal propre, excepté le cuivre, uniquement destiné à prendre de l'eau dans les Fonts et à la verser sur la tête des personnes qu'on baptise.

4°. Un bassin pour recevoir l'eau qui coule de la tête de celui qu'on baptise, à moins qu'elle ne tombe immédiatement dans la Piscine.

5°. Du coton ou des étoupes, pour essuyer les endroits où l'on aura fait les onctions.

6°. Une aiguière ou pot à l'eau, pour laver les mains du Prêtre, et une serviette pour les essuyer.

7°. Deux étoles, une violette et une blanche, ou une seule qui soit violette d'un côté et blanche de l'autre, pour en changer, comme il sera marqué ci-après.

8°. Un petit vêtement blanc, en forme de voile, qu'on nomme Chrémeau, fourni par les parens, pour être mis sur la tête de l'enfant.

9°. Un cierge qui doit être mis entre les mains du baptisé.

10°. Ce Rituel avec les 2 Registres du Baptême, pour y inscrire les noms de ceux qu'on baptise.

Lorsqu'on trouve la lettre *N.* dans l'ordre qui suit, on doit toujours nommer la personne qu'on baptise, soit garçon, soit fille, selon le cas et le genre qui lui convient, sans obliger le Parrain et la Marraine de le nommer autant de fois. Aux endroits marqués d'une croix, le Prêtre doit former le signe de la croix sur l'enfant. Toutes les fois aussi qu'il prononce le nom de JÉSUS, il doit faire une inclination de tête, et s'il est couvert, il doit ôter son bonnet.

De l'enregistrement des Actes de Baptême.

IL y aura, dans chaque Paroisse, Cure, Succursale, ou Chapelle vicariale, deux Registres composés d'un nombre suffisant de feuilles, pour y inscrire les Actes de Baptêmes et de Mariages qui seront faits dans le cours de l'année.

L'importance de ces Registres exige que les Curés et Vicaires apportent tous leurs soins pour les conserver et les tenir en bon ordre.

Tous les actes de Baptêmes et de Mariages seront inscrits sur chacun des deux Registres. Les Curés ou Vicaires observeront de les signer sur l'un et sur l'autre, et de les faire signer par toutes les personnes que nous dirons, en traitant de chacun des Sacremens en particulier, devoir les signer, en même temps qu'ils seront faits sans aucun délai.

Lorsque quelqu'un ne saura ou ne pourra signer, ils marqueront qu'il a déclaré ne le savoir ou ne le pouvoir, ajoutant qu'il a été interpellé de le faire.

Ils n'y laisseront aucun blanc, et n'y écriront aucun nombre en chiffre. Ils n'y feront aucune interligne, quelle qu'elle puisse être, mais mettront par renvoi au bas de l'acte ou à la marge, les mots omis, les paraphant avec toutes les parties. S'il est nécessaire de faire quelque rature, ils feront mention des mots rayés au bas de l'acte, avant les signatures.

L'un de ces Registres demeurera entre les mains du Curé ou Vicaire qui Nous le représentera ou à nos Vicaires-Généraux, et aux Doyens, dans le cours de leur visite. Les Curés ou Vicaires seront tenus d'envoyer à l'Évêché exactement aussitôt après Pâques, un double des Registres des Bâptêmes et Mariages faits dans leurs Paroisses pendant l'année précédente.

Les Curés ou Vicaires délivreront des extraits de ces actes sur papier libre à ceux qui en auront besoin, sans rien exiger ; ils suivront la formule qui se trouve à la fin de ce Rituel. Ces extraits ne seront délivrés qu'aux personnes intéressées à les demander.

Ils énonceront dans les Actes de Baptême, leur date, le jour et l'heure de la naissance de l'enfant, exprimant si c'est un garçon ou une fille, et le nom qui lui aura été donné. Ils marqueront les noms, surnoms, qualité et domicile du Père et de la Mère, énonçant s'ils sont légitimement mariés. Ils exprimeront les noms, surnoms, qualité et domicile du Parrain et de la Marraine, et au cas que le Père soit absent, ils en feront mention. Enfin, ils signeront l'Acte avec le Père de l'enfant, le Parrain et la Marraine, s'ils savent ou peuvent signer, comme il est dit ci-dessus.

Pour enregistrer le Baptême des enfans jumeaux, nés à différens jours, ils exprimeront exactement le jour de la naissance de chacun ; et quand même ils seraient nés le même jour, ils ne manqueront pas de faire autant d'Actes séparés qu'il y aura d'enfans baptisés. Ils éviteront, dans ces Actes, d'autoriser l'opinion de ceux qui croient que l'enfant qui est né le dernier, est l'aîné à l'égard de celui qui l'a précédé ; mais, pour éviter toute surprise et assurer à chacun son droit, ils écriront chacun de ces Actes dans la forme ordinaire, avec cette seule différence, qu'ils y marqueront exactement celui qui est né le premier, le second ou le troisième, conformément à la formule qu'on trouvera à la fin de ce Rituel.

Si l'enfant a été exposé, ils écriront ce qui leur sera attesté du jour ou du lieu où il aura été trouvé, et les noms des personnes qui l'auront recueilli.

Lorsqu'ils omettront les cérémonies du Baptême, à cause du péril de l'enfant, ou par une permission particulière de Nous, ils en dresseront un Acte, dans lequel ils feront mention de cette cause, ou de la permission dont ils marqueront la date. Ils feront mention du jour de la naissance de l'enfant et du nom du père et de la mère. Cet acte sera inscrit et signé sur les deux Registres par le Curé ou Vicaire et le père de l'enfant, et par deux témoins. Le jour auquel on suppléra les cérémonies, on fera un second Acte, dans lequel on exprimera ce qui est prescrit ci-dessus pour les Baptêmes ; et il sera fait en même temps mention de l'acte de l'ondoiement : on y ajoutera aussi le nom du Curé qui l'a baptisé, afin qu'on puisse plus facilement trouver ledit Acte de Baptême, et connaître l'âge et le lieu de la naissance de cet enfant, et que cet Acte de supplément des cérémonies puisse servir de preuve, au défaut de l'Acte de l'ondoiement.

Si l'enfant a été baptisé à la maison par la Sage-Femme, ou par quelqu'autre personne, dans le cas de nécessité, celui ou celle qui l'aura ondoyé, sera tenu d'en avertir, sur le champ, les Curés ou Vicaires, lesquels devront observer ce qui est prescrit pag. 17, ch. *de la Forme du Baptême*, n°. 3°. Ils en dresseront aussitôt un Acte, qu'ils inscriront sur les deux Registres, en la forme marquée ci-dessus, en y faisant mention de la personne qui aura fait l'ondoiement, et qu'ils feront signer avec ceux qui doivent signer. Si elle ne sait ou ne peut signer, il sera fait mention de la déclaration qu'elle en fera. Si le Curé ou Vicaire juge devoir réitérer le Baptême sous condition, il l'exprimera dans le susdit Acte, ajoutant que l'enfant a été ondoyé à la maison, et le nom de la personne qui l'a ondoyé, mais qu'il y a eu lieu de douter de la validité de ce Baptême.

Manière d'administrer le Baptême aux enfans.

Toutes choses étant disposées pour l'administration du Sacrement de Baptême, le Curé s'étant lavé les mains, et revêtu de son habit de chœur et d'une étole de couleur violette, s'avancera en cet état vers la porte de l'église, où ceux qui ont apporté l'enfant, doivent l'attendre; et y étant arrivé, ayant la tête couverte, il interrogera celle qui porte l'enfant et ceux qui l'accompagnent, en cette manière.

D. Quel enfant présentez-vous à l'Église?

R. Un garçon (*ou*, une fille.)

D. Est-il (*ou*, est-elle) de cette Paroisse?

R. Oui, Monsieur.

Si on répondait que non, il faudrait le renvoyer à son propre Curé, à moins qu'il n'y ait nécessité pressante, ou permission de le baptiser.

D. N'a-t-on pas ondoyé cet enfant?

R. Non, Monsieur.

Si on répond que oui, le Prêtre doit examiner de quelle manière la chose s'est passée, et observer les règles que nous avons données ci-dessus, page 17.

D. Que demande-t-il? (*ou*, que demande-t-elle?)

R. Le Baptême.

D. Êtes-vous le Parrain et la Marraine?

R. Oui, Monsieur.

D. Voulez-vous vivre et mourir en la foi de l'Église Catholique, Apostolique et Romaine?

R. Oui, Monsieur, moyennant la grâce de Dieu.

S'ils refusaient de répondre ainsi à cette interrogation, le Prêtre leur déclarerait avec douceur que, d'après les saintes règles de l'Église, il ne peut les recevoir; et ensuite il choisirait ou demanderait aux Parens de l'enfant un autre Parrain et une autre Marraine.

Le Prêtre donnera avis au Parrain et à la Marraine de répondre au nom de l'enfant, lorsqu'ils seront interrogés ; et il fera, selon sa prudence, l'exhortation suivante :

EXHORTATION.

La foi nous apprend que tout enfant qui vient au monde, étant descendant d'Adam, a hérité de son péché, et qu'il est, par conséquent, ennemi de Dieu, esclave du démon, et ne doit attendre, après cette misérable vie, que la damnation éternelle. Tel est l'état de cet enfant qu'on nous présente. Mais, grâce à la miséricorde infinie de notre Dieu, au moment où il recevra le saint Baptême, la tache du péché originel sera effacée en lui, et il prendra une nouvelle naissance : il deviendra l'enfant de Dieu, le temple du Saint-Esprit, membre de Jésus-Christ, et héritier de la gloire éternelle. Assistez donc, vous tous qui êtes ici présens, assistez à une action si sainte avec toute la piété dont vous êtes capables ; unissez vos prières aux nôtres, pour obtenir de Dieu que cet enfant ne retombe jamais sous la tyrannie du démon par aucun péché mortel, et qu'il conserve jusqu'à son dernier soupir la grâce qui lui sera communiquée par la vertu du Sacrement. Réfléchissez en même temps sur vous-mêmes, et si votre conscience vous reproche d'avoir perdu la grâce du saint Baptême par quelque péché mortel, concevez-en un vif regret, et prenez la ferme résolution de la recouvrer par une sincère pénitence, et d'être à l'avenir plus attentifs à la conserver.

Puis, s'adressant au Parrain et à la Marraine, il leur dira :

Comme cet enfant est incapable de connaître et de professer les mystères dont il va recevoir le fruit, l'Église vous députe pour faire en son nom la profession publique de la foi à ces saints mystères, et les promesses solennelles de renoncer pour toujours au monde, au démon et au péché. Vous allez donc lui servir de caution, et protester à Dieu et à l'Église, qu'il exécutera fidèlement les promesses que vous aurez faites pour lui. Ainsi, vous devez prier avec plus de ferveur et de dévotion que les autres personnes ici présentes, afin d'attirer la grâce, et sur cet enfant et sur vous-mêmes, pour vous acquitter à l'avenir des obligations que vous allez contracter à son égard.

L'exhortation finie, le Prêtre, toujours couvert, dira au Parrain et à la Marraine :

D. Quel nom donnez-vous à cet enfant ?

R. N.

Ensuite, étant toujours couvert, il soufflera trois fois doucement sur le visage de l'enfant, en disant une fois seulement :

Exi ab eo (*vel*, ab eâ,) immúnde spíritus, et da locum Spirítui Sancto Paracléto.

Puis il formera avec le pouce le signe de la croix sur le front et sur la poitrine de l'enfant, l'appelant par son nom, en disant :

N. (*) áccipe signum crucis tàm in fronte ✝ quàm in corde ✝; sume fidem cœléstium præceptórum, et talis esto móribus, ut templum Dei jàm esse possis.

Ensuite il se découvrira et dira :

ORÉMUS.

PRECES nostras, quæsumus, Dómine, cleménter exaúdi, et hunc eléctum tuum *N.* (*vel*, hanc eléctam tuam *N.*) crucis domínicæ impressióne signátum (*vel*, signátam) perpétuâ virtúte custódi; ut magnitúdinis glóriæ tuæ rudiménta servans, per custódiam mandatórum tuórum ad regeneratiónis glóriam perveníre mereátur ; Per Christum Dóminum nostrum. ℟. Amen.

Étant toujours découvert et mettant la main droite sur la tête de l'enfant, il dira :

ORÉMUS.

OMNÍPOTENS, sempitérne Deus, Pater Dómini nostri Jesu Christi, respícere dignáre super hunc fámulum tuum *N.* quem (*vel*, hanc fámulam tuam *N.* quam) ad

---

(*) Si on donnait à l'enfant plusieurs noms, le Prêtre pourrait ne répéter que le premier.

rudiménta fídei vocáre dignátus es ; omnem cæcitátem cordis ab eo (*vel*, ab eâ) expélle : disrúmpe omnes láqueos sátanæ, quibus fúerat colligátus (*vel*, colligáta.) Aperi ei, Dómine, jánuam pietátis tuæ, ut signo sapientiæ tuæ imbútus (*vel*, imbúta), ómnium cupiditátum fetóribus cáreat, et ad suávem odórem præceptórum tuórum lætus (*vel*, læta) tibi in Ecclésiâ tuâ desérviat, et profíciat de die in diem ; Per eúmdem Christum Dóminum nostrum.

℟. Amen.

Il faut remarquer que toutes les fois que le Prêtre prononce le saint nom de Jésus, *il doit faire une inclination de tête, et se découvrir, s'il n'est déjà découvert.*

Après cette Oraison, le Prêtre, toujours découvert, bénira le sel, s'il n'y en a point qui ait été béni auparavant pour le Baptême ; car, s'il y en a de béni, il peut servir plusieurs fois.

BÉNÉDICTION DU SEL.

Exorcízo te, creatúra salis, in nómine Dei Patris omnipoténtis ✝, et in charitáte Dómini nostri Jesu Christi ✝, et in virtúte Spíritûs ✝ Sancti : exorcízo te per Deum vivum ✝, per Deum verum ✝, per Deum sanctum ✝, per Deum qui te ad tutélam humáni géneris procreávit, et pópulo veniénti ad credulitátem, per servos suos consecrári præcépit, ut in nómine sanctæ Trinitátis efficiáris salutáre sacraméntum ad effugándum inimícum : proíndè rogámus te, Dómine Deus noster, ut hanc creatúram salis sanctificándo sanctífices ✝, et benedicéndo benedícas ✝; ut fiat ómnibus accipiéntibus perfécta medicína, pérmanens in viscéribus eórum, in nómine ejúsdem Dómini nostri Jesu Christi qui ventúrus est judicáre vivos et mórtuos et séculum per ignem.

℟. Amen.

Ensuite il se couvrira et, prenant de ce sel, il en mettra un peu dans la bouche de l'enfant, en disant :

N. áccipe salem sapiéntiæ : propitiátio sit tibi in vitam ætérnam. ℟. Amen.

Le Prêtre. Pax tecum.

℟. Et cum spíritu tuo.

Ensuite il se découvrira et dira :

Orémus.

Deus patrum nostrórum, Deus univérsæ cónditor creatúræ, te súpplices exorámus, ut hunc fámulum tuum *N.* (*vel,* hanc fámulam tuam *N.*) respícere dignéris propítius, et hoc primum pábulum salis gustántem non diútiùs esuríre permíttas, quóminùs cibo expleátur cœlésti, quáteniùs sit semper spíritu fervens, spe gaudens, tuo semper nómini sérviens. Perduc eum, (*vel*, eam,) Dómine, quæsumus, ad novæ regeneratiónis lavácrum, ut cum fidélibus tuis promissiónum tuárum ætérna præmia cónsequi mereátur; Per Christum Dóminum nostrum.

℟. Amen.

Cette Oraison finie, il se couvrira et, étendant la main droite vers l'enfant, il dira :

Exorcízo te, immúnde spíritus, in nómine Patris ✝, et Fílii ✝, et Spíritûs ✝ Sancti; ut éxeas et recédas ab hoc fámulo (*vel*, ab hâc fámulâ) Dei *N.*; ipse enim tibi ímperat, maledícte damnáte, qui pédibus super mare ambulávit et Petro mergénti déxteram porréxit.

Ergò, maledícte diábole, recognósce senténtiam tuam, et da honórem Deo vivo et vero, da honórem Jesu Christo Fílio ejus et Spirítui Sancto, et recéde ab hoc fámulo (*vel*, ab hâc fámulâ) Dei *N.* quia istum (*vel*, istam) sibi Deus et Dóminus noster Jesus Christus ad suam sanctam grátiam et benedictiónem fontémque baptísmatis vocáre dignátus est, [*Aux paroles suivantes il formera le signe de la croix avec le pouce droit, sur le front de l'enfant.*] Et hoc signum sanctæ crucis ✝ quod nos fronti ejus damus, tu maledícte diábole, nunquàm áudeas violáre; Per eúmdem Christum Dóminum nostrum.

℟. Amen.

Puis se découvrant, il mettra la main droite sur la tête de l'enfant, et dira :

ORÉMUS.

ÆTÉRNAM ac justíssimam pietátem tuam déprecor, Dómine sancte, Pater omnípotens, ætérne Deus, auctor lúminis et veritátis, super hunc fámulum tuum *N.* (*vel*, hanc fámulam tuam *N.*) ut dignéris illum (*vel*, illam) illumináre lúmine intelligéntiæ tuæ : munda eum (*vel*, eam) et sanctífica : da ei sciéntiam veram, ut dignus (*vel*, digna) grátiâ baptísmi tui efféctus (*vel*, efécta) téneat firmam spem, consílium rectum, doctrínam sanctam ; Per Christum Dóminum nostrum. ℟. Amen.

Après cette Oraison, il se couvrira, mettra le bout de l'étole sur l'enfant, et l'introduira dans l'église en disant :

N. ingrédere in templum Dei, ut hábeas partem cum Christo in vitam ætérnam. ℟. Amen.

Etant entré dans l'église, le Prêtre se découvre, s'approche du baptistaire avec le Parrain et la Marraine, et dit à haute voix avec eux, en latin ou en français :

PATER noster, qui es in cœlis, sanctificétur nomen tuum ; advéniat regnum tuum ; fiat volúntas tua, sicut in cœlo et in terrâ : panem nostrum quotidiánum da nobis hódiè ; et dimítte nobis débita nostra, sicut et nos dimíttimus debitóribus nostris ; et ne nos indúcas in tentatiónem ; sed líbera nos à malo.

Amen.

NOTRE Père, qui êtes dans les cieux, que votre nom soit sanctifié ; que votre règne arrive ; que votre volonté soit faite sur la terre comme au ciel ; donnez-nous aujourd'hui notre pain de chaque jour ; et pardonnez-nous nos offenses comme nous pardonnons à ceux qui nous ont offensés ; et ne nous laissez pas succomber à la tentation ; mais délivrez-nous du mal.

Ainsi soit-il.

AVE, María, grátiâ plena ; Dóminus tecum :

JE vous salue, Marie, pleine de grâce ; le Seigneur est

avec vous; vous êtes bénie sur toutes les femmes; et Jésus, le fruit de vos entrailles, est béni.

Sainte Marie, Mère de Dieu, priez pour nous pauvres pécheurs, maintenant et à l'heure de notre mort. Ainsi soit-il.

benedícta tu in muliéribus, et benedíctus fructus ventris tui Jesus.

Sancta María, Mater Dei, ora pro nobis peccatóribus, nunc et in horâ mortis nostræ. Amen.

Je crois en Dieu le Père tout puissant, Créateur du ciel et de la terre; et en Jésus-Christ son Fils unique, Notre-Seigneur; qui a été conçu du Saint-Esprit, est né de la Vierge Marie; qui a souffert sous Ponce-Pilate, a été crucifié, est mort et a été enseveli; qui est descendu aux enfers, et le troisième jour est ressuscité des morts; qui est monté aux cieux, est assis à la droite de Dieu le Père tout puissant; d'où il viendra juger les vivans et les morts. Je crois au Saint-Esprit; la Sainte Eglise Catholique, la communion des Saints; la rémission des péchés; la résurrection de la chair; la vie éternelle. Ainsi soit-il.

Credo in Deum, Patrem omnipoténtem, Creatórem cœli et terræ; et in Jesum Christum, Fílium ejus únicum, Dóminum nostrum; qui concéptus est de Spíritu Sancto, natus ex Maríâ Vírgine; passus sub Póntio Piláto, crucifíxus, mórtuus et sepúltus; descéndit ad ínferos, tértiâ die resurréxit à mórtuis; ascéndit ad cœlos, sedet ad déxteram Dei Patris omnipoténtis; indè ventúrus est judicáre vivos et mórtuos. Credo in Spíritum Sanctum; sanctam Ecclésiam cathólicam, Sanctórum communiónem; remissiónem peccatórum; carnis resurrectiónem; vitam ætérnam. Amen.

Avant d'approcher entièrement des Fonts, la Sage-Femme préparera l'enfant de telle sorte qu'on puisse facilement lui découvrir la tête et lui faire les onctions sur la poitrine et entre les épaules; ensuite le Prêtre s'étant couvert, fera l'exorcisme suivant:

Exorcízo te, omnis spíritus immúnde, in nómine Dei Patris omnipoténtis †, et in nómine Jesu Christi Fílii ejus Dómini Júdicis nostri †, et in virtúte Spíritûs Sancti †; ut discédas ab hoc plásmate Dei *N.* quod Dóminus noster ad templum sanctum suum vocáre dignátus est, ut fiat templum Dei vivi, et Spíritus Sanctus hábitet in eo; Per eúmdem Christum Dóminum nostrum, qui ventúrus est judicáre vivos et mórtuos, et séculum per ignem. ℟. Amen.

Étant toujours couvert et prenant avec le pouce de la main droite un peu de salive dans la bouche, il en mettra sur les deux oreilles de l'enfant, en formant dessus, le signe de la croix, et disant :

Ephphétha †, quod est adaperíre.

Puis sur les narines, en disant :

In odórem † suavitátis. Tu autem effugáre, diábole; appropinquábit enim judícium Dei.

On mettra l'enfant droit sur la Piscine du Baptistaire. Le Parrain et la Marraine le toucheront, et le Prêtre l'appelant par son nom, l'interrogera en latin ou en français, en disant :

N. Abrenúntias sátanæ? (*ou*, Renoncez-vous au démon?

Le Parrain et la Marraine répondront pour lui :

Abrenúntio. (*ou*, J'y renonce.)

Le Prêtre. Et ómnibus opéribus ejus? (*ou*, Et à toutes ses œuvres?)

Le Parrain et la Marraine. Abrenúntio. (*ou*, J'y renonce.)

Le Prêtre. Et ómnibus pompis ejus? (*ou*, Et à toutes ses pompes?)

Le Parrain et la Marraine. Abrenúntio. (*ou*, J'y renonce.)

Ensuite le Prêtre s'étant découvert et ayant donné son bonnet au clerc, prendra avec le stylet ou la virgule, (ou avec le pouce, s'il ne peut faire autre-ment) de l'Huile des Catéchumènes, et oindra l'enfant en forme de croix, premièrement sur la poitrine, en disant :

Ego te línio † óleo salútis; *ensuite entre les deux épaules*, in Christo Jesu † Dómino nostro, ut hábeas vitam ætérnam. ℟. Amen.

Ensuite il essuiera avec du coton ou des étoupes son pouce et les parties de l'enfant qu'il a ointes ; puis quittera l'étole violette pour en prendre une blanche, ou il tournera celle qu'il a, si elle est de deux couleurs, et il fera à l'enfant qu'il nommera par son nom, les demandes suivantes, auxquelles le Parrain et la Marraine répondront.

D. N. Credis in Deum Patrem omnipoténtem, creatórem cœli et terræ? (*ou en français,*) *N.* Croyez-vous en Dieu le Père tout puissant, créateur du ciel et de la terre?

R. Credo. (*ou*, J'y crois.)

D. Credis in Jesum Christum, Fílium ejus únicum, Dóminum nostrum, natum et passum? (*ou*, Croyez-vous en Jésus-Christ son Fils unique Notre-Seigneur, qui est né et a souffert?

R. Credo. (*ou*, J'y crois.)

D. Credis in Spíritum Sanctum, Sanctam Ecclésiam Cathólicam, Sanctórum communiónem, remissiónem peccatórum, carnis resurrectiónem, vitam ætérnam? (*ou*, Croyez-vous au Saint-Esprit, la Sainte Église Catholique, la communion des Saints, la rémission des péchés, la résurrection de la chair, la vie éternelle?)

R. Credo. (*ou*, J'y crois.)

D. N. vis baptizári? (*ou*, *N.* voulez-vous être baptisé?)

R. Volo. (*ou*, Je le veux.)

Alors le Parrain et la Marraine tenant l'enfant, de manière que sa tête soit inclinée sur la Piscine, le Prêtre prendra de l'eau des Fonts, dans un petit vase destiné à cet usage, et en versera trois fois sur la tête de l'enfant, en forme de croix, en disant en même temps une seule fois, distinctement et dévotement :

N. Ego te baptízo in nómine Patris ✝. *Il verse l'eau pour la première fois*, et Fílii ✝, *pour la seconde*, et Spíritûs ✝ Sancti, *pour la troisième.*

Si l'on doute que l'enfant ait été baptisé, le Prêtre usera de cette forme :

N. Si non es baptizátus, (*vel*, baptizáta,) ego te baptízo in nómine Patris ✝ et Fílii ✝, et Spíritûs ✝ Sancti.

Ensuite il prendra avec le stylet ou la virgule (ou avec le pouce, s'il ne peut faire autrement), du Saint Chrême, et dira :

Deus omnípotens, Pater Dómini nostri Jesu Christi, qui te regenerávit ex aquâ et Spíritu Sancto, quique dedit tibi remissiónem ómnium peccatórum, *en disant les paroles suivantes, il fera l'onction en forme de croix sur le sommet de la tête de l'enfant,* ipse te líniat Chrísmate salútis in eódem Christo Jesu, Dómino nostro, in vitam ætérnam. ℟. Amen.

Puis il dira : Pax tibi; ℟. Et cum spíritu tuo. *Il essuiera avec du coton ou des étoupes, son pouce et la partie de l'enfant qui a été ointe, et lui mettra sur la tête le chrémeau ou voile blanc, en disant :*

N. áccipe vestem cándidam, quam immaculátam pérferas ante tribúnal Dómini nostri Jesu Christi, ut hábeas vitam ætérnam. ℟. Amen.

Il présentera ensuite le cierge allumé au Parrain et à la Marraine, et dira à l'enfant, en le lui posant sur la poitrine :

N. áccipe lámpadem ardéntem, et irreprehensíbilis custódi baptísmum tuum : serva Dei mandáta, ut, cùm Dóminus vénerit ad núptias, possis occúrrere ei, unà cum ómnibus Sanctis in aulâ cœlésti, habeásque vitam ætérnam. ℟. Amen.

Enfin il dira :

N. vade in pace, et Dóminus sit tecum. ℟. Amen.

Le Prêtre lavera ses mains sur la Piscine des Fonts, les essuiera d'un linge blanc, fermera les Fonts, et remettra les Saintes Huiles dans le lieu où il les aura prises.

Ensuite il fera, selon sa prudence, l'exhortation suivante, ou quelqu'autre semblable.

EXHORTATION.

Bénissez le Seigneur, mes très-chers frères, à la vue du changement merveilleux que sa grâce vient d'opérer dans cet enfant. Ce n'est plus un pécheur, ni un esclave du démon : c'est un chrétien et un enfant de Dieu que l'Église vous rend par notre ministère. Régénéré par les eaux du

Baptême, et lavé dans le sang de Jésus-Christ, il est devenu l'objet des complaisances du Père céleste : il a Dieu pour père, l'Église pour mère, Jésus-Christ pour chef; son âme est le temple du Saint-Esprit, qui habite en lui, et l'enrichit de tous ses dons; le Ciel est son héritage. Quelles actions de grâce ne devez-vous donc pas en rendre au Seigneur; et avec quelle ferveur ne devez-vous pas le supplier d'affermir dans la suite ce que sa bonté vient d'opérer en lui. Avec quel soin ne devez-vous pas veiller sur cette innocente créature, pour qu'elle conserve l'inestimable trésor de la grâce sanctifiante, et qu'elle parvienne un jour à la vie éternelle? Aidez-le donc par vos prières : édifiez-le par vos bons exemples, et n'oubliez rien de ce qui dépendra de vous, pour lui procurer une éducation sainte et chrétienne.

Si le Prêtre ne juge pas à propos de faire une exhortation, il donnera du moins aux Parrain et Marraine, les avertissemens suivans :

L'Église, mes très-chers frères, me commande de vous donner quelques avertissemens auxquels je vous prie de faire une attention toute particulière.

1°. Vous venez de contracter une affinité spirituelle avec cet enfant et avec son père et sa mère ; en sorte qu'il ne pourrait y avoir sans dispense, de légitime mariage entre le parrain, la filleule et sa mère, ni entre la marraine, le filleul et son père; et si vous êtes déjà unis par les liens de la parenté naturelle, l'affinité spirituelle que vous venez de contracter avec cet enfant, doit resserrer les liens qui vous unissaient déjà.

2°. Vous devez avertir le père et la mère, ou la nourrice de cet enfant, que l'Église leur fait une défense formelle de le coucher dans un même lit avec eux, ni avec qui que ce soit, avant qu'il ait un an et un jour, à cause du péril qu'il y aurait que l'enfant ne fût suffoqué.

3°. Vous étant rendus caution pour cet enfant qu'il gardera la foi catholique tous les jours de sa vie, et qu'il accomplira fidèlement les promesses que vous avez faites pour lui, vous êtes obligés de faire ce qui sera en votre pouvoir, afin qu'il y soit fidèle. En sorte que si son père et sa mère venaient à lui manquer, ou s'ils n'avaient pas soin de l'instruire ou de le faire instruire, vous devez suppléer à leur défaut, prendre garde qu'il ne soit pas élevé parmi les hérétiques, ou par des gens suspects dans la foi et les mœurs; et que, le plus tôt qu'il se pourra, on lui fasse apprendre le Symbole des Apôtres, les Commandemens de Dieu et de l'Église, l'Oraison Dominicale, la Salutation Angélique, et tout ce qu'il est obligé de croire et de faire pour son salut.

Maintenant, mes très-chers frères, unissons-nous tous, pour remercier le Seigneur de la grâce qu'il vient d'accorder à cet enfant, et prions-le instamment d'affermir l'œuvre qu'il a opérée au milieu de son saint temple; afin que cette nouvelle créature en Jésus-Christ conserve toujours le précieux trésor de l'innocence, et parvienne à la récompense éternelle. Ainsi soit-il.

Ensuite le Prêtre mettra les extrémités de son étole en forme de croix sur la tête de l'enfant, et dira :

℣. Dóminus vobiscum,
℟. Et cum spíritu tuo.

℣. Inítium sancti Evangélii secúndùm Joánnem.
℟. Glória tibi, Dómine.

IN princípio erat Verbum, et Verbum erat apud Deum, et Deus erat Verbum. Hoc erat in princípio apud Deum. Omnia per ipsum facta sunt, et sine ipso factum est nihil quod factum est. In ipso vita erat, et vita erat lux hóminum; et lux in ténebris lucet, et ténebræ eam non comprehendérunt. Fuit homo missus à Deo, cui nomen erat Joánnes. Hic venit in testimónium, ut testimónium perhibéret de lúmine, ut omnes créderent per illum. Non erat ille lux, sed ut testimónium prehibéret de lúmine. Erat lux vera quæ illúminat omnem hóminem veniéntem in hunc mundum. In mundo erat, et mundus per ipsum factus est, et mundus eum non cognóvit. In própria venit, et sui eum non recepérunt. Quotquot autem recepérunt eum, dedit eis potestátem fílios Dei fíeri, his qui credunt in nómine ejus, qui non ex sanguínibus, neque ex voluntáte carnis, neque ex voluntáte viri, sed ex Deo nati sunt. ET VERBUM CARO FACTUM EST; et habitávit in nobis; et vídimus glóriam ejus, glóriam quasi Unigéniti à Patre, plenum grátiæ et veritátis. ℟. Deo grátias.

Te invocámus, te adorámus, te glorificámus, ô Beáta Trínitas.

℣. Sit nomen Dómini benedíctum,

℟. Ex hoc nunc et usque in séculum.

ORÉMUS.

PROTÉCTOR in te sperántium, Deus, sine quo nihil est válidum, nihil sanctum, multíplica super nos misericórdiam tuam; ut, te rectóre, te duce, sic transeámus per bona temporália, ut non amittámus ætérna; Per Christum Dóminum nostrum. ℟. Amen.

Puis il bénira l'enfant, en disant :

Benedícat et custódiat te omnípotens et miséricors Dóminus, Pater ✝ et Fílius et Spíritus Sanctus. ℟. Amen.

Après quoi il lui fera baiser l'étole.

Enfin le Prêtre, avant de congédier les assistans, écrira l'acte du Baptême dans les Registres, et suivant les règles marquées ci-dessus et les formules qu'on trouvera dans la seconde partie de ce Rituel.

Lorsqu'après l'administration du Baptême, les parens désirent de consacrer leurs enfans à la Sainte Vierge, on récitera la prière suivante, devant une image de la Sainte Vierge ou, autant que possible, devant son autel.

Ant. Sub tuum præsídium confúgimus, sancta Dei Génitrix : nostras deprecatiónes ne despícias in necessitátibus; sed à perículis cunctis líbera nos semper, Virgo gloriósa et benedícta.

℣. Ora pro nobis, sancta Dei Génitrix ;
℟. Ut digni efficiámur promissiónibus Christi.

ORÉMUS.

DEFÉNDE, quæsumus, Dómine, beátâ Maríâ Vírgine intercedénte, istum (*vel*, istam) ab omni adversitáte baptizátum (*vel*, baptizátam); et, quam ei mox præbuísti vestem cándidam, immaculátam pérferat ante tribúnal Dómini nostri Jesu Christi; Qui tecum vivit et regnat, Deus, in sécula seculórum. ℟. Amen.

℣. Domináre ei, tu et fílius tuus, ô beáta Virgo María.
℟. Amen.

Manière d'administrer le Baptême à plusieurs enfans ensemble.

Si l'on doit baptiser plusieurs enfans ensemble, et qu'ils soient de différent sexe, il faut mettre les garçons à la droite du Prêtre, et les filles à la gauche; et on dira les prières et les exorcismes en commun et au pluriel, gardant le genre de chacun, comme hos famulos *et* has famulas. *Il faut faire les actions principales à chacun en particulier; il les faut interroger l'un après l'autre au commencement, souffler et faire le signe de la croix sur le front et sur la poitrine de chacun; leur mettre de la salive aux oreilles et aux narines; demander à chacun s'il renonce au démon*, etc., *s'il croit en Jésus-Christ*, etc., *s'il croit au Saint-Esprit; faire à l'un après l'autre les onctions de l'Huile des Catéchumènes et du saint Chrême; verser l'eau du Baptême, en disant les paroles sacramentelles sur chacun en particulier; comme aussi de mettre le chrémeau sur la tête de chacun et leur donner à chacun le cierge allumé, commençant les cérémonies par les garçons, puis les faisant aux filles. On écrira aussi l'acte de leur Baptême séparément.*

Les Prêtres qui ne sont pas assez versés pour dire les Oraisons et les exorcismes au pluriel, ne doivent pas entreprendre de baptiser plusieurs personnes ensemble; et régulièrement on ne doit le faire que quand il y a nécessité d'en user ainsi.

Manière d'administrer le Baptême, le Samedi-Saint, ou la veille de la Pentecôte.

1°. *Le Samedi-Saint, avant la bénédiction du cierge pascal, et la veille de la Pentecôte avant les leçons des prophètes, le Prêtre, précédé de la croix, du clergé et de ses ministres, se rend à l'extrémité de la nef, la plus voisine de la porte où se trouvent ceux qui doivent être baptisés et leurs Parrains et Marraines. Il fait les interrogations marquées pour le baptême des enfans, page* 33, *et continue les prières et les cérémonies jusqu'à l'onction de l'huile des Catéchumènes inclusivement, page* 40.

2°. *Il retourne au chœur, où l'on bénit le cierge pascal (si c'est le Samedi-Saint), après quoi on lit les prophéties, et on continue l'Office jusqu'à la bénédiction des Fonts inclusivement.*

3°. *Après cette bénédiction et l'aspersion de l'eau bénite sur le peuple, les Parrains et Marraines s'approchent des Fonts avec les enfans qu'ils présentent; le Prêtre leur demande:* Croyez-vous en Dieu le Père tout puissant, *etc., page* 41, *et poursuit toutes les cérémonies du Baptême jusqu'à la fin.*

On chante ensuite les Litanies et la Messe.

Manière d'administrer le Baptême en danger de mort.

Si un enfant en danger de mort ne pouvait être apporté à l'église, il faudrait le baptiser à la maison; prendre pour cela de l'eau naturelle au défaut de l'eau bénite, et la verser par trois fois, ou du moins une fois, en forme de croix, sur la tête, en disant distinctement et avec attention :

Ego te baptízo, in nómine Patris ✝ et Fílii ✝ et Spíritûs ✝ Sancti. *(ou en français,)* Je te baptise au nom du Père ✝ et du Fils ✝ et du Saint ✝ Esprit.

Que si étant à l'église, la personne qu'on présente au Baptême, enfant ou adulte, se trouvait en danger de mourir avant qu'on pût lui donner ce Sacrement avec toutes les cérémonies, il faudrait passer tout ce qui précède la forme du Baptême, et dire :

Nommez-le. *Le Parrain et la Marraine répondent :* N.

Ensuite le Prêtre versera l'eau sur la tête par trois fois, ou même une seule fois, en forme de croix, en disant :

Ego te baptízo, in nómine Patris ✝ et Fílii ✝ et Spíritûs ✝ Sancti.

Si le Prêtre craint de n'avoir pas le temps d'aller aux Fonts et de les ouvrir, il se servira d'eau bénite, ou même d'eau commune, s'il l'a plus promptement à la main; puis si le baptisé respire encore, il lui fera l'onction du saint Chrême sur le sommet de la tête, en disant l'Oraison Deus omnípotens.., *comme ci-dessus; il lui donnera le chrémeau, en disant :* Accipe vestem cándidam..., *et présentera le cierge allumé, en disant :* Accipe lámpadem.., *etc. Que si le baptisé vit encore, le Prêtre suppléera ce qu'il aura omis des cérémonies, en la manière qui suit.*

Manière de suppléer les cérémonies omises dans le Baptême.

On ne peut, hors le cas de nécessité, sans une dispense de Nous ou de nos Vicaires-Généraux, conférer le Baptême sans les cérémonies prescrites par l'Église. Quand un enfant aura été ondoyé ou baptisé de la sorte pour cause de nécessité, il faudra au plus tôt l'apporter à l'église, et suppléer les cérémonies omises, en se conformant à l'ordre qui suit.

Le Prêtre revêtu d'un surplis ou d'un rochet et d'une étole violette, se rendra à la porte de l'église; et, les choses disposées, comme il est marqué ci-dessus, il dira étant couvert :

D. Quel enfant présentez-vous à l'Église ?

R. Un garçon, (*ou*, une fille.)

D. Est-il (*ou*, est-elle) de cette Paroisse ?

R. Oui, Monsieur.

D. Que demande-t-il, (*ou*, que demande-t-elle ?)

R. Les cérémonies du Baptême.

D. Êtes-vous le Parrain et la Marraine.

R. Oui, Monsieur.

D. Voulez-vous vivre et mourir dans la foi de l'Église Catholique, Apostolique et Romaine ?

R. Oui, Monsieur, moyennant la grâce de Dieu.

S'ils refusaient de répondre ainsi, le Prêtre leur déclarerait, avec douceur, que, d'après les saintes règles de l'Église, il ne peut les recevoir; et ensuite il choisirait, ou demanderait aux Parens de l'enfant un autre Parrain et une autre Marraine.

Le Prêtre fera ensuite l'exhortation suivante, ou une semblable.

EXHORTATION.

MES très-chers Frères, l'enfant qu'on nous présente, ayant été validement baptisé, a été purifié de la tache originelle : il n'appartient donc pas au démon, mais il est au rang des enfans de Dieu, et il est devenu un des membres de Jésus-Christ. Cependant l'Eglise nous ordonne de lui suppléer les cérémonies que la nécessité a fait omettre, et cela, pour des raisons bien dignes de sa sagesse. En effet, ces cérémonies, vénérables par leur antiquité, sont saintes, augustes, utiles à celui qui les reçoit, pleines de mystères, et instructives pour ceux qui en sont les témoins.

Celles qui auraient dû précéder le Baptême, signifient et opèrent ce qu'elles auraient fait et signifié avant ce Sacrement; parce que Dieu, qui voit comme présentes les choses futures, a attaché à leur supplément la grâce qui en est le fruit. Nous lui donnerons le nom d'un Saint, pour lui apprendre qu'étant entré dans la société des Saints, il doit honorer, invoquer et imiter son patron, s'il veut obtenir, par ses prières, la grâce nécessaire pour conserver la sainteté de son Baptême. Les conjurations, les exorcismes que nous allons faire contre le démon, les signes de croix que nous ferons sur l'enfant, le sel que nous lui donnerons, en nous rappelant le souvenir des miséricordes de Jésus-Christ, qui, par sa mort sur la croix, nous a délivrés de la servitude du démon, ont une vertu particulière et présente pour réprimer les attaques de l'esprit infernal, qui tourne sans cesse autour du Fidèle baptisé, pour le surprendre et exciter les passions que la grâce du Baptême a soumises, sans les éteindre.

Parrain et Marraine, en récitant, au nom de l'enfant,

le Symbole des Apôtres, l'Oraison Dominicale et la Salutation Angélique, en renonçant pour lui à satan, à ses pompes et à ses œuvres, et en faisant la profession de croire en Jésus-Christ et à sa doctrine, vous vous rendez caution de cet enfant, et vous promettez de l'instruire ou de le faire instruire des engagemens qu'il a contractés.

Les onctions sur sa poitrine et sur ses épaules indiquent qu'il doit combattre, toute sa vie, les ennemis de son salut, par la pratique d'une entière mortification; et celle que nous ferons sur sa tête avec le saint chrême, signifie qu'il est incorporé à Jésus-Christ, et qu'il participe à sa grâce par l'onction intérieure et invisible du Saint-Esprit. C'est par son application constante à conserver et augmenter en lui cette grâce, qu'il persévérera jusqu'à la mort dans la pureté et l'innocence qu'il a reçues dans le Baptême, et qui sont figurées par la robe blanche dont nous le revêtirons; et que, brillant par l'éclat des bonnes œuvres, représentées par le cierge allumé que nous lui mettrons en main, il méritera d'être introduit, au sortir de cette vie, dans l'éternelle félicité.

Instruits de ce que signifient et de ce qu'opèrent ces saintes cérémonies, ayez soin d'en instruire dans la suite cet enfant, et aidez-lui, par vos prières et par vos exemples, à y conformer sa conduite. Et vous tous, qui êtes ici présens, assistez à cette action sainte avec un profond respect et un silence qui soient une preuve de votre foi.

Le Prêtre fera ici une petite pause, et dira ensuite :

D. Quel nom donnez-vous à cet enfant?

R. N.

Le Prêtre soufflera doucement, par trois fois, sur le visage de l'enfant, et dira :

Exi ab eo, (*vel*, ab eâ,) immúnde spíritus, et da locum Spirítui Sancto Paracléto.

Ensuite étant toujours couvert, il formera, avec le pouce droit, le signe de la croix sur le front et la poitrine de l'enfant, et l'appelant par le nom qui lui aura été donné, il dira :

N. áccipe signum crucis tàm in fronte ✝ quàm in corde ✝; sume fidem cœléstium præceptórum, et talis esto móribus, ut templum Dei jàm esse possis.

Puis il se découvrira pour dire :

ORÉMUS.

PRECES nostras, quæsumus, Dómine, cleménter exáudi, et hunc eléctum tuum *N*. (*vel*, hanc eléctam tuam *N*.) crucis dominícæ impressióne signátum (*vel*, signátam) perpétuâ virtúte custódi; ut magnitúdinis glóriæ tuæ rudiménta servans, per custódiam mandatórum tuórum ad regeneratiónis glóriam perveníre mereátur; Per Christum Dóminum nostrum. ℟. Amen.

Étant découvert et mettant la main sur la tête de l'enfant, il dira :

ORÉMUS.

OMNIPOTENS, sempitérne Deus, Pater Dómini nostri Jesu Christi, respícere dignáre super hunc fámulum tuum *N*. quem (*vel*, hanc fámulam tuam *N*. quam) ad rudiménta fídei vocáre dignátus es; omnem cæcitátem cordis ab eo (*vel*, ab eâ) expélle : disrúmpe omnes láqueos sátanæ, quibus fúerat colligátus (*vel*, colligáta.) Aperi ei, Dómine, jánuam pietátis tuæ; ut signo sapiéntiæ tuæ imbútus (*vel*, imbúta). ómnium cupiditátum fetóribus cáreat, et ad suávem odórem præceptórum tuórum lætus (*vel*, læta) tibi in Ecclésiâ tuâ desérviat, et profíciat de die in diem, ut idóneus (*vel*, idónea) sit frui grátiâ baptísmi tui quem suscépit, salútis percéptâ medicínâ; Per Christum Dóminum nostrum. ℟. Amen.

Il se tiendra découvert pour bénir le sel, s'il en est besoin, en disant : Exorcizo te, creatura salis, *etc., comme ci-devant au Baptême des enfans, page* 36.

Ensuite il mettra un peu de sel bénit dans la bouche de l'enfant, en disant :

N. áccipe salem sapiéntiæ : propitiátio sit tibi in vitam ætérnam.

Le Prêtre. Pax tecum;

℟. Et cum spíritu tuo.

ORÉMUS.

Deus patrum nostrórum, Deus univérsæ cónditor creatúræ, te súpplices exorámus, ut hunc fámulum tuum *N.* (*vel*, hanc fámulam tuam *N.*) respícere dignéris propítius, et hoc primum pábulum salis gustántem non diútiùs esuríre permíttas, quóminùs cibo expleátur cœlésti, quáteniùs sit semper spíritu fervens, spe gaudens, tuo semper nómini sérviens, et quem (*vel*, quam) ad novæ regeneratiónis lavácrum perduxísti, quæsumus, Dómine, ut cum Fidélibus tuis promissiónum tuárum ætérna præmia cónsequi mereátur; Per Christum Dóminum nostrum. ℟. Amen.

Et faisant, avec le pouce, un signe de croix sur le front de l'Enfant, il dira :

Et hoc signum sanctæ crucis ✠, quod nos fronti ejus damus, tu maledícte diábole, nunquàm áudeas violáre; Per eúmdem Christum Dóminum nostrum. ℟. Amen.

Puis, mettant la main droite sur la tête de l'Enfant, il dira :

ORÉMUS.

Æternam ac justíssimam pietátem tuam déprecor, Dómine sancte, Pater omnípotens, ætérne Deus, auctor lúminis et veritátis, super hunc fámulum tuum *N.* (*vel*, hanc fámulam tuam *N.*), ut dignéris eum (*vel*, eam) illumináre lúmine intelligéntiæ tuæ: munda eum (*vel*, eam) et sanctífica: da ei sciéntiam veram, ut dignus (*vel*, digna) sit frui grátiâ baptísmi tui quem suscépit; téneat firmam spem, consílium rectum, doctrinam sanctam; ut aptus (*vel*, apta) sit ad retinéndam grátiam baptísmi tui; Per Christum Dóminum nostrum.

℟. Amen.

Après cette Oraison, le Prêtre se couvrira, et, mettant le bout de l'étole sur l'Enfant, il l'introduira dans l'église, et observera tout le reste, comme au Baptême des Enfans, page 38, en retranchant seulement la demande si l'enfant veut être baptisé, l'ablution et la forme du Baptême; si les autres cérémonies qui suivent l'ablution, avaient été observées lors de l'ondoiement, on les omettrait; mais si elles n'avaient pas été faites, on les ferait, ainsi qu'il est marqué ci-dessus au Baptême des Enfans.

Le Prêtre pourra, selon sa prudence, donner les avis convenables aux Parrain et Marraine, comme ci-dessus, en avertissant néanmoins qu'ils n'ont pas contracté, par ce supplément de cérémonies, une alliance qui soit un empêchement dirimant du Mariage.

Il faut observer que si le Prêtre ne peut être assuré, par aucun témoignage certain, de la validité du Baptême reçu par l'enfant, il n'omettra rien de tout ce qui est contenu en la manière d'administrer solennellement; mais seulement, à cause du doute légitime où il est de la validité de ce Sacrement, il prononcera la forme en cette manière:

Si non es baptizátus, (*vel.* baptizáta,) ego te baptízo in nómine Patris ✝, et Filii ✝, et Spíritûs ✝ Sancti.

℟. Amen.

Du Baptême des Adultes.

Si quelque Adulte se présente au Baptême, soit qu'il ait été élevé dans l'Idolâtrie, dans le Judaïsme ou dans le Mahométisme, les Curés, hors le cas de nécessité, ne les baptiseront pas qu'ils ne Nous en aient donné avis, et qu'ils n'en aient obtenu la permission de Nous, ou de nos Vicaires-Généraux.

Si celui qui demande le Baptême, est un étranger et un inconnu, les Curés s'informeront, avec soin, de son état et de sa condition. Ils tâcheront de découvrir s'il n'a pas déjà été baptisé, et s'il ne demande point le Baptême par erreur, faiblesse ou ignorance, ou peut-être même par fraude, pour surprendre la charité des Fidèles.

Suivant l'ordre observé dans l'Église depuis le temps des Apôtres, il ne faut admettre au Baptême aucun Adulte, qu'après l'avoir instruit soigneusement des Mystères de notre sainte Religion, des Commandemens de Dieu, des obligations du Christianisme; lui avoir appris l'Oraison Dominicale et le Symbole des Apôtres; l'avoir exercé dans la pratique des œuvres de piété, et lui avoir surtout imprimé la crainte de Dieu, et fait souvent produire des actes d'une vive et sincère douleur de ses péchés passés.

Pendant le temps qu'on l'instruit, on doit examiner avec soin la volonté et le désir qu'il témoigne d'être baptisé, afin de ne lui accorder cette grâce, que lorsqu'on aura reconnu qu'il la demande librement, sincèrement, de bon cœur; qu'il est dans une ferme résolution d'observer inviolablement les Commandemens de Dieu et de l'Église, et qu'on a lieu de croire qu'il a la crainte de Dieu, la haine du péché et les autres dispositions que le S. Concile de Trente (*Sess.* 6. *ch.* 6.) exige dans les Adultes pour la Justification : si néanmoins il tombait en danger de mort, pendant qu'on l'instruit, on le baptiserait, s'il a un vrai désir de l'être, ayant égard à la nécessité et au danger où il se trouve.

Hors le cas de nécessité, on doit toujours baptiser solennellement les Adultes dans l'église. Ils seront assistés d'un Parrain et d'une Marraine, qui leur donneront le nom; mais le Catéchumène, c'est-à-dire, celui qui se dispose à recevoir le Baptême, répondra lui-même aux demandes et aux interrogations du Prêtre, à moins qu'il ne soit muet ou sourd, qu'il n'entende pas la langue dans laquelle on l'interroge; car alors le Parrain ou quelque interprète, après lui avoir expliqué ce qu'il lui demande, répondra en son nom, et le Catéchumène fera connaître, autant qu'il pourra, par quelque signe ou geste de la tête, qu'il approuve les réponses qu'on fait pour lui.

Afin de rendre cette cérémonie plus solennelle, le Curé qui doit la faire, invitera les Paroissiens à s'y trouver, et tâchera d'avoir quelques Ecclésiastiques pour l'assister; et parce que le respect qui est dû à ce Sacrement, demande que le Prêtre qui l'administre et celui qui le reçoit, soient à jeûn, on ne baptisera aucun Adulte que le matin, à moins que quelques raisons pressantes n'obligent de faire autrement; et on célébrera ensuite, en actions de grâces, la sainte Messe, à laquel le Néophyte, c'est-à-dire, celui qui vient d'être baptisé, communiera, pourvu qu'il soit bien instruit de la vérité de ce Mystère, et qu'il ait apporté les préparations nécessaires. S'il recevait le Baptême par nos mains, Nous lui donnerions aussi en même temps la Confirmation.

Il ne faut pas baptiser les furieux ni les insensés, à moins qu'ils n'aient été toujours dans cet état depuis leur naissance; car en ce cas, il faut juger comme des enfans, et les baptiser dans la Foi de l'Église; mais, s'ils ont de bons intervalles, et qu'ils demandent le Baptême, il faudra attendre ces intervalles pour les baptiser.

Il en faut user de même à l'égard de ceux qui sont tombés en léthargie ou en frénésie, lesquels il ne faut pas baptiser jusqu'à ce qu'ils soient dans un sens rassis; si néanmoins il y avait danger de mort, et que les uns et les autres eussent témoigné, avant de tomber en démence, léthargie ou frénésie, qu'ils désiraient être baptisés, on les baptiserait.

A l'égard des autres, qui auraient été élevés parmi les Hérétiques, si l'on a quelques doutes probables et bien fondés qu'ils n'ont pas été baptisés, ou qu'on n'a pas observé, dans le Baptême, les règles de l'Église, les Curés nous en donneront avis, et, si Nous le jugeons à propos, ils les baptiseront sous condition.

Quant aux Adultes, nés de parens Catholiques, qui n'ont pas été baptisés, les Curés, après les avoir suffisamment instruits et leur avoir donné les avis nécessaires sur leur vie antérieure, même au tribunal de la pénitence, s'ils le jugent utile, les baptiseront selon la forme ordinaire, sans avoir besoin d'aucune permission spéciale de Nous, ou de nos Vicaires-Généraux. Il en sera de même des Adultes nés de parens Catholiques, dont le Baptême est douteux; mais on les baptisera sous condition. Si l'âge des ces Adultes permet de les admettre aux Sacremens de Pénitence et d'Eucharistie, on les disposera à l'avance à recevoir ces deux Sacremens immédiatement après leur Baptême.

Lorsque le Baptême a lieu le matin, le Prêtre aura soin, pour ne pas priver le nouveau baptisé de la sainte Communion, de ne lui mettre que peu de sel dans la bouche et de lui recommander de ne pas l'avaler. Cette précaution prise, il ne doit rester aucune inquiétude.

Pour l'enregistrement des Actes de Baptême des Adultes, on observera ce qui est marqué ci-dessus pour celui des Actes des enfans : on aura soin de faire signer l'Adulte, s'il sait écrire, et, s'il ne le sait pas, d'en faire mention.

On préparera, pour le Baptême d'un Adulte, les mêmes choses que l'on a coutume de disposer pour le Baptême des enfans, excepté qu'au lieu du chrémeau ou de la coiffe qu'on met sur la tête des enfans, on préparera pour un Adulte, non-seulement un linge blanc qu'on appelle chrémial, pour mettre sur la tête du Néophyte, après qu'on lui aura fait l'onction du saint chrême, mais encore une robe de toile en forme d'aube, avec une ceinture blanche de lin ou de soie.

Manière d'administrer le Baptême aux Adultes.

Si plusieurs Adultes devaient être baptisés en même temps, le Prêtre ferait placer les garçons ou les hommes à la droite, les filles ou femmes à la gauche, chacun entre son Parrain et sa Marraine.

Il ferait à chacun les interrogations, les signes de croix et les onctions, récitant également sur chacun les prières ou paroles jointes à ces cérémonies, en commençant toujours par les hommes. Il réciterait ensuite au pluriel les oraisons et exorcismes qui suivent ces cérémonies, ayant soin d'exprimer le genre convenable; disant, par exemple, sans les nommer, hunc, *etc., et* hanc, *etc.; ou bien,* hos, *etc., et* has, *etc. S'il devait mettre la main sur leur tête, il la poserait légèrement sur la tête de chacun, et réciterait ensuite l'oraison au pluriel, la main inclinée sur tous.*

Tout étant disposé pour le Baptême, le Prêtre revêtu d'un surplis ou d'un rochet et d'une étole violette, accompagné de plusieurs Clercs en surplis ou rochet, se rendra devant le grand-autel, et, s'y étant mis à genoux avec eux sur la marche la plus basse, il implorera pendant quelque temps le secours de Dieu, pour administrer dignement ce Sacrement; ensuite tous se lèveront, et le Prêtre faisant le signe de la croix, dira :

℣. Deus ✝, in adjutórium meum inténde;
℟. Dómine, ad adjuvándum me, festína.
Glória Patri et Fílio et Spirítui Sancto,
Sicut erat in princípio et nunc et semper, et in sécula seculórum. Amen.

Après quoi on récitera à deux chœurs les Psaumes suivans :

PSALMUS 8.

DÓMINE Dóminus noster, * quàm admirábile est nomen tuum in univérsâ tuâ!

Quóniàm elevāta est magnificéntia tua * super cœlos.

Ex ore infántium et lacténtium perfecísti laudem, propter inimícos tuos; * ut déstruas inimícum et ultórem;

Quóniàm vidébo cœlos tuos, ópera digitórum tuórum; * lunam et stellas, quæ tu fundásti.

Quid est homo, quòd memor es ejus? * aut fílius hóminis, quóniàm visítas eum?

Minuísti eum paulò minùs ab Angelis, glóriâ et honóre coronâsti eum, * et constituísti eum super ópera mánuum tuárum.

Omnia subjecísti sub pédibus ejus, * oves et boves univérsas, ínsuper et pécora campi,

Vólucres cœli, et pisces maris, * qui perámbulant sémitas maris.

Dómine, Dóminus noster, * quàm admirábile est nomen tuum in univérsâ terrâ!

Glória Patri... Sicut erat...

Psalmus 28.

Afférte Dómino, fílii Dei: * afférte Dómino fílios aríetum.

Afférte Dómino glóriam et honórem, afférte Dómino glóriam nómini ejus: * adoráte Dóminum in átrio sancto ejus.

Vox Dómini super aquas: Deus majestátis intónuit: * Dóminus super aquas multas.

Vox Dómini in virtúte: * vox Dómini in magnificéntiâ.

Vox Dómini confringéntis cedros; * et confrínget Dóminus cedros Líbani;

Et commínuet eas, tanquàm vítulum Líbani; * et diléctus, quemádmodùm fílius unicórnium.

Vox Dómini intercidéntis flammam ignis: * vox Dómini concutiéntis desértum; et commovébit Dóminus desértum Cades.

Vox Dómini præparántis cervos, et revelábit condénsa; * et in templo ejus, omnes dicent glóriam.

Dóminus dilúvium inhabitáre facit; * et sedébit Dóminus Rex in ætérnum.

Dóminus virtútem pópulo suo dabit: * Dóminus benedícet pópulo suo in pace.

Glória Patri... Sicut erat...

PSALMUS 41.

QUEMADMODUM desíderat cervus ad fontes aquárum, * ità desíderat ánima mea ad te, Deus.

Sitívit ánima mea ad Deum fortem vivum: * quandò véniam, et apparébo ante fáciem Dei.

Fuérunt mihi lácrymæ meæ panes, die ac nocte, * dùm dícitur mihi quotídiè : Ubi est Deus tuus?

Hæc recordátus sum, et effúdi in me ánimam meam; * quóniàm transíbo in locum tabernáculi admirábilis, usque ad domum Dei,

In voce exsultatiónis et confessiónis, * sonus epulántis.

Quarè tristis es, ánima mea? * et quarè contúrbas me?

Spera in Deo, quóniàm adhuc confitébor illi : * salutáre vultûs mei, et Deus meus.

Ad meípsum ánima mea conturbáta est; * proptéreà memor ero tuì de terrâ Jordánis, * et Hermóniim à monte módico.

Abyssus abyssum ínvocat, * in voce cataractárum tuárum.

Omnia excélsa tua, et fluctus tui * super me transiérunt.

In die mandávit Dóminus misericórdiam suam, * et nocte cánticum ejus.

Apud me orátio Deo vitæ meæ; * dicam Deo : Suscéptor meus es.

Quarè oblítus es meî? * et quarè contristátus incédo, dùm afflígit me inimícus?

Dùm confringúntur ossa mea, * exprobravérunt mihi qui tríbulant me inimíci mei;

Dùm dicunt mihi per síngulos dies : * Ubi est Deus tuus? * Quarè tristis es, ánima mea? et quarè contúrbas me?

Spera in Deo, quóniàm adhuc confitébor illi: * salutáre vultûs mei, et Deus meus.

Glória Patri... Sicut erat...

Ces Psaumes étant achevés, on récitera l'Antienne ci-après :

Ant. Effúndam super vos aquam mundam, et mundabímini ab ómnibus inquinaméntis vestris, dicit Dóminus.

Après l'Antienne, le Prêtre dira :

℣. Kyrie, eléison.
℟. Christe, eléison.
℣. Kyrie, eléison.

Le Prêtre : PATER noster..., *etc., tout bas.*

℣. Et ne nos indúcas in tentatiónem ;
℟. Sed líbera nos à malo.
℣. Dómine, exáudi oratiónem meam ;
℟. Et clamor meus ad te véniat.
℣. Dóminus vobíscum,
℟. Et cum spíritu tuo.

OREMUS.

OMNÍPOTENS, sempitérne Deus, qui dedísti fámulis tuis, in confessióne veræ fídei, ætérnæ Trinitátis glóriam agnóscere, et in poténtiâ majestátis, adoráre unitátem, quæsumus ut ejúsdem fídei firmitáte, ab ómnibus semper muniámur advérsis.

ADÉSTO supplicatiónibus nostris, omnípotens Deus, et quod humilitátis nostræ geréndum est ministério, tuæ virtútis impleátur efféctu.

DA, quæsumus, Dómine, elécto nostro (*vel,* eléctæ nostræ), ut sanctis edóctus (*vel,* edócta) mystériis et renovétur fonte baptísmatis, et inter Ecclésiæ tuæ membra numerétur ; Per Christum Dóminum nostrum.

℟. Amen.

(S'il y avait plusieurs personnes à baptiser, il faudrait dire cette dernière Oraison au pluriel.)

Ensuite le Prêtre accompagné des Ecclésiastiques, dont l'un portera le sel, et un autre un cierge, ira trouver le Catéchumène, et l'interrogera de cette sorte :

P. Voulez-vous professer la foi de l'Église ?
C. Oui, Monsieur.

P. Quel avantage espérez-vous retirer de la Foi?

C. Qu'elle me conduira à la vie éternelle.

P. Si vous voulez arriver à la vie éternelle, il faut garder les Commandemens de Dieu: Vous aimerez le Seigneur votre Dieu de tout votre cœur, de toute votre âme et de tout votre esprit, et votre prochain comme vous-même. Toute la Loi et les Prophètes sont renfermés dans ces deux Commandemens?

P. Voulez-vous garder ces Commandemens?

C. Oui, Monsieur.

P. Renoncez-vous à satan?

C. J'y renonce.

P. Et à toutes ses œuvres?

C. J'y renonce.

P. Et à toutes ses pompes?

C. J'y renonce.

P. Croyez-vous en Dieu le Père tout puissant, Créateur du Ciel et de la Terre?

C. J'y crois.

P. Croyez-vous aussi en Jésus-Christ son Fils unique Notre-Seigneur, qui est né et qui a souffert la mort pour nous?

C. J'y crois.

P. Croyez-vous aussi au Saint-Esprit, la Sainte Eglise Catholique, la Communion des Saints, la rémission des péchés, la résurrection de la chair, et la vie éternelle après la mort?

C. J'y crois.

P. Dans quelle Religion avez-vous été élevé, (*ou*, élevée,) et avez-vous vécu jusqu'ici?

C. Dans la Religion Juive, (*ou*, Mahométane, *ou*, Païenne, *ou*, Anabaptiste, etc.)

Le Prêtre parlera en peu de mots contre les erreurs que le Catéchumène a crues jusqu'alors, et l'interrogera sur les principaux points de notre Foi qui leur sont opposés.

P. Que demandez-vous ?

C. Le Baptême.

P. Qui est votre Parrain ?

Le Parrain. C'est moi, Monsieur.

P. Qui est votre Marraine ?

La Marraine. C'est moi, Monsieur.

Le Prêtre s'adressant aux Parrain et Marraine, leur demandera :

Voulez-vous vivre et mourir dans la Foi Catholique, Apostolique et Romaine ?

Le Parrain et la Marraine. Oui, Monsieur, moyennant la grâce de Dieu.

P. Quel nom donnez-vous à cet Adulte ?

R. *N*.

Le Prêtre soufflera trois fois sur le visage du Catéchumène, en disant une fois seulement :

Recéde, diábole, ab hâc imágine Dei, increpátus ab eo; et da locum Spíritui Sancto.

Puis, faisant une croix sur son visage avec son haleine, il dira :

N. áccipe spíritum bonum per istam insufflatiónem ✠, et Dei benedictiónem. Pax tibi; ℟. Et cum spíritu tuo.

Ensuite le Prêtre fait avec le pouce une croix sur son front, et dit :

N. signum sanctæ crucis ✠ Dómini nostri Jesu Christi in frontem tuam pono.

Et ensuite sur la poitrine, en disant :

N. signum Salvatóris Dómini nostri Jesu Christi ✠ in pectus tuum pono; *et il poursuit :* Sume fidem cœléstium præceptórum : talis esto móribus, ut templum Dei jám esse possis; ingressúsque (*vel*, ingréssaque) Ecclésiam Dei, evasísse te láqueos mortis lætus (*vel* læta) agnósce. (*Si le Catéchumène était Juif.*) Horrésce judáicam perfídiam, réspue hebráicam superstitiónem. (*S'il était Hérétique, et qu'il fallût le baptiser.*) Horrésce hæréticam pravitátem, réspue nefáriam (*il faudrait nommer la Secte,*) Sectam. (*S'il était Mahométan.*) Horrésce mahumetánam perfidiam, réspue pravam sectam infidelitátis. (*S'il était Païen.*) Horrésce idóla, réspue simulácra, et cole Deum Patrem omnipoténtem, et Jesum Christum, Fílium ejus únicum, Dóminum nostrum, qui ventúrus est judicáre vivos et mórtuos et séculum per ignem. ℟. Amen.

Le Prêtre se lève, et étant découvert, il dit :

ORÉMUS.

Te déprecor, Dómine sancte, Pater omnípotens, ætérne Deus, ut huic fámulo tuo (*vel*, huic fámulæ tuæ) *N.* qui (*vel*, quæ) in hujus séculi nocte vagabátur incértus ac dúbius (*vel*, incérta ac dúbia), viam veritátis et agnitiónis tuæ júbeas demonstrári; quátenùs, reserátis óculis cordis sui, te unum Deum Patrem in Fílio, et Fílium in Patre cum Spíritu Sancto recognóscat, atque hujus confessiónis fructum, et hìc et in futúro século, percípere mereátur; Per eúmdem Christum Dóminum nostrum. ℟. Amen.

Ensuite le Prêtre se couvrira et fera avec le pouce le signe de la croix sur le front du Catéchumène, en disant.

Signo tibi frontem ✝, ut suscípias crucem Dómini.

Sur chaque oreille : Signo tibi aures ✝, ut áudias divína præcépta.

Sur chaque œil fermé : Signo tibi óculos ✝, ut vídeas claritátem Dei.

Sur chaque narine : Signo tibi nares ✝, ut odórem suavitátis Christi séntias.

Sur la bouche : Signo tibi os ✝, ut loquáris verba vitæ.

Sur la poitrine, sans qu'il soit nécessaire de la découvrir : Signo tibi pectus ✝, ut credas in Deum.

Sur les épaules, par dessus les habits : Signo tibi scápulas ✝, ut suscípias jugum servitútis ejus.

Puis, il fait trois grands signes de croix avec la main sur tout le corps du Catéchumène, sans le toucher, en disant :

Signo te totum in nómine Patris ✝, et Fílii ✝, et Spíritûs

✝Sancti, ut hábeas vitam ætérnam, et vivas in sécula seculórum. ℟. Amen.

Le Prêtre étant découvert dira l'Oraison suivante :

ORÉMUS.

PRECES nostras, quæsumus, Dómine, cleménter exáudi, et hunc eléctum *N.* (*vel*, hanc eléctam *N.*) crucis domínicæ impressióne signátum (*vel,* signátam) perpétuâ virtúte custódi; ut magnitúdinis glóriæ tuæ rudiménta servans, per custódiam mandatórum tuórum, ad regeneratiónis glóriam perveníre mereátur; Per Christum Dóminum nostrum. ℟. Amen.

ORÉMUS.

DEUS qui humáni géneris ità es cónditor, ut sis étiam reformátor, propitiáre pópulis adoptívis, et novo testaménto sóbolem novæ prolis adscríbe; ut fílii promissiónis quod non potuérunt ássequi per natúram, gáudeant se recepísse per grátiam; Per Christum Dóminum nostrum. ℟. Amen.

Le Prêtre mettra la main sur la tête du Catéchumène, la touchant doucement; (s'il y avait plusieurs Catéchumènes, le Prêtre imposerait la main successivement sur chacun; ensuite il la tiendrait étendue sur tous,) et il dira l'Oraison ci-après :

ORÉMUS.

OMNÍPOTENS, sempitérne Deus, Pater Dómini nostri Jesu Christi, respícere dignáre super hunc fámulum tuum *N.* quem (*vel,* hanc fámulam tuam *N.* quam) ad rudiménta fídei vocáre dignátus es; omnem cæcitátem cordis ab eo (*vel,* ab eâ) expélle: disrúmpe omnes láqueos sátanæ, quibus fúerat colligátus (*vel,* colligáta.) Aperi ei, Dómine, jánuam pietátis tuæ; ut signo sapiéntiæ tuæ imbútus (*vel,* imbúta), ómnium cupiditátum fetóribus cáreat, et ad suávem odórem præceptórum tuórum lætus (*vel,* læta), tibi in Ecclésiâ tuâ desérviat, et profíciat de die in diem; Per eúmdem Christum Dóminum nostrum. ℟. Amen.

Le Prêtre fera la bénédiction du sel, comme ci-dessus, au Baptême des enfans, *page 36.* *Ensuite il prendra, avec le pouce et l'index de la main droite, un peu de sel béni, et le mettra dans la bouche du Catéchumène (qui, s'il doit communier aussitôt après la cérémonie, aura soin de ne point l'avaler), et dira :*

N. áccipe salem sapiéntiæ : propitiátio sit tibi in vitam ætérnam.

℣. Pax tecum ; ℟. Et cum Spíritu tuo.

ORÉMUS.

DEUS patrum nostrórum, Deus univérsæ cónditor creatúræ, te súpplices exorámus, ut hunc fámulum tuum *N.* (*vel,* hanc fámulam tuam *N.*) respícere dignéris propítius, et hoc primum pábulum salis gustántem non diútiùs esuríre permíttas, quóminùs cibo expleátur cœlésti ; quátenùs sit semper spíritu fervens, spe gaudens, tuo semper nómini sérviens, et quem (*vel,* quam) ad novæ regeneratiónis lavácrum perduxísti, quæsumus, Dómine, ut cum fidélibus tuis promissiónum tuárum ætérna præmia cónsequi mereátur; Per Christum Dóminum nostrum. ℟. Amen.

Si le Catéchumène était Païen ou Idolâtre, le Prêtre dirait l'Oraison suivante, avant de lui mettre du sel béni dans la bouche:

ORÉMUS.

DÓMINE Sancte, Pater omnípotens, ætérne Deus, qui es, qui eras, et qui in ætérnum pérmanes, cujus orígo nescítur, nec finis comprehéndi potest, te súpplices invocámus super hunc fámulum tuum *N.* quem (*vel,* hanc fámulam tuam *N.* quam) liberásti de erróribus et conversatióne impiíssimâ gentilitátis, dignáre exaudíre eum qui (*vel,* eam quæ) diábolo renúntians et idóla perhorréscens, tibi servitúrus (*vel,* servitúra) cervícem humíliat ad lavácri fontem ; ut renátus (*vel,* renáta) ex aquâ et Spíritu Sancto, veterémque hóminem expoliátus (*vel,* expoliáta), índuat novum qui secúndùm te creátus est, et accípiens vestem incorrúptam et immaculátam, servet eam usque in diem Jesu Christi Fílii tui; Qui tecum et Spíritu Sancto, vivit et regnat in sécula seculórum. ℟. Amen.

L'Oraison finie, le Prêtre dira au Catéchumène :

Ora, elécte (*vel*, elécta), et flecte génua, et dic : *Pater noster...* *(ou, en français)* : Mettez-vous à genoux et priez, en disant : *Pater noster....*, ou, *Notre Père qui êtes aux Cieux...*

Le Catéchumène dira le PATER noster..., *jusqu'à* sed líbera nos à malo *inclusivement ; le Prêtre ajoutera :*

Leva, comple oratiónem tuam, et dic : *Amen*; *(ou, en français)*: Levez-vous, concluez votre prière, en disant: *Amen.*

Et il dira : Amen, *ou,* Ainsi soit-il.

Le Prêtre dira au Parrain : Faites sur lui le signe de la croix; *et au Catéchumène :* Approchez.

Aussitôt le Parrain lui fera le signe de la croix sur le front, en disant :

In nómine Patris ✝, et Fílii, et Spíritûs Sancti; *ou,* Au nom du Père ✝, et du Fils, et du Saint-Esprit.

Le Prêtre en fera autant, et, ayant mis la main droite sur la tête du Catéchumène, il dira :

ORÉMUS.

DEUS Abraham, Deus Isaac, Deus qui fámulo tuo Móysi in monte Sínai apparuísti, et fílios Israel de terrâ Ægypti eduxísti, députans eis Angelum pietátis tuæ, qui custodíret eos die ac nocte, te quæsumus, Dómine, ut míttere dignéris sanctum Angelum tuum de cœlis, qui simíliter custódiat et hunc fámulum tuum *N.* (*vel*, hanc fámulam tuam *N.*), et perdúcat eum (*vel*, eam) ad grátiam baptísmi tui; Per Christum Dóminum nostrum. ℟. Amen.

Après l'Oraison, le Prêtre ayant la main étendue sur le Catéchumène, dira, étant couvert :

Ergò, maledícte diábole, recognósce senténtiam tuam,

et da honórem Deo vivo et vero, da honórem Jesu Christo Fílio ejus et Spirítui Sancto, et recéde ab hoc fámulo (*vel*, ab hâc fámulâ) Dei *N.*; quia istum (*vel*, istam) sibi Deus et Dóminus noster Jesus Christus ad suam sanctam grátiam et benedictiónem fontémque baptísmatis vocáre dignátus est; [*aux paroles suivantes, il formera le signe de la croix avec le pouce droit sur le front du Catéchumène.*] Et hoc signum sanctæ crucis ✝, quod nos fronti ejus damus, tu, maledícte diábole, nunquàm áudeas violáre; Per eúmdem Christum Dóminum nostrum. ℟. Amen.

Le Prêtre dira une seconde fois au Catéchumène :

Ora, elécte, (*vel*, elécta) flecte génua, et dic: *Pater noster...* (*ou en français*) : Mettez-vous à genoux et priez, en disant : *Pater noster...*, ou, *Notre Père qui êtes aux Cieux...*

Le Catéchumène dira le Pater noster..., *jusqu'à* sed líbera nos à malo *inclusivement ; le Prêtre ajoutera :*

Leva comple oratiónem tuam, et dic : *Amen*; (*ou, en français*): Levez-vous, concluez votre prière en disant: *Amen.*

Et il dira : Amen, *ou,* Ainsi soit-il.

Le Prêtre dira au Parrain : Faites sur lui le signe de la croix; *et au Catéchumène :* Approchez.

Aussitôt le Parrain lui fera le signe de la croix sur le front, en disant :

In nómine Patris ✝, et Fílii, et Spíritûs Sancti; *ou,* Au nom du Père ✝, et du Fils, et du Saint-Esprit.

Puis, le Prêtre en fera autant, et tenant la main droite sur le Catéchumène, dira étant découvert :

Orémus.

Deus immortále præsídium ómnium postulántium, liberátio súpplicum, pax rogántium, vita credéntium, resurréctio mortuórum, te ínvoco super hunc fámulum tuum *N.* qui (*vel*, hanc fámulam tuam *N.* quæ) baptísmi tui donum petens, ætérnam cónsequi grátiam spirituáli regeneratióne desíderat; áccipe eum (*vel*, eam), Dómine, et, quia dignátus es dícere: Pétite, et accipiétis; quærite, et inveniétis; pulsáte, et aperiétur vobis, peténti præmium pórrige, et jánuam pande pulsánti; ut ætérnam cœléstis lavácri benedictiónem consecútus (*vel*, consecúta), promíssa tui múneris regna percípiat; Qui cum Patre et Spíritu Sancto, vivis et regnas, Deus, in sécula seculórum.

℟. Amen.

Le Prêtre tenant toujours la main droite sur le Catéchumène, dira étant couvert:

Audi, maledícte sátana, adjurátus per nomen Dei ætérni et Salvatóris nostri Fílii ejus Jesu Christi, cum tuâ victus invídiâ tremens geménsque discéde: nihil tibi sit commúne cum servo (*vel*, ancíllâ) Dei jàm cœléstia cogitánte, renuntiatúro (*vel*, renuntiatúrâ) tibi ac século, et beátæ immortalitáti victúro (*vel*, victúrâ.) Da ígitur honórem Spirítui Sancto, qui ex summâ cœli arce descéndens, perturbátis fráudibus tuis, divíno fonte purgátum pectus, id est, sanctificátum Deo templum et habitáculum perfíciat, et ab ómnibus pénitùs nóxiis præteritórum críminum liberátus servus (*vel*, liberáta ancílla) Dei, grátias perénni Deo réferat semper, et benedícat nomen sanctum ejus, in sécula seculórum. ℟. Amen.

Ensuite le Prêtre se découvrira et dira pour la troisième fois au Catéchumène:

Ora, elécte (*vel*, electa), et flecte génua, et dic: *Pater noster...* *(ou en français)*: Mettez-vous à genoux et priez, en disant: *Pater noster...*, ou, *Notre Père qui êtes aux Cieux...*

Le Catéchumène dira le PATER noster..., *jusqu'à* sed líbera nos à malo *inclusivement; le Prêtre ajoutera:*

Leva, comple oratiónem tuam, et dic: *Amen*; *(ou, en français)*: Levez-vous, concluez votre prière, en disant: *Amen.*

Et il dira : Amen, *ou,* Ainsi soit-il.

Le Prêtre dira au Parrain : Faites sur lui le signe de la croix; *et au Catéchumène :* Approchez.

Aussitôt le Parrain lui fera le signe de la croix sur le front, en disant :

In nómine Patris ✝, et Fílii, et Spíritûs Sancti; *ou,* Au nom du Père ✝, et du Fils, et du Saint-Esprit.

Puis il dira l'exorcisme suivant :

Exorcízo te, immúnde spíritus, in nómine Patris ✝, et Fílii ✝, et Spíritûs ✝ Sancti; ut éxeas et recédas ab hoc fámulo (*vel,* ab hâc fámulâ) Dei *N.* Ipse enim tibi ímperat, maledícte damnáte, qui pédibus super mare ambulávit, et Petro mergénti déxteram porréxit.

Ergò, maledícte diábole, recognósce senténtiam tuam, et da honórem Deo vivo et vero, da honórem Jesu Christo Fílio ejus et Spirítui Sancto, et recéde ab hoc fámulo (*vel,* ab hâc famulâ) Dei *N.*; quia istum (*vel,* istam) sibi Deus et Dóminus noster Jesus Christus ad suam sanctam grátiam et benedictiónem fontémque baptísmatis vocáre dignátus est; [*Aux paroles suivantes, il formera le signe de la croix, avec le pouce droit, sur le front du Catéchumène.*] Et hoc signum sanctæ crucis ✝, quod nos fronti ejus damus, tu, maledícte diábole, nunquàm áudeas violáre; Per eúmdem Christum Dóminum nostrum. ℟. Amen.

ORÉMUS.

ÆTÉRNAM ac justíssimam pietátem tuam déprecor, Dómine sancte, Pater omnípotens, ætérne Deus, auctor lúminis et veritátis, super hunc fámulum tuum *N.* (*vel,* hanc fámulam tuam *N.*), ut dignéris illum (*vel,* illam) illumináre lúmine intelligéntiæ tuæ: munda eum (*vel,* eam) et sanctífica : da ei sciéntiam veram, ut dignus (*vel,* digna) grátiâ baptísmi tui efféctus (*vel,* efVécta), téneat firmam spem, consílium rectum, doctrínam sanctam; Per Christum Dóminum nostrum.

℟. Amen.

Après cette Oraison, le Prêtre s'étant couvert, prendra de la main gauche, la main droite du Catéchumène, (si c'est une fille ou une femme, il lui présentera le bout de son étole,) et l'introduira dans l'église, en disant :

Ingrédere in sanctam Ecclésiam Dei, ut accípias benedictiónem cœléstem à Dómino Jesu Christo, et hábeas partem cum illo et Sanctis ejus. ℟. Amen.

Le Catéchumène étant entré dans l'église, se prosternera pour adorer Dieu ; il se levera ensuite, et le Prêtre s'étant découvert et ayant mis la main droite sur la tête du Catéchumène, récitera avec lui l'Oraison Dominicale, la Salutation Angélique et le Symbole des Apôtres, comme à la page 38.

Ensuite le Prêtre s'étant couvert, fera l'exorcisme suivant :

Exorcízo te, omnis spíritus immúnde, in nómine Dei Patris omnipoténtis ✝, et in nómine Jesu Christi Fílii ejus Dómini Júdicis nostri ✝, et in virtúte Spíritûs Sancti ✝, ut discédas ab hoc plásmate Dei *N.* quod Dóminus noster ad templum sanctum suum vocáre dignátus est; ut fiat templum Dei vivi, et Spíritus Sanctus hábitet in eo; Per eúmdem Christum Dóminum nostrum, qui ventúrus est judicáre vivos et mórtuos, et séculum per ignem. ℟. Amen.

Étant toujours couvert et prenant avec le pouce de la main droite un peu de sa salive, il en touchera les oreilles du Catéchumène, l'une après l'autre, et formera, dessus, le signe de la croix et dira :

Ephphétha ✝, quod est adaperíre ;

Et puis touchant les narines, l'une après l'autre, il dira :

In odórem ✝ suavitátis. Tu autem effugáre, diábole ; appropinquábit enim judícium Dei.

Ensuite le Prêtre fera au Catéchumène, en latin ou en français, les demandes suivantes, en l'appelant par son nom :

N., Abrenúntias sátanæ? (*ou*, renoncez-vous au démon?)

Le Catéchumène répondra lui-même :

Abrenúntio, (*ou*, J'y renonce.)

Le Prêtre. Et ómnibus opéribus ejus? (*ou*, Et à toutes ses œuvres?)

Le Catéchumène. Abrenúntio, (*ou*, J'y renonce.)

Le Prêtre. Et ómnibus pompis ejus ? (*ou*, Et à toutes ses pompes ?)

Le Catéchumène. Abrenúntio, (*ou*, J'y renonce.)

Après cela, on découvrira modestement la poitrine (jusqu'au bas du cou seulement pour les personnes du sexe) et les épaules du Catéchumène; et le Prêtre s'étant découvert, et ayant donné son bonnet au Clerc, prendra, avec le stylet ou la virgule, ou avec le pouce de la main droite, s'il ne peut faire autrement, de l'Huile des Catéchumènes, et oindra le Catéchumène en forme de croix, premièrement sur la poitrine, en disant :

Ego te línio ✝ óleo salútis; *ensuite entre les deux épaules,* In Christo Jesu ✝ Dómino nostro; ut hábeas vitam ætérnam. ℟. Amen.

Ensuite il essuiera avec du coton ou des étoupes son pouce et les parties du Catéchumène qu'il a ointes; puis il ajoutera :

Exi, immúnde spíritus, et da honórem Deo vivo et vero : fuge, immúnde spíritus, et da locum Jesu Christo Fílio ejus : recéde, immúnde spíritus, et da locum Spirítui Sancto Paracléto.

Ensuite il quittera l'étole violette pour en prendre une blanche, ou il retournera celle qu'il a, si elle est de deux couleurs, et il fera au Catéchumène qu'il nommera par son nom, les demandes suivantes :

D. N., Credis in Deum Patrem omnipoténtem Creatórem cœli et terræ? (*ou, en français*,) *N.*, Croyez-vous en Dieu le Père tout puissant, Créateur du ciel et de la terre?

R. Credo, (*ou*, J'y crois.)

D. Credis in Jesum Christum, Fílium ejus únicum, Dóminum nostrum, natum et passum? (*ou*, Croyez-vous en Jésus-Christ son Fils unique Notre-Seigneur, qui est né et a souffert?

R. Credo, (*ou*, J'y crois.)

D. Credis in Spíritum Sanctum, Sanctam Ecclésiam Cathólicam, Sanctórum communiónem, remissiónem peccatórum, carnis resurrectiónem, vitam ætérnam? (*ou*, Croyez-vous au Saint-Esprit, la Sainte Église catholique, la communion des Saints, la rémission des péchés, la résurrection de la chair, la vie éternelle?)

R. Credo, (*ou*, J'y crois.)

D. N., vis baptizári? (*ou*, *N.*, voulez-vous être baptisé?)

R. Volo, (*ou*, Je le veux.)

Ces demandes faites, le Parrain et la Marraine aident au Catéchumène à défaire ses habits autour du cou, afin que les eaux baptismales ne puissent pas tomber dessus : ils le tiennent, le Parrain du côté droit, la Marraine du côté gauche, ou le touchent seulement par les bras : le Catéchumène ayant les mains jointes, penche sa tête absolument nue (fût-ce une femme dont les cheveux devraient être épars); et le Prêtre, prenant de l'eau des Fonts dans le vase destiné à cet effet, en versera par trois fois, en forme de croix, sur la tête du Catéchumène, de façon qu'elle mouille non-seulement les cheveux, mais encore la tête, disant en même temps :

N., Ego te baptízo in nómine Patris ✝, *en versant de l'eau pour la première fois ;* et Fílii ✝, *pour la seconde ;* et Spíritûs Sancti ✝, *pour la troisième.*

Si l'eau qui s'écoule de la tête du baptisé ne tombait pas dans la Piscine des Fonts, il faudrait la recevoir dans un bassin pour la jeter dans la Piscine.

Si l'on doutait avec fondement que le Catéchumène eût été baptisé, le Prêtre dirait : Si non es baptizátus (*vel*, baptizáta), ego te baptízo, etc.

Le Prêtre, prenant ensuite du saint chrême avec le stylet ou la virgule, ou avec le pouce de la main droite, s'il ne peut faire autrement, en oindra le sommet de la tête du Néophyte, en forme de croix, en disant :

Deus omnípotens Pater Dómini nostri Jesu Christi, qui te regenerávit ex aquâ et Spíritu Sancto, quique dedit tibi remissiónem ómnium peccatórum, *en disant les paroles suivantes, il fera l'onction en forme de croix sur le sommet de la tête du Catéchumène,* ipse te líneat Chrismáte salútis in eódem Christo Jesu, Dómino nostro, in vitam ætérnam.

℟. Amen.

Après avoir essuyé son pouce et le sommet de la tête du baptisé, il lui mettra sur la tête le chrémeau ou linge blanc, et lui donnera une robe blanche, en disant :

N., áccipe vestem cándidam, quam immaculátam pérferas ante tribúnal Dómini nostri Jesu Christi, ut hábeas vitam ætérnam.

℟. Amen.

Le baptisé pourra garder ses habits ordinaires; mais il mettra toujours la robe blanche par dessus ses autres habits.

Ensuite le Prêtre lui mettra dans la main droite un cierge allumé, que le Catéchumène tiendra en main jusqu'à la fin de la cérémonie, excepté lorsqu'il recevra la Confirmation, au cas qu'on la lui donne alors. Le Prêtre lui dira en lui donnant le cierge :

N., áccipe lámpadem ardéntem, et irreprehensíbilis custódi baptísmum tuum : serva Dei mandáta, ut cùm Dóminus vénerit ad núptias, possis occúrrere ei, unà cum ómnibus Sanctis in aulâ cœlésti, habeásque vitam ætérnam.

℟. Amen.

Enfin il dira :

N., vade in pace, et Dóminus sit tecum. ℟. Amen.

Le Prêtre lavera ses mains sur la Piscine des Fonts, les essuiera d'un linge blanc, fermera les Fonts, et remettra les Saintes Huiles dans le lieu où il les aura prises.

Ensuite le Prêtre mettra les extrémités de son étole en forme de croix sur la tête du Catéchumène, et dira :

℣. Dóminus vobíscum,

℟. Et cum spíritu tuo.

℣. Inítium sancti Evangélii secúndùm Joánnem.

℟. Glória tibi, Dómine.

In princípio erat Verbum, et Verbum erat apud Deum, et Deus erat Verbum. Hoc erat in princípio apud Deum. Omnia per ipsum facta sunt, et sine ipso factum est nihil quod factum est. In ipso vita erat, et vita erat lux hóminum; et lux in ténebris lucet, et ténebræ eam non comprehendérunt. Fuit homo missus à Deo, cui nomen erat Joánnes. Hic venit in testimónium, ut testimónium perhibéret de lúmine; ut omnes créderent per illum. Non erat ille lux, sed ut testimónium perhibéret de lúmine. Erat lux vera quæ illúminat omnem hóminem veniéntem in hunc mundum. In mundo erat, et mundus per ipsum factus est, et mundus eum non cognóvit. In propria venit, et sui eum non recepérunt. Quotquot autem recepérunt eum, dedit eis potestátem fílios Dei fíeri, his qui credunt in nómine ejus, qui non ex sanguínibus, neque ex voluntáte carnis, neque ex voluntáte viri, sed ex Deo nati sunt. ET VERBUM CARO FACTUM EST. Et habitávit in nobis, et vídimus glóriam ejus, glóriam quasi Unigéniti à Patre, plenum grátiæ et veritátis.

℟. Deo grátias.

Te invocámus, te adorámus, te glorificámus, ô Beáta Trínitas.

℣. Sit nomen Dómini benedíctum,

℟. Et hoc nunc et usque in séculum.

Orémus.

Protéctor in te sperántium, Deus, sine quo nihil est válidum, nihil sanctum, multíplica super nos misericórdiam tuam; ut, te rectóre, te duce, sic transeámus per bona temporália, ut non amittámus ætérna; Per Christum Dóminum nostrum. ℟. Amen.

Puis il bénira le baptisé, en disant : Benedícat et custódiat te omnípotens et misericors Dóminus, Pater ✝, et Fílius, et Spíritus Sanctus. ℟. Amen.

Après quoi il lui fera baiser l'étole.

On écrira ensuite dans le registre l'acte du Baptême, et on le fera signer par le Néophyte, et par son Parrain et sa Marraine, s'ils savent signer.

Si le Néophyte avait été baptisé par un Evêque, il recevrait d'abord le sacrement de Confirmation; et si l'heure le permettait, on dirait la Messe, à laquelle il assisterait, et pourrait communier, pourvu qu'il fût suffisamment instruit du mystère de l'Eucharistie.

AVIS APRÈS LA CÉRÉMONIE DU BAPTÊME.

Le Prêtre avertira en peu de mots le nouveau baptisé de reconnaître et d'admirer la miséricorde dont Dieu vient d'user envers lui, et d'en conserver une éternelle reconnaissance. Si c'était un Païen, ou un Juif, ou un Hérétique, ou un Mahométan, il lui fera remarquer le choix que le Seigneur a fait de lui par un pur effet de sa bonté, pendant qu'il en abandonne tant d'autres de la même secte à leurs ténèbres et à leur corruption. Il l'exhortera à conserver soigneusement l'innocence de son Baptême, à assister régulièrement pendant huit jours à la messe et aux offices de l'Église; à se rappeler fréquemment ce que signifient les saintes onctions qu'on lui a faites, la robe blanche dont on l'a revêtu, le cierge allumé qu'il tient entre ses mains, et surtout les promesses solennelles qu'il a faites, de renoncer pour toujours à satan, et de s'attacher inviolablement à Jésus-Christ. Il lui rappellera l'obligation où il est d'édifier tout le monde par sa piété et par la sainteté de sa vie. Enfin, il lui recommandera de célébrer, tous les ans, le jour anniversaire de son Baptême, ainsi que la fête du Saint dont il vient de recevoir le nom, et dont il doit tâcher d'imiter les vertus.

Ensuite il avertira le Parrain et la Marraine de l'alliance qu'ils viennent de contracter avec le nouveau baptisé et avec son père et sa mère.

Manière de suppléer les Cérémonies du Baptême aux adultes.

Si un adulte avait été baptisé par nécessité sans les Cérémonies de l'Église, ou qu'ayant été ondoyé dans son enfance, on eût différé par négligence de les lui suppléer, on observera pour le faire, le même ordre qui est marqué pour le Baptême des adultes, page 56 *et suivantes, jusqu'à l'Oraison* PRECES nostras..., *page* 63; *mais cette Oraison, ainsi que les suivantes* OMNIPOTENS, sempitérne

Deus..., Deus patrum nostrórum..., Deus Abraham..., Ætérnam ac justíssimam..., *se diront comme il est marqué dans la manière de suppléer les Cérémonies du Baptéme pour les enfans, pages 51 et 52; le reste comme à la page 64 et suivantes, à l'exception, 1°. Que, lorsque le Prêtre interrogera l'adulte sur ce qu'il demande, celui-ci répondra :* Les Cérémonies du Baptême; *et 2°. Que dans l'Oraison,* Dómine, Sancte Pater..., *p. 64, qu'on dit pour ceux qui ont été idolâtres, on omettra ces mots :* ad lavácri fontem; *dans celle* Deus, immortále præsídium..., *p. 66, au lieu de ces mots :* Baptísmi tui donum petens, *on dira :* Baptísmi tui dono pérfruens; *dans l'Exorcisme :* Audi, maledícte.., *(ibid.), au lieu de ces mots :* Habitáculum perfíciat, *on dira :* Habitáculum perfécit; *et dans l'Exorcisme :* Exorcízo te..., *p. 68, au lieu de* Ut fiat, *on dira :* Ut fíeret.

Le Prêtre observera tout le reste, comme au Baptéme des Adultes, page 68 et suivantes, en retranchant seulement 1°. la demande si le Catéchumène veut être baptisé, p. 71, et 2°. l'ablution et la forme du Baptême.

On observera le même ordre à l'égard des Hérétiques qui, après leur abjuration, demanderont qu'on leur supplée les Cérémonies du Baptéme, qui ne sont pas en usage dans leur Secte, quoique leur Baptême soit valide; mais on aura soin de Nous consulter auparavant.

Cérémonies qui doivent être observées, lorsque Monseigneur l'Évêque administre le Sacrement de Baptéme.

Après qu'on a préparé, à l'entrée du Chœur, sur une table couverte d'un linge ou d'un tapis propre, tout ce qui est nécessaire pour le Baptéme des enfans ou des adultes, et de plus, un petit vase d'eau baptismale avec un bassin pour recevoir l'eau qui sera versée sur la tête de celui qui doit être baptisé, le Prélat prend sur son rochet, l'amict, l'aube avec la ceinture, l'étole et une chape violettes, et ayant la mitre sur la tête, il va, les mains jointes, à la porte du Chœur, précédé de ses Aumôniers et d'autres Ecclésiastiques en surplis, ou en rochet, et dont l'un porte sa crosse.

Arrivé là, il s'assied sur un fauteuil, le visage tourné vers le Catéchumène, qui doit être hors du Chœur, s'il se peut; et il ob-

serve les mêmes cérémonies que doit observer un Prêtre qui baptise, excepté qu'il est assis et couvert de la mitre, dans quelques circonstances où le Prêtre doit être debout et découvert.

L'Evêque est assis la mitre en tête, lorsqu'il fait les premières interrogations ; et il se lève sans quitter la mitre pour souffler et dire : Exi ab eo, spíritus, *etc. Assis, il fait le signe de la croix sur le front et sur la poitrine de celui qui doit être baptisé, en disant :* Accipe signum, *etc.*

Il quitte la mitre et se tient debout quand il dit les Oraisons qui précèdent et qui accompagnent la bénédiction du sel. Assis et couvert, il met un peu de sel dans la bouche de l'Enfant ou du Catéchumène. Debout et couvert, il dit les Exorcismes, comme aussi lorsqu'il lui met de la salive aux oreilles et aux narines, disant : Ephphetha, *etc.*

Lorsque le Prélat introduit l'Enfant ou le Catéchumène dans le Chœur, on lui ôte la mitre pour dire le Pater, *l'*Ave, Maria, *et le* Credo ; *on la lui remet ensuite. Assis, il demande le nom de l'Enfant ou du Catéchumène, et lui fait les interrogations :* Abrenúntias, *etc.*

On lui met ensuite sur les genoux une serviette blanche ; il fait les onctions sur la poitrine et sur les épaules, essuie son pouce et, après qu'on a retiré la serviette, on lui ôte la mitre, il se lève, et prend une étole et une chape blanches. Il se remet sur son fauteuil, on lui met la mitre ; et, toujours assis et couvert, il fait les demandes : Credis, *etc.?* Vis baptizári? *Il baptise, fait l'onction du saint chrême, donne la robe blanche et le cierge allumé, et dit :* Vade in pace, *etc.*

Le Prélat fait, même assis et couvert, les exhortations au Catéchumène ou à ses Parrain et Marraine, lorsqu'il juge à propos de leur donner quelques avis.

Si le Prélat voulait seulement baptiser après avoir fait faire les autres cérémonies par un Prêtre, il se rendrait aux Fonts, revêtu d'une étole et d'une chape blanches, ferait toutes les interrogations ordinaires, et poursuivrait comme il est marqué ci-dessus.

De la Bénédiction des femmes après leurs couches.

Les femmes qui mettent des enfans au monde par l'usage d'un saint et légitime mariage, ne contractant devant Dieu aucune tache, aussi n'y a-t-il point de loi qui les oblige de s'abstenir aujourd'hui, pour quelque temps, d'entrer à l'église, et de se purifier après leurs couches : c'est néanmoins une coutume universellement approuvée, que, lorsqu'elles sont parfaitement rétablies, elles se présentent devant le Prêtre, pour recevoir la bénédiction, remercier Dieu de l'heureux succès de leurs couches, lui faire une nouvelle offrande d'elles-mêmes et de leur enfant, et lui promettre de l'élever dans sa crainte et dans son saint amour.

Cette cérémonie doit être faite dans l'Église paroissiale, par le Curé, le Vicaire ou un autre Prêtre commis par le Curé. Il est défendu de la faire dans une autre église ou chapelle, sans en avoir obtenu de lui la permission ; et il ne lui est pas permis à lui-même de la faire à la maison, quelle que puisse être la maladie ou le danger de la femme. On n'admettra pas à cette cérémonie les filles non mariées ecclésiastiquement, ni les femmes dont les enfans ne sont point encore baptisés, ni les veuves dont les enfans ne seraient pas légalement posthumes, qui auraient mis un enfant au monde par fornication, inceste ou adultère ; cette pieuse pratique n'est instituée qu'en faveur des personnes notoirement connues pour être mariées.

Le Curé prendra garde que les femmes n'y observent aucune superstition, soit dans le nombre des cierges, soit dans la manière de présenter leur offrande, soit dans le choix des jours dont elles estiment quelques-uns malheureux, soit enfin dans d'autres circonstances, quelles qu'elles soient.

On n'y bénira point de pain sans levain, mais seulement du pain levé et ordinaire, et on ne fera jamais cette cérémonie sur d'autre que sur la femme accouchée : ce qu'on ajoute ici, pour abolir la superstition de quelques personnes peu instruites qui croient que, quand une femme meurt en couche, il faut qu'une autre se présente pour elle à la bénédiction.

On ne fera pas d'autres prières ni d'autres cérémonies que celles qui sont prescrites dans ce Rituel. La femme assistera, s'il se peut, à la Messe qui se célébrera, si elle le souhaite, à son intention.

Ordre pour la Bénédiction des femmes après leurs couches.

Le Curé ayant pris une étole blanche par dessus son surplis ou son rochet, ou s'il vient de dire la Messe, ayant quitté la Chasuble et le manipule, étant accompagné d'un Clerc pour lui répondre, la femme se mettra à genoux devant le balustre, avec un cierge allumé, et le Curé bénira le pain qu'elle présentera, en disant :

[*Il fera le signe de la croix sur lui.*]

℣. Adjutórium ✝ nostrum in nómine Dómini,
℟. Qui fecit cœlum et terram.
℣. Sit nomen Dómini benedíctum,
℟. Ex hoc nunc et usque in séculum.
℣. Dómine, exáudi oratiónem meam;
℟. Et clamor meus ad te véniat.
℣. Dóminus vobíscum,
℟. Et cum spíritu tuo.

ORÉMUS.

BÉNEDIC, Dómine, hanc creatúram panis, qui benedixísti quinque panes in desérto; ut mandúcans ex eâ fámula tua, purgáta à vítiis, salútem consequátur mentis et córporis. In nómine Patris ✝ et Fílii et Spíritûs Sancti.
℟. Amen.

Le Prêtre jettera de l'eau bénite sur le pain que le Clerc partagera, et dont il donnera une partie à la femme; puis, étant tourné vers l'autel, il dira :

℣. Salvam fac ancíllam tuam, Dómine,
℟. Deus meus, sperántem in te.
℣. Mitte ei, Dómine, auxílium de sancto;
℟. Et de Sion tuére eam.
℣. Nihil profíciat inimícus in eâ;
℟. Et fílius iniquitátis non appónat nocére ei.
℣. Dómine, exáudi oratiónem meam;
℟. Et clamor meus ad te véniat.

℣. Dóminus vobíscum,

℟. Et cum spíritu tuo.

ORÉMUS.

OMNÍPOTENS, sempitérne Deus, qui per Beátæ Maríæ Vírginis partum, fidélium pariéntium dolóres in gaúdium vertísti; réspice propítius super hanc fámulam tuam, ad templum sanctum tuum pro gratiárum actióne lætam accedéntem, et præsta ut, post hanc vitam, ejúsdem Beátæ Maríæ méritis et intercessióne, ad ætérnæ beatitúdinis gáudia cum prole suâ perveníre mereátur; Per Christum Dóminum nostrum. ℟. Amen.

Mais si l'enfant est mort avant le Baptême, au lieu de l'Oraison précédente, on dira la suivante :

ORÉMUS.

PIETATE tuâ, Dómine, hanc fámulam tuam córpore páriter et mente purífica; ut nóxias carnis illécebras et mundi blandiménta ac diabólica contágia sic devíncat, ut grátiam tuam in hoc século, et glóriam in futúro mereátur obtinére; Per Christum Dóminum nostrum. ℟. Amen.

Le Prêtre se tournant du côté de la femme, lui ayant mis l'étole sur la tête, il dira :

℣. Dóminus vobíscum,

℟. Et cum spíritu tuo.

℣. Sequéntia sancti Evangélii secúndùm Lucam.

℟. Glória tibi, Dómine.

IN illo témpore; Postquàm impléti sunt dies purgatiónis Maríæ secúndùm Legem Móysi, tulérunt Jesum in Jerúsalem; ut sísterent eum Dómino, sicut scriptum est in lege Dómini, quia omne masculínum adapériens vulvam, sanctum Dómino vocábitur, et ut darent hóstiam secúndùm quod dictum est in lege Dómini, par túrturum aut duos pullos columbárum. Et eccè homo erat in Jerúsalem cui nomen Símeon; et homo ille justus et timorátus exspéctans consolatiónem Israel; et Spíritus Sanctus erat in eo ; et respónsum accéperat à Spíritu Sancto non visúrum se mortem, nisi priùs vidéret Christum Dómini ; et venit in spíritu in templum : et, cùm indúcerent púerum Jesum paréntes ejus, ut fàcerent secúndùm consuetúdinem legis pro eo, et ipse accépit eum in ulnas suas et benedíxit Deum, et dixit : Nunc dimíttis servum tuum, Dómine, secúndùm verbum tuum in pace ; Quia vidérunt óculi mei salutáre tuum, quod parâsti ante fáciem ómnium populórum, lumen ad revelatiónem géntium, et glóriam plebis tuæ Israel. ℟. Deo grátias.

Puis il lui fera baiser l'étole, et dira ensuite, en jetant sur elle de l'eau bénite avec l'aspersoir :

Benedíctio Dei omnipoténtis, Patris ✝, et Fílii, et Spíritùs Sancti descéndat super te, et máneat semper. ℟. Amen.

Il l'avertira de ne point mettre son enfant coucher avec elle ou avec une autre, jusqu'à ce qu'il ait au moins un an accompli, de peur de l'étouffer, et il lui fera baiser l'autel.

INSTRUCTION

SUR LE SACREMENT DE CONFIRMATION.

Quoiqu'il n'appartienne qu'aux Évêques de donner la Confirmation, il est néanmoins nécessaire de rappeler ici ce que les Prêtres doivent faire et enseigner, pour préparer les peuples à la bien recevoir, et pour les aider à en conserver la grâce, après l'avoir reçue.

La Confirmation est le second Sacrement de la Loi nouvelle, institué par Notre-Seigneur Jésus-Christ, pour nous communiquer le Saint-Esprit avec la plénitude de ses grâces et de ses dons, et nous rendre parfaits Chrétiens. Nous apprenons du Livre des Actes, que les Apôtres donnaient le Saint-Esprit aux nouveaux baptisés en leur imposant les mains, et l'Église a toujours cru que les Évêques, qui sont leurs successeurs, avaient le même pouvoir, et communiquaient effectivement le Saint-Esprit avec l'abondance de ses grâces, en administrant ce Sacrement.

Le principal effet de la Confirmation, outre la grâce sanctifiante et le caractère qui fait qu'on ne peut la réitérer, est une force toute divine que le Saint-Esprit communique pour rendre, dans les occasions, témoignage à la vérité de la Foi contre les attaques de ses ennemis, pour ne pas rougir de paraître chrétiens et de pratiquer les maximes de l'Évangile, nonobstant les mépris, les railleries et les persécutions ; pour vaincre enfin tout ce que le démon, le monde et la chair ont d'attrayant et de formidable.

Ce Sacrement communique encore à ceux qui le reçoivent, les sept dons qui sont particulièrement attribués au Saint-Esprit, savoir : le don de sagesse, qui nous détache du monde et nous fait goûter et aimer uniquement les choses de Dieu ; le don d'intelligence, qui nous fait concevoir les vérités et les mystères de la Religion ; le don de conseil, qui nous fait connaître et choisir à propos ce qui contribue davantage à la gloire de Dieu et à notre salut ; le don de force, qui donne le courage de surmonter les obstacles qui s'opposent à notre salut ; le don de science, qui nous découvre le chemin du ciel et les dangers qui s'y rencontrent, pour les éviter ; le don de piété, qui nous fait embrasser avec plaisir tout ce qui est du service de Dieu ; le don de crainte, qui nous inspire un souverain respect pour Dieu, et nous fait appréhender, sur toutes choses, de lui déplaire.

Toutes les cérémonies de la Confirmation sont mystérieuses, et ont un rapport tout particulier aux effets qu'elle produit. L'Évêque impose les mains sur ceux qu'il confirme, et récite en même temps une prière, appelée par les Pères : *Oratio invitans et advocans Spiritum Sanctum* : il fait, avec le pouce imprégné du Saint Chrême, un signe de croix sur le front, en disant : *Signo te signo Crucis, et confirmo te Chrismate salutis, in nomine Patris, etc.*

Le Saint Chrême est un composé d'huile d'olive et de baume, bénit solennellement par l'Evêque. L'huile représente la grâce et l'onction du Saint-Esprit, conférées par ce Sacrement, pour adoucir ce que la loi de Dieu a de pénible, et fortifier le courage pour l'observer; et le baume, par sa bonne odeur, signifie qu'un confirmé doit être en tout lieu la bonne odeur de Jésus-Christ par ses vertus et ses bons exemples.

Cette onction se fait en forme de croix sur le front, pour nous avertir de ne point rougir de la Croix de Jésus-Christ, et de nous armer d'une sainte hardiesse contre tout ce qui pourrait nous détourner de son service. L'Évêque donne aussi un petit soufflet à celui qu'il confirme, pour le faire souvenir qu'étant chrétien, il doit être prêt à souffrir toute sorte de mépris, d'outrages et d'humiliations pour le nom de Jésus-Christ et pour l'Évangile.

La Confirmation suppose nécessairement le Baptême, dont elle est la perfection et le complément. On la donnait autrefois aux enfans nouvellement baptisés, et les Grecs le pratiquent encore de la sorte. Suivant l'usage de l'Église Latine, il faut avoir l'âge de raison, c'est-à-dire environ sept à huit ans, pour la recevoir. On la diffère à ce temps, parce qu'alors les tentations commençant à se faire sentir, on a besoin d'être fortifié pour y résister, et qu'on peut en retirer plus de fruit, lorsqu'on la reçoit avec connaissance de ses effets et de sa vertu.

Comme ce Sacrement donne la plénitude des dons du Saint-Esprit et l'accroissement de la grâce, celui qui s'y présente, doit être en état de grâce, c'est-à-dire, avoir conservé l'innocence de son baptême, ou l'avoir réparée par la pénitence; car s'il la recevait en état de péché mortel, il commettrait un sacrilége. C'est pourquoi les Curés auront soin d'avertir ceux qui s'y disposent, de purifier leur cœur par une bonne confession, des péchés dont ils pourraient être coupables.

Personne n'y sera admis, s'il ne sait les principaux mystères de la Foi, la doctrine des Sacremens, surtout de Baptême, de

Confirmation et de Pénitence, l'Oraison Dominicale, la Salutation Angélique, le Symbole des Apôtres, et les Commandemens de Dieu et de l'Église.

Quoique la Confirmation ne soit pas absolument nécessaire au salut, celui qui, par mépris, manquerait de la recevoir, se rendrait coupable d'une grande faute : on ne peut pas même excuser de péché grief ceux qui, sans la mépriser, négligent de se la procurer, puisqu'ils ne répondent pas à l'intention de Jésus-Christ, qui a institué ce Sacrement pour tous les Chrétiens, et qu'ils se privent volontairement d'un puissant secours pour leur salut. Ceux donc qui ne l'ont pas reçue, doivent s'y disposer, lorsqu'ils ont occasion de la recevoir ; et les pères et mères se rendent coupables, quand ils négligent alors d'y préparer leurs enfans.

L'obligation de la recevoir est plus étroite, quand on est exposé à des persécutions ou à des tentations violentes contre la Foi, parce qu'alors on a besoin d'une plus grande force pour les soutenir.

Lorsque les Curés seront informés de notre visite, ou du jour que nous aurons indiqué pour la Confirmation, ils en avertiront au plus tôt leurs Paroissiens et feront, pour les y préparer, des instructions et catéchismes, deux ou trois fois dans le cours de la semaine, sans préjudice des catéchismes ordinaires des Dimanches et Fêtes.

Ils mettront par écrit les noms de ceux qu'ils croiront en état d'être confirmés ; ils leur apprendront qu'ils doivent s'y préparer avec beaucoup de soin, se confesser de tous leurs péchés, et se présenter avec toute la piété et la dévotion qu'exige d'eux un si grand Sacrement.

Ils les avertiront aussi de nettoyer leur front, par respect pour le Saint Chrême, de prendre garde, lorsqu'on les confirmera, que leurs cheveux ne tombent sur le front, de s'habiller proprement et modestement, d'être à jeùn, autant qu'ils pourront, (si la Confirmation se donne le matin et de bonne heure), et recommanderont à ceux qui ont fait leur première Communion, de communier le même jour, s'ils le peuvent.

Enfin ils donneront cet avis essentiel et très-important, que personne ne s'approche pour recevoir l'onction sainte, qu'il n'ait assisté à la première imposition des mains et aux prières que l'Évêque fait sur ceux qui sont présens, et ne se retire qu'après avoir reçu la bénédiction qui se donne à la fin de la cérémonie.

Parmi ceux qui ont déjà été présentés pour la Confirmation, il peut s'en trouver qui aient quelque doute sur la validité du Sacrement qui leur a été conféré. Dans ce cas, les Curés examineront attentivement sur quoi tombe leur doute. S'ils ne sont pas sûrs d'avoir assisté à l'imposition des mains que l'Évêque fait au commencement, ou s'ils craignent de n'avoir pas reçu l'onction du saint chrême, les Curés les présenteront avec les autres, et nous en préviendront, afin que nous dirigions notre intention en conséquence. Si le doute ne regarde que la bénédiction qui se donne à la fin de la cérémonie, ils devront être parfaitement tranquilles, parce qu'ils ont reçu ce qui constitue l'essence de ce Sacrement.

Les Curés assisteront à la cérémonie, pour y veiller sur ceux qu'ils auront présentés, et empêcher qu'ils ne sortent avant qu'elle ne soit entièrement achevée.

Si la Confirmation se donne dans une Paroisse voisine. le Curé, après avoir dit la Messe, y conduira en procession, autant que faire se pourra, ceux de sa Paroisse, qu'il présentera pour la recevoir. S'il ne pouvait les conduire lui-même, il les ferait conduire par son Vicaire ou par quelqu'autre Prêtre, ou, au défaut de ceux-ci, par le Magister. Il aura soin de leur donner à chacun en particulier un billet contenant leurs nom, prénoms et âge, qu'il aura la précaution d'écrire de sa main et de signer, et qu'il leur fera attacher sur la manche gauche.

On préparera dans l'Église une table ou crédence couverte d'une nappe blanche, sur laquelle on mettra une patène, de la mie de pain, un bassin, une aiguière pleine d'eau, et une serviette blanche.

On fera ranger à l'Église ceux qui doivent être confirmés, dans l'ordre suivant : les hommes et les garçons seront placés du côté de l'Épître, les femmes et les filles du côté de l'Évangile. On aura soin d'avertir les confirmés de ne pas toucher leur front, avant qu'on ait essuyé les onctions.

Après la Confirmation, chaque Curé écrira très-exactement, sur un registre destiné à ce seul usage, les noms et prénoms de ses paroissiens et paroissiennes qui l'auront reçue, pour ne pas exposer ceux dont le nom ne s'y trouverait pas, à recevoir deux fois ce Sacrement.

Les Curés travailleront ensuite avec un nouveau zèle à conserver dans les nouveaux confirmés l'Esprit-Saint qui habite en eux, leur inspirant une souveraine horreur de tout ce qui serait capable de le contrister, les exhortant à suivre avec docilité ses pieux mouvemens, à mortifier les désirs de la chair qui les combattent, à répandre partout la bonne odeur de Jésus-Christ par une vie sainte et exemplaire, comme il convient à de parfaits Chrétiens.

Ordre et Cérémonies à observer pour l'administration du Sacrement de Confirmation.

Quand Mgr. l'Évêque donne la Confirmation avec solennité, l'usage est que les fidèles, ou du moins les personnes qui doivent être confirmées, vont le chercher processionnellement au presbytère, ou dans le lieu indiqué, et le conduisent à l'église en chantant le VENI Creator...

Le Prélat, revêtu du rochet, de la croix pectorale, de l'étole blanche, d'une chape de même couleur et de la mitre, et tenant la crosse de la main gauche, s'avancera sous le dais, précédé par le clergé et quatre porte-insignes. Deux assistans, en habit de chœur, seront à ses côtés, un peu en arrière.

Lorsque Monseigneur sera arrivé à la porte de l'église, le Curé, ou le plus digne du chœur, lui présentera l'eau bénite. De là, il le conduira devant le grand Autel, au prie-Dieu qui lui aura été préparé. Ce prie-Dieu devra être couvert d'un tapis et d'un carreau. Après la Messe, soit que Monseigneur la célèbre lui-même, soit qu'on la célèbre devant lui, le Prélat s'assiéra sur un fauteuil, ou il montera en chaire, et fera lui-même, ou fera faire, par un de ses assistans, une exhortation à ceux qui doivent être confirmés.

L'exhortation finie, le Prélat se mettra à genoux et entonnera le VENI Creator.... *Dès que la première strophe sera terminée, le Chœur restera en silence; le Prélat se lèvera, et étant découvert, les mains jointes, et tourné vers ceux qui vont être confirmés et qui seront à genoux, il chantera ou dira à haute voix les versets suivans:*

Spíritus Sanctus supervéniat in vos, et virtus Altíssimi custódiat vos à peccátis. ℟. Amen.

Puis, faisant le signe de la croix sur lui-même, il dira:

℣. Adjutórium ✝ nostrum in nómine Dómini,

℟. Qui fecit cœlum et terram.

℣. Dómine, exáudi oratiónem meam;

℟. Et clamor meus ad te véniat.

℣. Dóminus vobíscum,

℟. Et cum spíritu tuo.

Ici, il étendra les mains horizontalement sur ceux qui doivent être confirmés (palmis ad terram conversis), *et il dira :*

Orémus.

Omnípotens sempitérne Deus, qui regeneráre dignátus es hos fámulos tuos ex aquâ et Spíritu Sancto, quique dedísti eis remissiónem ómnium peccatórum, emítte in eos septifórmem Spíritum tuum sanctum Paraclétum de cœlis. ℟. Amen.

Spíritum sapiéntiæ et intelléctûs. ℟. Amen.

Spíritum consílii et fortitúdinis. ℟. Amen.

Spíritum sciéntiæ et pietátis. ℟. Amen.

Adímple eos Spíritu timóris tui, et consígna eos signo crucis ✝ Christi, in vitam propitiátus ætérnam; Per eúmdem Dóminum nostrum, Jesum Christum, Fílium tuum, qui tecum vivit et regnat in unitáte ejúsdem Spíritûs Sancti, Deus, per ómnia sécula seculórum. ℟. Amen.

Après ces prières, l'Évêque étant assis et couvert, chacun de ceux qui reçoivent la Confirmation, viendra se mettre à genoux devant lui, ou, si le nombre en est trop grand, tous se rangeront le long de la balustrade de l'autel ou le long de l'église, sur deux rangs. Le Prêtre assistant à gauche, tiendra la boîte du Saint Chrême sur un bassin; l'assistant à droite prendra le billet que chacun tient en main, et indiquera à l'Évêque le nom du Saint qui y est inscrit. Le Prélat ayant trempé l'extrémité du pouce droit dans le Saint Chrême, prononcera ce nom, et dira :

N., Signo te signo crucis ✝ : *faisant avec le pouce trempé dans le Saint Chrême un signe de croix sur le front de la personne; puis faisant sur elle trois signes de croix avec la main, il poursuivra en disant :*

Et confírmo te chrísmate salútis, in nómine Patris ✝, et Fílii ✝, et Spíritûs ✝ Sancti. ℟. Amen.

Ensuite il la frappera légèrement de la main droite sur la joue, en disant : Pax tecum.

Aussitôt qu'une personne aura reçu l'onction du Saint Chrême, un troisième Prêtre assistant essuiera, avec un linge propre, l'endroit où on l'aura faite.

Après les onctions, l'Évêque essuiera son pouce avec de la mie de pain, et se lavera les mains dans un bassin : l'eau et la mie de pain seront jetées dans la Piscine.

Pendant que le Prélat se lavera les mains, on chantera, ou du moins on récitera à haute voix l'Antienne suivante :

On répètera l'Antienne jusqu'à Glória Patri...

Après quoi l'Évêque, étant debout, découvert et tourné vers l'autel, dira :

℣. Osténde nobis, Dómine, misericórdiam tuam;
℟. Et salutáre tuum da nobis.
℣. Dómine, exáudi oratiónem meam;
℟. Et clamor meus ad te véniat.
℣. Dóminus vobíscum,
℟. Et cum spíritu tuo.

Il joindra les mains, et les nouveaux confirmés étant tous à genoux, il dira :

Orémus.

Deus, qui Apóstolis tuis sanctum dedísti Spíritum, et per eos eorúmque successóres cæteris fidélibus tradéndum esse voluísti, réspice propítius ad humilitátis nostræ famulátum, et præsta ut eórum corda, quorum frontes sacro chrísmate deliniívimus, et signo sanctæ crucis signávimus, idem Spíritus Sanctus in eis supervéniens, templum glóriæ suæ dignánter inhabitándo perfíciat; Qui cum Patre et eódem Spíritu Sancto, vivis et regnas, Deus, in sécula seculórum. ℟. Amen.

Le Prélat dira ensuite à haute voix :

Eccè sic benedicétur omnis homo qui timet Dóminum.

Et se tournant vers les confirmés, il fera sur eux le signe de la croix, en disant :

Benedícat ✝ vos Dóminus ex Sion; ut videátis bona Jerúsalem ómnibus diébus vitæ vestræ, et habeátis vitam ætérnam. ℟. Amen.

Puis il s'assiéra, et ayant pris la mitre, il avertira les nouveaux confirmés de prier pour lui, et de réciter une fois le Symbole des Apôtres, l'Oraison Dominicale, et la Salutation Angélique. A l'instant, un des Prêtres assistans les récitera à haute voix, pour que tous les confirmés les entendent, et les récitent tout bas en même temps.

S'il n'y a pas d'autre cérémonie religieuse, on accompagne le Prélat processionnellement dans l'ordre qu'on a suivi en venant, et en chantant le Te Deum... *ou le* Magníficat...

Si l'Évêque donne la Confirmation dans l'église, les cierges du grand autel seront allumés. S'il y a un grand nombre de personnes à confirmer, le Prélat pourra quitter la chape, avant de faire les onctions, et il la reprendra après. Si la Confirmation est donnée à peu de personnes et sans solennité, le Prélat en rochet, en camail et en étole blanche, après une petite exhortation, récite à genoux le premier verset du Veni Creátor..., *impose les mains, fait l'onction et le reste comme ci-dessus, sans aucun chant et sans procession.*

INSTRUCTION

SUR LE SACREMENT DE L'EUCHARISTIE.

JÉSUS-CHRIST ne pouvait confier à son Église un gage plus précieux de son amour et de sa tendresse, que la divine Eucharistie qui le contient lui-même réellement, substantiellement et en vérité, et renferme en lui l'auteur de la grâce et le principe de toute sainteté. Il est donc du devoir des Prêtres de la traiter avec un profond respect, d'étudier avec soin la doctrine de l'Église sur ce Sacrement adorable, et d'en instruire exactement les peuples.

De la nature de l'Eucharistie.

L'EUCHARISTIE est tout ensemble le Sacrifice et le Sacrement du Corps et du Sang de N.-S. J.-C. qui est offert et distribué sous les espèces du pain et du vin.

1°. Elle est Sacrifice, puisque, par les paroles de la Consécration, Jésus-Christ est mis sur l'autel comme victime de la nouvelle Loi, pour rendre à Dieu le culte souverain qui lui est dù, continuer le Sacrifice de la Croix, et nous en appliquer les mérites.

2°. Elle est Sacrement, puisqu'elle signifie et produit la grâce, et contient réellement Jésus-Christ qui en est la source et le principe. Nous parlerons ci-après du Sacrifice de la Messe.

Jésus-Christ institua l'Eucharistie la veille de sa Passion, après avoir mangé l'Agneau Pascal avec ses Apôtres ; car pour lors, disent les Auteurs sacrés, (Matt. 26. Marc. 14. Luc. 22. et 1 Cor. 11.) *Il prit du pain, le bénit, le rompit et le distribua à ses Disciples, en disant : Prenez et mangez :* CECI EST MON CORPS QUI SERA LIVRÉ POUR VOUS : *faites ceci en mémoire de moi. Il prit de même le calice, il le bénit et le leur donna, en disant : Buvez-en tous :* CAR CECI EST MON SANG QUI SERA RÉPANDU POUR VOUS ET POUR PLUSIEURS EN RÉMISSION DES PÉCHÉS : *faites ceci en mémoire de moi.*

Suivant ces paroles, l'Eglise a toujours cru, 1°. que les Apôtres et leurs successeurs dans le Sacerdoce ont reçu de Jésus-Christ le pouvoir de consacrer le pain et le vin au saint Sacrifice; 2°. que, par cette consécration, le pain est changé au Corps de Jésus-Christ, et le vin en son Sang; 3°. que Jésus-Christ vrai Dieu et vrai Homme, qui est maintenant glorieux et immortel, et qui ne peut être divisé, est tout entier dans le Sacrement; qu'il est même tout entier sous chaque espèce et sous chaque partie de l'espèce après la division; 4°. que les Fidèles qui communient reçoivent vraiment le Corps et le Sang de Jésus-Christ, puisqu'il dit en termes exprès : *Prenez, ceci est mon Corps ; ceci est mon Sang :* paroles que toute l'antiquité a toujours entendues dans leur sens propre et naturel, en condamnant tous ceux qui les ont voulu détourner à un sens figuré.

La matière essentielle de l'Eucharistie est le pain de froment, et le vin tiré de la vigne : les Grecs consacrent avec du pain levé, les Latins se servent de pain sans levain. Le Concile de Florence a décidé qu'on peut consacrer validement avec l'un et l'autre; mais que chaque Prêtre est obligé de suivre l'usage de son Église. C'est pourquoi il n'est jamais permis à un Prêtre de l'Église Latine de consacrer avec du pain levé. Le vin doit être pur et sans mélange d'aucune autre liqueur; cependant l'Église, suivant la tradition de tous les siècles, ordonne d'y mêler un peu d'eau ; et ce serait un péché notable de manquer à le faire.

La forme de l'Eucharistie consiste dans les paroles de la Consécration : *Hoc est Corpus meum,* pour le pain ; *Hic est calix Sanguinis mei...* pour le vin. Ces paroles sont pratiques, c'est-à-dire qu'elles opèrent ce qu'elles signifient : ainsi elles changent le pain au Corps, et le vin au Sang de Jésus-Christ. Néanmoins, comme ce Corps est inséparablement uni au Sang, à l'Ame et à la Divinité de Jésus-Christ, toutes ces choses, par une suite nécessaire que les Théologiens appellent *Concomitance,* sont mises sous les espèces du pain ; et, pour la même raison, le Corps, l'Ame et la Divinité de Jésus-Christ sont mis sous les espèces du vin ; de sorte que celui qui ne communie que sous une espèce, ne reçoit pas moins Jésus-Christ tout entier, que celui qui communie sous les deux espèces.

Ce qui paraît aux sens, après la Consécration, n'est point le Corps de Jésus-Christ ni aucune de ses qualités sensibles ; ce sont les espèces ou apparences du pain et du vin, qui demeurent sans leur substance qui n'est plus et qui est changée au Corps et au Sang de Jésus-Christ. Tant que ces espèces demeurent dans leur intégrité, le Sacrement subsiste, et Jésus-Christ y est réellement : c'est pourquoi l'usage de l'Église a toujours été de le conserver pour les besoins, la consolation et l'édification des Fidèles.

Des effets du Sacrement de l'Eucharistie.

Les effets du Sacrement de l'Eucharistie répondent parfaitement à sa dignité.

1°. Le Sacrement de l'Eucharistie nourrit l'âme qui le reçoit avec les dispositions nécessaires, et opère en elle des effets qui ont un certain rapport avec ceux que produisent les alimens dans un corps sain et bien préparé. Effets bien plus grands et plus surprenans : les alimens s'unissent au corps qu'ils nourrissent, en se convertissant en sa propre substance: dans l'Eucharistie, le Corps et le Sang de Jésus-Christ ne se changent point en notre propre substance; mais ils nous transforment en lui, ils nous communiquent son esprit, et nous font vivre de sa vie divine. Le Sauveur s'explique lui-même sur cette vertu merveilleuse de l'Eucharistie, dans l'Évangile de Saint Jean, chap. 6. *Celui*, dit-il, *qui mange ma chair, demeure en moi, et je demeure en lui : celui qui me mange, vivra pour moi.*

2°. Le Sacrement de l'Eucharistie, en nourrissant l'âme, ne lui conserve pas seulement la vie spirituelle de la grâce, mais il augmente, fortifie et affermit en elle la charité et toutes les vertus chrétiennes ; il répare ses faiblesses et lui inspire une vigueur nouvelle : il la console dans ses afflictions, la détache des créatures, et lui donne le courage de tout entreprendre pour l'amour d'un Dieu qui se donne à elle sans réserve.

3°. L'Eucharistie imprime au Chrétien une force surnaturelle, pour repousser les efforts de ses ennemis visibles et invisibles ; elle modère la violence de ses passions et tempère l'ardeur de sa concupiscence ; elle laisse même dans son corps une vertu sécrète qui est le principe de sa résurrection future et le germe de son immortalité bienheureuse.

Mais ces heureux effets ne sont produits qu'en ceux qui s'en approchent avec les dispositions nécessaires : ceux qui communient en état de péché mortel, reçoivent le Corps de Jésus-Christ, mais ils ne participent point à ses grâces ; au contraire, ils mangent leur propre condamnation, et se rendent coupables de la profanation du Corps et du Sang du Seigneur. La punition la plus ordinaire de ce crime est l'endurcissement et l'impénitence finale ; quelquefois même Dieu punit les communions indignes par des maladies corporelles et des morts précipitées, comme Saint Paul le remarque. (1. *Cor.* 11.)

Du Ministre de l'Eucharistie.

On a déja remarqué que Jésus-Christ donna aux Prêtres, dans la dernièr Cène, le pouvoir de consacrer la divine Eucharistie, leur disant dans la personne des Apôtres auxquels ils succèdent dans le Sacerdoce : *Faites ceci en mémoire de moi.*

Cette fonction demande une sainteté éminente et un zèle ardent pour tout ce qui peut avoir rapport à l'administration de ce Sacrement.

On aura bien soin de ne pas se servir pour la consécration, d'hosties trop anciennes, et qui pourraient être gâtées.

Dans les églises où le Saint-Sacrement n'est point conservé, le Prêtre ne consacrera qu'autant d'hosties qu'il devra y avoir de communians à la Messe : si néanmoins il en avait consacré quelques-unes de plus, il consommerait celles qui resteraient, avant que de prendre l'ablution.

S'il se présentait plus de personnes, pour communier, qu'il n'y a d'hosties consacrées, le Prêtre pourra en diviser quelques-unes en deux, les rompant avec respect sur la patène, ou le corporal ; mais il ne donnera jamais aucune parcelle de l'Hostie dont il se sert pour le Sacrifice, excepté dans le cas imprévu de la nécessité de donner à un malade le saint Viatique, qu'on ne pourrait lui administrer autrement.

Dans l'usage présent de l'Église, observé depuis plusieurs siècles, on ne communie les Laïques et les Prêtres mêmes qui se présentent à la sainte Table, que sous une seule espèce, qui est celle du pain. Un Diacre pourrait, en l'absence et au défaut d'un Prêtre, donner le saint Viatique à un malade qui serait en péril imminent de mort prochaine ; mais hors ce cas d'une extrême nécessité, les Prêtres seuls peuvent dispenser l'Eucharistie. Ils doivent donc, pour répondre à l'administration qui leur est confiée, traiter ce Sacrement avec tout le respect et la piété dont ils sont capables, et ils se souviendront qu'ils commettraient un horrible sacrilége, s'ils touchaient l'Agneau sans tache, ayant la conscience souillée d'un péché mortel.

Ils apporteront toutes les précautions possibles, pour empêcher que l'Hostie ni aucune particule ne tombe à terre ou sur la nappe. Pour se prémunir contre un si fâcheux accident, ils tiendront toujours le ciboire ou la patène au-dessous de l'Hostie, jusqu'à ce qu'ils l'ayent déposée dans la bouche du communiant, et ne le quitteront pour aller à un autre ou s'en retourner, qu'après qu'il aura fermé la bouche.

Si néanmoins l'Hostie venait à tomber sur la nappe, il faudrait la ramasser avec révérence, laver l'endroit sur une cuvette, et jeter l'eau dans la Piscine. Si elle était tombée jusqu'à terre, le Prêtre, après l'avoir ramassée avec la patène, raclerait la place, l'essuierait avec un purificatoire mouillé, et jeterait la raclure dans la Piscine.

Quòd si fortè sanctissima Hostia in sinum mulieris inter distribuendum incidat, Sacerdos illi submissâ voce suggeret ut non exeat ex ecclesiâ, sed Missâ finitâ, veniat ad se in sacrario vel retrò altare, si non sit sacrarium; tunc sacram Eucharistiam distribuet de more, si supersint communicaturi, et Sacrificium peraget. Venienti autem ad se mulieri, semotis testibus, cautè suadebit 1°. *ut non turbetur in eventu,* 2°. *ut prudenter et reverentiori quo poterit modo, et Hostiam et Hostiæ particulas è sinu retrahat ipsâ manu propriâ, ipsi asseverans hoc ei ab Ecclesiâ licitum, patenamque aut corporale indicans in quo inventum deponatur Sacramentum.*

Interim egredietur Sacerdos è sacrario; ac, januis clausis, exspectabit donec ipsa sola, præ sexûs sui verecundiâ, sanctissimam Hostiam et particulas omnes diligenter exquisierit ac reposuerit, ut dictum est, in patenâ vel corporali.

Debebit mulier digitos abluere, et aqua mitti in piscinam; atque Hostia, cum particulis, si adsint, ponetur in linteo aut vase aliquo mundo priùs benedicto, in tabernaculo reverenter asservanda, donec corrumpantur species, et in piscinam queant mitti.

Si en communiant des Religieuses, la sainte Hostie tombait dans l'intérieur de la clôture, le Prêtre ferait signe aussitôt à l'une d'entr'elles de se mettre et de rester à genoux en adoration près du Corps de Notre-Seigneur : ensuite il acheverait le saint sacrifice, (si c'est à la Messe que se donne la communion), se réservant de continuer de la donner, après avoir rempli ce que nous allons prescrire.

Revenu à la sacristie, revêtu de l'aube ou du surplis, avec une étole, ayant en main un ciboire vide, ou un calice avec sa patène, précédé d'un céroféraire portant un cierge allumé (dans une lanterne, s'il est nécessaire), il s'avancera vers la porte du Monastère, que les Religieuses lui ouvriront à l'instant, et allant droit au chœur, s'étant prosterné près de la sainte Hostie et l'adorant un moment, profondément incliné vers elle en forme de réparation, il la prendra révéremment avec les doigts sacrés, la mettra avec toutes les particules dans le ciboire ou le calice, qu'il couvrira aussitôt de son couvercle ou de la patène; puis, en ayant gratté et lavé la place et les endroits qu'elle aura pu toucher, il en donnera la bénédiction aux Religieuses, en disant : *Benedictio Dei omnipotentis Patris* ✝, *et Filii* ✝, *et Spiritûs Sancti* ✝ *descendat super vos et maneat semper.*

Alors deux Religieuses les plus en dignité, chacune avec un cierge allumé, le reconduiront jusqu'à la porte extérieure du Monastère, et il reviendra en silence, accompagné de son céroféraire sonnant la clochette pour avertir les fidèles, jusqu'à l'autel où, ayant récité le verset : *Panem de cœlo...* et l'Oraison : *Deus, qui nobis sub sacramento mirabili..*, il donnera de nouveau la bénédiction tant aux Religieuses qu'aux personnes du dehors ; ensuite, ayant remis la sainte Hostie avec les fragmens dans le ciboire avec les autres, et purifié le vase dans lequel il l'aura apportée, après avoir fait une génuflexion et fermé le tabernacle, il s'en retournera posément à la sacristie.

De la nécessité de l'Eucharistie.

JÉSUS-CHRIST ayant institué l'Eucharistie pour nourrir nos âmes et entretenir en nous la vie spirituelle de la grâce, a voulu que chaque Fidèle y participât. On ne peut donner un autre sens à ces paroles du chap. 6. de St. Jean : *En vérité, en vérité, je vous dis que, si vous ne mangez la chair du Fils de l'homme, et ne buvez son sang, vous n'aurez point la vie en vous.*

Aussi l'Église a-t-elle toujours reconnu un précepte divin qui oblige à la sainte Communion les adultes qui ont assez de raison pour discerner cette nourriture céleste; et, pour réveiller l'indolence de ceux qui en différeraient trop long-temps l'accomplissement, elle a ordonné dans le Concile de Latran, à tous les Fidèles parvenus à l'âge de discrétion, de communier au moins une fois l'année, à la fête de Pâques.

Ce précepte oblige encore, aux approches de la mort ; et c'est pour cela que l'Eglise a toujours été très-attentive à faire administrer le saint Viatique à ceux qui étaient attaqués de maladies dangereuses.

Des dispositions nécessaires pour communier dignement.

La sainte Communion exige des dispositions, tant de l'âme que du corps.

La première disposition de l'âme consiste dans la pureté du cœur. Le Chrétien qui se prépare à la sainte Communion, doit, avant toutes choses, s'éprouver lui-même, selon la doctrine de l'Apôtre, pour faire un juste discernement entre le Corps et le Sang de Jésus-Christ et une nourriture commune et indifférente : si, après un sérieux examen de sa conscience, il se sent coupable de quelque péché mortel, il aura recours au Sacrement de Pénitence, pour s'en purifier ; car s'il y participait en cet état, il commettrait un horrible sacrilége, et mangerait sa propre condamnation.

Pour profiter de toute l'étendue de la grâce de ce Sacrement, il faut encore n'avoir aucune attache, même au péché véniel, et apporter à la sainte Table une foi vive, une humilité profonde, une ferme confiance, une ardente charité et un saint empressement de s'unir à Jésus-Christ. Les Pasteurs auront soin de traiter plus amplement de ces dispositions dans les instructions qu'ils feront à leurs peuples, et de leur apprendre à produire intérieurement des actes qui y répondent.

Les dispositions extérieures ou qui regardent le corps, sont 1°. d'être à jeûn : on n'excepte de cette règle que les malades qui communient en viatique. 2°. Il faut une grande pureté de corps. L'Apôtre exhorte les personnes mariées à convenir quelquefois ensemble de s'abstenir de l'usage du Mariage, pour vaquer plus librement à la prière ; à plus forte raison doit-on leur conseiller de s'en priver quelquefois, pour se disposer à recevoir l'Agneau sans tache, et à s'unir au Dieu de toute pureté. 3°. En se présentant à la sainte Table, il faut être habillé proprement et modestement, chacun selon son état. Les ajustemens qui ressentiraient le luxe et la vanité, sembleraient insulter aux abaissemens d'un Dieu caché et anéanti dans ce Sacrement ; comme au contraire un extérieur malpropre et négligé paraîtrait peu conforme au respect et à la vénération que doit inspirer un si grand Mystère : surtout on ne souffrira pas que les femmes et les filles y paraissent la gorge découverte, ou d'une manière immodeste et scandaleuse.

Pour procéder à une si sainte action avec la décence et l'extérieur de respect qu'elle exige, on fera observer aux communians l'ordre qui suit :

Les Prêtres qui ne pouvant célébrer, voudront communier avec les Fidèles, auront une étole par dessus le surplis ou le rochet, et se mettront à genoux dans le sanctuaire, sur la plus haute marche de l'Autel; les Clercs qui seront en surplis ou en rochet, se rangeront à la suite; les Laïques seront au dehors du sanctuaire, autour du balustre qui l'environne, et quitteront leurs gants.

On ne se servira jamais, pour la Communion, ni du voile du calice, encore moins du manuterge ou *lavabo*, mais d'une nappe que l'on étendra d'un bout à l'autre de la ligne des Communians : ils tiendront cette nappe à deux mains, l'élargissant par dessous, de telle sorte que si l'Hostie échappait des mains du Prêtre ou de leurs lèvres, elle y fût reçue comme sur une petite table, sans tomber à terre; cette nappe ne doit servir qu'à cet usage, encore s'abstiendra-t-on de s'en essuyer la bouche.

Les communians seront à genoux, le corps droit et sans pencher la tête. Aux approches du Prêtre, ils interrompront toute prière vocale, ouvriront la bouche médiocrement, avançant la langue à fleur de la lèvre inférieure, pour ne la retirer qu'après qu'il y aura mis et laissé la sainte Hostie : l'ayant reçue, ils ne la mâcheront point, et ne la laisseront point fondre dans la bouche, mais ils la laisseront sur leur langue jusqu'à ce qu'elle soit un peu humectée, pour l'avaler ensuite plus facilement : s'il arrive qu'elle s'attache à leur palais, ils la détacheront doucement avec la langue, sans se troubler, et se garderont surtout d'y jamais porter les doigts.

En quittant la sainte Table, ils se retireront à leurs places, pour y faire leur action de grâces à genoux, s'abstenant quelque temps de cracher, pour ne pas s'exposer à jeter hors de leur bouche les particules de la sainte Hostie qui pourraient y être restées.

Ils profiteront des précieux momens qui suivront de près cette sainte action, pour adorer, dans un profond recueillement, Jésus-Christ réellement présent en eux; pour s'exciter à son amour, le remercier d'un si grand bienfait, écouter ses tendres et ardentes leçons, lui exposer avec confiance tous leurs besoins et surtout pour lui demander la grâce de conserver jusqu'à la mort le fruit de cette communion.

Enfin ils passeront le reste du jour dans l'exercice des bonnes œuvres, s'appliquant, selon les facilités qu'ils en auront, à la prière, à des lectures édifiantes, à la visite des églises, des pauvres et des malades, évitant les divertissemens du siècle et les entretiens inutiles, et répandant dans leurs familles la bonne odeur de Jésus-Christ.

Les Curés ne se contenteront

pas d'instruire leurs peuples des dispositions intérieures qu'ils doivent apporter à la sainte Table ; ils leur donneront encore de temps en temps, et surtout à la fin du Carême, les avis qui sont ici proposés sur l'ordre et la décence qui doivent y être observés.

De la fréquente Communion.

Le dessein que Jésus-Christ s'est proposé, et les symboles dont il s'est servi en instituant l'Eucharistie, l'amour immense qu'il y témoigne aux hommes, les grands prodiges qu'il y renouvelle tant de fois, chaque jour, en leur faveur, les magnifiques promesses qu'il fait dans l'Évangile à ceux qui nourrissent leur âme de son Corps, tout cela fait assez voir combien il désire que l'usage de ce divin aliment soit ordinaire dans le Christianisme, et montre assez qu'il n'y a rien de meilleur ni de plus utile, que de communier fréquemment, pourvu qu'on le fasse avec de saintes dispositions. Dans les jours de la primitive Église, les Fidèles communiaient très-souvent, et on ne s'est éloigné de la sainte Table du Seigneur, qu'à mesure que la charité s'est refroidie. Les Pères de l'Église, pour ranimer cette première ferveur, ont toujours exhorté les Chrétiens de leur temps à la Communion fréquente; et le Concile de Trente (*Sess.* 13. *ch.* 8.) les y exhorte aussi très-fortement: il les y excite par les motifs les plus touchans ; il les en conjure par les entrailles de la miséricorde de leur Sauveur; il déclare (*Sess.* 22. *ch.* 6.) qu'il désirerait qu'ils communiassent sacramentellement toutes les fois qu'ils assistent à la Messe, pour participer plus abondamment aux fruits merveilleux de ce Sacrement, lequel est, selon le même Concile, une nourriture spirituelle qui soutient et fortifie nos âmes, en les faisant vivre de la propre vie de Jésus-Christ, et un antidote qui a la vertu d'effacer en nous les fautes journalières et vénielles, et de nous préserver des mortelles.

De ces grands avantages joints aux autres qui ont été exposés ci-dessus, on doit inférer que la Communion fréquente est préférable en elle-même à la communion rare, et on peut conclure avec Saint Thomas (*p.* 3. *q.* 80. *a.* 10.), qu'il vaut mieux s'approcher de la sainte Table par un mouvement de charité, que de s'en éloigner par respect. Cependant on aurait tort de blâmer la pratique des âmes justes et timorées, que l'humilité porte quelquefois à s'en séparer ; mais il ne faut pas que cette séparation dure long-temps pour les âmes qui cherchent Dieu dans la simplicité du cœur ; et leur principal objet doit être de se disposer, par cette voie, à communier ensuite avec plus de ferveur. Ce qu'on doit craindre comme un grand malheur qui n'est que trop commun, c'est que la tiédeur et l'indolence, peut-être même le mépris et le dégoût, ne soient cachés sous un respect apparent.

Les Pasteurs auront donc soin d'exhorter leurs peuples à recevoir souvent la sainte Eucharistie. Ils leur représenteront là-dessus les désirs de Jésus-Christ, les pressantes invitations de l'Église, l'exemple des premiers Fidèles : ils leur diront que de tous temps ceux qui se sont solidement occupés de leur salut, ont fait profession de fréquenter le Sacrement de nos autels ; que plus on s'en éloigne, plus les obstacles se multiplient, plus la tiédeur s'augmente, plus les forces de l'âme diminuent; et que la vraie raison pour laquelle plusieurs manquent de courage, reculent au lieu d'avancer dans le chemin de la vertu, et font des chutes funestes, c'est qu'ils négligent de manger le pain de vie, en sorte qu'on peut leur appliquer ces paroles du Roi Prophète (*Ps.* 101.) : *Aruit cor meum, quia oblitus sum comedere panem meum* ; qu'au contraire, l'expérience fait voir que ceux qui communient souvent, se soutiennent d'ordinaire dans la ferveur, qu'ils sont la portion la plus saine, la plus précieuse du troupeau, la gloire et la joie des Pasteurs ; ils leur représenteront encore que, selon Saint François de Sales (*Int. p.* 2. *c.* 21.), « Deux » sortes de gens doivent communier souvent : les parfaits, parce qu'étant bien disposés, ils » auraient grand tort de ne point » s'approcher de la source de » toute perfection ; et les imparfaits, afin de pouvoir justement prétendre à la perfection : les forts, afin qu'ils ne » deviennent faibles, et les faibles, afin qu'ils deviennent » forts ; les malades, afin d'être » guéris : les sains, afin qu'ils ne » tombent en maladie : ceux qui » n'ont pas beaucoup d'affaires » mondaines, doivent communier » souvent, parce qu'ils en ont » la commodité, et ceux qui ont » beaucoup d'affaires mondaines, parce qu'ils en ont nécessité, et que celui qui travaille beaucoup et qui est » chargé de peines, doit manger » des viandes solides, et souvent. »

Mais aussi ils se garderont bien de séparer dans leurs instructions la Communion fréquente de la Communion digne ; et, pour se conformer à l'esprit de l'Église et à l'exemple des Saints Pères, en invitant les Fidèles à communier souvent, ils les exhorteront à ne le faire qu'avec les dispositions requises, qu'ils n'augmenteront, ni ne diminueront, tenant un juste milieu entre les deux extrémités vicieuses ; ils seront toujours également en garde et contre les fausses maximes d'une sévérité outrée, qui tendent à détourner de la fréquente Communion, et contre les excès d'indulgence et de facilité, qui portent à négliger la grande sainteté qu'elle exige. Cette rigueur outrée consiste à ne jamais représenter la Communion au peuple Chrétien, que sous des idées terribles ou des images effrayantes, à ne lui retracer dans l'esprit et à ne lui remettre devant les yeux que l'excellence et la dignité ineffable du Sacrement, que la grandeur et la majesté suprême de Dieu, que l'indignité et la misère extrême de l'homme, que le danger et les suites affreuses d'une Communion sacrilége, sans lui exposer en même temps les avantages et la nécessité d'une bonne Communion, et sans avoir soin, en l'intimidant, de le consoler et de l'encourager par la vue de la bonté, de la miséricorde et de la libéralité infinies du Sauveur qui éclatent singulièrement dans ce Mystère, et qui ne demandent pas moins une confiance filiale qu'une crainte respectueuse. Cette rigueur outrée consiste encore 1°. à exagérer les dispositions requises pour communier dignement, et à les proposer dans un degré de perfection où il est très-difficile et presque impossible d'atteindre ; 2°. à exiger l'exemption de tout péché véniel, et l'extirpation entière de toute mauvaise habitude ; 3°. (*) *à regarder comme sacriléges ceux qui prétendent avoir droit à la Communion, avant que d'avoir entièrement satisfait à la Justice Divine ; et à éloigner de la sainte Table ceux qui ne sont pas encore arrivés à l'amour très-pur et exempt de tout mélange.* Suivre de si pernicieuses maximes, c'est accabler la faiblesse humaine, que Jésus-Christ a voulu soulager et soutenir par son Sacrement ; c'est, en rendant la fréquente Communion impraticable à la plupart des justes, leur ôter un des principaux moyens de guérir leur langueur spirituelle, d'affermir leur foi, de fortifier leur espérance, d'enflammer leur charité et d'obtenir le grand don de la persévérance.

D'une autre part, la facilité et l'indulgence excessives ne sont pas moins dangereuses. Ne parler aux Fidèles que du précepte de

---

(*) *Proposit. damnatæ ab Alexandro VIII.*

Prop. 22. Sacrilegi judicandi sunt qui jus ad Communionem percipiendam prætendunt, antequàm condignam de delictis suis pœnitentiam egerint.

Prop. 23. Similiter arcendi sunt à sacrâ Communione quibus nondùm inest amor Dei purissimus et omnis mixtionis expers.

communier et des effets avantageux de la Communion fréquente et journalière, sans insister sur les dispositions nécessaires et sur l'obligation indispensable de s'éprouver auparavant et de discerner le Corps du Seigneur, c'est les exposer à devenir d'indignes profanateurs. Prétendre que la seule exemption du péché mortel suffit toujours pour communier avec fruit, et que les dispositions actuelles de respect, d'attention, de désir et de pureté d'intention ne sont que de conseil ; qu'il vaut toujours mieux communier sans ces dispositions et avec des distractions volontaires et de l'affection au péché véniel, que de se séparer pour quelque temps de la sainte Table ; que jamais il n'est permis à un juste de s'en éloigner par respect ; que tout pécheur vraiment converti doit communier aussitôt après l'absolution, et que les Confesseurs ne doivent jamais imposer pour pénitence le délai de la Communion, quelque court qu'il puisse être ; enfin, prétendre qu'il ne faut pas plus de dispositions ni plus de perfection pour communier très-fréquemment et tous les jours, que pour communier rarement, et que (*) *la fréquente Communion est une marque de prédestination, même dans les personnes les plus livrées au monde*, c'est avancer témérairement des principes aussi contraires à la saine doctrine et à la profonde vénération due au plus saint de nos Mystères, que favorables aux communions tièdes et imparfaites, sources trop fréquentes de communions indignes et sacriléges.

Plusieurs de ces faux principes ont été condamnés par le Décret du Pape Innocent XI, auquel les Pasteurs auront soin de se conformer. Ils y verront (**) que la même Église qui conseille la Communion fréquente et très-fréquente, ne l'a jamais ordonnée ; et que, quelqu'utile que

---

(*) *Frequens Confessio et Communio etiam in eis qui gentiliter vivunt, est nota Prædestinationis. Prop.* 56. *ab Inno. XI. et* 76. *à Clero Gallicano damnata.*

(**) *Etsi frequens quotidianusque sacrosanctæ Eucharistiæ usus à SS. Patribus fuerit semper in Ecclesiâ probatus, nunquàm tamen aut sæpiùs illam percipiendi aut ab eâ abstinendi certos singulis mensibus aut hebdomadis dies statuerunt, quos nec Concilium Tridentinum præscripsit, sed quasi humanam infirmitatem secum reputaret, nihil præcipiens, quid cuperet tantùm indicavit... In hoc igitur potissimùm diligentiâ invigilabit non ut à frequenti aut quotidianâ sacræ Communionis sumptione, unicâ præcepti formulâ deterreantur, aut sumendi dies generaliter constituantur ; sed magìs quid singulis permittendum per se aut Parochos seu Confessarios sibi decernendum putet, illudque omninò provideat ut nemo à sacro convivio seu frequenter seu quotidiè accesserit, repellatur ; et nihilominùs det operam, ut unusquisque dignè, pro devotionis aut præparationis modo, rariùs aut crebriùs Dominici corporis suavitatem degustet.*

soit en elle-même la participation du pain Eucharistique, elle ne doit pas être accordée sans discernement, mais qu'il faut qu'elle soit dirigée par la prudence. Donner ce pain céleste à ceux qui sont encore dans l'attachement au péché, c'est leur donner la mort; le donner avec trop d'abondance à ceux qui commencent à se relever de leurs fautes, c'est les exposer au péril d'une rechute prochaine. Le refuser absolument à des personnes faibles, c'est les priver d'une nourriture, qui souvent leur serait d'un très-grand secours, et même quelquefois d'une grande nécessité. Ne pas en faire la nourriture ordinaire des forts et de ceux qui sont en pleine santé, c'est les affaiblir et les faire tomber dans la langueur et le dépérissement.

Suivant donc ce Décret plein de sagesse, ils n'ordonneront ni ne défendront en général la communion quotidienne, ni ne marqueront certains jours dans lesquels les Fidèles soient obligés de communier; mais ils auront égard à la préparation et à la dévotion de chacun, et s'appliqueront surtout à faire en sorte que, soit qu'il approche plus souvent ou plus rarement de la sainte Table, il le fasse toujours dignement et de l'avis de son Confesseur. En même temps qu'ils expliqueront les avantages infinis des Communions fréquentes et ferventes, ils ne manqueront pas d'exposer l'énormité des Communions sacriléges, et le danger des Communions faites avec tiédeur et sans recueillement, dans une dissipation habituelle et volontaire, ou par vanité, par respect humain, par des vues d'intérêt temporel, plutôt que par le désir de son avancement spirituel. Ils enseigneront que le progrès dans la vertu est tout-à-la fois une disposition à la Communion fréquente et un effet de cette Communion; qu'en vivant saintement, on mérite de communier souvent, et qu'en communiant plus souvent, on puise dans cette source de grâces, des secours abondans pour s'avancer encore plus dans les voies de la justice; mais qu'il faut que le désir de s'y avancer précède ou du moins accompagne celui de communier souvent; que, sans ce désir sincère de travailler à se perfectionner et à se corriger, l'état de tiédeur et l'affection au péché véniel sont des obstacles à la fréquente Communion, qui demande qu'on soit d'autant plus appliqué aux bonnes œuvres et moins attaché aux créatures, qu'on approche plus souvent du Saint des Saints; mais, en exigeant ces pieuses dispositions, ils prendront bien garde, comme Nous l'avons dit, de ne point les porter à une si haute perfection, que les fidèles intimidés et découragés désespèrent d'y pouvoir parvenir, et s'éloignent de la sainte Table, sous prétexte d'une humilité et d'une indignité mal entendues. Ils leur feront au contraire connaître qu'au lieu de renoncer à cet aliment céleste, parce qu'on mène une vie trop peu régulière, on doit travailler à vivre plus chrétiennement, pour mériter de communier plus souvent : *Sic vive, ut quotidiè merearis accipere.* (S. Aug.) (*)

Ils verront encore dans le même Décret, qu'à l'égard de la communion plus ou moins fréquente, on ne peut établir, sur ce point, de règle générale qui ne souffre quelque exception. Les Directeurs peuvent seuls, par un sage discernement, en prescrire de particulières, les proportionnant à l'état, aux besoins et aux dispositions des personnes qu'ils conduisent, et à la connaissance du plus ou moins de fruit qu'elles retirent de leurs Communions. Tout ce qu'on peut faire ici pour leur faciliter ce discernement, c'est de leur proposer des maximes qui paraissent les plus sûres dans la pratique : celles qui suivent, sont extraites de Saint François de Sales, qui les a tirées lui-même d'un ancien Auteur, insérées dans le Droit Canon. (**). On peut les regarder comme des règles fort anciennes et généralement reçues dans l'Église. Nous y ajouterons aussi quelques observations qui nous paraissent importantes.

(***) « 1°. Il serait imprudent » de conseiller indifféremment » à tous la Communion de tous » les jours; la disposition requise » pour une Communion si fré» quente devant être fort ex» quise ; et parce que cette dis» position, quoiqu'exquise, peut » se trouver en plusieurs bonnes » âmes, il n'est pas bon d'en dé» tourner généralement ; mais » il en faut user suivant l'état » intérieur de chacun en parti» culier, et ne point blâmer cet » usage, surtout en ceux qui » suivent en cela l'avis de quel» que digne Directeur.

(****) » Il faut, pour être admis » à cette Communion de tous les

(*) *Multiplices enim sunt conscientiarum recessus, variæ ob negotia alienationes, multæ econtrà gratiæ et Dei dona parvulis concessa : quæ cùm humanis oculis scrutari non possumus, nihil certè de cujusque dignitate atque integritate et consequenter de frequentiori aut quotidiano vitalis panis esu potest constitui; et propterea, quod ad negotiatores attinet, frequens ad sacram alimoniam percipiendam accessus Confessariorum secreta cordis explorantium judicio est relinquendus, qui ex conscientiarum puritate et frequentiæ fructu et ad pietatem processu laicis negotiatoribus et conjugatis, quod prospicient eorum saluti profuturum, id illis præscribere debebunt.*

(**) *De consec. dist.* 2, *cap.* Quotidiè.

(***) *Int. p.* 2. *c.* 10. — (****) *Ibid.*

» jours, avoir surmonté la plupart des mauvaises inclinations, c'est-à-dire, non-seulement l'affection aux choses inutiles et dangereuses, comme sont les jeux, les festins, les parures et autres choses semblables; mais encore ces inclinations naturelles, qui n'ayant point pris origine dans nos péchés particuliers, ne sont pas proprement des vices ni des péchés, mais des imperfections, comme sont la légèreté, l'inclination à la colère, la mélancolie et autres défauts qui viennent du tempérament et du naturel, et qui sont souvent contre le gré et la volonté.

» 2°. Pour communier tous les huit jours, il est requis de n'avoir aucun péché mortel, ni aucune affection au péché véniel, et d'avoir un grand désir de communier.

(*) » Pour bien entendre cette maxime, il faut remarquer qu'il y a une grande différence entre n'avoir aucun péché véniel et n'avoir aucune affection au péché véniel; car nous ne pouvons jamais être entièrement purs des péchés véniels, au moins pour persister longtemps dans cette pureté; mais nous pouvons bien n'avoir aucune affection aux péchés véniels. Autre chose est de mentir une ou deux fois en chose peu importante, et autre chose est de se plaire à mentir et d'être affectionné à cette sorte de péché.

» On se persuadera facilement de la nécessité de cette disposition, si l'on considère qu'une âme bien née et généreuse ne peut point nourrir volontairement en elle la volonté de continuer et de persévérer en aucune sorte de péché véniel; car le péché véniel, quelque petit qu'il soit, déplaît à Dieu, et ce serait une lâcheté bien grande de vouloir, à notre escient, garder dans notre cœur une chose aussi déplaisante à Dieu que cette volonté de lui déplaire. L'affection au péché véniel est directement contraire à la dévotion, comme l'affection au péché mortel l'est à la charité. »

Cette affection au péché véniel ne doit être confondue, ni avec l'inclination générale que tous les hommes, même les plus justes, ont au mal, et qui n'est pas distinguée de la concupiscence, ni avec l'inclination particulière que plusieurs ont naturellement à certains péchés, et qu'ils ont augmentée par leurs chutes fréquentes; quelque grande que soit cette inclination, elle n'empêche pas qu'on ne soit

(*) *Int. p.* 1. *c.* 22.

libre de toute attache et affection, soit actuelle, soit habituelle, au péché véniel, quand on a un regret sincère de l'avoir commis, et qu'on tâche de se corriger, soit en évitant l'occasion, soit en résistant à la tentation, ou n'y succombant que rarement et sans propos délibéré.

Il ne suffit pas qu'une personne ait beaucoup de désir et d'empressement, pour communier souvent, il faut examiner si Dieu seul en est le principe, et si l'amour propre, la vanité, l'habitude ou le respect humain n'y ont point de part. Car il en est de ces désirs, comme de l'appétit pour les viandes: il vient quelquefois d'une mauvaise constitution, et alors, loin de produire un bon effet, il ne fait qu'engendrer de la corruption et causer des maladies ; mais comme cet appétit est un signe de santé lorsque les alimens profitent et servent à réparer et à augmenter les forces du corps, de même on doit juger favorablement du désir de la fréquente Communion, lorsqu'on voit qu'elle fortifie ou du moins entretient l'âme dans ses bonnes dispositions : il n'est pas nécessaire que ce désir soit sensible; il suffit qu'il soit dans le cœur, et qu'il provienne d'une intention droite de s'unir plus étroitement à Dieu et de s'avancer dans la vertu. On fera bien de conseiller à tous ceux qui ont les deux qualités prescrites dans la seconde maxime, de communier tous les Dimanches.

« Ils pourront même communier utilement encore plus souvent que tous les Dimanches, lorsque celui qui les conduit, le trouvera bon. »

3°. Ceux qui ayant les dispositions marquées dans la maxime précédente, ne pourront pas communier tous les huit jours, tâcheront de le faire au moins de quinze jours en quinze jours, suivant l'avis d'un sage Directeur.

« 4°. On peut dire assurément que la plus grande distance des Communions est celle de mois à mois pour ceux qui veulent servir Dieu dévotement. »

On conçoit assez qu'on ne peut comprendre dans cette classe les personnes qui tombent souvent en péché mortel, ou qui passent la plus grande partie de leur vie dans l'oisiveté, le jeu, les assemblées profanes du monde. Si les Directeurs suivent les maximes qu'on vient d'établir à l'égard de ceux qui conservent de l'affection pour certaines fautes vénielles, et ne font aucun effort pour s'en corriger, combien plus seront-ils réservés à permettre la sainte Communion à ces personnes dont la vie est si dissipée, si inutile et si dangereuse pour le salut.

En général, lorsqu'il s'agit de faire communier régulièrement quelques personnes tous les jours, toutes les semaines ou tous les mois, il ne faut pas se contenter de leur avoir fait faire une bonne confession; il faut encore examiner si elles ont tout ce qui est nécessaire pour les faire communier souvent. Quand un Confesseur ne prend pas cette précaution à l'égard de ceux qu'il conduit, les uns vont à la sainte Table sans préparation, les autres tombent dans la vaine estime d'eux-mêmes, se croyant meilleurs que ceux qui communient plus rarement; d'autres se relâchent, croyant être déjà arrivés à la perfection; d'autres enfin, par une vie qui ne répond pas à leurs fréquentes Communions, donnent occasion au commun du monde, de mépriser la fréquentation des Sacremens et de parler mal de la dévotion. Il faut donc examiner si les pénitens ont une grande aversion du péché, s'il leur est facile, eu égard à leurs emplois et à d'autres circonstances, de communier avec le recueillement et la préparation convenables. Il faut aussi avoir égard à leur ferveur, à leur âge, à leur discernement. Voici la raison qu'en donne Saint François de Sales : (*)

» Je ne voudrais pas que vous » portassiez votre fille à une si » fréquente Communion, qu'elle » ne sût bien peser ce que c'est » que la fréquente Communion. » Il y a de la différence entre » discerner la Communion des » autres participations, et discer- » ner la fréquente Communion » d'avec la rare Communion : si » cette petite âme discerne bien » que, pour fréquenter la sainte » Communion, il faut avoir » beaucoup de pureté et de fer- » veur, et qu'elle y aspire, et » soit soigneuse de s'en parer, » alors je suis bien d'avis qu'on » l'en fasse approcher souvent, » c'est-à-dire, de quinze jours » en quinze jours; mais si elle » n'a point d'autre ardeur qu'à » la Communion, et non à la mor- » tification des petites imperfec- » tions de la jeunesse, je pense » qu'il suffirait de la faire con- » fesser tous les huit jours et » communier tous les mois. Ma » chère fille, je pense que la » Communion est le grand moyen » d'atteindre à la perfection; » mais il faut la recevoir avec » le désir et le soin d'ôter du » cœur tout ce qui déplaît à celui » que nous y voulons loger. »

Par les justes faibles et imparfaits dont le même Saint parle dans un autre endroit de ses ouvrages, rapporté ci-dessus, (**) et dans lequel il exhorte à la fréquente Communion, on peut entendre ceux qui à la vérité ont

(*) *Liv.* 2. *Ep.* 38. — (**) *Int. p* 2. *c.* 21.

horreur des péchés mortels, aiment la vertu, désirent leur perfection, et tâchent de se corriger de leurs défauts, mais qui toutefois sont sujets à tomber non-seulement dans des péchés de pure fragilité, de surprise, d'inadvertance, d'ignorance, dont la vie des parfaits n'est point exempte; mais encore dans des péchés même assez grossiers, quoique véniels, qu'ils commettent non point tant par malice et de propos délibéré, que par une mauvaise habitude ou par un penchant violent et naturel qu'ils ne combattent pas assez fortement, et qui les y fait succomber. On doit recommander à ces sortes de Chrétiens, qui sont plutôt dans un état de faiblesse que de tiédeur et de lâcheté, d'avoir recours, pour se fortifier et se prémunir, à la fréquente participation de l'Eucharistie, qui est la force des faibles et un bouclier contre les traits des ennemis de leur salut.

Si les personnes auxquelles on a permis des Communions souvent réitérées, viennent à tomber, ou dans le péché mortel, ou dans des péchés véniels plusieurs fois commis de propos délibéré, ou dans le relâchement et la tiédeur, il est à propos qu'un Confesseur prudent leur en retranche quelques-unes, sans quoi il serait à craindre que le respect dû au Sacrement ne s'affaiblît ou ne s'éteignît en elles. Toutes les fois que le Confessseur sent que ce retranchement serait nécessaire ou utile aux pénitens pour les punir, pour les mortifier, pour les humilier, pour les rendre plus attentifs et plus vigilans, il fait bien d'employer ce remède, qui, loin de tourner à leur désavantage, leur épargne des Communions tièdes et imparfaites qui pourraient les conduire à des Communions sacriléges. Dans le cas d'une Communion libre et volontaire, on doit communément la différer pendant quelque temps à un pécheur qui sort d'une vie déréglée et scandaleuse, quoiqu'on ne le juge pas indigne de l'absolution; ce délai sera pour lui un moyen d'effacer la vive impression de ses désordres, il lui inspirera plus d'horreur de ses crimes, il lui fera appréhender les rechutes, et lui donnera le temps et la facilité de se mieux disposer. Ce délai doit surtout être observé à l'égard des pécheurs qui ont vécu dans l'habitude du vice contraire à la vertu de pureté, vice des plus opposés à la sainteté du Sacrement.

Quoiqu'il ne soit pas toujours à propos de permettre de communier souvent aux pécheurs nouvellement convertis, et qu'on doive plutôt les engager à faire des confessions exactes et fréquentes; cependant quand on remarque en eux une application sérieuse à mortifier leurs passions et à pratiquer les vertus chrétiennes, on doit les porter à la fréquente Communion. Les Communions deviennent alors un moyen très-efficace pour les affermir dans le bien et les éloigner du mal. Mais il ne peut y avoir là-dessus de règles certaines et uniformes pour toute sorte de personnes; car il en est qui, d'une conscience trop timorée, ont besoin qu'on les encourage et même qu'on les presse vivement de fréquenter la sainte Table; les autres au contraire, trop confiantes et trop présomptueuses, ont besoin qu'on réprime leur trop grand empressement à s'en approcher. C'est au Pasteur ou au Confesseur à régler ses avis sur les dispositions, sur le caractère et la docilité de ceux qu'il dirige, et sur les fruits qu'il leur voit retirer de la sainte Communion. Nous dirons seulement en général, qu'à raison de la plus grande facilité d'avoir le recueillement et la dévotion requise, on peut permettre de communier plus souvent aux personnes religieuses qu'aux séculières; à ceux qui vivent dans le célibat qu'aux personnes mariées; à ceux qui vivent retirés du monde, qu'à ceux qui s'y trouvent beaucoup engagés; la Communion de tous les mois suffit d'ordinaire aux personnes grossières et peu instruites.

La prudence doit accompagner et régler les Communions des Fidèles qui sont en état de communier souvent. « Avec cette pru» dence, il n'y a ni mère ni épouse, » ni mari, ni père qui empêche » de communier souvent. Cette » prudence consiste à faire en sorte » que ce saint exercice ne leur ap» porte aucune incommodité, ce » qui arrivera, si le jour de la » Communion, on ne laisse pas » d'avoir le soin convenable à sa » condition, si on a pour eux » plus de douceur et d'affabilité, » et si on ne leur refuse nulle » sorte de devoirs. Si cependant » ceux auxquels on doit l'obéissan» ce, ou pour lesquels on doit » avoir du respect ou certains » égards, étaient assez mal ins» truits ou assez bizarres pour » s'inquiéter et se troubler à la » vue d'une Communion fréquen» te, il sera bon, après avoir tout » bien considéré, de condescen» dre en quelque sorte à leur » infirmité, en retranchant quel» que chose au nombre des Com» munions, si on ne peut vain» cre autrement cette difficulté. »

Saint François de Sales ajoute ici un avis qui peut être nécessaire pour lever un scrupule mal fondé et trop ordinaire aux âmes timorées, engagées dans le mariage, dont plusieurs croient faussement trouver un obstacle à la sainte Communion dans l'accomplissement des devoirs de cet état. C'est ainsi qu'il s'en explique :

« Dieu trouvait mauvais, en » l'ancienne loi, que les créanciers » exigeassent aux jours de fêtes ce

» qu'on leur devait ; mais il ne » trouva jamais mauvais que les » débiteurs payassent et rendis- » sent leurs dettes à ceux qui les » exigeaient. Il y aurait de l'indé- » cence, quoiqu'il n'y ait pas un » grand péché, à exiger le devoir » nuptial, le jour qu'on aurait com- » munié; mais il n'y aurait aucune » indécence à le rendre : c'est au » contraire un acte méritoire. Les » Chrétiens de la primitive Église » communiaient tous les jours, » quoiqu'ils fussent mariés et bé- » nis de la bénédiction des en- » fans ; c'est pourquoi aucun de » ceux qui sont obligés à ce devoir, » ne doit être privé de la Commu- » nion, pour y avoir satisfait, si » d'ailleurs sa dévotion le provo- » que à la désirer. »

Cet avis de Saint François de Sales n'est pas contraire à celui que le Pape Innocent XI donne dans son décret à l'égard des personnes mariées, (*) et dont les Pasteurs et les Confesseurs auront soin de les instruire : ils suivront aussi ce qui y est marqué à l'égard des Religieuses. (**)

Les personnes auxquelles la fréquente Communion est permise, choisiront, autant qu'il sera possible, pour s'en approcher, les Dimanches et Fêtes, ces jours étant ordinairement plus propres au recueillement, et devant être consacrés à la sanctification ; on leur conseillera encore d'y participer les jours de l'anniversaire de leur Baptême et de leur Confirmation, les jours du Saint dont ils portent le nom, du Patron des églises et communautés auxquelles ils appartiennent, des Saints qui ont vécu dans le même état ou la même profession. On pourra y ajouter les jours de l'Ordination pour les Ministres des autels, de prise d'habit et de profession pour les personnes religieuses, de l'anniversaire du mariage des personnes mariées. Les veuves pourront aussi consacrer par la Communion le jour auquel a commencé leur viduité.

De plus, les Pasteurs tâcheront d'établir dans leurs Paroisses l'usage de participer à la divine Eucharistie avant d'entreprendre un long voyage, ou quelque affaire de conséquence. Ils recom-

(*) *In conjugatis autem hoc ampliùs animadvertent, cùm B. Apostolus nolit eos invicem fraudare, nisi fortè ex consensu ad tempus, ut vacent orationi, eos seriò admoneant tantò magis, ob sacratissimæ Eucharistiæ reverentiam, continentiæ vacandum, puriorique mente ad cœlestium epularum Communionem esse conveniendum.*

(**) *Moniales quotidiè sacram Communionem petentes admonendæ erunt ut in diebus ex earum Ordinis instituto præstitutis communicent; si quæ verò puritatis mente emineant, et fervore spiritûs ità incaluerint, ut dignæ frequentiori aut quotidianâ sanctissimi Sacramenti perceptione videri possint, id illis à Superioribus permittatur.*

manderont, ainsi que les Confesseurs, la Communion aux personnes tentées, affligées, éprouvées par des peines de différente espèce, pourvu que d'ailleurs elles soient bien disposées.

A cause du péril de mort auquel sont exposées les femmes enceintes, ils les exhorteront à recevoir, avant leurs couches, la sainte Eucharistie, ainsi que les personnes qui sont prêtes à se faire faire quelque opération dangereuse, avant de souffrir cette opération.

Enfin, ils enseigneront souvent à leurs paroissiens, qu'encore que l'Église, par une sage condescendance, ait restreint à une fois par an le précepte de la Communion, elle désire néanmoins que ses enfans ne s'en tiennent pas à la rigueur de la lettre, et les invite avec instance à y participer du moins dans les grandes solennités. Ils ne manqueront pas de les y exhorter les Dimanches qui précéderont ces solennités; et ils feront même comprendre à ceux qui se rendent à ce conseil de l'Église, qu'ils doivent s'estimer faire bien peu de choses pour Dieu, en se bornant à la Communion en ces grands jours : ils les engageront à employer d'autant plus de temps à s'y préparer et à en faire des actions de grâces particulières, que leurs communions sont plus rares, et surtout à ne s'en approcher qu'après s'être éprouvés, selon le commandement de l'Apôtre.

De la Communion Pascale.

Les Curés avertiront les Fidèles du précepte de l'Église qui leur ordonne de communier dans la quinzaine de Pâques, et pour cet effet, ils publieront au prône le décret du Concile de Latran sur la Communion Pascale, le premier Dimanche du Carême, celui de la Passion et le jour de Pâques : on le trouvera rapporté dans les instructions du Prône propre pour ces jours.

Il résulte de la teneur de ce Décret, que les Fidèles qui ont atteint l'âge de discrétion, sont obligés, sous peine de péché mortel, de communier à Pâques, c'est-à-dire, dans la quinzaine qui commence le Dimanche des Rameaux et finit le Dimanche de *Quasimodo*. Le Confesseur peut néanmoins différer, avec connaissance de cause, à un autre temps ceux qu'il ne trouve pas bien disposés; mais aussi doivent-ils travailler à se mettre en état de le faire au plus tôt; car s'ils différaient plus long-temps par leur faute, ils se rendraient coupables de péché. L'obligation de communier ne cesse pas à l'égard de celui qui n'y aurait pas satisfait au temps marqué par le décret, cette ordonnance n'ayant pas été faite pour restreindre ou pour limiter les obligations des Fidèles, mais pour les empêcher de négliger ce qui est de leur devoir. Cependant ceux qui n'auraient pas rempli ce devoir pendant la quinzaine de Pâques, ne sont plus obligés d'y satisfaire dans leur *propre Paroisse*. Il en est de même de l'obligation de se confesser une fois l'an.

On ne satisfait point à ce précepte par une Communion indigne et sacrilége. C'est pourquoi ceux qui auraient eu le malheur de communier indignement à Pâques, seraient obligés de s'en confesser au plus tôt et de communier une autre fois pour s'acquitter de ce devoir.

Personne ne peut recevoir la Communion Pascale hors de sa Paroisse, s'il n'en a une permission expresse. Il faut excepter de cette règle ceux qui auraient obtenu de Nous ou de nos Vicaires-Généraux ou de leurs Curés la permission de communier hors de leur Paroisse, les pauvres mendians qui sont sans domicile, les pélerins, les voyageurs et ceux qui, pour la nécessité de leurs affaires ou une autre cause valable, se trouveraient alors de bonne foi dans une autre Paroisse. Il faut encore excepter de cette règle les Communautés religieuses qui sont approuvées par Nous, et qui ont une chapelle : Nous autorisons toutes les personnes, Professes ou Novices, qui composent la Communauté, ainsi que les Tourrières, les Pensionnaires, ou Externes, et les domestiques, à faire leurs Pâques dans la chapelle de la maison. Il en est de même des Élèves pensionnaires, demi-pensionnaires et externes des maisons d'éducation ; Nous les autorisons à faire leurs Pâques dans l'église paroissiale du Pensionnat.

Pour être censé domicilié en une Paroisse, par rapport à la Communion Pascale, il suffit d'y habiter *animo manendi*. C'est pourquoi le Concile de Milan, sous saint Charles, veut qu'un Curé donne à Pâques la Communion à ceux qui sont venus de quelques mois, et même depuis quelques jours, demeurer dans l'enceinte de sa Paroisse, pour y établir leur domicile.

Une personne peut avoir deux domiciles en même temps, ce qui doit s'entendre lorsqu'elle demeure autant de temps dans l'un que dans l'autre ; en ce cas elle peut et doit faire sa Communion Pascale dans celle des deux Paroisses où elle se trouve à Pâques. Mais si une personne passe la plus grande partie de l'année dans une Paroisse, et qu'elle séjourne quelque temps seulement par occasion dans une autre, comme sont ceux qui demeurent dans les villes, et vont passer quelque temps à la campagne pour y prendre l'air, ou pour y vaquer à leurs affaires, elle est censée n'avoir qu'un domicile, savoir, dans la Paroisse où elle passe plus de temps, et où par conséquent il est plus convenable de faire ses Pâques.

Afin d'ôter encore plus sûrement aux Paroissiens toute occasion de quitter leur Paroisse pour aller communier dans d'autres églises, on aura soin de les avertir, chaque année, que Nous défendons expressément à tous Prêtres, tant séculiers que réguliers, ou aumôniers de ce Diocèse, célébrant dans des églises ou chapelles, d'administrer la sainte Eucharistie, au temps de Pâques, à qui que ce soit, même à des personnes de leur connaissance, soit sous prétexte de Confrérie ou de Société, sans le consentement de Nous ou de nos Vicaires-Généraux ou de leur Curé, à moins qu'ils ne puissent présumer que ces personnes ont satisfait ou satisferont à la Communion Pascale dans l'église de leur Paroisse.

Les malades n'étant point dispensés de ce précepte, on leur administrera l'Eucharistie à la maison pendant la quinzaine de Pâques, quand même ils l'auraient reçue en viatique peu de jours auparavant. Si leur maladie est assez dangereuse pour obliger de les communier en viatique pendant la quinzaine de Pâques, ils satisferont, par cette Communion, au précepte de la Communion Pascale. Les Pasteurs pourront néanmoins différer aux malades, selon leur prudence, la Communion Pascale, lorsqu'ils jugeront qu'ils seraient probablement en état de se rendre à l'Église, peu de jours après la quinzaine.

De la première Communion des Enfans.

RIEN de plus important pour les enfans, que de faire saintement leur première Communion; elle influe ordinairement sur celles qui la suivent, et leur salut éternel dépend souvent des dispositions qu'ils y ont apportées. Les Pasteurs doivent donc l'estimer une œuvre des plus dignes de leur sollicitude, et y apporter tous leurs soins pour les y préparer.

Cette Communion se fera dans l'Église Paroissiale, et ne pourra jamais se faire ailleurs, sans l'agrément du Curé, ou une permission de Nous ou de nos Vicaires-Généraux; on ne doit excepter de cette règle, que les jeunes Pensionnaires, demi-Pensionnaires et Externes que l'on confié aux Communautés; cependant ces élèves, soit Internes, soit Externes, ne seront admises à faire leur première Communion dans la chapelle de ces Communautés, qu'après six mois de séjour, ou de fréquentation des classes de ces maisons. Il en sera de même des garçons et des filles élevés dans des Pensionnats séculiers. Les Pensionnaires, demi-Pensionnaires et Externes qui les fréquentent, pourront être admis à la première Communion de la Paroisse du Pensionnat, pourvu qu'ils y aient reçu, pendant six mois, l'instruction religieuse du Curé ou du Vicaire de la Paroisse.

Dans les grandes Paroisses, on doit faire faire tous les ans la première Communion des enfans. Il peut être utile de ne la faire *solennellement*, dans les petites Paroisses, que tous les deux ans ; mais Nous ne croyons pas qu'on puisse la différer plus long-temps, sans de graves inconvéniens. Ce renvoi ne doit jamais être un prétexte pour négliger le Catéchisme, l'année où la première Communion n'a pas lieu.

Il n'est pas facile de fixer l'âge auquel les enfans peuvent y être admis. On en voit qui, n'étant encore âgés que d'onze ou douze ans, sont assez instruits et assez capables de réflexion pour discerner cette céleste nourriture ; d'autres d'un esprit plus pesant et plus difficile, ont besoin d'être différés quelque temps : on remarquera seulement pour ceux-ci que, quand ils sont arrivés à l'âge de quatorze ans, le précepte de la Communion les presse, et qu'on ne peut les en priver que pour des raisons très-fortes : les Curés feront donc alors de nouveaux efforts, n'exigeant d'eux que l'instruction essentielle, et les admettront, s'ils ne remarquent en eux des empêchemens qui doivent entièrement les en exclure.

On fera, pendant le Carême, le Catéchisme au moins trois fois la semaine, pour les enfans qu'on disposera à la première Communion, sans préjudice de celui qui doit être fait les Dimanches, dans le cours de l'année, pour tous les enfans de la Paroisse, conformément aux Ordonnances du Diocèse.

A l'entrée du Carême, les Curés avertiront ceux qu'ils croiront devoir y admettre, d'assister exactement aux Catéchismes qui se feront dans le cours de la semaine, sans néanmoins en exclure les autres enfans qui y viendraient d'eux-mêmes, ou que les parens y enverraient. Ils tâcheront même d'y attirer les personnes plus âgées, qu'ils jugeront n'être pas assez instruites de leur Religion.

Les Pasteurs annonceront l'auguste cérémonie de la première Communion quelque temps auparavant, comme une des fêtes les plus solennelles de la Paroisse. Ils inviteront les Fidèles, mais surtout les parens, à communier avec leurs enfans.

Ils s'appliqueront surtout pendant ce temps à reconnaître les inclinations de ces enfans, veillant plus particulièrement sur leurs conduite. Un mois avant la Communion, ils les examineront eux-mêmes, pour choisir ceux qu'ils trouveront dignes d'y être admis, et ils s'appliqueront ensuite avec zèle à disposer plus prochainement à une si sainte action ceux qu'ils auront ainsi choisis. Dans les catéchismes, ils leur faciliteront leur examen de conscience; ils commenceront leur confession générale, d'assez bonne heure, pour pouvoir corriger leurs habitudes criminelles, les exciter à la douleur de leurs péchés, leur inspirer le ferme propos de se corriger, et commencer une vie toute nouvelle; ils leur parleront en père, ils leur inspireront les sentimens de la tendre et solide piété qui doit les accompagner à la Sainte Table.

Pendant les trois ou quatre semaines qui suivront l'examen des Enfans et leur admission à la première Communion, les Pasteurs, pour leur obtenir une sainte préparation, ajouteront à la Messe du jour, les *Collecte*, *Secrète* et *Postcommunion* que l'on trouvera à la suite de la Messe de la première Communion que Nous avons fait imprimer et distribuer à chaque Paroisse.

Le jour de la cérémonie étant fixé, on la fera précéder d'une retraite de trois jours au moins, pendant lesquels on préparera les enfans à recevoir l'absolution (*).

Nous recommandons aux Pasteurs, de se faire aider par quelque confrère, soit pour les instructions, soit même pour la confession; c'est quelquefois le moyen de prévenir des premières Communions sacriléges, crime d'autant plus redoutable, qu'il devient souvent la source d'une infinité d'autres. C'est aussi le moyen de faciliter aux parens et autres personnes pieuses l'approche des Sacremens.

Quand il est impossible de se procurer un confrère voisin, on peut se faire aider par le Maître ou la Maîtresse d'école, ou d'autres personnes de confiance, ayant toujours grand soin de séparer, autant qu'il est possible, les garçons des filles. Il est même à désirer que les Enfans demeurent peu de temps dans leur famille pendant toute la retraite.

C'est un usage salutaire que les Enfans aillent, la veille de leur première Communion, se mettre à genoux devant leurs Père et Mère, pour leur demander pardon de leurs manquemens et obtenir leur bénédiction. Le jour de la première Communion, les filles seront vêtues de blanc et couvertes d'un voile. Chaque Enfant doit avoir un cierge qu'on n'allumera qu'après l'Evangile. Il lui servira encore pendant la cérémonie de la rénovation des promesses du Baptême. Ce cierge est très-

(*) On trouvera, dans le *Manuel de la 1re. Communion* à l'usage des Paroisses d'Amiens, les Exercices propres à cette retraite.

significatif; c'est pour le Pasteur un sujet de touchantes explications à faire à ses Paroissiens.

Si c'est la coutume que les Enfans se cotisent entr'eux pour faire bénir à la Messe un pain pour eux en particulier, on la maintiendra; mais soit pour cet objet, soit pour le cierge, le Pasteur aura bien soin que les parens soient induits dans le moins de dépenses qu'il sera possible. Sa prévoyante charité en exceptera les pauvres sans les humilier; elle s'étendra même à pourvoir aux habillemens de ceux qui n'auraient pas le moyen de s'en procurer pour ce beau jour, que tout doit concourir à faire envisager aux Enfans comme le plus heureux de leur vie.

Les garçons, s'il est possible, se réuniront chez le maître d'école, ou à la cure ou dans tout autre endroit qui leur sera assigné, et les filles chez la maîtresse d'école ou dans une maison de confiance qui leur sera indiquée.

A l'heure prescrite, le Clergé, précédé de la croix et de deux céroféraires, du bénitier et de l'encensoir, ira au lieu où les Enfans sont réunis. Le Célébrant les aspergera et les encensera; alors les Choristes entonneront le ℟. *Homo quidam...*, qu'on continuera jusqu'à ce que la procession soit entrée au Chœur. Le Célébrant ira prendre le manipule et la chasuble, revenu à l'autel, il exposera le Saint-Sacrement; on chantera alors *Tantum ergò...*, et le Célébrant donnera la bénédiction sans rien dire; puis il exposera le Saint-Sacrement sur le tabernacle; ensuite, descendu au bas de l'autel, il entonnera le Veni Creator..., et après la première strophe de cette hymne, il commencera la Messe, qui, dans les grandes Paroisses, sera toujours une Messe basse, celle que Nous avons fait imprimer et distribuer pour être insérée dans notre Missel, en observanttout ce qui y est prescrit en tête. Après l'Evangile, on allumera les cierges des Enfans, et on les admettra à l'Offrande, pendant laquelle on chantera ou la Prose indiquée, ou le Psaume Quam *dilecta...* Au *Domine, non sum dignus...*, on les excitera à se recueillir davantage. Aussitôt après la Communion, le Prêtre prendra le Saint-Ciboire, le découvrira et s'étant retiré du côté de l'Epître, leur fera l'Instruction suivante, ou quelqu'autre semblable. Nous recommandons de ne pas la faire trop longue, d'insister sur ce que cette action a de grand, de consolant, d'encourageant, plutôt que sur ce qu'elle a de terrible; ce n'est pas le moment de traiter le sujet de l'indigne Communion (*).

(*) On trouvera plusieurs discours analogues dans les *Instructions familières* de M. Bonardel et dans les *Plans de sermons* de M. l'abbé La Coste, V.-G. de Dijon.

EXHORTATION.

Il est enfin arrivé, mes chers Enfans, ce jour si désiré, ce beau jour que le Seigneur a fait pour vous dans sa miséricorde. Jésus-Christ, le souverain pasteur, vient célébrer la Pâque avec vous; il va faire sa première entrée dans vos âmes, comme dans une nouvelle Jérusalem, en vous admettant à la participation de l'adorable Eucharistie. Quelle faveur, mes chers Enfans! Que ne m'est-il donné de vous en faire concevoir toute l'excellence et tout le prix! Ah! fasse le ciel que vous apportiez les dispositions les plus saintes à la réception du plus auguste Sacrement!

Et d'abord, vous devez en approcher avec une foi vive, c'est-à-dire, être persuadés et pleinement convaincus que vous allez recevoir le Corps, le Sang, l'âme et la divinité de N.-S. J.-C. Il est vrai que les yeux n'aperçoivent que du pain; mais la foi doit suppléer au défaut de nos sens; ils doivent céder à la parole d'un Dieu. Et qu'a-t-il dit? *Ceci est mon Corps, ceci est mon Sang; ma chair est vraiment une nourriture, et mon sang, un vrai breuvage.* Après des paroles aussi formelles, qui pourrait douter de la présence réelle de Jésus-Christ dans l'Eucharistie? Ah! croyons sans balancer tout ce qu'il nous a révélé dans ce mystère. Rien de plus certain, de plus infaillible que le témoignage de la vérité même.

Humiliés aux pieds du sanctuaire, adorez donc, mes chers Enfans, adorez avec un profond respect, le Verbe divin, renfermé sous ces espèces; soumettez-lui vos esprits et vos cœurs. Reconnaissez dans le Sacrement de nos autels, la chair de l'agneau sans tache, le renouvellement de son sacrifice sanglant, la source de toutes les grâces. Oui, le pain des Anges devient le pain des hommes; le pain céleste termine les anciennes figures. O chose digne d'admiration! un pauvre, un vil esclave, a l'honneur de se nourrir de son Dieu: *Manducat Dominum pauper et humilis.*

Qui l'aurait jamais pensé, mes chers Enfans, que le Souverain Etre pût ainsi descendre jusqu'à nous? Quoi! le Fils unique de Dieu, la splendeur de sa gloire, celui par qui toutes choses ont été faites, et qui soutient tout par sa parole; celui que les Dominations adorent, devant lequel les Principautés tremblent et frémissent; quoi! un si grand Maître daigne se communiquer si familièrement à sa créature! Qu'est-ce donc que l'homme, ô mon Dieu, pour être l'objet de votre souvenir le plus tendre, et d'une visite si miséricordieuse? — En réfléchissant à cet excès inouï de bonté, pourriez-vous, mes chers Enfans, ne pas entrer dans les sentimens de l'humilité la plus profonde? Pourriez-vous ne pas répéter avec un étonnement plein de foi, ces paroles de Salomon? Est-il croyable, ô mon Dieu, que vous vouliez habiter avec les hommes? Si les cieux ne peuvent vous contenir, combien moins cette demeure que je vous ai préparée? Pénétrés de vos misères, dites tous avec le chef des Apôtres : Dieu de sainteté, retirez-vous de moi, car je suis un pécheur. Dites surtout avec le centenier : Seigneur, je ne suis pas digne que vous entriez dans ma maison. Les Esprits bienheureux ne sont pas sans tache devant vous; que serai-je donc à vos yeux, moi couvert d'iniquités et de souillures? Non, je ne mérite pas de m'approcher de vous, et de participer au festin des élus. Trop heureux de me tenir, comme l'humble publicain, à l'entrée du temple, sans oser pénétrer dans le sanctuaire, et m'unir à votre majesté sainte!

Cependant, mes chers Enfans, le Seigneur Jésus vous convie à son banquet sacré, il vous appelle, il vous presse : venez, dit-il, manger la manne céleste que je vous présente; venez boire mon calice; je suis le pain de vie : celui qui s'en nourrira, vivra éternellement. Il vous dit encore, comme à Zachée, ce fidèle enfant d'Abraham : C'est aujourd'hui que j'établis chez vous mon séjour; c'est aujourd'hui que je vous apporte la justice et le salut. Touchés de l'extrême charité d'un Dieu qui veut s'incorporer avec vous, ranimez votre ferveur, mes chers Enfans; excitez en vous le désir le plus vif de recevoir Jésus-Christ; livrez-vous aux mêmes transports que David; écriez-vous avec ce saint roi : Mon âme soupire vers vous, ô mon Dieu, comme le cerf soupire après les eaux des fontaines; mon âme est toute brûlante d'amour pour Dieu, pour le Dieu fort et vivant. Quand passerai-je dans le lieu de son tabernacle admirable? Quand serai-je admis à son festin? Ah! venez, le Bien-aimé de mon cœur : venez, adorable Jésus, mon appui, mon espérance, ma sanctification, mes richesses : venez, ô mon souverain bien!

Oui, mes chers Enfans, il répond à vos désirs, il vient à vous, il vous fait asseoir à sa table. C'est là que vous trouverez la lumière, la paix, la consolation, toutes les délices : c'est là que vous serez rassasiés, et que vous recevrez le gage de la résurrection glorieuse.

AUX PARENS.

Quel sujet de joie, pour vous, mes chers Frères! Vous voyez ces doux objets de votre tendresse; vous voyez vos enfans environner la table du Seigneur, comme de jeunes oliviers. Ne sentez-vous pas vos entrailles s'émouvoir? Vos cœurs ne s'élancent-ils pas vers le ciel? Ne l'intéressez-vous pas par vos prières et par vos larmes, en faveur de ces chers enfans? Mais, en vous attendrissant sur eux, pleurez, pleurez sur vous-mêmes. Qu'un si bel exemple ne soit pas sans fruit pour vous; qu'il réveille vos âmes, et qu'il vous inspire une sainte ardeur pour la divine Eucharistie, dont peut-être hélas! vous avez négligé de vous nourrir depuis long-temps.

L'Instruction terminée, un Prêtre, ou un Enfant bien exercé auparavant, récitera à haute voix, les actes avant la Communion. On récitera ensuite le Confiteor...; *le Prêtre dira :* Misereatur..., *et* Indulgentiam... *Alors, les Enfans se présenteront à la sainte Table comme il est dit page* 96. *Pendant la distribution de la sainte Communion, on chantera quelques Cantiques, ou* Lauda Sion...

On aura dû, pendant la retraite, consacrer le temps d'un exercice de l'après-dîner, par exemple, depuis 2 heures jusqu'à 5, à la manière de se présenter à l'Offrande, à la Sainte Table, aux Fonts baptismaux.

La Communion donnée, le Prêtre renfermera le St.-Ciboire dans le tabernacle, et adressera aux Enfans, l'exhortation suivante ou toute autre semblable, en forme d'action de grâces, pour les engager à remercier Dieu de la faveur qu'il leur a faite, à s'offrir à lui, à lui demander les grâces dont ils ont besoin; et à prier pour leurs parens, maîtres, bienfaiteurs, pour leur confesseur et les personnes qui ont prié pour eux.

EXHORTATION.

Réjouissez-vous, mes chers Enfans, vos vœux sont accomplis. Vous possédez le Bien-aimé de vos âmes; vous renfermez celui que l'univers ne peut contenir. Est-il une nation dont les divinités se familiarisent ainsi avec les hommes? O tendres effusions d'une charité vraiment paternelle! O excès ineffable de générosité! O prodige admirable, prodige aimable de bonté! Qu'offrirez-vous, mes chers Enfans, qu'offrirez-vous à un Dieu qui a épuisé pour vous ses trésors? Vos cœurs ont-ils assez de sentimens pour témoigner leur juste reconnaissance au maître le plus libéral? Vos bouches ont-elles assez de paroles pour célébrer les merveilles de sa tendresse? Que tout bénisse en vous de concert, l'Auteur de la grâce, et glorifie son saint nom. Invitez aussi les hommes, les Anges, toutes les créatures à se joindre à vous, pour adorer, remercier, louer le père des miséricordes: *Laudate, pueri, Dominum* (*).

Ah! mes chers Enfans, rappelez-vous souvent le souvenir touchant de cette faveur signalée: portez dans vos âmes l'image vivante de la table sacrée à laquelle vous avez participé: regardez comme le plus beau, le plus heureux de votre vie, ce moment, témoin de l'alliance intime que

(*) *Psal.* 112, *v.* 1.

vous avez contractée avec Jésus-Christ. Vous voilà associés à sa nature, incorporés avec lui, avantage refusé aux Anges mêmes, honneur le plus grand qu'une créature puisse recevoir. Soutenez donc, par des mœurs irréprochables, la qualité glorieuse de convives de Jésus-Christ : conservez pures et sans tache, vos âmes et vos corps qu'il a ennoblis et consacrés par sa divine présence. Gardez avec soin, le don inestimable de la grâce dont vous avez reçu la plénitude; trésor précieux que vous portez dans des vases fragiles. Persévérez dans l'innocence ; elle vous rendra dignes de participer aux saints mystères, et de manger souvent le pain de vie, descendu du ciel. Que cette Communion serve de modèle à celles qui la suivront ; que toutes honorent également le Seigneur, édifient également le prochain, sanctifient également vos âmes. Je dis plus, mes chers Enfans, communiez avec une ferveur toujours nouvelle; puisque chaque Communion vous procurera un nouveau bienfait.

Transformés aujourd'hui en des hommes tout célestes par la réception du plus auguste Sacrement, élevez-vous au-dessus des faiblesses de votre âge ; renoncez aux amusemens frivoles de l'enfance, et fuyez les excès criminels de la jeunesse. Revêtus de la force et de la vertu de Dieu même, roidissez-vous contre le torrent du vice; repoussez courageusement les tentations auxquelles le commerce du monde vous exposera. Veillez sur vos sens, veillez sur vos cœurs. Réprimez, domptez les saillies de vos passions naissantes, et soumettez-les à l'empire de Jésus-Christ; vouez, sacrifiez à Dieu les plus belles années de votre vie, hommage le plus digne de sa gloire, et dont il se montre le plus jaloux : *Memento Creatoris, in diebus juventutis* (*). Marchez sur les traces des Samuel, des Salomon, des Tobie : comme eux, aimez, recherchez, embrassez la vertu dès le premier âge : *Hanc amavi et exquisivi à juventute*

(*) *Eccle.* 12. 1.

meâ (*). Les vieillards étonnés loueront, admireront votre sagesse prématurée, et se règleront sur vos exemples : *Habebo... honorem apud seniores juvenis* (**). Vos parens, remplis d'une sainte joie, s'applaudiront d'avoir de tels enfans, et béniront le jour qui vous vit naître : *Filius sapiens lætificat patrem* (***). Enfin, une jeunesse chaste et chrétienne vous préparera des jours purs et sereins, une vieillesse tranquille et respectable, une mort précieuse devant Dieu : *Venerunt mihi omnia bona pariter cum illâ* (****). Ah! mes chers Enfans, quel avantage pour l'homme, de porter de bonne heure le joug de la religion, ce joug si léger, si doux, si aimable : *Bonum est viro, cùm portaverit jugum ab adolescentiâ* (*****).

Attachez-vous donc inviolablement au Seigneur; jurez-lui une obéissance éternelle par le Corps et par le Sang de Jésus-Christ; observez avec une fidélité constante ses divins préceptes, source de lumière, de prudence, de paix dans ce monde; source d'immortalité, de gloire, de félicité dans l'autre : *Custodi præcepta mea, et vives* (******).

Et vous, ô mon Dieu, regardez d'un œil favorable, ces tendres Enfans qui vous consacrent les prémices de leur raison et de leur liberté; reposez dans leurs cœurs où la corruption n'a pas encore défiguré la beauté de votre ouvrage; préservez-les de la malice du siècle; mettez leur innocence en sûreté à l'ombre de vos autels; affermissez leurs pas chancelans dans les voies de la justice; qu'en croissant en âge, ils croissent en sagesse et en perfection. Dieu des miséricordes, répandez sur eux l'abondance de vos grâces; animez-les de votre esprit sanctifiant; régnez à jamais en eux par la force et la douceur de votre amour. Puisqu'ils ne forment avec vous, qu'une même chair par la Communion qu'ils ne fassent avec vous qu'un même cœur

(*) *Sap.* 8. 2. — (**) *Sap.* 8. 10.
(***) *Proverb.* 10. 1. — (****) *Sap.* 7. 11.
(*****) *Thren.* 3. 27. —(******) *Proverb.* 4. 4.

par la charité. Faites, ô mon Dieu, que dociles à vos inspirations, ils ne respirent, ne vivent et n'agissent que pour vous seul. C'est pour mettre le sceau à des vœux si doux, que je bénis, Seigneur, aujourd'hui en votre nom, ces chers Enfans dont vous êtes le père ; bénissez-les aussi vous-même dans le Ciel : que cette bénédiction sainte descende sur eux, les accompagne, et les suive sans cesse ; et qu'ils en goûtent les fruits et dans le temps et dans l'éternité.

Ainsi soit-il.

Après le dernier évangile, le Célébrant descendra le Saint-Sacrement, le posera sur l'autel et l'encensera. On chantera alors Panis angélicus..., *sans dire ni versets ni oraisons, puis le Célébrant donnera la bénédiction solennelle.*

Après la Messe, on retiendra à l'église les Communians pendant dix ou douze minutes, pour leur action de grâces, et ils sortiront en ordre pour revenir au lieu d'où ils sont partis, et recevoir leur part de pain bénit, puis on les renverra dans leur famille.

L'après-dînée, à l'heure indiquée, ils se rendront au lieu des exercices, d'où on les conduira à l'église pour les Vêpres, qui seront chantées comme il suit : le Célébrant chantera solennellement le ℣. Deus, in adjutórium...; *puis, après avoir entonné l'Antienne :* Vincénti dabo..., *le premier Chantre entonnera du* 5 t. *en* c. *le premier des Psaumes suivans :*

Ps. Dixit Dóminus..., Laudáte, púeri, Dóminum..., Laudáte Dóminum, omnes gentes..., *sous la seule Antienne :* Vincénti dabo..., *(5*e*. Antienne des Laudes de la Fête du Saint-Sacrement.) Capitule :* Ecce sto ad óstium..., *comme à Nones du Jeudi. Hymne :* Pange, lingua..., ℣. Panem..., *Antienne à* Magníficat, Ego sum panis vivus.... *(Comme aux Laudes du Saint-Sacrement.) Oraison, celle de la Messe de la première Communion. Après le* Benedicámus *solennel, on leur fera une instruction pour les préparer au renouvellement des promesses du Baptême. Après l'instruction, on les conduira processionnellement aux fonts baptismaux, en chantant le* ℟. Consepúlti sumus.., *comme au jour de Pâques. Les deux premiers garçons tiendront dans la main gauche un cierge allumé ; alors tous les Enfans étant à genoux, un Prêtre, ou un des Enfans, qu'on aura préparé à cela, récitera, à haute voix et distinctement, la formule ci-après :*

FORMULE POUR LA RÉNOVATION DES VOEUX DU BAPTÊME.

Dieu tout puissant et éternel, adorable Trinité, qui, par un effet de votre miséricorde, nous avez régénérés dans les eaux sacrées du Baptême; quelles actions de grâces vous rendrons-nous pour cette insigne faveur! Nous étions nés enfans de colère; et, en recevant le saint Baptême, nous sommes devenus vos enfans adoptifs. Par notre nature, nous étions sous l'esclavage du démon, et pour jamais exclus de votre royaume; en vertu de notre adoption divine, vous nous avez donné Jésus-Christ pour frère, et vous nous promettez le Ciel pour héritage... O Dieu infiniment bon, qu'avez-vous pu découvrir en nous qui méritât vos prédilections? Hélas! dans le moment même où vous nous donniez des titres si précieux, vous saviez que nous les profanerions indignement, et la vue de nos perfidies n'a pu arrêter le cours de vos bontés.

Humblement prosternés devant vous, nous venons déplorer, dans l'amertume de notre âme, l'énorme ingratitude dont nous nous sentons coupables.

Quel eût été notre sort, ô mon Dieu, si vous aviez laissé agir votre justice! Mais vous n'avez écouté que votre miséricorde; et, plus sensible à notre malheur qu'à l'outrage fait à votre Majesté, vous nous avez supportés au milieu de nos égaremens; vous avez été le premier à nous offrir le pardon de nos offenses : comme le père de l'enfant prodigue, vous nous avez reçus dans vos bras, aussitôt que nous sommes revenus vers vous; et, par un bienfait qui met le comble à tous les autres, vous avez daigné nous admettre aujourd'hui à votre table sacrée pour la première fois. C'est donc ainsi que vous savez vous venger, Seigneur! Mais, si vous avez oublié nos iniquités, nous, ô mon Dieu, nous ne pouvons en perdre le souvenir; plus vous vous êtes montré patient et prompt à pardonner, plus nous voulons être fidèles et constans dans notre retour.

Saints Patrons, qui deviez être nos modèles, et dont nous

avons si mal suivi les exemples, Fonts sacrés, qui reçûtes les premiers sermens que l'on fit pour nous, et que nous avons tant de fois violés, saint Autel, qui avez été souvent témoin de nos irrévérences dans la maison du Seigneur, Esprits célestes, nos charitables guides, vous dont nous avons si souvent blessé les regards, vous tous (habitans de cette paroisse), parens et amis, que nous avons tant de fois scandalisés par nos mauvais exemples, soyez aujourd'hui témoins de nos regrets et des engagemens sacrés que nous allons de nouveau contracter avec le Tout-Puissant.

Agneau de Dieu, qui nous avez lavés dans votre sang et nourris de votre chair adorable, c'est devant vous que nous renonçons librement et de tout notre cœur, à Satan, à ses pompes et à ses œuvres.

Nous nous attachons inviolablement à votre service; jamais nous ne rougirons de votre saint Evangile, ni du titre de Chrétien... plutôt mourir mille fois que de commettre un seul péché mortel!

Gravez, Seigneur Jésus, gravez ces saints engagemens dans nos cœurs, et confirmez la résolution où nous sommes d'y être fidèles jusqu'au dernier soupir de notre vie. Ainsi soit-il.

Après la formule de la rénovation des vœux du baptême, le Célébrant entonnera le Credo *solennel, que le Chœur et les assistans poursuivront. Pendant ce chant (si le* Credo *était chanté, et que la rénovation ne fût pas terminée, on pourrait chanter le cantique :* Quand l'eau sainte du Baptême...), *les Enfans s'approcheront successivement deux à deux des fonts, où se trouvera une croix, deux cierges et le livre des évangiles, et tenant de la main gauche un cierge qu'un Clerc leur présentera alors, ils poseront l'autre main sur le dit livre, et diront distinctement :* Je renonce à satan, à ses pompes et à ses œuvres : Mon Dieu, je crois en vous, j'espère en vous, je vous aime de tout mon cœur, et m'attache à vous pour toujours; *puis, remettant leur cierge au Clerc, ils baiseront les fonts, salueront la croix, et reviendront à la Procession.*

Nous maintenons l'usage de certaines paroisses, où cette Pro-

cession se fait avec le Saint-Sacrement, que l'on place sur les fonts pendant la cérémonie ; mais, vu les inconvéniens tant de fois renouvelés, nous balançons de permettre aux Communians d'y porter des cierges allumés.

Des fonts-baptismaux, on conduira les Enfans à l'autel de la Sainte Vierge, ou, s'il n'y en a pas, aux pieds d'une statue préparée à cet effet. Là, après une exhortation analogue, un des Enfans prononcera, à haute voix, la formule suivante :

FORMULE DE CONSÉCRATION A LA TRÈS-SAINTE VIERGE.

REINE des Anges et des hommes, auguste Marie, en ce jour le plus beau de notre vie, en ce jour où votre cher Fils Jésus a daigné nous admettre à sa table, nous venons vous offrir l'hommage de nos cœurs, et réclamer votre puissante protection. Soyez, ô Vierge sainte, notre Reine, notre Avocate, et daignez nous admettre au nombre de vos enfans. Eloignez de nous le soufle contagieux du vice ; ne permettez pas que nous ayons jamais le malheur de souiller cette robe d'innocence que votre divin Fils a lavée dans son sang, et que nous avons portée à la table sainte. Gravez, ô divine Mère, dans nos cœurs la haine du péché, le mépris du monde et de ses vanités, et l'amour le plus ardent pour Jésus. Répandez vos bénédictions sur tous ceux qui ont contribué à notre bonheur par leurs travaux ou par leurs prières ; mais surtout, nous vous en conjurons, répandez-les avec abondance sur ces parens qui nous sont si chers, et dont le salut nous intéresse si vivement. Pourrions-nous être heureux, s'ils ne partagent pas notre bonheur ? Et vous, tendre Marie, pourriez-vous en ce jour nous refuser quelque chose, vous qu'on n'a jamais invoquée en vain ? Sanctifiez-les, sauvez-les ; sauvez-nous avec eux, afin que réunis dans le royaume céleste aux pieds de votre trône, les parens et les enfans puissent vous y voir et vous bénir à jamais.

Ainsi soit-il.

S'il ne doit plus y avoir d'autre réunion dans le jour pour les Enfans, ici le Célébrant entonnera le *Te Deum...* qui se chantera pendant le retour au Chœur. Après les ℣. et Oraison, on chantera la strophe : *O salutaris Hostia..*; puis, le Célébrant donnera la bénédiction solennelle : ensuite on chantera le Psaume LAUDATE *Dominum, omnes gentes...* du 6 t. en C.

Dans les Paroisses où, le soir, il y aura un salut solennel, on suivra pour cet exercice ce que Nous avons prescrit dans l'Office de la première Communion ; après l'exposition du Saint-Sacrement, on chantera le ℟. et la Prose de la première Communion, l'Ant. *Inviolata...* à la Sainte Vierge, et ensuite le *Te Deum...* Le reste comme plus haut.

Après cette cérémonie, les Curés auront soin d'inscrire sur un registre particulier les noms des Communians et ceux de leurs père et mère ; ils travailleront ensuite, avec un nouveau zèle, à cultiver dans ces jeunes plantes une grâce si précieuse. Ils tâcheront pour cet effet, de les engager à se confesser tous les mois, et à communier aussi fréquemment que leur Confesseur jugera à propos de le leur permettre. Il sera bon de leur assigner des jours de Communion générale, et de les voir quelquefois en particulier, pour les soutenir dans leurs bonnes résolutions ; surtout ils n'oublieront rien pour les porter à continuer de venir aux catéchismes le plus long-temps qu'il sera possible. Ils les réuniront même, s'il se peut, dans un catéchisme raisonné qu'on appellera *Catéchisme de persévérance*, les y attirant par quelques récompenses, leur y donnant des places distinguées, les piquant d'émulation, et se servant de toutes les saintes adresses que le zèle leur inspirera pour les affermir dans la piété.

De la Communion des Malades.

LES Curés s'informeront avec soin, des malades qui sont dans leurs Paroisses : ils les visiteront, les prépareront de bonne heure à se confesser, et les disposeront à communier par forme de viatique, si tôt qu'ils les verront en danger de mort.

On trouvera dans les Instructions sur le Sacrement de Pénitence, les règles qui doivent être observées pour la confession des malades.

Les Curés représenteront aux malades qui paraîtraient effrayés de la proposition qu'ils leur feraient de se disposer à recevoir les Sacremens, ou qui voudraient qu'on attendît, pour les leur administrer, que le danger fût plus grand, qu'en matière de salut, il faut prendre le plus sûr, de crainte d'être surpris; qu'en différant plus long-temps ils courent risque de se trouver accablés et affaiblis par la violence de la maladie, au point de ne pouvoir donner l'application nécessaire au soin de leur âme; qu'il pourrait même leur survenir un transport, une toux, des vomissemens, qui les rendraient incapables de recevoir la sainte communion; qu'ils penseraient injustement des Sacremens, s'ils les regardaient comme des présages funestes d'une mort prochaine; qu'ils sont au contraire, pour un malade, de précieux gages de la protection de Dieu; que Jésus-Christ a souvent guéri les corps par sa présence; que tout au moins il sanctifie les âmes, les console, les fortifie et leur donne la grâce de faire un bon usage de leurs souffrances.

Si le malade refuse de se rendre à ces sollicitations, le Curé, bien loin de l'abandonner, redoublera pour lui ses prières, ses soins, ses assiduités jusqu'au dernier moment; il le pressera avec zèle, emploiera à cet effet ceux qu'il croira avoir le plus d'ascendant sur son esprit.

Les Curés ne doivent point porter le saint Viatique aux malades, qu'auparavant ils ne les aient visités et confessés, ou du moins qu'ils ne soient sûrement instruits qu'ils l'ont été. C'est pendant le jour qu'on doit porter le saint Viatique, à moins que l'état du malade ne demande de le porter pendant la nuit.

On ne doit pas l'administrer à ceux en qui on remarquerait un délire, une toux, un crachement ou un vomissement continuel qui donnerait lieu de craindre quelque irrévérence, quoique involontaire, contre le Saint-Sacrement, ni à ceux qui ne pourraient consommer la sainte Hostie; si on doutait que le malade pût l'avaler, on pourrait faire un essai avec une hostie non consacrée, en l'avertissant qu'on ne la lui donne que pour éprouver s'il pourra recevoir l'Eucharistie: on pourra même, pour la plus grande facilité, ne lui donner qu'une partie de l'Hostie, lui faisant prendre l'ablution tout de suite, pour l'aider à l'avaler; mais il faut bien se garder de faire tremper l'Hostie dans quelque liqueur, sous prétexte de la lui faire prendre avec plus de facilité.

Dans les cas auxquels le malade ne pourrait communier, quoique bien disposé pour l'intérieur, sans courir risque de quelque indécence pour le Sacrement, il n'est pas permis de lui porter la sainte Eucharistie, seulement pour l'exposer à ses adorations: on se contentera pour lors de lui apprendre à l'adorer en esprit: on le consolera, en lui représentant que Dieu aura égard à ses saints désirs, qu'il suppléera au Sacrement par sa miséricorde ; et on lui promettra de saisir les intervalles qui pourront lui rendre la facilité de le recevoir.

On donnera le saint Viatique aux enfans malades qui seront en péril de mort, fussent-ils même au-dessous de l'âge qu'on a coutume d'exiger pour la première Communion, pourvu qu'ils soient confessés, qu'ils soient suffisamment instruits, et qu'ils aient assez de raison pour discerner le Corps de N.-S. J.-C. ; si néanmoins ils reviennent en santé, on ne les admettra à communier à l'église, qu'après les avoir préparés et éprouvés avec ceux qu'on dispose pour la première Communion.

Ceux qui, après avoir communié à l'église dans la Quinzaine de Pâques ou dans un autre temps, tombent dangereusement malades, ne sont pas dispensés, par cette Communion antérieure, de recevoir le saint Viatique : on doit donc le leur administrer, même pendant cette Quinzaine. Ceux qui, après avoir communié le matin à l'église, tomberaient dans un danger pressant de mort, pourraient recevoir le saint Viatique le même jour, parce que le précepte de communier oblige à l'article de la mort, et qu'il y a une grâce attachée au saint Viatique pour bien mourir.

Il n'appartient qu'au Curé d'administrer ce Sacrement aux malades de sa Paroisse, ou de commettre à cet effet. Il est défendu à tous les Prêtres, séculiers ou réguliers, de le porter aux malades de leurs oratoires ou chapelles, ou de toute autre église que de l'Eglise Paroissiale, sans la permission expresse du Curé. On n'excepte de cette règle que le cas d'une pressante nécessité, qui ne permettrait pas de recourir à l'Église Paroissiale. Les Curés, autant que faire se pourra, ne commettront à cet effet que des Prêtres approuvés pour entendre les confessions, à moins qu'il n'y ait un Confesseur présent, les malades demandant souvent d'être réconciliés avant de communier.

S'il arrivait qu'un inconnu tombât malade, et que le Curé lui administrât le Sacrement de Pénitence et le saint Viatique, il aurait soin de prendre avec le malade toutes les mesures nécessaires pour pouvoir, en cas de mort, avertir la famille de l'étranger.

On ne peut donner à un malade l'Eucharistie comme Viatique, s'il n'est en danger de mort (*) ; et pour lors, il peut la

(*) Afin de faciliter aux Ecclésiastiques le moyen de connaître ce danger de mort, Nous avons placé, après cet article, quelques observations qui pourront être utiles.

recevoir à toute heure, sans être à jeûn. S'il arrive que le danger continue, ou que le malade y retombe après s'être mieux porté, on pourra de nouveau le communier en Viatique, pourvu qu'il y ait huit ou dix jours d'intervalle entre ces deux Communions.

On portera pareillement l'Eucharistie aux autres malades qui, sans être en danger de mort, désireront de communier par dévotion, et on leur accordera cette grâce plus ou moins fréquemment, suivant leurs dispositions ; il est même du devoir des Curés de les visiter et de les exhorter à s'y disposer surtout aux approches des grandes fêtes; mais dans ce cas, ils exigeront d'eux qu'ils soient à jeûn, s'il est possible, pour la recevoir : c'est-à-dire, qu'ils n'aient rien pris depuis minuit, ni par forme de nourriture, ni par forme de médicament. S'il arrive que le malade vomisse après avoir communié, et que les espèces sacrées paraissent, il faudra les séparer, les mettre dans un vase propre, autre que le ciboire, les rapporter à l'église, pour les y conserver dans un lieu décent, et attendre qu'elles soient entièrement altérées, pour les jeter dans la piscine. Si l'on ne peut découvrir les espèces sacramentelles, on essuiera et étanchera ce qu'il aura vomi, avec des étoupes ou quelqu'autre matière semblable, pour brûler ensuite le tout et en jeter les cendres dans la piscine. Si le malade meurt en recevant la sainte Hostie, ou peu de temps après, et avant de l'avoir avalée, on retirera de sa bouche les espèces sacrées qui paraîtront, pour les garder et les jeter dans la piscine lorsqu'elles seront entièrement altérées, comme il est marqué dans le cas précédent.

On avertira, avant la cérémonie, ceux qui sont auprès du malade, de bien nettoyer la chambre et les autres lieux de la maison par lesquels le Saint-Sacrement doit passer, de couvrir le lit d'un linge blanc, de préparer devant lui, et, s'il se peut, à sa vue, une table aussi couverte d'un linge blanc, et de mettre sur cette table deux chandeliers avec des bougies ou cierges allumés, un crucifix, un bénitier avec l'aspersoir, deux vases, dont l'un servira à purifier les doigts du Prêtre, et l'autre contiendra de la liqueur dont use le malade, pour la lui donner après la Communion.

Tout étant ainsi disposé, on tintera la cloche pour inviter les fidèles à se rendre à l'église, pour accompagner Notre-Seigneur chez le malade ; on fera porter aux assistans des flambeaux ou cierges allumés. Les Curés exhorteront souvent leurs paroissiens à s'y rendre exacts, autant que leurs occupations le leur permettront, leur représentant les grâces qui sont attachées à une si sainte action, leur rappelant qu'on gagne une indulgence (*) de cinq ans et cinq quarantaines, et quand on porte un cierge, de sept ans et sept quarantaines, les exhortant à s'agréger à la confrérie du Saint-Sacrement, travaillant même à ménager, autant qu'il leur sera possible, l'érection de cette confrérie, si elle n'est pas encore établie dans leur Paroisse, pour y perpétuer et ranimer de plus en plus la dévotion envers cet auguste Sacrement.

Le Prêtre qui portera la sainte Eucharistie, marchera sous un petit dais qui, au défaut d'Ecclésiastiques, sera soutenu par les Officiers de l'église, les parens du malade ou les confrères du Saint-Sacrement. Il sera précédé d'un Clerc qui sonnera une clochette pour avertir les Fidèles de suivre Notre-Seigneur, ou du moins, de se prosterner pour l'adorer. Quand il ne sortira pas de la ville ou du village, ou lorsqu'il n'ira qu'à des maisons qui n'en seront pas éloignées, il portera le ciboire couvert de son pavillon, y mettant plus d'Hosties consacrées qu'il n'en faudra pour communier les malades, et le rapportera dans le même ordre. Si l'administration du saint Viatique ne peut se faire avec cette cérémonie extérieure, ou qu'il faille aller loin à la campagne, le Curé ou Vicaire se servira d'une petite boîte d'argent, dorée intérieurement, ou d'un corporal bénit, renfermé dans une bourse qu'il posera sur la poitrine. Il ne portera qu'autant d'Hosties qu'il y aura de malades à communier. Il en sera de même pour les paroisses des grandes villes où l'administration du saint Viatique ne peut se faire avec solennité. Si le temps est mauvais ou les chemins difficiles, le Prêtre pourra se couvrir et même monter à cheval ou en voiture. Il récitera pendant le trajet, les prières ordinaires, et fera observer le silence par les personnes qui l'accompagneront.

S'il y a dans l'église deux ciboires ou boîtes, le Prêtre laissera dans l'un des deux, quelques Hosties consacrées, afin que le Corps de Notre-Seigneur Jésus-Christ soit toujours sur l'autel et puisse être adoré par les Fidèles qui iront à l'église. S'il n'y a qu'un ciboire ou une boîte, il laissera une Hostie dans un corporal plié dans le tabernacle, et la remettra avec révérence dans le ciboire à son retour.

(*) *Paul V.* 3 *Novembre* 1606. *Innocent XI.* 1 *Octobre* 1688. *Innocent XII.* 5 *Janvier* 1695.

Observations sur les symptômes d'une mort prochaine.

Les Paroisses de campagne étant souvent privées de médecins, il serait à désirer que MM. les Ecclésiastiques eussent quelque connaissance sur les signes qui indiquent le danger prochain où se trouvent les malades, afin de les presser plus ou moins de mettre ordre à leur conscience et de recevoir les Sacremens.

Les symptômes d'une mort prochaine varient suivant les maladies; mais il y en a de généraux qui paraissent toujours plus ou moins dans toutes les maladies. Nous allons les faire connaître ici, observant toutefois qu'ils ne sont pas toujours infaillibles, que les médecins les plus expérimentés s'y trompent quelquefois et voient mourir des malades qu'ils croyaient hors de danger. Le parti le plus sage et le plus sûr est donc de différer le moins possible d'administrer les malades.

On peut reconnaître que la mort d'un malade n'est pas éloignée, 1°. Si les yeux sont enfoncés, s'ils sont fixes et s'élèvent et se meuvent irrégulièrement, s'ils annoncent l'effroi et l'inspirent aux autres, s'ils se remplissent de larmes, s'ils sont hagards, et si le malade croit voir des objets qui n'existent pas.

2. Si la peau du front est dure, sèche, ridée, terreuse ou couverte d'une sueur froide.

3. Si le nez s'allonge, s'il est froid; si les narines s'ouvrent, se retirent, éprouvent de légers mouvemens convulsifs, si l'eau qui en découle, est limpide, sans consistance.

4. Si les tempes et les joues se creusent, si les pommettes deviennent noirâtres, plus éminentes et plus fortement dessinées.

5. Si les lèvres sont pendantes, décolorées ou noirâtres, agitées de mouvemens convulsifs, ne se prêtant pas à l'articulation des mots, ou le faisant plus difficilement.

6. Si la langue est épaisse, raboteuse, tremblante, noire, sèche, froide; si le malade la présente difficilement et la retire de même avec peine.

7. Si le visage est livide, plombé, terreux, tremblant, couvert d'une sueur froide et visqueuse; si les traits en général sont fort altérés.

8. Si le malade tâtonne les couvertures, les draps, les rideaux et autres objets qu'il prend, laisse, reprend avec anxiété, inquiétude; s'il se découvre à tout moment, s'il tient les genoux élevés, la tête et les mains jetées au hasard, s'il veut sortir du lit sans raison.

9. S'il parle difficilement, fai-

blement, s'il prononce des paroles entrecoupées ou peu liées les unes aux autres, s'il délire long-temps, s'il parle avec excès.

10. Si les crachats sont abondans, visqueux, noirâtres, s'ils cessent tout-à-coup ou ne sortent que péniblement, quoique la toux soit toujours fréquente et annonce que les poumons sont pleins d'humeur.

11. Si la respiration devient plus rare, plus pénible, si elle ne met en mouvement que le haut de la poitrine, s'il y a suffocation, qui augmente graduellement.

12. S'il y a vomissement de tout ce que l'on prend, ou de matières noirâtres, fétides; s'il y a hoquet fatigant.

13. S'il y a vomissement de sang, accompagné de douleurs à la poitrine et vers le dos.

14. S'il y a des évacuations alvines, très-abondantes, qui ne soulagent pas, à la suite desquelles le ventre s'enfle, se balonne, se durcit; si les évacuations sont involontaires, inaperçues.

15. S'il y a hémorragies fréquentes et abondantes, accompagnées d'une fièvre ardente.

16. Si la fièvre est forte, violente, soutenue; si un accès est à peine fini, que l'autre recommence; s'il recommence surtout avant que l'autre soit fini.

17. Si le pouls est faible, presque insensible, s'il frappe durement et sèchement; s'il glisse sous le doigt comme un fil tendu; s'il est inégal, sautillant, intermittent; s'il s'affaiblit chaque jour et remonte vers le coude, si les tendons laissent apercevoir sous le doigt des mouvemens irréguliers, des soubresauts.

18. S'il y a assoupissement prolongé, accompagné de délire, de réveil subit et en sursaut, qui laisse apercevoir du mal-être, de l'effroi.

19. S'il y a insomnie prolongée quoique sans douleur..

20. Si une plaie ancienne ou un cautère se ferme tout-à-coup et se dessèche; si les vésicatoires n'ont aucune action sur la peau, ou ne font éprouver aucune douleur; si les sangsues refusent de prendre, si la gangrène se manifeste.

21. Si le malade ne prend plus intérêt à rien; s'il refuse toute nourriture, tout breuvage, s'il éprouve une grande difficulté d'avaler.

22. Si le malade, après avoir éprouvé de violentes douleurs, est tout-à-coup soulagé, éprouve du contentement, fait des projets, sans qu'il y ait eu d'évacuation ou de cause connue du bien-être qu'il éprouve.

23. Si le malade perd la vue, l'ouïe, la parole; s'il devient comme insensible, s'il répand une odeur cadavéreuse; si les mains et toutes les extrémités sont froides, si les membres se roidis-

sent, restent sans mouvement; si une sueur se répand sur la figure ou même sur tout le corps. Si le gosier fait une espèce de raclement occasionné par la respiration appelée râle, la mort est proche.

24. Dans presque toutes les maladies, il y a intermittence, c'est-à-dire, un jour où le malade est plus souffrant et plus fatigué, et un jour où il l'est moins. On peut choisir de préférence le dernier, mais on se fait souvent illusion à cet égard, et il arrive que les renvois multipliés conduisent jusqu'à ce moment décisif où l'on n'est plus capable de rien.

25. Tous les médecins, depuis trois mille ans, ont distingué des jours critiques où le malade court plus de dangers. Ces jours sont le 7.e, le 14.e, le 20.e, et le 21.e, à dater du moment où le malade, ayant perdu ses forces, a été obligé de se mettre au lit.

26. Outre les jours critiques, on croit avoir observé que vers midi, vers le soir, avant minuit, et le matin quand le soleil se lève, il meurt beaucoup de malades : il est à propos de prévenir ces heures.

27. La chute des feuilles, ou la fin de l'automne est dangereuse pour les poitrinaires et les personnes attaquées de maladies longues appelées chroniques; l'hiver, pour les vieillards; l'été et surtout le printemps pour les jeunes gens et les tempéramens fort robustes. On donne des raisons de ces différences qui ne sont pas de notre ressort, il nous suffit de rappeler le fait qui paraît constant.

28. Il y a toujours plus à craindre pour la vie des personnes qui n'ont jamais été malades, et qui éprouvent une maladie grave.

29. Plus les signes de mort prochaine que nous venons d'indiquer, sont multipliés, plus ils ont d'intensité, plus aussi ils doivent faire craindre la fin prochaine du malade.

¶ *Il arrive quelquefois que les malades restent sans mouvement, et paraissent morts quoiqu'ils ne le soient pas. On trouvera plus loin, après la recommandation de l'âme, les signes qui indiquent la mort d'un individu.*

De ceux qu'on peut admettre à la sainte Communion, ou auxquels on doit la refuser.

Pour avoir droit de participer à l'Eucharistie, il faut avoir été baptisé; et, pour la recevoir avec fruit, il faut être en état de grâce. On la donnait autrefois aux petits enfans; mais les irrévérences extérieures, quoiqu'innocentes, qu'ils commettaient, ont engagé l'Église à changer sur ce point sa discipline, et à ne plus permettre de l'administrer qu'à ceux qui sont instruits des principaux mystères de la Foi, et qui ont atteint l'âge de discrétion.

On ne doit pas donner l'Eucharistie, même à la mort, aux insensés qui n'ont jamais eu l'usage de la raison. Quant à ceux dont la folie n'est pas tellement perpétuelle, qu'ils ne jouissent quelquefois du libre usage de leur raison, on peut la leur donner pendant leur vie, profitant à cet effet de leurs bons intervalles, s'ils sont considérables, pourvu qu'ils soient d'ailleurs bien disposés, et que leur folie ne soit pas de nature à scandaliser les Fidèles : on peut même la leur donner à la mort, dans les cas desdits intervalles lucides, nonobstant l'indécence des actions que la folie leur aurait fait commettre auparavant.

On l'administrera à la mort aux imbécilles, c'est-à-dire à ceux en qui on n'apercevra qu'une faible lueur de raison, si l'on peut parvenir à leur donner une certaine connaissance des principaux mystères de la Religion, à les faire confesser et à les instruire du Sacrement de l'Eucharistie, autant qu'il est absolument nécessaire pour discerner le Corps de N.-S. J-C. ; ils pourront même, à ces conditions, y être admis quelquefois pendant leur vie. Il en sera de même des sourds et muets de naissance.

A l'égard des personnes qui se trouvent attaquées de maladies extraordinaires, que des gens peu instruits sont portés à attribuer trop facilement au démon, on ne pourra la leur donner, hors le cas d'un pressant danger de mort, qu'après Nous avoir consulté ou nos Vicaires-Généraux. L'usage de l'Église dans ce Royaume ne permet pas d'administrer ce Sacrement aux criminels condamnés à mort : la raison de cette discipline est qu'il y aurait irrévérence à unir la Sainte Eucharistie à un corps qui doit être bientôt ignominieusement détruit.

On doit refuser la Communion aux pécheurs publics et scandaleux, lors même qu'ils la demandent publiquement, jusqu'à ce qu'ils aient renoncé à leurs crimes et réparé le scandale qu'ils ont causé. On entend ici par pécheurs publics, les excommuniés ou interdits dénoncés, les hérétiques et schismatiques notoires, les personnes infâmes par état, jusqu'à ce qu'elles aient renoncé à leur profession réprouvée ; les usuriers publics, les concubinaires, les femmes débauchées et autres pécheurs dont le crime est également notoire et incontestable. Si donc ces personnes se présentent à la sainte Table, le Prêtre qui donnera la Communion, les passera, sans rien dire. Cependant, comme ce refus pourrait avoir des suites, on ne doit y procéder qu'avec une grande précaution: pour cet effet, lorsqu'un Curé aura lieu de croire que des gens de cette sorte se présenteront à la sainte Communion, il tâchera de les prévenir, pour leur représenter avec douceur et charité, toute l'horreur de la démarche qu'ils méditent, et les fâcheux inconvéniens auxquels ils s'exposent. Si néanmoins il ne peut les en détourner, il Nous consultera ou nos Vicaires-Généraux, s'il en a le temps, pour agir d'une manière irrépréhensible en cette occasion, autrement il se déterminera selon le principe qui vient d'être établi.

A l'égard des pécheurs dont le crime est certain, quoiqu'il ne soit pas notoire, s'ils demandent la Communion en secret et sans témoins, on ne doit pas les y admettre, quand leur indignité est connue autrement que par la Confession, et lorsqu'on est assuré qu'ils n'en ont fait aucune pénitence; mais, s'ils la demandent en public, il n'est pas permis de la leur refuser. Tout ce qu'on peut faire, pour empêcher un si horrible sacrilége, c'est de les avertir auparavant en particulier, de ne pas se présenter, les conjurant de ne pas se rendre coupables de la profanation du corps de N.-S. J.-C.

De la décence avec laquelle on doit conserver la sainte Eucharistie dans les églises.

Il y aura sur le grand autel des églises où le Saint-Sacrement est conservé, un tabernacle qui sera pour le moins de beau et bon bois, orné en dehors de quelques sculptures ou peintures, honnêtement travaillées, et doublé en dedans d'étoffe précieuse. On n'y renfermera jamais autre chose que le Saint-Sacrement, et on n'y mettra pas même les saintes huiles ni les reliques. Ce tabernacle sera fermé d'une clef distinguée par un ruban ou un cordon de soie; les Curés ou Vicaires garderont cette clef soigneusement, ne la laissant jamais sur l'autel hors du temps de la communion, et ne la confiant à personne: les Hosties seront renfermées dans un ciboire dont la coupe au moins sera d'argent et dorée en dedans, bien clos, couvert d'un petit voile ou pavillon d'étoffe précieuse, et posé dans le tabernacle sur un corporal blanc, qu'on aura soin de changer de temps en temps.

Dans notre église cathédrale, où le Saint-Sacrement est conservé dans une suspension, on aura soin de renouveler tous les ans à Pâques, le cordon auquel est attaché le ciboire, encore qu'il parût neuf et assez fort pour servir plusieurs années sans se rompre.

On entretiendra, dans les églises suffisamment dotées, une lampe toujours allumée. Dans les églises dont les revenus sont trop modiques pour fournir à cette dépense, Nous exhortons tous les Curés et autres Ecclésiastiques qui doivent en prendre soin, à faire une quête, ou à établir un tronc, pour recueillir à cet effet les aumônes des Fidèles; et si l'on ne peut procurer que la lampe soit toujours ardente, qu'elle le soit au moins pendant la Sainte Messe et les Offices. Dans les campagnes, hors des Offices, cette lampe sera éteinte, si l'on craint des accidens.

Il est étroitement et sévèrement défendu à tous Prêtres, de porter le Saint-Sacrement, pour éteindre des incendies ou arrêter des inondations. On renouvellera les saintes Hosties au moins tous les mois et même plus souvent dans les églises humides, surtout dans les temps de pluie. Pour cela, le Prêtre distribuera les anciennes à ceux qui se présenteront pour communier, ou les consommera lui-même pendant la Sainte Messe, après avoir pris le précieux Sang. Avant que de mettre les nouvelles dans le ciboire, il le purifiera, en faisant tomber les fragmens ou particules dans le calice, pour les prendre avec les ablutions.

De l'Exposition et des Saluts du Saint-Sacrement.

PENDANT l'Octave de la Fête-Dieu, on exposera le Saint-Sacrement tout le jour, dans les églises ou paroisses où l'on est dans l'usage de le faire, pourvu qu'elles fournissent des personnes de piété en assez grand nombre pour l'adorer, en se succédant les unes aux autres, de manière qu'il ne reste jamais seul. Nous permettons, à la même condition, l'exposition du Saint-Sacrement pendant les prières de 40 heures, le jour de la fête du Sacré-Cœur de Jésus, et le jour du Patron de la paroisse. On se contentera dans les autres églises, de l'exposer pendant les Offices. Il est défendu à tout Prêtre de l'exposer ou de le porter en procession en tout autre temps, sans une permission expresse de Nous ou de nos Vicaires-Généraux; et les fondations qui le demanderaient, ne pourraient être reçues, qu'après avoir été approuvées par écrit de Nous ou de nos Vicaires-Généraux.

En quelque temps qu'on expose le Saint-Sacrement, l'autel doit être orné d'une manière convenable; on doit mettre un corporal dans le reposoir, allumer au moins six cierges au moment de l'exposition et pendant les Saluts, ainsi que pendant les Messes hautes, quatre pendant les Messes basses, et deux au moins pendant tout le reste du temps où le Saint-Sacrement sera exposé. On doit aussi, du moins pendant la Sainte Messe, laisser une croix sur l'autel ou vers le haut du tabernacle. Le Saint-Sacrement sera dans un Ostensoir dont le croissant du moins ou cercle soit d'argent doré. Lorsque Nous permettons de donner la bénédiction avec le saint Ciboire, on doit le laisser sur un corporal au milieu de l'autel; mais dans les églises où il est d'usage, les premiers vendredis de chaque mois, d'exposer le saint Ciboire à la Messe, on le mettra dans *la gloire*, au-dessus du tabernacle.

Si l'on était obligé de faire un enterrement, il faudrait remettre le Saint-Sacrement dans le tabernacle jusqu'après l'enlèvement du corps, à moins qu'on ne fît les obsèques devant un autre autel. On doit faire de même lorsqu'il arrive dans l'église une procession à laquelle on porte le Saint-Sacrement.

On observera pour l'exposition solennelle du Saint-Sacrement l'ordre qui suit: le Prêtre revêtu pour dire la sainte Messe, ou, s'il ne doit pas la célébrer, ayant sur le surplis ou rochet une étole rouge ou de la couleur de l'Office du jour, se rendra à l'autel, précédé d'un thuriféraire avec l'encensoir et la navette, de deux acolytes portant des flambeaux allumés, et, s'il se peut, d'un autre Prêtre ou d'un Diacre en étole; y étant arrivés, tous se mettront à genoux, et l'Assistant ou l'Officiant lui-même ayant étendu le corporal, ouvert le tabernacle et fait une génuflexion, posera sur le corporal l'Ostensoir ou Soleil qui contiendra l'Hostie consacrée et fera une seconde génuflexion; alors on entonnera l'Antienne *O salutaris Hostia....*, ou la strophe *Tantum ergò...*, qui sera continuée par le chœur; pendant ce chant, l'Officiant à genoux au bas de l'autel, mettra de l'encens dans l'encensoir, *sans le bénir*; puis, s'étant incliné profondément, il encensera le Saint-Sacrement par trois fois, montera à l'autel, fera une génuflexion, donnera la bénédiction au peuple avec le Soleil, *sans rien dire*, et le placera avec révérence dans le lieu où il doit demeurer exposé, évitant, autant qu'il sera possible, de monter ou de se mettre à genoux sur l'autel. S'il doit célébrer la sainte Messe, il la commencera aussitôt qu'il sera descendu de l'autel, observant ce qui est marqué dans les rubriques pour la célébration en présence du Saint-Sacrement exposé; autrement il se prosternera au bas de l'autel avec ses ministres, et retournera découvert à la sacristie.

Nous permettons d'exposer le Saint-Sacrement dans le Soleil au Salut, le premier Dimanche de chaque mois, et tous les jours solennels et de première classe seulement, à moins que les fondations approuvées de Nous ou de nos prédécesseurs, ne l'exigent autrement.

Nous permettons de l'exposer de la même manière aux Offices, le jour de la première Communion et de la Confirmation des enfans. Nous maintenons les permissions accordées pour les Fêtes de Confrérie, Congrégation, Association, ainsi que pour les Vêpres du Saint-Sacrement qui se disent les dimanche et jeudi dans certains endroits.

Les autres jours auxquels se rencontrent des Saluts de fondation ou de dévotion, on ne l'exposera que dans le Ciboire.

Nous défendons toute exposition et bénédiction du Saint-Sacrement, sans exception d'aucun jour, dans les oratoires *privés*, quoiqu'on y dise la sainte Messe.

Manière d'administrer la Communion à l'église pendant la sainte Messe.

Il est à souhaiter, et c'est l'intention de l'Église, que ceux qui veulent communier, le fassent pendant la sainte Messe, après la communion du Prêtre, parce que les prières qui la suivent, ne sont que des actions de grâces pour tous ceux qui ont communié. Cependant, dans les grandes paroisses, où on distribue la sainte Communion pendant un quart d'heure et plus, on pourra, les jours où la Messe est d'obligation, ne la distribuer qu'après le dernier évangile, afin de laisser à ceux qui ne doivent pas communier, la facilité d'entendre commodément la sainte Messe tout entière.

1°. *Si le Prêtre doit donner la sainte Communion avec des Hosties qui sont dans le ciboire renfermé dans le tabernacle, après avoir pris le précieux Sang, et le* Confiteor *étant récité à haute voix par le servant, il posera le calice sur le corporal du côté de l'Évangile, le couvrira de la pale, ouvrira le tabernacle, fera une génuflexion, puis prendra le ciboire qu'il posera sur l'autel, et fermera le tabernacle. Après avoir découvert le ciboire, il fera une seconde gé-*

nuflexion, et se tournant vers les communians, du côté de l'Évangile, prenant bien soin de ne point tourner le dos au Saint-Sacrement, il dira sur eux, les mains jointes devant la poitrine, et sans jamais changer ces paroles, n'y eût-il qu'une seule personne à communier :

Misereátur vestrì omnípotens Deus, et dimíssis peccátis vestris, perdúcat vos ad vitam ætérnam. ℟. Amen.

Puis, faisant un signe de croix sur les communians, il ajoutera :

Indulgéntiam, absolutiónem ✝ et remissiónem peccatórum vestrórum tríbuat vobis omnípotens et misérICORS Dóminus. ℟. Amen.

Il se tournera ensuite vers l'autel, fera une génuflexion, et tenant le ciboire par le nœud, avec l'index et le doigt du milieu de la main gauche, il prendra avec le pouce et l'index de la main droite une des Hosties, qu'il tiendra élevée sur le ciboire. Alors, tourné vers le peuple, au milieu de l'autel, il dira d'une voix intelligible :

Eccè Agnus Dei, eccè qui tollit peccáta mundi.

Il dira ensuite par trois fois, et sans jamais rien changer à ces paroles :

Dómine, non sum dignus ut intres sub tectum meum, sed tantùm dic verbo, et sanábitur ánima mea.

Après ces paroles, il s'avancera vers les Fidèles qui doivent communier, et commençant toujours par le côté de l'Épître, il fera devant chacun d'eux, le signe de la croix avec la sainte Hostie qu'il aura entre les doigts et dira en même temps :

Corpus Dómini nostri Jesu ✝ Christi custódiat ánimam tuam in vitam ætérnam. Amen.

En achevant ces paroles, il mettra la sainte Hostie sur la langue du communiant, faisant un peu glisser le pouce sur l'index, et tenant les trois derniers doigts repliés en dedans, sans retirer la main pour en reprendre une autre, jusqu'à ce que cette première soit entièrement dans la bouche du communiant.

Il aura bien soin que, dans tous ces mouvemens, la sainte Hostie soit toujours au-dessus du ciboire, de peur que quelques particules, s'en détachant, ne tombent à terre : il serait même bon, pour cela, qu'on ne donnât jamais la sainte Communion sans se servir d'une patène, que l'on tiendrait avec le ciboire entre l'index et les trois autres doigts de la main gauche.

Tous les Fidèles qui se seront présentés, ayant communié, le Célébrant retournera à l'autel sans rien dire, *tenant le pouce et l'index de la main droite sur le ciboire, qu'il placera sur le corporal; puis, ayant fait une génuflexion, il le couvrira et le déposera dans le tabernacle qu'il fermera après avoir fait une nouvelle génuflexion.*

2°. *Mais si le Prêtre doit donner la sainte Communion avec des Hosties qu'il aura consacrées à la Messe, voici l'ordre qu'il devra suivre, et pour la consécration des Hosties, et pour leur distribution:*

1°. *Lorsque la Messe qu'il célèbrera, sera une Messe* basse, *à un autel où se trouveront* un tabernacle et un ciboire; *alors, si, pour la consécration des Hosties qui devront être distribuées aux Fidèles, il n'y a pas un second ciboire qui puisse les contenir, il les placera sur le corporal près du calice, du côté de l'Évangile, il dirigera son intention avant de dire :* Súscipe, sancte Pater, hanc immacúlatam Hóstiam...., *(paroles qu'il ne devra jamais mettre au pluriel) et avant de dire :* Qui prídiè quàm paterétur... ; *et il prononcera les paroles de la consécration, tant sur elles, que sur l'Hostie du sacrifice. Après avoir dit :* Quid retríbuam Dómino...., *si personne ne se présente à la sainte Table, il ouvrira le tabernacle, fera une génuflexion, prendra le ciboire, l'ouvrira, fera une seconde génuflexion, en ôtera les parcelles qu'il fera tomber dans le calice, purifiera le ciboire, y mettra les Hosties qu'il aura consacrées, ouvrira le tabernacle, y replacera le ciboire et fera encore une génuflexion avant de fermer le tabernacle; puis, recueillant avec la patène les parcelles qui pourraient être restées sur le corporal, à l'endroit où étaient les Hosties pour la consécration, il les fera tomber dans le calice, et continuera la sainte Messe, en la reprenant à l'endroit où il se sera arrêté.*

S'il se présente des Fidèles pour communier, il ne mettra les Hosties dans le ciboire, qu'après avoir pris le précieux Sang.

Lorsque les Hosties à consacrer seront dans un ciboire, le Prêtre devra le placer près du calice du côté de l'Évangile, l'ouvrir avant la prière Súscipe..., *à l'Offertoire, le refermer ensuite, l'ouvrir de nouveau avant de dire :* Qui prídiè quàm paterétur..., *et le refermer après l'élévation de la sainte Hostie, avant la consécration du calice. Pour le mettre dans le tabernacle, il observera ce qui est marqué plus haut, ne l'y plaçant qu'après la distribution lorsqu'il se sera présenté des Fidèles pour communier, et l'y plaçant après* Quid retribuam..., *et avant de prendre le précieux Sang, lorsque personne ne se sera présenté à la sainte Table.*

Nota. *On observera, quand on consacrera des Hosties qui devront être déposées dans un ciboire qui se trouvera déjà dans le tabernacle, de distribuer d'abord aux Fidèles les Hosties anciennes qui y seront, et si, après la communion donnée, il restait encore des Hosties dans le ciboire ; ou s'il n'y avait personne à communier, le Prêtre placerait ces Hosties sur l'autel près du calice, du côté de l'Épître, purifierait le ciboire, d'où il ferait tomber les parcelles dans le calice; puis, il mettrait dans le ciboire les nouvelles Hosties consacrées, et au dessus d'elles, les anciennes.*

2o. *Si l'autel où on doit célébrer la Messe* basse, *n'a ni ciboire, ni tabernacle, alors le Prêtre s'informera par lui-même, ou par un sacristain, du nombre des communians, pour préparer un nombre d'Hosties proportionné, les posera sur le corporal près du calice du côté de l'Évangile, et dirigera son intention pour les consacrer. Après avoir pris le précieux Sang, il les mettra sur la patène, et se servant de cette patène comme d'un ciboire, il observera, pour la distribution des saintes Hosties, tout ce qui est marqué plus haut.*

La communion étant donnée, le Prêtre retournera à l'autel, tenant le pouce et l'index de la main droite sur la patène; puis, après avoir découvert le calice, il purifiera, avec la patène, la place du corporal où étaient les saintes Hosties; et, après avoir purifié cette patène elle-même au-dessus du calice, il continuera la sainte Messe.

¶ *Lorsque le Prêtre célèbrera une Messe* haute, *sans Diacre ni Sous-Diacre, il n'aura rien à changer, pour la consécration et la distribution des Hosties, à ce qui est cité dans les articles précédens; mais s'il célébrait une Messe* haute, *accompagné d'un Diacre et d'un Sous-Diacre ce serait alors au Diacre qu'il appartiendrait de placer sur l'autel, soit dans un ciboire, soit sur le corporal, les Hosties à consacrer, d'ouvrir et de fermer le ciboire à l'Offertoire et au moment de la consécration, de tirer le ciboire du tabernacle et de l'y renfermer; et le reste se ferait comme il est marqué aux rubriques du Missel, pour ce qui regarde l'office du Diacre.*

Ordre que doit garder le Prêtre, lorsqu'il donne la Communion à l'église, hors du temps de la sainte Messe.

Le Prêtre, après s'être lavé les mains, mettra par dessus son rochet une étole rouge, fera allumer au moins un cierge, et ira modestement à l'autel, précédé, s'il se peut, d'un Clerc, et portant en ses mains la clef du tabernacle, avec un corporal renfermé dans une bourse.

Y étant arrivé, il se mettra à genoux sur la plus basse marche, adorera le Saint-Sacrement, montera à l'autel, étendra le corporal, mettra la bourse du côté de l'Évangile, ouvrira le tabernacle, fera une génuflexion, tirera le ciboire et le mettra sur le corporal.

Cependant le Clerc ou, à son défaut, quelqu'un des assistans dira : Confiteor...; *s'il ne se trouve aucun assistant, n'y ayant que des femmes à communier, le Prêtre le dira lui-même, à genoux devant le Saint-Sacrement, omettant ces mots :* Et tibi, Pater; et te, Pater.

Après le Confiteor, *le Prêtre suivra, pour la distribution des saintes Hosties, tout ce qui est prescrit dans l'article précédent.*

Après avoir refermé le tabernacle, il lavera ses doigts dans un vase qui doit être à cet effet sur l'autel, avec un purificatoire dessus, pour les essuyer. En faisant toutes ces actions, il dira l'Antienne, le Verset et l'Oraison qui suivent :

O sacrum convívium, in quo Christus súmitur, recólitur memória Passiónis ejus, mens implétur grátiâ, et futúræ glóriæ nobis pignus datur! (*T.-P.* Allelúia.)

℣. Panem de cœlo præstitísti eis,

℟. Omne delectaméntum in se habéntem.

Orémus.

Deus, qui nobis sub Sacraménto mirábili, Passiónis tuæ memóriam reliquísti, tríbue, quæsumus, ità nos Córporis et Sánguinis tui sacra Mystéria venerári, ut redemptiónis tuæ fructum in nobis júgiter sentiámus; Qui vivis et regnas, Deus, in sécula seculórum. ℟. Amen.

Pour le temps Pascal, il dira l'Oraison ci-après :

SPÍRITUM nobis, Dómine, tuæ charitátis infúnde; ut quos sacraméntis paschálibus satiâsti, tuâ fácias pietáte concórdes; Per Christum Dóminum nostrum.

℟. Amen.

Puis, se tournant vers ceux qui auront communié, il leur donnera la bénédiction avec la main droite, en disant :

Benedictio Dei omnipoténtis Patris ✝, et Filii, et Spíritùs Sancti, descéndat super vos et máneat semper.

℟. Amen.

Ensuite il pliera le corporal, le mettra dans la bourse, ôtera la clef du tabernacle, descendra au bas de l'autel, fera une génuflexion et retournera modestement à la sacristie.

Ordre qui doit être observé pour la Communion des Laïques malades, lorsqu'elle a lieu sans le sacrement de l'Extrême-Onction.

Tout étant disposé, comme il est dit à la page 128, le Prêtre qui devra porter le Saint-Sacrement, se lavera les mains, se revêtira d'un rochet et d'une étole rouge par dessus, ira à l'autel portant la clef du tabernacle et une bourse garnie d'un corporal et d'un purificatoire; y étant arrivé, il se mettra à genoux sur la plus basse marche, pour adorer N.-S. J.-C. et lui recommander l'action qu'il va faire; il montera ensuite à l'autel, mettra le corporal dessus, ouvrira le tabernacle, fera une génuflexion, prendra le ciboire, le mettra sur le corporal, fermera le tabernacle dont il retirera la clef, fera une seconde génuflexion, prendra le ciboire entre ses deux mains, et, s'étant tourné vers les assistans, il donnera la bénédiction, sans rien dire. *Il s'avancera ainsi sous le dais, si l'on porte la Sainte Communion avec solennité, et marchera gravement précédé d'un Clerc en rochet, s'il est possible, (qui portera le Rituel avec la bourse garnie d'un corporal et d'un purificatoire, et sonnera une clochette sur le chemin), et de deux autres qui porteront des torches ou des lanternes, élevées en forme de fallots, dans lesquelles il y aura des cierges allumés. Si la cérémonie se fait sans solennité, on observera ce qui est marqué à la page 129.*

Le Prêtre récitera, le long du chemin, le Psaume Miserére..., *avec les Clercs ou assistans. Si ce Psaume ne suffit pas, il pourra en ajouter d'autres, et si ceux qui l'accompagnent, ne peuvent lui répondre, il les récitera seul.*

En entrant dans la chambre du malade, il dira :

Pax huic dómui ;
℟. Et ómnibus habitántibus in eâ.

Puis, se tournant vers le malade, il fera le signe de la croix avec le Saint-Ciboire, sans rien dire ; *il ira ensuite à la table qu'on aura préparée, et, tenant le Saint-Ciboire de la main gauche, il étendra de la droite le corporal sur la table, posera le ciboire dessus, et se mettra un moment à genoux avec les assistans, pour adorer N.-S. J.-C.; puis, s'étant levé, il prendra l'aspersoir, et après avoir fait une génuflexion, il jettera de l'eau bénite sur le malade, sur les assistans et autour de la chambre, en disant :*

Aspérges me, Dómine, hyssópo et mundábor : lavábis me, et super nivem dealbábor.

Puis il rendra l'aspersoir, prendra le Rituel, fera une génuflexion, et, étant debout et découvert, il dira :

℣. Adjutórium nostrum in nómine Dómini,
℟. Qui fecit cœlum et terram.
℣. Dómine, exáudi oratiónem meam;
℟. Et clamor meus ad te véniat.
℣. Dóminus vobíscum,
℟. Et cum spíritu tuo.

ORÉMUS.

EXAUDI nos, Dómine sancte, Pater omnípotens, ætérne Deus, et míttere dignéris sanctum Angelum tuum de cœlis, qui custódiat, fóveat, prótegat, vísitet atque deféndat hunc infírmum (*vel,* hanc infírmam) et omnes habitántes in hoc habitáculo ; Per Christum Dóminum nostrum. ℟. Amen.

Après cette Oraison, le Prêtre demandera au malade, à voix basse, s'il a quelque chose à lui dire depuis sa confession, pour tranquilliser sa conscience : il l'entendra s'il le faut, priant les assistans de se retirer à une juste distance ; et, le jugeant disposé à recevoir le Saint-Viatique, toujours découvert, il lui fera une des exhortations suivantes ou toute autre semblable, pour ranimer sa foi, et exciter sa confiance et son amour envers N.-S. J.-C.

EXHORTATION.

VENEZ *à moi, vous tous qui êtes dans l'affliction, et je vous soulagerai.* Ces paroles touchantes, mon cher frère (*ou,* ma chère sœur), sont celles de Jésus-Christ même; et ce qu'il y promet à tous ceux qui souffrent et qui ont confiance en lui, il l'accomplit aujourd'hui par rapport à vous, d'une manière également digne de votre admiration et de votre reconnaissance. En effet, ce divin Sauveur ne se contente pas de vous envoyer son ministre, pour soutenir votre faiblesse, et vous consoler dans vos peines. C'est lui-même qui, sous le voile du Sacrement que vous allez recevoir, s'empresse de vous prodiguer ses secours. Il ne vient pas seulement vous exhorter à la patience par le souvenir de la passion et de la mort qu'il a souffertes pour vous; il vient pour en répandre les fruits précieux dans votre cœur, pour y être un principe de résurrection et de vie. Il vient à vous, comme un roi plein de douceur, pour sceller l'alliance qu'il a faite avec vous le jour de votre baptême; comme un libérateur puissant, pour vous fortifier contre les frayeurs de la mort et contre l'ennemi de votre salut; comme le pain vivant descendu du ciel, pour être la nourriture de votre âme et le gage de l'éternelle félicité qu'il vous prépare.

Sans doute, mon cher frère (*ou,* ma chère sœur), qu'à la vue de ce nouveau bienfait de Dieu, l'abus que vous avez pu faire de ses grâces, doit vous pénétrer de repentir et de douleur. Mais quelque justes que soient vos regrets, ils ne doivent ni troubler votre tranquillité, ni affaiblir votre confiance. La bonté et les mérites de Jésus-Christ sont encore plus grands que vos péchés, il les a lavés dans son sang; il ne voit plus que l'amour qui vous unit à lui.

Et comment pourriez-vous douter de celui qu'il a pour vous, au moment où, pour vous en donner une nouvelle marque, il épuise, pour ainsi dire, tous les trésors de sa puissance et de son immense charité?

Ranimez donc, mon cher frère (*ou*, ma chère sœur), tout ce que la bonté de Dieu a mis en vous de religion et de piété, pour répondre à une aussi grande faveur. Croyez d'une foi ferme que Jésus-Christ est aussi réellement présent sous les symboles eucharistiques, qu'il le fut autrefois sur le Calvaire et qu'il l'est aujourd'hui dans le Ciel. Dites-lui avec l'humble Centenier : Seigneur, je n'étais pas digne de vous recevoir dans ma maison; une seule de vos paroles suffisait pour me guérir; mais, puisque vous ne dédaignez pas d'habiter avec votre serviteur, ne permettez pas du moins que le lieu de votre demeure soit indigne de votre infinie sainteté. Faites éclater en moi la gloire de votre grâce : vous êtes le Dieu de tout mon être; soyez-le surtout de tout mon cœur, dans le temps et dans l'éternité.

AUTRE EXHORTATION.

Voici, mon très-cher frère (*ou*, ma très-chère sœur), la plus solide consolation que l'Église puisse vous offrir dans l'état de souffrance où vous vous trouvez. Jésus-Christ, votre Dieu, votre Rédempteur, votre Père, qui est descendu du Ciel pour sauver tous les hommes, vient lui-même aujourd'hui vous visiter. Il vous a aimé dès le commencement de votre vie, en vous mettant au nombre de ses enfans; il vous aime jusqu'à la fin, et il vous le témoigne en ce moment de la manière la plus tendre, puisqu'il vient vous donner tout ce qu'il est et tout ce qu'il possède, son Corps, son Sang, son Ame, sa Divinité. Il veut vous consoler dans votre affliction, et adoucir par sa grâce, les douleurs que vous souffrez, et qu'il a souffertes le premier pour vous sur la croix. Vos péchés, dont le souvenir vous effraie peut-être et vous afflige, il veut les laver de plus en plus, après vous les avoir déjà remis par le sacrement de Pénitence. Il a vaincu la mort, le démon et l'enfer; ayez confiance en lui, et le pain céleste que vous allez recevoir, vous fortifiera contre les regrets de cette vie mortelle qu'il nous faut perdre tôt ou tard : ce pain céleste vous aidera à surmonter toutes les tentations de l'esprit infernal, qui redouble ses efforts, lorsqu'il croit que dans peu il n'aura aucun pouvoir sur nous; et cette nourriture divine vous fera marcher en toute sûreté vers le séjour du bonheur éternel.

Tels sont, mon cher frère, (*ou*, ma chère sœur), les fruits attachés à ce viatique précieux que l'Église vous présente par mon ministère. Mais ces dons du Ciel ne peuvent être que la récompense de votre amour et de votre foi. Ouvrez donc votre cœur à ce Dieu de miséricorde, et priez-le instamment d'y mettre les dispositions qu'il désire d'y trouver. Il veut se donner à vous sans partage; donnez-vous à lui sans réserve. Ranimez votre foi sur sa présence réelle dans cet adorable Sacrement; excitez votre confiance et votre amour; détestez de plus en plus vos péchés, et quoique vous deviez vous reconnaître indigne d'une si grande faveur, témoignez-lui un désir sincère de le recevoir. Et, parce que ce divin Sauveur est toujours environné d'une multitude d'Anges qui l'accompagnent, priez ces Esprits bienheureux de suppléer par leurs louanges, leurs adorations et leurs prières, à l'insuffisance de vos dispositions.

Ce sont là sans doute vos sentimens, mon cher frère (*ou*, ma chère sœur), *ajoutera le Prêtre.*

R. Oui, Monsieur.

Eh bien, pour le bon exemple et l'édification des assistans, répondez sincèrement aux interrogations que je vais vous faire de la part de l'Église.

D. Croyez-vous fermement tout ce que l'Église catholique nous propose à croire, et en particulier qu'il y a un seul Dieu en trois personnes, le Père, le Fils et le St.-Esprit?

R. Oui, Monsieur.

D. Croyez-vous que la seconde personne de la sainte Trinité s'est fait homme pour nous racheter, et que Jésus-Christ le Fils de Dieu, s'étant incarné dans le sein de la glorieuse Vierge Marie, a souffert la mort sur une croix, pour nous délivrer de l'enfer?

R. Oui, Monsieur.

D. Croyez-vous que, la veille de sa mort, Jésus-Christ a institué l'auguste sacrement de l'Eucharistie que vous allez recevoir, et qu'il est réellement présent sous ces saintes espèces?

R. Oui, Monsieur.

Ici, si les circonstances le permettent, on suggérera au malade l'acte de Foi sur la présence réelle.

D. Vous adorez donc Jésus-Christ comme votre Dieu, et vous mettez en lui toute votre espérance?

R. Oui, Monsieur.

Ici, l'acte d'Adoration et de Confiance.

D. Puisque Notre-Seigneur vous donne la preuve la plus éclatante de son amour pour vous, vous l'aimez de tout votre cœur, et vous lui demandez sincèrement pardon de tous vos péchés?

R. Oui, Monsieur.

Ici, l'acte de Charité et de Contrition.

D. Comme Jésus-Christ, en mourant sur la croix, a pardonné à ceux qui l'y avaient attaché, qu'il a prié pour eux, et qu'il est mort pour eux, vous pardonnez aussi de bon cœur à ceux qui pourraient vous avoir offensé, et vous demandez sincèrement pardon à ceux que vous pouvez avoir offensés vous-même?

R. Oui, Monsieur.

Si cela est ainsi, *ajoutera le Prêtre*, recevez avec confiance le Corps de N.-S. J.-C. Il sera pour vous le gage assuré du salut et le germe de la vie éternelle.

Si le malade était près de mourir, et que par le retardement, on l'exposât au danger de ne point recevoir le saint Viatique, le Prêtre supprimerait l'exhortation et les interrogations, il se contenterait de lui faire connaître en peu de mots l'excellence du sacrement de l'Eucharistie et les dispositions avec lesquelles il doit le recevoir.

Après les interrogations, le Prêtre fera dire au malade : Confíteor... *S'il ne peut le réciter sans incommodité, d'autres le diront pour lui. Cependant, le Prêtre fera une génuflexion, ouvrira le ciboire, et, se tournant vers le malade, sans néanmoins avoir le dos tourné au Saint-Sacrement, il dira, les mains jointes :*

Misereátur tuì omnípotens Deus, et dimíssis peccátis tuis, perdúcat te ad vitam ætérnam. ℟. Amen.

Puis, faisant le signe de la croix sur le malade, il ajoutera :

Indulgéntiam, absolutiónem ✝ et remissiónem peccatórum tuórum tríbuat tibi omnípotens et miséricors Dóminus. ℟. Amen.

Le Prêtre s'étant tourné vers le Saint-Sacrement, fera une génuflexion, prendra le ciboire de la main gauche, et, tenant avec le pouce et l'index de la droite la sainte Hostie un peu élevée au-dessus, il s'approchera du malade, et dira :

Eccè Agnus Dei, eccè qui tollit peccáta mundi.

Voici le vrai Agneau de Dieu, qui efface les péchés du monde; voici votre Sauveur et votre Rédempteur, Jésus-Christ, vrai Dieu et vrai homme, qui a répandu son sang pour votre salut. Le croyez-vous ainsi?

Le malade répondra : Oui, Monsieur.

Le Prêtre lui dira :

Adorez-le donc humblement et recevez-le avec dévotion, en disant avec le Centenier de l'Evangile :

Dómine, non sum dignus ut intres sub tectum meum ; sed tantùm dic verbo, et sanábitur ánima mea.

Le Prêtre le dira trois fois ; puis, faisant un signe de croix sur le ciboire avec la sainte Hostie, et la mettant dans la bouche du malade, il dira :

Corpus Dómini nostri Jesu ✝ Christi custódiat ánimam tuam et corpus tuum in vitam ætérnam. Amen.

Le Prêtre remettra le ciboire sur le corporal, fera une génuflexion, le couvrira, trempera les deux doigts qui auront touché la sainte Hostie, dans un vase préparé à cet effet, et les essuiera avec le purificatoire. Cependant, on fera boire au malade quelque peu de la liqueur dont il use, pour l'aider à avaler la sainte Hostie; on jettera au feu ce qui restera de cette liqueur et l'eau dans laquelle le Prêtre aura purifié ses doigts. Le Prêtre fera ensuite une génuflexion et s'avançant près du malade, il dira :

℣. Dóminus vobíscum,

℟. Et cum spíritu tuo.

Orémus.

Dómine sancte, Pater omnípotens, ætérne Deus, te fidéliter deprecámur, ut accipiénti fratri nostro (*vel*, sorori nostræ), sacrosánctum Corpus Dómini nostri Jesu Christi, tàm córpori quàm ánimæ prosit ad remédium sempitérnum; Qui tecum vivit et regnat, in unitáte Spíritûs sancti, Deus, per ómnia sécula seculórum. ℟. Amen.

Ensuite, s'adressant au malade, il lui parlera à-peu près en ces termes :

EXHORTATION.

Quelle grâce! quel bonheur pour vous, mon cher frère (*ou*, ma chère sœur), d'avoir reçu le Sauveur du monde, non seulement dans votre maison, comme Zachée, mais dans le fond même de votre cœur. Anéantissez-vous donc en esprit à la vue de tant de majesté et de miséricorde, et qu'il n'y ait aucune partie de votre âme qui ne soit pénétrée de respect, de reconnaissance et d'amour pour son divin libérateur. Offrez-vous à lui avec une soumission parfaite, afin qu'il dispose, comme il lui plaira, de votre vie et de votre mort. Hâtez par vos désirs le moment heureux, où, délivré de ce corps de péché, vous entrerez dans la société des élus, pour chanter à la gloire de Dieu le cantique d'une éternelle action de grâces.

Dites-lui dès ce moment, comme le Prophète, et avec la même confiance : *Quand je marcherais au milieu des ombres de la mort, je ne craindrais rien, parce que vous êtes avec moi, ô mon Dieu ;* et comme le saint vieillard Siméon : *C'est maintenant, Seigneur, que vous laisserez aller en paix votre serviteur, parce que j'ai vu de mes yeux* et que je porte en moi *le Sauveur* que vous vous avez envoyé sur la terre. O Jésus, immortelle victime, souverain Prêtre, par qui tout sacrifice doit être offert à Dieu, je vous abandonne avec joie ma vie, puisqu'elle vous appartient et qu'elle ne fait que retarder ma félicité. Sacrifiez-la à la majesté de votre père. Que ce voile de ma chair, qui vous dérobe encore à mes yeux, se déchire, si c'est votre sainte volonté. Que ce corps de boue, qui est comme un mur de séparation entre vous et mon âme, se détruise par une mort semblable à la vôtre. Que j'entre enfin dans cette cité sainte qui n'est qu'éternité, que vérité, que charité, où je verrai à découvert et sans nuage, où je posséderai sans changement et sans inquiétude, où je mangerai sans dégoût et avec un ravissement ineffable, le pain vivant que je viens de recevoir.

AUTRE EXHORTATION.

Le Seigneur vous a donc accordé, mon cher frére (*ou*, ma chère sœur), une grâce qu'il n'accorde pas à bien d'autres. Combien, en effet, surtout aujourd'hui, sortent si promptement de ce monde, qu'ils n'ont pas même le temps de penser à recevoir seulement le sacrement de Pénitence! Quelles actions de grâces ne devez-vous pas, par conséquent, rendre à Jésus-Christ, pour une faveur aussi grande? Ranimez donc en ce moment toutes vos forces, pour lui témoigner votre reconnaissance, et dites-lui avec toute la ferveur dont vous êtes capable : Je sens, ô mon Sauveur, toute la grandeur de votre bonté pour moi : tout Dieu que vous êtes, vous ne pouviez pas me donner une plus grande preuve de votre amour, puisque vous venez de vous donner tout entier à moi. Je voudrais pouvoir vous en remercier dignement ; mais plus je pense à la grandeur du don que j'ai reçu, plus je me reconnais incapable, pauvre et misérable comme je le suis, de vous offrir des actions de grâces dignes de vous ; et je prie la Sainte Vierge, mon Ange gardien, mes saints Patrons et tous les Esprits célestes qui vous environnent, ainsi que les personnes ici présentes, de vous en remercier pour moi.

Tout ce que j'ai, vous me l'avez donné, je vous l'offre de toute l'affection de mon âme ; faites de moi ce qu'il vous plaira. Je vous aime, ou du moins je désire de vous aimer de tout mon cœur et par-dessus toutes choses. Il n'y a rien sur la terre, que je ne sois disposé à quitter, pour vous posséder à jamais. Vivez et régnez en moi, puisque vous êtes la vie et le souverain maître de toutes choses. Soumettez-vous toutes les puissances de mon âme, afin qu'elles ne soient plus occupées qu'à admirer vos grandeurs, à pleurer mes péchés, à reconnaître vos bontés, et à se soumettre à vos volontés sur moi. Je vous offre aussi tous les sens et tous les membres de mon corps, afin que désormais toutes les douleurs et toutes les souffrances que j'aurai à supporter, servent à expier mes fautes et à satisfaire à votre justice. Heureux si, parfaitement purifié dans ce monde, je puis être trouvé digne d'entrer, après ma mort, dans le lieu de votre repos et de votre gloire !

Ainsi, ô mon Dieu, je ne vous demande ni la santé, ni la vie : vous savez mieux que moi ce qui m'est le plus utile. Que votre volonté soit faite. Si vous jugez à propos de terminer mes jours par cette maladie, j'adore les décrets de votre providence, et je vous demande uniquement la grâce de souffrir et de mourir dans votre amour. Si vous voulez me rendre la santé, daignez m'affermir dans la résolution où je suis de vous servir avec plus de fidélité, le reste de mes jours ; afin que, ni dans la vie, ni dans la mort, je ne sois jamais séparé de vous.

Je vous laisse, mon cher frère (*ou*, ma chère sœur), avec votre Dieu. Étant avec lui, vous n'avez aucun mal à craindre : vous devez espérer toutes sortes de biens. Tout puissant, il vous défendra ; tout bon, il vous protégera ; tout miséricordieux, il vous pardonnera. Infiniment sage, il vous procurera tout ce qui vous est nécessaire tant pour l'âme que pour le corps. Pensez souvent au Sacrement que vous avez reçu ; appelez Jésus à votre secours. Il sera votre force dans vos tentations, votre patience dans vos souffrances, votre joie dans la tristesse, votre lumière dans vos doutes, votre consolation dans vos peines, et votre félicité dans le Ciel.

Le Prêtre pourra abréger cette exhortation, ou lui en substituer une autre, eu égard à l'état ou à la position du malade, qu'on se gardera bien de fatiguer, sous prétexte d'édifier les assistans.

Après l'exhortation, le Prêtre fera une génuflexion devant le ciboire, s'il y reste une Hostie; il le prendra entre ses mains, et s'étant tourné vers le malade, il lui donnera la bénédiction, en disant :

A subitáneâ et improvísâ morte, et à damnatióne perpétuâ, líberet te et nos omnes, Deus omnípotens, Pater, et Fílius ✝, et Spíritus Sanctus. ℟. Amen.

Puis, il retournera à l'église dans le même ordre qu'il sera venu, récitera seul ou avec ceux qui l'accompagneront, le Cantique Te Deum laudámus..., *les Psaumes* 48, Laudáte Dóminum de cœlis...; 97, Cantáte Dómino cánticum novum, quia mirabília...; 116, Laudáte Dóminum, omnes gentes... ; *le Cantique* Benedícite..., *et autres Psaumes ou Cantiques, qu'il multipliera ou répétera à proportion de la longueur du chemin.*

Etant de retour, il posera le ciboire sur un corporal au milieu de l'autel, fera une génuflexion, descendra sur la plus basse marche, et s'étant mis à genoux, il dira aussitôt l'Antienne O sacrum convívium..., *le* ℣. Panem de cœlo..., *et l'Oraison* Deus, qui nobis sub Sacraménto..., *comme ci-dessus*, pag. 141. *Puis, s'il y a des assistans, il montera à l'autel, fera une génuflexion, se tournera vers eux, en se retirant un peu du côté de l'Évangile, et ayant les mains jointes, il dira :*

Nous avertissons les personnes qui ont eu l'honneur d'accompagner le Saint-Sacrement avec piété et les autres dispositions requises, qu'elles ont gagné l'indulgence de 100 jours accordée par N. S. Père le Pape Grégoire XIII, et celle de 40 jours accordée par Mgr. notre Évêque. Nous recommandons à vos prières la personne malade, et vous prions de dire à son intention un *Pater* et un *Ave*.

Ensuite, tourné vers l'autel, il fera une génuflexion, prendra le ciboire entre ses mains, se tournera vers le peuple, et donnera en silence la bénédiction. Puis il posera le ciboire sur le corporal, et ayant fait une génuflexion, il le remettra dans le tabernacle qu'il fermera après une dernière génuflexion, et retournera à la sacristie.

¶ *S'il avait laissé une Hostie dans le corporal plié dans le tabernacle, il la remettrait dans le saint-ciboire, avant de l'enfermer, en faisant les génuflexions ordinaires.*

Ordre à observer pendant le Temps Pascal, pour la Communion des Infirmes, soit Laïques, soit Ecclésiastiques, ou des Malades qui auraient reçu le saint Viatique quelques jours avant l'ouverture de la quinzaine.

Tout étant disposé, comme il est dit à la page 128, *outre ce qui est marqué dans l'article précédent, page* 142, *on observera ce qui suit :*

Dans les paroisses où on porte processionnellement la Communion aux Infirmes, les Clercs (et les Confrères du Saint-Sacrement, s'il y en a) réciteront avec le Prêtre, pendant le trajet, les sept Psaumes de la Pénitence, à deux chœurs ; et, après la communion du dernier Infirme, ils réciteront le Te Deum..., *jusqu'à l'église, où on observera ce qui est marqué dans l'article précédent, pages* 152 *et* 153.

Si cette procession n'a pas lieu, le Prêtre récitera seul ces Psaumes, ou s'occupera des sentimens convenables à ce saint ministère.

Arrivé dans l'appartement où est l'Infirme, il dira :

℣. Pax huic dómui ;

℟. Et ómnibus habitántibus in eâ.

Puis, se tournant vers le Malade, il fera le signe de la croix avec le saint ciboire, sans rien dire; *il ira ensuite à la table qu'on aura préparée, et, tenant le ciboire de la main gauche, il étendra de la droite le corporal sur la table, posera le ciboire dessus, et se mettra un moment à genoux avec les assistans, pour adorer Notre-Seigneur; s'étant levé, il s'approchera de l'Infirme, pour voir s'il est bien disposé, et le réconcilier s'il est besoin. Ensuite, il pourra lui faire une courte exhortation en ces termes, ou autres semblables :*

EXHORTATION.

Voici, mon cher frère (*ou,* ma chère sœur), Jésus-Christ qui vient à vous, pour vous offrir un secours digne de sa bonté et de sa puissance; pour vous consoler dans votre maladie, et vous donner le gage le plus précieux de son amour, en se faisant lui-même votre nourriture. Ce bon pasteur vous cherche pour sauver votre âme; ce charitable médecin, qui a un empire absolu sur la vie et sur la mort, vous fait un remède de son Corps et de son Sang, pour guérir vos maux et vous préserver de la mort éternelle. Il a mis sous la forme d'un aliment son Humanité sainte avec sa Divinité, pour être en état d'entrer en nous et s'unir intimement à vous, en vous donnant sa propre substance. Ouvrez votre cœur à ce Dieu de miséricorde : priez-le ardemment d'en prendre possession, et d'y mettre les dispositions qu'il veut y trouver. Donnez-vous à lui sans réserve, comme il va se donner à vous sans partage. Offrez-lui votre âme et votre corps. Que n'en devez-vous pas espérer! il est la résurrection et la vie. Excitez votre foi, votre confiance et votre amour. Ayez de plus en plus du regret d'avoir offensé un maître si aimable; et vous reconnaissant indigne de le recevoir, dites-lui : ô mon divin Sauveur, je ne mérite pas que vous veniez en moi; je désire néanmoins de m'unir à vous, et de n'en être jamais séparé. Je crois, Seigneur mon Dieu, que c'est vous que je vais recevoir; je crois tout ce que votre Église m'a enseigné en votre nom; aidez la faiblesse de ma foi; c'est en désirant de la défendre jusqu'à la dernière goutte de mon sang, que je veux mourir. Je mets en vous seul, ô mon Dieu, toute ma confiance; hâtez-vous de venir demeurer avec moi et en moi. Que le feu de votre amour, ô mon Jésus, embrase mon cœur, et qu'il y détruise tout ce qui n'y est pas à vous, qu'il le consume sans réserve pour vous. Recevez-en les hommages. Effacez mes iniquités, Dieu d'amour; purifiez-moi toujours davantage; laissez-vous attendrir par le sacrifice d'un cœur contrit et humilié; nourrissez et engraissez mon âme; remplissez-moi de vos ineffables consolations. Je vous aimerai, je vous louerai, je vous bénirai jusqu'au dernier soupir de ma vie.

Après l'exhortation, le Prêtre fera dire au Malade: Confíteor... *S'il ne peut le réciter sans incommodité, d'autres le diront pour lui. Cependant, le Prêtre fera une génuflexion, ouvrira le ciboire; et, se tournant vers le Malade, sans néanmoins avoir le dos tourné au Saint-Sacrement, il dira, les mains jointes :*

Misereátur tuì omnípotens Deus, et, dimíssis peccátis tuis, perdúcat te ad vitam ætérnam. ℟. Amen.

Puis, faisant le signe de la croix sur le malade, il ajoutera :

Indulgéntiam, absolutiónem ✝ et remissiónem peccatórum tuórum tríbuat tibi omnípotens et miséricors Dóminus. ℟. Amen.

Le Prêtre s'étant tourné vers le Saint-Sacrement, fera une génuflexion, prendra le ciboire de la main gauche, et, tenant avec le pouce et l'index de la droite la sainte Hostie un peu élevée au-dessus, il s'approchera du Malade, et dira :

Eccè Agnus Dei, eccè qui tollit peccáta mundi.

Dómine, non sum dignus ut intres sub tectum meum, sed tantùm dic verbo, et sanábitur ánima mea.

Le Prêtre dira trois fois le Dómine, non sum dignus...; *puis, faisant un signe de croix avec la sainte Hostie au-dessus du ciboire, et la mettant dans la bouche du Malade, il dira :*

Corpus Dómini nostri Jesu ✝ Christi custódiat ánimam tuam in vitam ætérnam. Amen.

Le Prêtre remettra le saint ciboire sur la table, fera une génuflexion, le couvrira, se purifiera les doigts dans un vase préparé à cet effet, et pendant qu'il les essuiera avec le purificatoire, on fera prendre cette ablution à l'Infirme, ou on la jettera dans le feu. Le Prêtre récitera alors l'antienne suivante :

O sacrum convívium, in quo Christus súmitur, recólitur memória Passiónis ejus, mens implétur grátiâ, et futúræ glóriæ nobis pignus datur ! Allelúia.

℣. Panem de cœlo præstitísti eis,

℟. Omne delectaméntum in se habéntem.

Orémus.

Spíritum nobis, Dómine, tuæ charitátis infúnde ; ut quos Sacraméntis Paschálibus satiâsti, tuâ fácias pietáte concórdes ; Per Christum Dóminum nostrum. ℟. Amen.

Ensuite, le Prêtre pourra, pour exciter le Malade à remercier Notre-Seigneur, et à profiter de la grâce qu'il vient de recevoir, lui adresser l'exhortation suivante, ou toute autre semblable :

EXHORTATION.

Profitez, mon cher frère (*ou*, ma chère sœur,) des précieux momens de la présence de Jésus-Christ en vous, pour vous entretenir avec lui. Adorez-le, aimez-le de tout votre cœur. Remerciez-le de l'honneur qu'il vient de vous faire. Invitez tous les Saints à s'unir à vous pour lui rendre grâce, et toutes les créatures à le bénir du don inestimable que vous venez de recevoir. Comment ne pas aimer un Dieu qui vous aime de la sorte ? Mettez donc toute votre espérance en un Père si bon, si tendre pour vous. Il s'est donné à votre âme, de peur que vous ne succombiez sous le poids de votre faiblesse, dans le chemin que vous avez à faire ; et s'étant uni à vous, de la manière la plus parfaite, il veut désormais être votre salut, votre consolation dans vos peines, votre soulagement dans vos maux, le principe de votre vie, et la source de toutes les grâces et de tous les secours qui vous sont nécessaires. Remettez-vous entièrement à sa disposition, et priez-le de vous donner la persévérance dans son saint amour. Représentez-lui avec confiance tous vos besoins. Dites-lui : Seigneur, voilà celui (*ou*, celle) que vous aimez, qui est malade : il me suffit que vous le sachiez, car vous ne pouvez abandonner une âme qui vous a tant coûté, et à laquelle vous avez donné des marques de l'amour le plus généreux. Dictez-moi ce que je dois vous demander; je ne veux rien que pour votre gloire et selon votre sainte volonté. Accordez-moi la grâce de faire un saint usage de mes souffrances, de les supporter en union avec les vôtres, et en satisfaction pour mes péchés. Tournez les yeux sur moi, ô mon Dieu, et que je devienne l'objet de votre compassion. Considérez mon état et les douleurs que je souffre; que je puisse expier par-là les fautes que j'ai commises. Mon Dieu, ne vous éloignez pas de moi. Songez, mon Dieu, à me secourir.

Entretenez-vous doucement dans ces sentimens, mon cher frère (*ou*, ma chère sœur), et, durant le cours de votre maladie, recourez souvent à Jésus ; nommez souvent Jésus, qui est en vous, afin d'obtenir qu'il vous conserve, jusqu'au dernier soupir de votre vie, dans la fidélité que vous lui devez.

Puis il fera la génuflexion, prendra le saint ciboire de la main gauche, pliera de la droite le corporal, le remettra dans la bourse que le Clerc tiendra ouverte ; et se tournant vers le Malade, il le bénira en disant :

Benedíctio Dei omnipoténtis Patris, ✝ et Fílii, et Spíritûs Sancti descéndat super te et máneat semper. ℟. Amen.

¶ *On observera le même rit, quand, dans un autre temps de l'année, on portera la sainte Communion* à dévotion *à des personnes infirmes soit Laïques, soit Ecclésiastiques ; mais au lieu de l'Oraison :* Spíritum nobis..., *qui est pour le Temps Pascal, on dira la suivante :*

Orémus.

Deus, qui nobis sub Sacraménto mirábili, Passiónis tuæ memóriam reliquísti, tríbue, quæsumus, ità nos Córporis et Sánguinis tui sacra mystéria venerári, ut redemptiónis tuæ fructum in nobis júgiter sentiámus; Qui vivis et regnas.....

Ordre pour communier en viatique les Prêtres et autres Ecclésiastiques.

Lorsqu'on portera le saint Viatique à un Prêtre, le Clergé de la paroisse sera prié d'accompagner en habit de chœur le Saint-Sacrement; et aux cérémonies marquées plus haut, pages 142 et 143. on ajoutera ce qui suit :

Le Malade sera revêtu d'un rochet et d'une étole mise en croix : le Prêtre qui l'administrera, ayant dit l'Oraison Exáudi nos. Dómine..., *page 143, s'approchera de lui, pour le prier de faire sa profession de Foi, et lui dira :*

Charíssime frater..., *ou s'il est supérieur,* Reverénde Pater..., *ou si c'est un Evêque,* Reverendíssime Pater, opórtet primùm ut, in testimónium fidelíssimi tui ánimi et ædificatiónem Ecclésiæ, Cathólicam Fidem quam semper proféssus fuísti, nunc étiam, sacram Eucharístiam sumptúrus, profiteáris. Dic ígitur : Credo in Deum...., *ut suprà, pag. 39.*

Alors le Malade récitera lui-même, s'il le peut, le Symbole des Apôtres; il demandera pardon à tous ceux qu'il pourrait avoir offensés ou scandalisés, et protestera qu'il pardonne de bon cœur à tous ceux qui l'ont offensé. S'il ne peut le faire lui-même, un des Clercs assistans le fera pour lui. Lorsqu'il aura fini, le Prêtre pourra lui faire une courte exhortation, après laquelle le Malade dira : Confíteor..... *le Prêtre dira :* Misereátur..., Indulgéntiam..... *puis, prenant le ciboire découvert entre les mains, il s'approchera du Malade, et commencera le Cantique suivant, qu'il continuera alternativement avec ses Clercs, qui seront debout avec lui.*

Cantique.

Te Deum laudámus : * te Dóminum confitémur.
Te ætérnum Patrem * omnis terra venerátur.
Tibi omnes Angeli, * tibi cœli et univérsæ potestátes,
Tibi Chérubim et Séraphim * incessábili voce proclámant :
Sanctus, Sanctus, Sanctus Dóminus * Deus Sábaoth.
Pleni sunt cœli et terra * majestátis glóriæ tuæ.
Te gloriósus * Apostolórum chorus,
Te Prophetárum * laudábilis númerus,
Te Mártyrum candidátus * laudat exércitus.
Te, per orbem terrárum, * sancta confitétur Ecclésia
Patrem * imménsæ majestátis,
Venerándum tuum verum * et únicum Fílium,
Sanctum quoque * paraclétum Spíritum.
Tu Rex glóriæ, * Christe.
Tu Patris * sempitérnus es Fílius.
Tu, ad liberándum susceptúrus hóminem, * non horruísti Vírginis úterum.
Tu, devícto mortis acúleo, * aperuísti credéntibus regna cœlórum.
Tu ad déxteram Dei sedes * in glóriâ Patris.
Judex créderis * esse ventúrus.
Te ergò quæsumus, fámulis tuis súbveni, * quos pretióso sánguine redemísti.
Ætérnâ fac * cum Sanctis tuis in glóriâ numerári.
Salvum fac pópulum tuum, Dómine, * et bénedic hæreditáti tuæ.
Et rege eos, * et extólle illos usque in ætérnum.
Per síngulos dies * benedícimus te.
Et laudámus nomen tuum in séculum, * et in séculum séculi.
Dignáre, Dómine, die isto, * sine peccáto nos custodíre.

Miserére nostrî, Dómine, * míserére nostrî.

Fiat misericórdia tua, Dómine, super nos, * quemádmodùm sperávimus in te.

Le Malade récitera seul le dernier verset :

In te, Dómine, sperávi : * non confúndar in æternum.

Et il ajoutera de suite par trois fois :

Dómine, non sum dignus ut intres sub tectum meum; sed tantùm dic verbo, et sanábitur ánima mea.

Dans cet intervalle, le Prêtre tiendra entre le pouce et l'index de la main droite, une Hostie élevée sur le ciboire, et après que le Malade aura dit le Dómine, non sum dignus.., *il le communiera, en disant :*

Corpus Dómini nostri Jesu ✝ Christi custódiat ánimam tuam et corpus tuum, in vitam ætérnam. Amen.

Et continuera ainsi qu'il est marqué page 149 et suivantes.

¶ *Pour communier un Diacre malade, on doit le revêtir d'un rochet, et lui mettre une étole en travers, passant de l'épaule gauche au côté droit : le Sous-Diacre, l'Acolythe et les autres Clercs inférieurs seront seulement en rochet, et on suivra pour eux, tout ce qui est marqué à la page 142, pour la communion des Laïques, avec cette seule différence qu'on fera réciter le Symbole des Apôtres aux Diacres seulement, après leur avoir demandé la Profession de Foi, comme ci-dessus, en leur disant :* Charíssime frater..., *avant qu'ils disent :* Confíteor....

Du soin et de la visite des Malades.

Si la visite et l'assistance des malades est pour tous les chrétiens un devoir de charité, elle en est un de justice pour tous les Pasteurs, qui doivent la regarder comme une des parties essentielles de leur sollicitude, puisque les Fidèles commis à leurs soins, n'ont jamais plus besoin du ministère dont ils leur sont redevables, que dans les maladies.

Pour s'acquitter de ce devoir, dès qu'ils apprendront qu'il y a quelque malade dans leur paroisse, ils n'attendront pas qu'on les appelle, pour se rendre au-

auprès de lui, et continuer ensuite leurs visites pendant tout le temps de la maladie. Si les Curés prévoient des difficultés, ils emploieront tous les moyens qu'un zèle prudent leur suggérera, pour arriver jusqu'à lui. Ils exhorteront souvent les Fidèles, dans leur prône, de leur donner avis de la maladie de leurs proches ou de leurs voisins, aussitôt que faire se pourra : ils les instruiront de temps en temps, de l'obligation qu'ont les Fidèles de recourir à leurs Pasteurs dans leurs maladies, les assurant qu'ils seront toujours prêts à les secourir, à les consoler et à leur dispenser les Sacremens de l'Église.

Les médecins sont obligés d'avertir, dès la première visite, ceux qu'ils trouveront dangereusement malades, de se confesser au plus tôt. Les Curés rappelleront aux médecins cette obligation, lorsqu'ils croiront pouvoir le faire utilement.

Les visites que les Curés rendent aux malades, ne doivent être ni trop longues ni trop courtes; pour garder un juste milieu, ils y resteront autant de temps qu'il sera nécessaire, pour les édifier et les consoler, évitant de les fatiguer et de leur être à charge. Il est bon de leur témoigner d'abord la part qu'on prend à leur mal, de s'informer de l'état de leur maladie, témoignant de la joie, lorsqu'on apprend qu'ils sont soulagés, et témoignant de la compassion pour eux, lorsque le mal augmente. Ces marques d'amitié attirent communément la confiance des malades et les disposent à recevoir les avis qui leur sont nécessaires.

Ils s'appliqueront particulièrement à soutenir leur patience et leur courage : pour cet effet, ils les exhorteront à supporter leurs maux en esprit de pénitence, et pour l'expiation de leurs péchés, à les recevoir de la main de Dieu comme des châtimens d'un père qui les aime, et ne les corrige dans le temps, que pour les sauver dans l'éternité, à les unir aux souffrances de Jésus-Christ, dont ils leur rappelleront la mémoire; ils leur représenteront que l'impatience augmenterait leurs douleurs, qu'elle les priverait des grands avantages qu'ils peuvent tirer de leur maladie pour le salut, et les rendrait même plus criminels devant Dieu; qu'un moment de peine supportée en cette vie pour l'amour de Dieu, produira en l'autre un poids immense de gloire; que les souffrances de cette vie, quelque grandes qu'elles soient, ne peuvent être proportionnées ni au châtiment que méritent nos péchés, ni à la récompense que nous en espérons. Ils leur recommanderont de recourir à Dieu par de fréquentes élévations d'esprit et de cœur, pour obtenir de lui le courage nécessaire et une parfaite soumission à sa sainte volonté, de faire souvent des actes de foi, d'espérance, de charité et de contrition, de dire ou de méditer, autant qu'ils pourront, l'Oraison Dominicale, la Salutation Angélique et le Symbole des Apôtres; d'invoquer dévotement le Saint Nom de Jésus; d'implorer le secours de la Sainte Vierge, de leur Ange Gardien, de leur saint Patron et des autres Saints; de supporter patiemment les suites de la maladie, comme les remèdes amères ou dégoûtans, l'impuissance de vaquer à leurs affaires, etc.

Les Curés se comporteront de telle sorte dans ces visites, qu'ils répandent la bonne odeur de Jésus-Christ dans la famille des malades, tant par leurs discours que par leurs exemples; ils éviteront, à cet effet, une trop grande familiarité, et observeront, autant qu'il se pourra, de n'y point manger. Si les malades sont pauvres, ils tâcheront de les assister de quelques aumônes qu'ils leur feront ou qu'ils leur ménageront auprès des riches; ils s'introduiront facilement par cette voie, dans leur confiance, en prouvant qu'ils ne portent pas en vain la qualité de Pasteurs.

Il est encore de leur devoir d'empêcher qu'on n'emploie, pour la guérison des malades, des remèdes superstitieux, c'est-à-dire, ceux qui ne peuvent avoir aucune efficacité naturelle, et qui ont quelque chose de contraire à l'esprit de religion. Ils exhorteront les malades à recourir à Dieu comme au souverain Médecin, à quitter le désordre, si malheureusement ils y étaient engagés; leur représentant que Dieu envoie souvent les maladies en punition des péchés, en sorte que le meilleur moyen d'en guérir ou d'en tirer avantage, est de se réconcilier avec lui. Ils les disposeront ainsi à se confesser et à recevoir ensuite le saint Viatique, lorsque la maladie sera dangereuse.

Ils étudieront soigneusement l'état et les dispositions des malades, pour proportionner leurs avis à leurs besoins, portant à la confiance en Dieu ceux qui seraient tentés de désespoir; excitant au mépris du monde et au désir des biens éternels ceux qui seraient trop attachés aux choses de la terre; fortifiant contre la crainte de la mort ceux qui en seraient trop effrayés; parlant des jugemens de Dieu à ceux qui paraîtraient indolens, et se tiendraient dans une fausse sécurité; humiliant les présomptueux par le souvenir de leurs péchés et des châtimens qu'ils méritent : ils pourront se servir, à cet effet, de quelques passages de la sainte Écriture, les paraphrasant brièvement et avec onction, comme il en est donné des exemples plus loin, après le sacrement de l'Extrême-Onction.

Les Curés, ne pouvant être continuellement auprès des malades, doivent inviter les autres Prêtres de leur Paroisse à les aider dans une occupation si sainte; ils tâcheront même de procurer aux malades quelques personnes de piété, pour les entretenir dans de bons sentimens, leur lire la Passion de Jésus-Christ, ou leur faire quelqu'autre lecture de piété, propre à leur état, leur recommandant de lire et parler peu, de crainte de les fatiguer; mais de le faire souvent, et d'étudier pour cela les momens auxquels s seront plus tranquilles et mieux disposés à profiter de ces secours. Ils prendront occasion de ces visites, pour prendre connaissance de l'état des âmes de toutes les personnes de la maison, s'informer prudemment si tous ceux qui la composent, vivent chrétiennement, s'il n'y a point de désordre ou de division, si les enfans ou domestiques sont instruits, s'ils fréquentent les Sacremens, et les exhorteront à vivre dans la crainte de Dieu.

Si le malade revient en convalescence, le Curé l'exhortera à se rendre à l'église, le plus tôt qu'il lui sera possible, pour en remercier Dieu par une bonne communion; et à faire un saint usage de la santé, pour mener une vie plus chrétienne. Pour l'y engager, il lui rappellera les pieuses résolutions qu'il formait pendant sa maladie, et lui représentera que la vie ne lui a été prolongée, que pour lui donner temps de faire pénitence et de mieux se préparer à la mort.

Si au contraire la maladie augmente de telle sorte, qu'il y ait lieu de craindre qu'elle ne tende à la mort, il faut en avertir prudemment le malade et le disposer à faire à Dieu le sacrifice de sa vie, l'exhorter à mettre ordre de bonne heure à ses affaires, à restituer ce qu'il pourrait avoir du bien d'autrui, à racheter ses péchés par des aumônes et autres bonnes œuvres, à pourvoir à celles qu'il veut qu'on fasse après sa mort pour le repos de son âme, sans remettre ce soin à des parens ou à des amis, qui négligent souvent d'exécuter les dernières volontés des défunts, lorsqu'elles ne sont point réglées par des actes publics et en bonne forme. Mais le Curé doit prendre garde qu'il ne paraisse rien d'intéressé dans ces sortes de conseils.

Pour joindre la prière aux exhortations, le Curé pourra, dans les visites qu'il fait aux malades, réciter celles qui suivent.

Le Prêtre entrant dans la chambre du Malade, dira :

℣. Pax huic dómui;

℟. Et ómnibus habitántibus in eâ.

Puis, prenant l'aspersoir, et, jetant de l'eau bénite sur le Malade, sur son lit et autour de la chambre, il dira :

Aspérges me, Dómine, hyssópo, et mundábor; lavábis me, et super nivem dealbábor.

Ps. Miserére meî, Deus, secúndùm magnam misericórdiam tuam. Glória Patri..., Sicut erat..., Aspérges me...

Il dira ensuite :

Kyrie, eléison.
Christe, eléison.
Kyrie, eléison.
Pater noster...,
℣. Et ne nos indúcas in tentatiónem;
℟. Sed líbera nos à malo.
℣. Salvum (*vel*, salvam) fac servum tuum (*vel*, ancíllam tuam),
℟. Deus meus, sperántem in te.
℣. Mitte ei, Dómine, auxílium de sancto;
℟. Et de Sion tuére eum (*vel*, eam).
℣. Nihil profíciat inimícus in eo (*vel*, eâ);
℟. Et fílius iniquitátis non appónat nocére ei.
℣. Esto ei, Dómine, turris fortitúdinis,
℟. A fácie inimíci.
℣. Dóminus opem ferat illi,
℟. Super lectum dolóris ejus.
℣. Dómine, exáudi oratiónem meam;
℟. Et clamor meus ad te véniat.
℣. Dóminus vobíscum,
℟. Et cum spíritu tuo.

ORÉMUS.

Deus, cui próprium est miseréri semper et párcere, súscipe deprecatiónem nostram; ut nos et hunc fámulum tuum (*vel*, hanc fámulam tuam) quos delictórum caténa constríngit, miserátio tuæ pietátis cleménter absólvat.

DEUS, infirmitátis humánæ singuláre præsídium, auxílii tui super infírmum nostrum (*vel*, infírmam nostram) osténde virtútem; ut, ope misericórdiæ tuæ adjútus (*vel*, adjúta), Ecclésiæ tuæ sanctæ incólumis representári mereátur.

CONCÉDE hunc fámulum tuum (*vel*, hanc fámulam tuam), quæsumus, Dómine Deus, perpétuâ mentis et córporis sanitáte gaudére, et gloriósâ beátæ Maríæ semper Vírginis intercessióne, à præsénti liberári tristítiâ et ætérnâ pérfrui lætítiâ; Per Christum Dóminum nostrum.

℟. Amen.

Avant de sortir, il donnera la bénédiction suivante :

Benedíctio Dei omnipoténtis, Patris, et Fílii, ✝ et Spíritûs sancti, descéndat super te, et máneat semper.

℟. Amen.

Ensuite il jettera de l'eau bénite sur le Malade. En se retirant, il lui promettra de prier pour lui au saint Sacrifice de la Messe, de le recommander aux prières de ses paroissiens, et de le revenir voir; ce qu'il exécutera effectivement.

Si le Malade est un enfant qui n'ait pas encore l'usage de la raison, après l'aspersion de l'eau bénite, faite comme ci-dessus, le Prêtre dira le Psaume suivant :

LAUDATE, púeri, Dóminum, * laudáte nomen Dómini.

Sit nomen Dómini benedíctum, * ex hoc nunc et usque in séculum.

A solis ortu usque ad occásum, * laudábile nomen Dómini.

Excélsus super omnes gentes Dóminus, * et super cœlos glória ejus.

Quis sicut Dóminus Deus noster, qui in altis hábitat, * et humília réspicit in cœlo et in terrâ?

Súscitans à terrâ ínopem, * et de stércore érigens páuperem;

Ut cóllocet eum cum princípibus, * cum princípibus pópuli sui;

Qui habitáre facit stérilem in domo, * matrem filiórum lætántem.

Glória Patri..., Sicut erat...

Ensuite il dira les versets suivans :

℣. Ex ore infántium et lacténtium,

℟. Perfecísti laudem tuam, Dómine.

℣. Dómine, exáudi... *avec les Oraisons ci-dessus*, Deus, infirmitátis... *et* Concéde..., *et lui donnera la bénédiction comme ci-dessus.*

INSTRUCTION

SUR LE SAINT SACRIFICE DE LA MESSE.

L'EUCHARISTIE n'est pas seulement un Sacrement institué pour nourrir, augmenter et affermir dans les Chrétiens la vie spirituelle de la grâce ; Jésus-Christ, en léguant à son Église ce gage précieux de son amour, a voulu qu'elle possédât dans ce Mystère un sacrifice perpétuel et toujours subsistant, qui réunissant en lui seul tous les caractères des victimes et des offrandes de la Loi ancienne, est autant au-dessus d'elles, que la réalité est au-dessus de la figure. On distinguait dans cette Loi l'Holocauste, la Victime de propitiation, l'Eucharistique et l'Impétratoire. Or l'Eucharistie, en tant que Sacrifice, renferme éminemment toutes ces différentes qualités, qui ne donnaient à ces anciens Sacrifices quelque vertu et quelque mérite, qu'autant qu'ils représentaient l'immolation de Jésus-Christ sur la croix, perpétuellement renouvelée sur nos autels.

1°. L'Eucharistie, considérée comme un Sacrifice, est un Holocauste ; puisque Jésus-Christ s'y offre tout entier à Dieu son Père, se plaçant sur l'autel dans l'état humiliant de Victime, pour rendre hommage à sa Majesté suprême, et reconnaître son souverain domaine sur toutes les créatures.

2°. Elle est Propitiatoire, parce qu'elle apaise la colère de Dieu, par l'offrande du Corps de Jésus-Christ son Fils, immolé sur la Croix, pour la rémission des péchés : c'est pourquoi ce Sacrifice tend par lui-même à nous procurer la rémission des péchés, en nous obtenant la grâce de la contrition, pour en recevoir le pardon dans le Sacrement de Pénitence.

3°. Ce Sacrifice est Eucharistique ou d'actions de grâces, et tire même son nom de ce caractère, parce qu'il sert à reconnaître la bonté infinie de Dieu pour nous, et qu'on l'offre pour le remercier des bienfaits qu'il répand continuellement et avec profusion sur toutes les créatures.

4°. Enfin l'Eucharistie est un Sacrifice Impétratoire, parce que nous l'offrons, pour obtenir de Dieu tous nos besoins spirituels et corporels : Jésus-Christ est un Médiateur toujours vivant, pour intercéder pour nous ; et c'est particulièrement sur l'autel, qu'il remplit cette qualité, s'y présentant à son Père comme Victime, pour solliciter plus puissamment en notre faveur.

Les Curés auront soin d'avertir les Fidèles d'entrer dans ces vues, lorsqu'ils assistent au Saint Sacrifice, et de l'offrir à Dieu, pour lui rendre par Jésus-Christ le culte souverain qui lui est dû, pour le remercier de tous ses bienfaits, pour l'expiation des péchés, et pour lui demander toutes les grâces nécessaires aux vivans et aux morts, conformément aux intentions de l'Église.

Le saint Sacrifice de la Messe demande dans les Prêtres une sainteté éminente : celui qui l'offre, doit être sans crime : s'il se sentait coupable d'un péché mortel, il ne pourrait célébrer sans s'être confessé auparavant, quelque parfaite que fût sa contrition, à moins qu'une nécessité pressante et le défaut de Confesseur ne l'obligeassent d'en user autrement ; encore serait-il tenu de se confesser au plus tôt, après avoir célébré. Pour parvenir à cette sainteté, qui répond à un si haut ministère, et s'y maintenir, les Prêtres doivent se rappeler souvent l'avis que leur donna l'Évêque dans leur Ordination, de mener une vie qui soit une imitation continuelle de l'Agneau de Dieu, qui veut bien, chaque jour, se mettre entre leurs mains : *Imitamini quod tractatis.*

Les Prêtres, pour faire usage de la puissance qu'ils reçoivent dans l'ordination, offriront le saint Sacrifice aussi souvent que leurs dispositions intérieures et leur état pourront le permettre ; mais ils prendront bien garde que ce soit toujours avec une intention pure, et que le respect humain, la coutume, l'esprit d'intérêt n'y aient point de part.

Les Curés doivent l'offrir gratuitement et sans aucun honoraire au moins les fêtes et dimanches pour leurs peuples ; et, quand dans les autres jours on s'y est engagé pour en avoir reçu la rétribution, on est dans l'obligation de le faire à l'intention de ceux qui l'ont donnée, sans déroger aux intentions générales de l'Église. Cette rétribution doit être fixée conformément au règlement de notre Diocèse : ce serait une injustice qui obligerait à restituer, et un abus très-criminel, de retirer plusieurs rétributions d'une Messe, et de prétendre satisfaire par une seule à l'obligation d'en célébrer plusieurs.

Quand les revenus ne sont pas suffisans pour l'honoraire d'une Fondation, il n'appartient pas aux particuliers de la réduire ; mais on doit pour cela présenter une requête à Nous ou à nos Vicaires-Généraux, pour statuer, ainsi qu'il sera jugé à propos, sur cette réduction.

Pour célébrer dignement, outre la pureté de cœur et de corps, il faut porter à l'autel une ardente dévotion, un grand désir de glorifier Dieu, d'apaiser sa colère, et entrer de son mieux dans les sentimens et les dispositions de Jésus-Christ, Prêtre et Victime tout ensemble. C'est pourquoi, avant de prendre les habits sacerdotaux, on aura soin de se recueillir et de vaquer quelque temps à l'oraison, pour exciter sa foi et sa ferveur. Il faut aussi durant le Sacrifice, beaucoup de modestie, de révérence et de gravité, pour inspirer aux peuples tout le respect qu'ils doivent avoir pour cet auguste Mystère : il ne faut pas se presser, mais faire toutes les cérémonies avec une dignité qui réponde à la grandeur et à la sainteté de cette action. On doit se faire une loi indispensable d'observer tout ce qui est marqué dans le Missel, et ce serait une grande témérité d'omettre, d'ajouter ou de changer quelque chose de sa propre autorité dans les actions, dans les paroles ou dans l'ordre des choses qui sont prescrites. Nous ne pouvons donc que blâmer l'affectation de ceux qui récitent tout haut les Secrètes, le Canon et les paroles de la Consécration, et qui s'écartent des usages établis dans l'Église. *Pia Mater Ecclesia*, dit le Concile de Trente, (*Sess.* 22. *chap.* 5.), *ritus quosdam, ut scilicet quædam submissâ voce, alia verò elatiore in Missâ pronuntiarentur, instituit.* On se conformera exactement à cet égard, ainsi que pour tout ce qui regarde le saint Sacrifice, à ce qui est prescrit dans les Rubriques générales du Missel dont les Prêtres doivent avoir une connaissance parfaite, et que Nous leur recommandons de lire de temps en temps.

On ne doit point dire de Messe avant l'aurore, excepté en hiver, en faveur des ouvriers; ni en commencer après l'heure de midi, sans de graves raisons, conformément aux Rubriques du Missel. Pour les Messes paroissiales, Nous en avons marque l'heure; on aura soin de ne la point changer, pour ne pas exposer les paroissiens à perdre la sainte Messe.

Dans les églises où il y a plusieurs Prêtres, on dira les Messes avec ordre, même les jours ouvriers, et non pas toutes en même temps; mais à des heures différentes et convenables, afin de pouvoir favoriser par-là la piété des Fidèles qui voudraient entendre la sainte Messe, et qui ne peuvent pas l'entendre tous à la même heure; ce qui doit s'observer particulièrement dans les villes.

Les Curés et les Supérieurs des Communautés séculières et régulières ne doivent accorder la permission de dire la sainte Messe à des Prêtres étrangers, qu'autant qu'ils leur seront parfaitement connus, et qu'ils auront la certitude qu'ils n'ont pas été interdits par leur Evêque. Il ne suffira point que ces Prêtres montrent leurs lettres de Prétrise, ou même des certificats de leur Evêque; s'ils n'offrent que cette garantie, ils devront être renvoyés devant Nous, pour obtenir la permission qu'ils sollicitent, afin que nous prenions, à leur sujet, les renseignemens que nous jugerons convenables. Les raisons les plus graves nous obligent à prendre ces précautions. Nous éprouverions une peine extrême, si on négligeait de s'y conformer, et nous serions obligés de recourir à des moyens plus sévères.

La même mesure sera observée envers les Prêtres de notre Diocèse, qui auraient demeuré plus de six mois dans un diocèse étranger.

Du lieu où se doit célébrer le saint Sacrifice, et pour qui on peut l'offrir.

On ne doit célébrer la sainte Messe que dans un lieu sacré, c'est-à-dire, dans les églises ou chapelles consacrées par l'Évêque, ou bénites par un Prêtre qui en a reçu de l'Évêque une permission spéciale. La paroisse étant l'oratoire commun et public des Chrétiens, les chapelles domestiques doivent être rares; et il n'est pas permis d'y célébrer la sainte Messe, sans une permission expresse et par écrit de Nous ou de nos Vicaires-Généraux.

Cette permission n'est accordée qu'aux conditions, 1°. Qu'elles seront entretenues proprement, situées en un lieu décent et séparé de tout usage profane, et suffisamment pourvues d'ornemens, linges, vases sacrés et autres choses requises pour la célébration du saint Sacrifice; de quoi Nous désirons que nous rendent compte chaque année nos Archidiacres; 2°. Qu'on n'y fera aucune fonction réservée à l'église paroissiale, notamment la bénédiction du pain et de l'eau; qu'on n'y administrera point le Sacrement de Baptême; qu'on n'y entendra point en confession d'autres que les infirmes qui ne pourraient point aller à l'église; qu'on n'y célébrera aucun Mariage; qu'on n'y dira aucune Messe haute; qu'on n'y chantera aucun autre office; 3°. Qu'on n'y admettra sans nécessité que les personnes de la maison, pour y entendre la sainte Messe les jours de Fêtes et Dimanches, excepté les infirmes qui en étant fort proches, ne pourraient se rendre à l'église paroissiale, et une personne seulement de certaines maisons où tout le monde ne peut assister ensemble à l'office de la paroisse; 4°. Qu'on s'abstiendra d'y célébrer les jours de Noël, de Pâques, de la Pentecôte, de l'Assomption, de Saint Firmin, premier Évêque d'Amiens et Martyr, de la Toussaint et de la principale fête du Patron de l'église paroissiale ; 5°. Que tous les Dimanches il y aura au moins quelqu'un de la maison qui assistera à la Messe de paroisse, pendant laquelle Messe de paroisse on n'en dira aucune dans lesdites chapelles.

Les Curés veilleront, chacun dans leur paroisse, à l'exécution des conditions marquées ci-dessus. Ils avertiront les Seigneurs des règles du Diocèse qui concernent leurs chapelles, et Nous donneront avis ou à nos Vicaires-Généraux des contraventions qui pourraient y être faites.

Il est défendu de célébrer dans une église interdite ou pollue, jusqu'à ce que l'interdit soit levé, ou qu'elle soit réconciliée.

Une église devient pollue ou profanée, 1°. Lorsqu'on y a commis un homicide, ou répandu du sang humain, par quelque violence, et en quantité notable ; 2°. *Per voluntariam humani seminis effusionem in eâ factam, etiam inter conjuges* ; 3°. Lorsqu'on y enterre le corps d'un infidèle, d'un hérétique ou d'un excommunié dénoncé.

L'effusion du sang ne pollue l'église que lorsqu'elle est revêtue de trois circonstances :

La première est qu'elle soit notable. Quelques gouttes de sang qui tomberaient du nez de la personne frappée, ne feraient pas perdre à l'église sa bénédiction ;

La seconde est qu'elle soit accompagnée de crime. Si la blessure a été causée par inadvertance ou par quelque légèreté qu'on ne puisse condamner de péché mortel, l'église n'est point pollue ;

La troisième est que cette blessure ait été reçue dans l'église ; car si l'action s'était passée dans le cimetière, dans le clocher, sur les voûtes ou dans les lieux souterrains, l'église ne serait point profanée : elle ne le serait pas non plus si le blessé, s'étant réfugié dans l'église, y perdait son sang ou même la vie, du coup qu'il aurait reçu au-dehors ; mais, si sa plaie ayant été faite dans l'église, le sang n'a commencé à couler qu'après que le blessé en est sorti, l'église est pollue. Il faut appliquer ces mêmes principes à l'homicide. Il ne rend l'église pollue que lorsqu'il a été commis par un délit qu'on ne peut excuser de péché mortel ; mais aussi, peu importe que l'homme soit mort sur la place, ou que le sang ait coulé de la plaie, l'église est pollue si le blessé meurt du coup qu'il a reçu.

Une église ou chapelle publique n'est censée pollue, dans tous les cas susdits, que lorsqu'ils sont notoires : pour lors il faut en ôter le Saint-Sacrement et y cesser les divins offices, jusqu'à ce qu'elle soit réconciliée par l'Évêque ou par un Prêtre qu'il aura commis à cet effet. On ne pourrait pas, en attendant cette réconciliation, conserver le Saint-Sacrement, ni célébrer l'Office Divin dans une des chapelles adjacentes, parce que, faisant partie de l'église, elles sont profanées avec elle ; on ne pourrait même se servir de la sacristie, qui demeure pollue, dans le cas de la profanation de l'église; mais il faudrait transporter le Saint-Sacrement dans une église ou chapelle voisine, ou, s'il n'y en avait point qui fût assez prochaine, le mettre dans un lieu profane, mais sûr, qu'on ornerait le plus décemment possible, et se pourvoir ensuite promptement auprès de Nous, pour la réconciliation de l'église.

L'église étant pollue, le cimetière contigu, à l'égard duquel les murs de l'église sont mitoyens, perd sa bénédiction : c'est pourquoi on doit le réconcilier conjointement avec l'église. Il n'en est pas de même, si le cimetière seulement est pollu; l'église, quoique contiguë, ne perd pas pour cela sa bénédiction.

Quoique les chapelles particulières ne deviennent pas pollues, s'il arrive néanmoins qu'on y commette quelqu'un des crimes susdits, la permission d'y célébrer la sainte Messe demeurera révoquée *ipso facto.*

On ne peut dire la sainte Messe que sur une pierre d'autel consacrée par l'Évêque. Elle perd sa consécration, 1°. Quand elle est tellement rompue, qu'elle ne peut plus contenir le calice ou l'Hostie; et 2°. Quand le sceau du sépulcre a disparu, lors même que les reliques y seraient encore.

La Table de l'autel doit être entièrement couverte de trois nappes de toile de lin bénites, ou du moins de deux, dont l'une soit en double. Les Curés auront soin de les tenir dans la décence requise, de les faire souvent blanchir, et de veiller à ce que, hors le temps de la célébration des Messes, les Tables d'autel soient toujours couvertes d'un tapis propre. Il faut qu'il y ait sur l'autel, en face du Prêtre, un Crucifix qui soit bénit; quand le Saint-Sacrement est exposé, le Crucifix sera placé près du tabernacle, sur le gradin du côté de l'évangile. Le Corporal *de lin* qu'on étend sur le calice, doit être aussi bénit avec la pale qui en faisait autrefois partie; un simple Prêtre, avec Notre permission, ou celle de nos Vicaires-Généraux, peut faire ces sortes de bénédictions, dont on trouvera les formules dans la suite de ce Rituel.

On peut demander ici pour qui on peut offrir le saint Sacrifice de la Messe? A cette question Nous répondons,

1°. Avec tous les Théologiens, qu'on peut l'offrir pour tous les Catholiques vivans, quoiqu'ils soient pécheurs, même scandaleux, pourvu qu'ils ne soient pas excommuniés dénoncés; 2°. Avec le plus grand nombre des Théologiens, qu'on ne peut pas l'offrir pour les hérétiques excommuniés et dénoncés expressément; 3°. Avec des Théologiens très-distingués, et dont nous conseillons de suivre le sentiment dans la pratique, que, dans l'état actuel de la discipline ecclésiastique, on peut l'offrir pour les hérétiques et les excommuniés vivans, qui sont tolérés; et 4°. Qu'on ne peut pas l'offrir pour les hérétiques morts dans leurs erreurs et sans donner aucune marque de retour, ni pour les pécheurs qui sont morts dans l'acte même du péché, comme ceux qui se sont eux-mêmes volontairement donné la mort, et ceux qui, à l'article de la mort, ont repoussé obstinément les secours de la Religion.

Des Vases Sacrés et des Ornemens Sacerdotaux.

On ne peut célébrer le saint Sacrifice de la Messe avec un calice dont la coupe au moins ne serait pas d'argent et dorée en dedans, ainsi que la patène, pour qu'on puisse facilement discerner les particules qui se détachent de l'Hostie. L'un et l'autre doivent être consacrés par l'Évêque; et ils perdent cette consécration, 1°. Quand ils ne sont plus en état de servir au Sacrifice; quand, par exemple, un calice est percé, ou que la coupe est rompue de dessus le pied, ou qu'il ne peut plus tenir sur l'autel; 2°. Quand on les fait passer par le feu, et qu'ils perdent leur dorure; 3°. Quand la coupe du calice, ou la patène, est dorée de nouveau.

Pour garder les Hosties dans le tabernacle et donner au peuple la sainte Communion, il faut avoir un ciboire dont la coupe au moins soit d'argent et dorée en dedans; il serait aussi à propos d'en avoir un petit pour porter le Saint-Sacrement aux malades, surtout dans les campagnes. Tous ces vases doivent être bénits, ainsi que *le croissant ou le cercle du Soleil* ou *Ostensoir*, dont on se servira pour exposer le Saint-Sacrement, quand on en aura la permission; cet Ostensoir doit être d'argent ou au moins argenté; mais le croissant ou le cercle doit être d'argent doré.

On aura soin d'entretenir tous les vases destinés au culte divin dans la plus grande propreté.

Nous enjoignons à tout Prêtre, *sous peine de suspense*, de ne célébrer jamais, sans être revêtu d'une soutane longue qui aille jusqu'aux talons.

Les habits sacerdotaux qui doivent être nécessairement bénits, avant qu'on puisse s'en servir, sont l'amict, l'aube, le cordon ou la ceinture, le manipule, l'étole et la chasuble. En les prenant, le Prêtre doit réciter les oraisons qui répondent à chacun d'eux. Ces vêtemens doivent être propres et non déchirés; car, dit un

Concile de Latran, *nimis videtur absurdum in sacris sordes negligere, quæ dedecerent etiam in profanis*. Ce serait une indécence et un péché notable de s'en servir à l'autel, s'ils étaient malpropres et déchirés. Les Curés ne les laisseront jamais traîner dans la sacristie, mais ils donneront ordre que, quand on ne s'en servira pas, ils soient pliés et serrés, ou ils les plieront et serreront eux-mêmes dans des armoires fermantes à la clef.

Il faut aussi que la tunique et la dalmatique soient bénites. Quant au rochet, à la chape ou pluvial, aux voiles et aux devans ou paremens d'autel, on ne les bénit pas.

Les habits sacerdotaux perdent leur bénédiction, en sorte qu'il n'est plus permis de s'en servir sans péché, 1°. Quand ils sont notablement déchirés; et 2°. Quand ils ne sont plus dans la forme dans laquelle ils ont été bénits, comme si on changeait de manches à une aube, ou si un cordon ou une ceinture avait été rompue en tant de morceaux, qu'aucun d'eux ne pût ceindre le Prêtre.

La bénédiction des vases sacrés et des habits sacerdotaux est réservée à l'Évêque et à ses Grands-Vicaires, de sorte qu'il n'y a que ceux à qui ils en donnent le pouvoir, qui puissent la faire. Il n'est permis qu'à ceux qui sont dans les Ordres sacrés, ou qui en auraient reçu de Nous une permission spéciale, de toucher les calices, patènes et autres vases dans lesquels a reposé la divine Eucharistie, non plus que les corporaux, les pales et les purificatoires, quand ils ont servi au saint Sacrifice et qu'ils n'ont pas été lavés.

L'Évêque, dans l'instruction qu'il fait aux Sous-Diacres dans leur Ordination, les avertit qu'il est de leur ministère de laver les pales, les corporaux et les purificatoires qui servent au divin Sacrifice. Pour cela, on doit avoir soin, avant de les donner à blanchir, de les laver dans trois différentes eaux, qu'on jettera ensuite dans la piscine, et non dans un lieu profane. Au défaut des Sous-Diacres, c'est aux Diacres ou aux Prêtres à le faire; et Nous ne saurions Nous lasser de recommander la propreté dans les linges qui doivent servir au saint Sacrifice de nos autels. Ceux qui la négligent, font connaître qu'ils ont peu de foi et de religion, et il est honteux d'affecter plus de propreté pour une table profane, que pour la table du Seigneur. Voyez, dans la seconde partie de ce Rituel, ce qui est prescrit dans l'ordre de la bénédiction des corporaux...

Lorsque les ornemens, linges et autres choses bénites ont perdu leur bénédiction, et ne peuvent plus servir, il faut, suivant les saints Canons, les brûler et en jeter les cendres dans la piscine, ou les mettre sous le pavé de l'église, en un lieu où personne ne passe.

Nous avertissons les Prêtres qui, étant, par leur titre ou par une permission spéciale, dans le cas de dire deux Messes le même jour, ne peuvent prendre d'ablution ni purifier le calice à la première, de le placer couvert d'une pale sur un corporal dans le tabernacle, s'il y en a un, et à défaut de tabernacle, dans l'armoire la plus décente de l'église ou de la sacristie, sur un Corporal, et sous la clef. On doit observer, quand il faut s'en servir de nouveau, de ne pas le mettre sur l'autel sans un corporal, de dessus lequel il ne faut pas le déplacer pour y verser le vin et l'eau destinés au nouveau Sacrifice.

INSTRUCTION

SUR LE SACREMENT DE PÉNITENCE.

La Pénitence est un Sacrement de la nouvelle Loi, par lequel les Fidèles chrétiens, tombés après leur Baptême, mais vraiment contrits, confessant leurs fautes et se proposant d'y satisfaire, reçoivent la rémission de leurs péchés par l'absolution sacramentelle d'un Prêtre qui a le pouvoir légitime de la leur donner. « Si tous ceux qui sont » régénérés (dit le saint Con- » cile de Trente, *Sess.* 14. » *cap.* 1. *de Pœnit.*) avaient » à l'égard de Dieu assez de re- » connaissance pour conserver » constamment la justice qu'ils » ont reçue, par sa bonté et par » sa grâce, dans le Baptême, il » n'eût pas été besoin d'établir, » pour la rémission des pé- » chés, un Sacrement différent » du Baptême lui-même; mais » comme Dieu, qui est riche en » miséricordes, a connu toute l'é- » tendue de notre faiblesse, il a » donné un remède de vie à ceux- » mêmes qui, après avoir été » baptisés, se revoient engagés » dans la servitude du péché et » sous la puissance du démon ». C'est pourquoi le Sacrement de Pénitence est appelé par les saints Pères une seconde planche après le naufrage. C'est en effet un remède qui, par la vertu du Sang de Jésus-Christ, guérit les plaies de nos âmes, et nous rend la vie de la grâce, quand nous l'avons malheureusement perdue.

Ce Sacrement étant d'un grand usage et d'une conséquence infinie pour le salut, les Prêtres, qui en sont les ministres, sont obligés d'étudier avec soin les règles qu'ils doivent suivre pour le bien administrer, de lire pour cela les bons auteurs qui traitent de ces matières, et de s'attacher principalement aux instructions qu'ils trouveront dans ce Rituel.

Tous les péchés commis après le Baptême sont la matière objective, ou l'objet de ce Sacrement; les péchés mortels en sont la matière nécessaire; les véniels en sont une matière libre et volontaire : car, quoiqu'il ne soit pas nécessaire de confesser ces derniers, c'est toujours une pratique très-utile et qui doit être recommandée par ceux qui ont le soin des âmes. Les actes du pénitent, qui sont la Contrition, la Confession et la Satisfaction, en sont comme la matière prochaine, dit le saint Concile de Trente; et la forme consiste essentiellement dans les paroles qui expriment l'absolution : *Ego te absolvo...*; enfin, le ministre de ce Sacrement est le Prêtre qui prononce en juge, tenant la place de Jésus-Christ.

Les instructions nécessaires sur ce Sacrement se réduisent à deux chefs : les unes regardent le Prêtre qui l'administre ; les autres ont pour objet les dispositions qu'il doit trouver ou exciter dans ceux qui le reçoivent. Les qualités et obligations du ministre sont la probité, la science, la prudence et la juridiction qui est l'approbation de l'Évêque, s'il n'a un Bénéfice-Cure. Il doit garder un secret inviolable, donner, différer ou refuser l'absolution selon les règles de l'Église. Le pénitent doit concevoir une vraie contrition de ses fautes, les confesser exactement toutes, du moins les mortelles, accepter et accomplir la satisfaction ou pénitence qui lui est imposée.

De la Juridiction nécessaire au Ministre de la Pénitence.

QUOIQUE l'absolution du Prêtre soit une dispensation des grâces et des miséricordes de Dieu, elle n'est pas un simple ministère qui consiste seulement à déclarer au pénitent que ses péchés lui sont remis : on peut la nommer avec beaucoup plus de raison, un acte judiciaire, puisque le Prêtre y prononce en juge la sentence qui opère la réconciliation du pécheur avec Dieu. Or, il est de l'essence de tout jugement, que la sentence ne soit prononcée que sur ceux qui sont soumis au juge dont elle est émanée. On doit conclure de ce principe, que les Prêtres ne peuvent exercer *validement* le pouvoir qu'ils reçoivent dans l'Ordination de remettre les péchés, si l'Église ne leur assigne des sujets sur qui ils l'exercent : elle a toujours été persuadée, et le saint Concile de Trente (*Sess.* 14. *chap.* 7.) le décide affirmativement, que l'absolution que donnerait un Prêtre à un pénitent sur lequel il n'aurait aucune juridiction ordinaire ou déléguée, serait absolument nulle.

La juridiction *ordinaire* est celle qui de droit est attachée à un titre, comme celle des Évêques et des Curés. Les Curés-Desservans de succursale, d'annexe ou de chapelle vicariale ont aussi la juridiction ordinaire, en vertu du titre qui les charge de la direction d'une paroisse. La juridiction *déléguée* est celle qui est accordée à ceux qui ne l'ont point de droit. La juridiction des inférieurs peut être restreinte par les supérieurs, et l'est effectivement à l'égard de certains crimes qu'on nomme pour ce sujet *cas réservés*, et à l'égard de certaines personnes, telles que les Religieuses en communauté.

Des Cas réservés.

Les saints Pères ont estimé qu'il était important pour le bon ordre et la discipline de l'Église, que certains crimes ne pussent être remis indifféremment par tout Confesseur approuvé, mais seulement par les Prêtres du premier ordre et ceux à qui ils communiqueront ce pouvoir. C'est pour cela que les Souverains Pontifes se sont réservé l'absolution de plusieurs crimes énormes, pour en inspirer plus d'horreur, en en rendant l'absolution plus difficile; et les Évêques usent du même pouvoir, chacun dans leur Diocèse, en vertu de l'autorité que Jésus-Christ leur a donnée pour la conduite des âmes.

Dans l'usage présent, il n'y a aucun péché réservé, à moins qu'il n'ait les conditions suivantes:

1°. Il est nécessaire qu'il soit *péché mortel*, ensorte que, si par défaut d'un consentement pleinement libre, ou par la légèreté de la matière, le péché n'était que véniel, la réserve n'aurait pas lieu à son égard: Nous voulons qu'elle n'ait pas lieu dans le doute si le péché est mortel ou non, ou s'il a déjà été remis par le Sacrement de Pénitence.

2°. Il faut que ce péché soit un *acte extérieur*, et qu'il soit manifesté au dehors. Les péhés de pensée, quoique d'ailleurs très-griefs, ne sont pas compris dans la réserve; il n'est pas cependant toujours nécessaire qu'il soit public: ainsi la volonté de tuer un homme n'est pas un cas réservé; mais c'en serait un de le tuer dans un bois sans témoin, ou dans l'obscurité de la nuit.

3°. Cet acte extérieur du péché doit être *complet* et consommé dans l'espèce déterminée par la loi qui le réserve; à moins que cette loi ne porte expressément que la réserve a lieu, non seulement quand le péché est consommé, mais encore quand il est commencé ou attenté.

4°. Il doit être *certain* que le péché a été commis; car il n'y a pas de réserve dans le doute de *fait*, c'est-à-dire, lorsqu'on doute si l'acte extérieur du péché a été effectivement commis. Mais dans le doute de *droit*, c'est-à-dire, lorsqu'on doute si le péché, constant d'ailleurs, est réservé ou non au Supérieur, le Confesseur doit suspendre l'absolution jusqu'à ce qu'il soit assuré que le cas n'est point compris dans la réserve, ou qu'il ait obtenu pouvoir d'en absoudre, s'il y est compris.

5°. Notre intention est que la réserve, établie par les ordonnances du Diocèse, n'ait pas lieu pour les impubères, c'est-à-dire, pour les garçons avant quatorze ans accomplis, et pour les filles avant douze ans accomplis, quand bien même ils ne se confesseraient des péchés commis avant cet âge, qu'après qu'ils seraient parvenus à celui de puberté.

La loi qui établit la réserve, étant une exception de la juridiction ordinaire, doit être exactement restreinte dans les termes qui l'expriment: on ne doit pas l'étendre au-delà par raisonnement, par comparaison ou autrement.

Cette réserve n'a pas seulement lieu pour la police extérieure, elle a encore la force d'annuler devant Dieu l'absolution que pourraient donner les Ministres inférieurs, séculiers et réguliers, Pasteurs ou non Pasteurs, des péchés qui y sont compris. Cependant, de peur qu'à cette occasion quelqu'un ne vînt à périr, on a toujours observé qu'il n'y eût aucun cas réservé,

1°. A l'*article de la mort*, et que tout Prêtre, même interdit et excommunié, fût-il dénoncé, pût, dans ce cas de nécessité, absoudre toutes sortes de personnes de tout péché et de toute censure. On entend ici par l'*article de la mort*, un péril de mort si pressant, qu'on ne pût recourir au Supérieur ni à ceux qu'il aurait commis pour absoudre de ces péchés ou de ces censures.

2°. Cette exception de la réserve, fondée sur le droit, ne dispenserait pas les malades qui ont commis des péchés réservés, et dont le danger n'est pas aussi pressant, de recourir au Supérieur; mais, pour ménager leur faiblesse, dans un état qui a plus besoin de consolation que de rigueur, Nous permettons à tout Prêtre approuvé, d'absoudre des cas et censures réservés dans ce Diocèse, les malades qui se confesseront pour se disposer à recevoir le saint Viatique ou l'Extrême-Onction.

3°. Nous accordons pareillement à tout Prêtre approuvé, le pouvoir d'absoudre de tous cas et censures à Nous réservés : 1°. les femmes qui sont près de faire leurs couches; 2°. les prisonniers; 3°. ceux qui auront été condamnés au dernier supplice; 4°. les malades dans les hôpitaux; 5°. ceux qui se confesseront à l'effet de recevoir bientôt le Sacrement de Mariage, quand d'ailleurs ils seront trouvés bien disposés; et 6°. les enfans même ayant atteint l'âge de puberté, et aussi les personnes plus âgées, qui se préparent à faire leur première Communion ou à recevoir le Sacrement de Confirmation; 7°. tous ceux qui font une confession générale.

Hors ces cas, les Prêtres qui n'ont pas de pouvoir pour les cas réservés, doivent engager les pénitens à recourir au Supérieur légitime, pour en obtenir l'absolution ou la permission de s'en faire absoudre, ou, par charité, y recourir eux-mêmes pour en obtenir la permission. Ceux qui auront des crimes auxquels sont attachées des censures réservées au Pape, ne pourront être absous des uns ni des autres sans un pouvoir spécial de Sa Sainteté ou de son Grand-Pénitencier. Nous expliquerons plus au long ce qui regarde cet article, lorsque nous parlerons des censures. Pour les cas réservés du Diocèse, il faut s'adresser à Nous ou à nos Vicaires-Généraux, ou enfin à ceux qui ont pouvoir d'en absoudre. La permission d'absoudre des cas réservés n'est pas comprise dans les approbations ordinaires, à moins qu'elle n'y soit spécialement exprimée.

Quoique les cas et les censures réservés ne soient pas la même chose, Nous déclarons néanmoins que, dans le pouvoir général que Nous accordons d'absoudre des cas à Nous réservés, notre intention est de comprendre ceux qui sont accompagnés de censures, à moins qu'elles ne soient *ab homine et per modum sententiæ particularis*.

Nous accordons aussi aux Prêtres, approuvés pour les cas réservés, la faculté de dispenser des irrégularités occultes à Nous réservées, ainsi que des vœux à Nous réservés, ou de les commuer, excepté des vœux faits par des Religieux ou des Religieuses, ou par des Frères convers ou des Sœurs converses.

Mais le Prêtre qui a obtenu le pouvoir d'absoudre des cas réservés, n'a pas pour cela le pouvoir d'absoudre *publiquement*, et *hors du tribunal* de la Pénitence, des censures réservées, ni des irrégularités, ni des vœux, ni de donner l'absolution de l'hérésie...

Lorsqu'un Confesseur qui n'a pas le pouvoir d'absoudre des cas réservés, en remarque quelqu'un dans la Confession de son pénitent, il ne peut *validement* lui donner l'absolution des péchés qui ne sont pas réservés ; mais il doit le renvoyer au Supérieur pour être absous des uns et des autres, ou demander lui-même le pouvoir de l'absoudre.

Si un Prêtre, non approuvé pour les cas réservés, donnait *sciemment*, l'absolution des cas réservés, outre le péché grave dont il se rendrait coupable, il encourrait *ipso facto* l'interdiction d'entendre les Confessions dans ce Diocèse. Cependant Nous voulons que, dans ce cas là, l'absolution soit valide, pourvu que le pénitent soit de *bonne foi*, afin qu'aucun Fidèle ne périsse par la faute du Prêtre.

Celui qui aurait omis de *bonne foi* et sans qu'il y eût de sa faute, un cas réservé, en se confessant à un Prêtre approuvé pour en absoudre, ne serait pas obligé de recourir à lui lorsqu'il s'en souviendrait; mais il pourrait s'adresser, pour la Confession de ce cas omis, à tout autre Prêtre approuvé. Il n'en serait pas de même si la Confession avait été *nulle* par la faute du pénitent; car pour lors il serait obligé de se confesser de nouveau à un Prêtre qui aurait le pouvoir d'absoudre de ces cas réservés, la première ayant été nulle.

En temps de Jubilé, tout Prêtre approuvé peut absoudre des cas réservés au Pape, si la bulle du Jubilé donne ce pouvoir.

Il faut remarquer que ceux qui ont le pouvoir d'absoudre des cas réservés au Pape, comme certains Réguliers, ne peuvent, sans pouvoir spécial de Nous ou de nos Vicaires-Généraux, absoudre de ceux qui sont réservés dans le Diocèse. Ils ne doivent même faire usage du pouvoir qu'ils ont reçu de Sa Sainteté, jusqu'à ce qu'ils Nous l'aient représénté ou à nos Vicaires-Généraux, et qu'il ait été reconnu véritable et authentique. On excepte de cette règle les Brefs secrets de la Pénitencerie de Rome, qui sont obtenus pour quelque cas particulier.

Si les Confesseurs demandaient et obtenaient la permission d'absoudre, des cas à Nous réservés, toutes les fois qu'ils en remarquent dans la Confession de leurs pénitents, les intentions de l'Église qui s'est proposé d'en inspirer plus d'horreur, en rendant leur absolution plus difficile, seraient éludées, et la rigueur salutaire de sa discipline serait énervée; c'est pourquoi ils ne doivent demander ces permissions, que lorsqu'ils croiront avoir des raisons pour ne pas les envoyer à ceux qui peuvent les absoudre. Ceux mêmes qui auraient pouvoir d'en absoudre, feront bien quelquefois de renvoyer à d'autres ceux de leurs pénitents qui tomberaient dans la réserve, et qui courraient risque de ne pas assez concevoir l'énormité de ces péchés, s'ils en étaient toujours absous comme des autres, par leurs Confesseurs ordinaires.

Des Censures.

On entend par le mot de *censure,* une peine spirituelle et médicinale par laquelle un Chrétien, en punition d'un crime, est privé, en tout ou en partie, des biens spirituels dont il jouissait auparavant.

Les premiers Pasteurs de l'Église qui engendre ses enfans par le Baptême, sont en droit de les retrancher de son corps, ou de leur infliger d'autres peines spirituelles, lorsqu'ils ont mérité par leur crime et leur désobéissance un traitement si rigoureux. C'est de Jésus-Christ son Époux qu'ils ont reçu ce pouvoir, lorsqu'il leur dit, en la personne des Apôtres : *Je vous le dis en vérité, que tout ce que vous lierez sur la terre, sera lié dans le ciel ; et tout ce que vous délierez sur la terre, sera délié dans le ciel.*

La censure étant la plus grande punition dont l'Église châtie ses enfans rebelles, elle n'use de cette rigueur qu'envers ceux qui ont commis des péchés mortels graves; il faut cependant remarquer qu'il y a certains cas dans lesquels une désobéissance aux ordres de l'Église rend grave une chose qui ne paraît pas par elle-même considérable. Elle n'impose cette peine que pour des fautes sensibles et extérieures, parce qu'elle ne prononce les censures que dans le for extérieur, et qu'elle ne peut connaître des péchés de pensée ou d'intention, que dans le tribunal de la Pénitence.

Les censures sont portées, ou par la loi, *à jure*, ou par la sentence du juge, *ab homine*. La censure *à jure* est celle qui est ordonnée par les lois émanées des Supérieurs ecclésiastiques, tels que sont les Conciles, le Pape et les Évêques, pour quelque crime; en sorte que tous ceux qui commettent ce crime, sont frappés de cette censure tant que la loi est en vigueur.

La censure *ab homine* est celle qui est portée par le Supérieur ecclésiastique, contre certaines personnes particulières, qui sont dénommées ou désignées par leur qualité ou par quelque circonstance particulière de temps, de lieu, ou d'action qui les fait connaître : elle n'a de force que pour cette action particulière et dans ces circonstances et pendant la vie du Supérieur qui l'a portée.

Les Canonistes distinguent encore les censures qu'on appelle *latæ sententiæ*, et celles qu'on nomme *ferendæ sententiæ* : les premières sont encourues de plein droit aussitôt qu'on a commis l'action défendue, sans qu'il soit besoin de monition ni de jugement : les censures *ferendæ sententiæ* sont comminatoires, et ne sont encourues qu'après la sentence du juge.

C'est par les termes dans lesquels est conçu le canon ou le statut, qu'on connaît si la censure qui y est portée, est *latæ* ou seulement *ferendæ sententiæ*. Elle est de la première sorte, lorsqu'elle est énoncée avec ces mots : *ipso facto*, ou *ipso jure*, ou *latæ sententiæ*, ou avec d'autres termes équivalens ; autrement elle n'est réputée que censure *ferendæ sententiæ*, c'est-à-dire, comminatoire.

La censure supposant dans le coupable une révolte contre les ordres de l'Église, n'a point lieu contre celui qui ignore la loi ecclésiastique qui l'a portée, quoiqu'il sache que l'action à laquelle cette peine est attachée, soit défendue par la loi naturelle ou positive, mais cette ignorance n'excuse de la censure, que quand elle n'est ni crasse ni affectée. L'ignorance de *fait* en excuse pareillement, pourvu qu'elle soit involontaire : ainsi, celui qui maltraite de coups un Clerc, croyant frapper un Laïc, n'est point excommunié. L'absolution de toutes les censures portées par sentence, dites *ab homine*, est réservée au Supérieur qui les a prononcées : pour l'obtenir, il faut s'adreser à lui (ou à son successeur, supposé que le coupable l'ait réellement encourue du vivant de celui qui l'a portée), ou à ceux qu'il aurait commis à cet effet, ou en cas d'appel, à son Supérieur légitime.

Quant aux censures portées par le droit, dites *à jure* ou *latæ sententiæ*, tout Prêtre approuvé pour entendre les confessions peut en absoudre, si elles ne sont expressément réservées aux Supérieurs ecclésiastiques. Pour obtenir l'absolution de celles qui sont réservées, il faut recourir à ceux auxquels elles sont réservées, ou à ceux qui ont reçu un pouvoir spécial pour en absoudre : ce pouvoir est compris dans la permission générale accordée d'absoudre des cas réservés.

L'Évêque et ceux qui ont reçu de lui le pouvoir d'absoudre des cas et des censures réservés dans le Diocèse, peuvent absoudre de toutes les censures réservées au Pape, qui proviennent d'un délit caché ; mais lorsque le crime pour lequel on a encouru la censure, n'est pas caché, il faut, pour en être absous, recourir au Saint-Siége.

L'Évêque peut encore absoudre des censures réservées au Pape et encourues pour crime public, ceux que le droit dispense d'aller à Rome pour en obtenir l'absolution, tels sont les Religieux et les Religieuses, les vieillards, les pauvres, les femmes veuves ou mariées, les filles, les personnes faibles ou infirmes, ceux qui sont sous la puissance d'autrui, ou qui ont commis avant l'âge de puberté, le crime auquel est attachée la censure, et généralement tous ceux qui sont légitimement empêchés de se présenter devant Sa Sainteté. Le pouvoir qu'a l'Évêque d'absoudre des cas et censures réservés au Pape dans toutes ces circonstances, étant attaché à sa juridiction ordinaire, il peut le communiquer, tant par lui-même que par ses Vicaires-Généraux. Nous déclarons que Nous communiquons ce pouvoir à ceux à qui Nous donnons la permission d'absoudre des cas à Nous réservés.

Si quelqu'un avait le malheur d'encourir une censure qui l'obligeât de recourir au saint-Siége, il faudrait l'avertir de Nous consulter avant d'en solliciter l'absolution.

Dans le pressant péril de mort, si on ne peut avoir recours au

Supérieur ni à ceux qu'il a commis à cet effet, tout Prêtre non approuvé, même interdit et excommunié dénoncé, peut absoudre de toute censure.

Si le crime qui a donné lieu à la censure, est une injustice, il faut obliger le coupable à réparer le tort qu'il a fait, avant que de l'absoudre : s'il ne le peut pour lors, on exigera de lui des assurances nécessaires : que s'il ne peut même en donner, on lui fera promettre qu'il satisfera le plus tôt qu'il lui sera possible.

L'absolution doit être secrète, lorsque le crime, pour lequel elle a été encourue, a été occulte ; et pour lors le Prêtre se servira de la forme ordinaire du Sacrement de Pénitence : *Dominus noster Jesus Christus...* Si le crime est public, il convient que l'absolution soit donnée publiquement : ce qui ne peut se faire qu'avec une commission par écrit de Nous ou de nos Vicaires-Généraux ; pour lors on suivra la formule et les cérémonies qui seront marquées ci-après pour l'absolution publique des censures.

On divise les censures en trois espèces qui sont l'Excommunication, la Suspense et l'Interdit.

De l'Excommunication.

L'EXCOMMUNICATION est une censure ecclésiastique qui prive un Chrétien en tout ou en partie du droit qu'il a sur les biens communs de l'Église, pour le punir de lui avoir désobéi dans une matière grave. L'Apôtre Saint Paul usa de cette sévérité envers le Corinthien incestueux, et, l'ayant séparé pour un temps du corps de l'Église, il le livra à satan, afin que, par la mortification de son corps, son esprit pût être sauvé au jour de Notre-Seigneur Jésus-Christ. Il tint la même conduite à l'égard d'Himénée et d'Alexandre, pour leur apprendre à ne plus blasphémer.

L'Église a toujours exercé ce même pouvoir sur les Fidèles qui scandalisaient leurs frères par des actions criminelles, pour observer ce que dit Saint Paul au même endroit : *Purifiez-vous du vieux levain.... N'ayez point de commerce avec les fornicateurs.... Si celui qui est du nombre de vos frères, est fornicateur, ou avare, ou idolâtre, ou médisant, ou ivrogne, ou ravisseur du bien d'autrui, vous ne devez pas même manger avec lui.... Bannissez le méchant du milieu de vous.*

On distingue deux espèces d'excommunication : l'une majeure et l'autre mineure. La majeure est proprement celle dont parle Saint

Paul dans les textes que l'on vient de citer, par laquelle un Fidèle est retranché du corps de l'Église, jusqu'à ce qu'il ait mérité par sa pénitence d'y rentrer.

L'excommunication mineure est celle qui s'encourt par la communication avec un excommunié d'une excommunication majeure, qui a été légitimement dénoncé. Cette dernière ne prive que du droit de recevoir les Sacrements, et de pouvoir être pourvu d'un Bénéfice.

Quand dans une loi ou dans un jugement ecclésiastique on prononce la peine de l'excommunication, la loi ou le jugement doit toujours s'entendre de l'excommunication majeure qui, retranchant du corps de l'Église ceux qui l'ont encourue, les prive des biens spirituels qu'elle communique à tous ses enfans, et qui vont être détaillés, pour donner une plus juste idée de cette censure.

1°. Ils sont privés du fruit de la communion des Saints et des suffrages des prières publiques de l'Église ; car encore que l'on puisse, par des prières particulières, demander à Dieu leur conversion, on ne peut pas le faire par des prières publiques, par exemple, en offrant le Sacrifice spécialement pour eux, ou en y disant à la Messe quelque collecte à leur intention.

2°. Ils sont privés du droit d'administrer et de recevoir aucun Sacrement hors le cas de nécessité. Un Prêtre qui administrerait les Sacremens à un excommunié dénoncé, encourrait lui-même l'excommunication mineure.

3°. Ils sont privés du droit d'assister à la Messe et à tous les Offices publics de l'Église. Le Prêtre doit interrompre l'Office, lorsqu'il sait qu'il y a un excommunié dénoncé dans l'église, et ne le continuer qu'après qu'il sera sorti ; autrement il encourra l'excommunication mineure : il devrait même interrompre le Sacrifice de la Messe et abandonner l'Autel, si l'excommunié refusait de sortir ; cependant s'il avait commencé le Canon, il serait obligé de continuer le Sacrifice jusqu'à la Communion inclusivement, après laquelle il se retirerait à la Sacristie, pour y réciter le reste des prières de la Messe. On permet néanmoins aux excommuniés d'assister à la prédication de la parole de Dieu, et il faut même leur conseiller de l'entendre, pour s'instruire de leurs devoirs et apprendre à se disposer par la pénitence à leur réconciliation avec Dieu ; mais ils doivent sortir de l'église, sitôt qu'elle est achevée, pour ne point mettre d'obstacle par leur présence, à la célébration des saints Mystères ou de la prière publique.

4°. Ils sont privés de toute communication avec les Fidèles, si ce n'est dans les cas exprimés dans le droit, par exemple, dans le cas de nécessité ou de grande utilité pour leur conversion, ou pour le bien de l'état. Il faut cependant remarquer que l'excommunication étant une peine purement spirituelle, ne peut dépouiller celui qui l'a encourue, des droits qu'il avait justement acquis sur certaines personnes, avant que de tomber dans la censure. Une femme doit vivre avec son mari excommunié; un domestique doit servir son maître; un sujet n'est pas dispensé par l'excommunication qui serait portée contre son Prince, de lui garder la fidélité qu'il lui doit.

5°. Ils sont privés après leur mort, de la sépulture ecclésiastique, c'est-à-dire, qu'ils ne peuvent être enterrés en aucun lieu saint, ni dans l'église, ni dans le cimetière; et, si on l'avait fait, l'Église veut qu'on le déterre, et que le lieu demeure pollu, jusqu'à ce qu'il ait été purifié par une réconciliation solennelle.

Enfin ils sont privés du droit d'élire et d'être élus aux bénéfices et dignités ecclésiastiques, et de l'exercice de la juridiction spirituelle.

Les excommuniés qui ne sont pas dénoncés nommément, sont véritablement liés devant Dieu; ils n'ont aucune part aux suffrages de l'Église; ils ne peuvent sans crime recevoir les Sacremens; ils sont obligés d'observer la censure, autant qu'ils peuvent le faire sans scandale, et la dénonciation ne pourrait ajouter à leur excommunication que la notoriété de droit. Cependant l'Église voulant pourvoir aux embarras de la conscience de ses enfans, ne leur défend pas d'en agir avec ces excommuniés tolérés, comme s'ils n'étaient pas excommuniés; mais cet adoucissement de l'ancienne rigueur est seulement accordé pour l'avantage des autres Fidèles, qui même ne doivent s'en servir que lorsqu'il n'y a pas de péril de séduction pour eux et de scandale pour personne; les excommuniés qui ne sont pas dénoncés, ne s'en peuvent prévaloir à leur avantage, et ils doivent s'appliquer uniquement à réparer le scandale qu'ils ont causé, à s'humilier par la pénitence, et ne rien omettre de ce qui peut dépendre d'eux pour mériter la grâce de leur absolution.

Les principes ci-dessus établis pour l'absolution des censures peuvent être facilement appliqués à l'excommunication : il suffit d'ajouter ici que celui qui est lié de plusieurs excommunications, n'ayant obtenu l'absolution que d'une d'entr'elles, ne peut participer à la communion ecclésiastique; et que l'excommunié dénoncé ne peut y être admis, jusqu'à ce qu'il ait obtenu dans le for extérieur une sentence d'absolution qui ait été dûment publiée.

Quelque marque de pénitence

qu'ait donné avant sa mort un excommunié dénoncé, on ne doit point l'inhumer en terre sainte, ni prier pour lui publiquement, quand il est décédé sans avoir obtenu l'absolution. Cependant l'Église peut l'absoudre après sa mort, c'est-à-dire, le rétablir dans sa communion, quand il y a des preuves certaines de sa pénitence. On trouvera ci-après l'ordre des prières et cérémonies qu'on doit suivre pour cette absolution, qui est toujours réservée à l'Évêque ou à ses Vicaires-Généraux.

Table des Excommunications prononcées par le droit canonique, et qui sont reconnues en France.

Comme il est difficile de trouver d'une manière suivie la liste des excommunications prononcées par le droit, et reconnues en France, nous allons réunir les plus importantes, en indiquant celles qui sont réservées au Souverain Pontife, celles qu'on encoure *ipso facto*, et celles qui sont *sententiæ ferendæ*. Nous suivons en cela les intentions de Saint Charles, dans le troisième concile de Milan.

Il y a excommunication *ipso facto*, prononcée par les lois canoniques,

1°. Contre ceux qui ont mis le feu à une église, ou à un autre bâtiment public ou particulier (1);

2°. Contre ceux qui ont volé avec effraction des choses sacrées, dans une église ou un monastère (2);

Ces deux premières excommunications ne sont réservées au Pape qu'autant que l'autorité ecclésiastique a dénoncé publiquement les coupables comme excommuniés;

3°. Contre ceux qui ont tué, mutilé ou frappé grièvement un Ecclésiastique, un Religieux ou une Religieuse, connus pour tels (3);

L'excommunication prononcée par ce canon est formellement exceptée de l'Indulgence introduite par la bulle de Martin V.

(1) Cap. *Tua nos*, de Sententiâ excommunicationis. — Can. *Pessimum*, 23, q. 8.

(2) Cap. *Conquesti*, de Sententiâ excommunicationis. — Voyez *Cabassut*, sur ces deux cas, liv. 5, chap. 16, n°. 20.

(3) *Si quis, suadente diabolo*, caus. 17, quæst. 4, can. 20. — La grièveté du crime ne se mesure pas seulement sur la blessure qu'on a faite à un Ecclésiastique, mais sur son âge, sa qualité, etc. Ainsi une injure qui pourrait paraître légère envers un jeune clerc, peut être regardée comme grave envers un Évêque. Voyez Cabassut, liv. 5, chap. 2, n°. 5 et suiv., et Ligori, liv. 7, n°. 278. Mais quand la blessure est légère par elle-même, quoique l'excommunication soit encourue, l'Évêque peut en absoudre. *Ibid.*

ad vitanda scandala ; en sorte que ceux qui auraient commis cette faute d'une manière notoire, supporteraient dès ce moment tous les effets de l'excommunication, comme s'ils avaient été formellement dénoncés. Mais en France cette exception n'est pas admise, et il faut une sentence qui dénonce nommément le coupable, pour que les Fidèles soient obligés de le fuir sous peine d'encourir l'excommunication mineure.

Ceux qui exercent le saint Ministère, doivent faire attention que ces trois excommunications ont été encourues bien souvent pendant la révolution.

4°. Contre ceux qui font la simonie réelle, par exemple ceux qui donnent de l'argent ou autre chose pour se faire ordonner, ou pour obtenir un bénéfice (1).

5°. Contre ceux qui ont fait une confidence pour obtenir un bénéfice, par exemple, ceux qui ont promis une pension, sans y être autorisés par les Supérieurs, à celui qui possédait le bénéfice, ou à toute autre personne (2).

Ces deux derniers cas sont peut-être plus communs qu'on ne pense ; à la cupidité, qui autrefois était le principe de ces sortes de fautes, se joint aujourd'hui l'ignorance des règles canoniques, ignorance qui ne peut excuser de péché, puisqu'elle est elle-même coupable dans un Ecclésiastique.

6°. Contre ceux qui fabriquent ou falsifient des brefs du Pape, et ceux qui en usent après en avoir reconnu la fausseté (3).

Il s'est commis quelques imprudences à cet égard vers le déclin de la persécution contre la Religion : par un zèle mal entendu, on a colporté des brefs qui n'étaient pas authentiques, sur le serment d'égalité et sur les promesses de fidélité.

7°. Contre tous ceux qui professent l'hérésie publiquement, soit parce qu'ils sont nés dans une secte séparée de l'Église, soit parce qu'ils se sont réunis à ceux qui la professent, soit même que, restant dans le sein de l'Église catholique, ils nient publiquement et sérieusement une vérité de foi, ou soutiennent comme vraie une erreur condamnée (4). Cette excommunication regarde aussi les Schismatiques.

8°. Contre ceux qui violent la clôture des monastères réguliers (5). Cette peine regarde les Religieuses cloîtrées qui font des vœux solennels, et qui s'échapperaient de leur couvent ; les

(1) Extrav. commun., liv. 5, tit. 2, de Simoniâ, *Cùm detestabile.* — Pie V, constit. 5, *Cùm primùm.* = (2) Pie V, const. 85, *Romanum Pontificem.* — Pie V, constit. 85, *Intolerabilis.* = (3) Cap. *Dura,* et cap. *Ad falsariorùm,* de Crimine falsi. = (4) Concil. Later. 4, *de Hæreticis.* = (5) Concil. Trid., sess. 25, cap. 5, *de Regularibus.*

hommes et les femmes qui entrent dans les couvents desdites Religieuses, sans y être autorisés par une permission de l'Évêque; les femmes et les filles qui entrent dans les monastères d'hommes, et enfin les Religieux et les Religieuses qui les laissent entrer (1).

9°. Contre ceux qui se battent en duel, et ceux qui leur servent de témoins (2).

10°. Contre ceux qui forcent les personnes du sexe à se faire Religieuses : les pères et mères ne sont pas exceptés (3).

11°. Contre ceux qui se rendent coupables de rapt, et contre ceux qui leur prêtent secours (4).

12°. Contre ceux qui forcent un Prêtre à célébrer dans un lieu interdit (5).

1°. Nous déclarons que les excommunications renfermées dans cette table sont encourues *par le seul fait*, non seulement par ceux qui commettent les crimes y énoncés, mais encore par ceux qui concourent efficacement avec ceux qui les commettent ; par exemple, en donnant aux coupables secours et conseils ; et par ceux qui n'empêchent pas le crime, quand ils sont tenus par justice de l'empêcher.

2°. Les six premières sont réservées au Souverain Pontife par le droit canonique ; et presque tous les Rituels et les ordonnances des Diocèses anciens et nouveaux de France font mention de cette réserve.

Il est vrai que, dans plusieurs Rituels et ordonnances, il n'est point parlé de l'excommunication ; mais c'est un principe reçu que les cas réservés au Souverain Pontife ne le sont qu'à cause des censures qui y sont attachées : c'est ce qui nous a déterminé à ranger ces cas à la suite de nos observations sur les censures.

3°. La notoriété de fait suffit pour que les 3e., 4e., 5e. et 6e. excommunications soient réservées au Pape (6).

4°. L'excommunication la plus usitée en France est celle qui se prononce en forme de monitoire, pour découvrir les auteurs d'un crime extraordinaire (7).

5°. Avant de commencer l'or-

---

(1) Pie V, constit. *Decori*, 1569. — *Idem*, Bulla *Regularium*. — Gregorius XIII, *Ubi gratia*. == (2) Concil. Trid., sess. 35, cap. 19. — Voyez *Conférences d'Angers*, juin 1712, quest. 4, vers la fin. == (3) Concil. Trid., sess. 25, cap. 18, *de Regularibus*. == (4) Concil. Trid., sess. 24, cap. 6, *de Reform. matrim.* == (5) Clément., *Gravis*, de Sententiâ excommunicationis. == (6) On trouve une discussion très-lumineuse sur la notoriété de fait, dans les *Conférences d'Angers*, t. 5, p. 81 et suiv. == (7) Voyez le tom. 3 du Rit., de Belley, tit. 3, sect. 2. On trouvera de longs et utiles détails dans les *Conférences d'Angers*, le *Rituel de Toulon*, et surtout dans l'excellent *Traité des Excommunications et des Monitoires*, par Eveillon.

dination, l'Évêque fait défendre par l'Archidiacre, sous peine d'excommunication, à tous ceux qui sont présens, d'approcher de l'ordination, s'ils sont irréguliers, interdits, suspens, illégitimes, infâmes ; s'ils sont d'un Diocèse étranger, et n'ont pas de dimissoire de leur Évêque ; s'ils n'ont pas été examinés, approuvés et appelés : il défend aussi à tous de sortir de la Messe avant que le Pontife ait donné la bénédiction. Il est essentiel d'observer que cette excommunication ne s'encourt pas *par le seul fait ;* elle n'est que comminatoire : mais il résulte toujours que la défense est en matière grave, et oblige rigoureusement.

Outre les excommunications que nous venons d'indiquer, on en trouve plusieurs autres dans les *Conférences d'Angers*, dans *Cabassut*, dans *Gibert*, dans *Collet*, et dans un grand nombre de Conciles, de Rituels et d'Ordonnances synodales, dont il est utile de prendre connaissance. Nous allons en citer quelques-unes, en faisant observer qu'elles ne peuvent être encourues que par une sentence expresse. Cette connaissance est propre à inspirer aux Fidèles plus d'éloignement pour les crimes auxquels elles sont attachées.

Il y a excommunication,

1°. Contre les faux monnayeurs (1) ;

2°. Contre les comédiens (2) ;

3°. Contre les devins et les magiciens (3). D'après plusieurs statuts, ceux qui ont recours à eux, encourent la même peine.

4°. Contre les Religieux qui administrent le Saint-Viatique, l'Extrême-Onction et le Mariage, sans l'autorisation de l'Évêque et du Curé (4) ;

5°. Contre ceux qui se séparent de leur femme, sans cause jugée suffisante par les supérieurs (5) ;

6°. Contre les incestueux et contre les adultères (6) ;

7°. Contre les Clercs qui font assigner un autre clerc devant les juges laïcs (7) ;

---

(1) Extravag. Joann. XXII, *Prodiens*, de Crimine falsi.

(2) Ier. Conc. d'Arl., l'an 314, can. 4 et 5. — 2e. Con. d'Arl., l'an 443, can. 20. — Concile *in trullo*, l'an 692, can. 51. — Can. *Pro dilectione* 95, dist. 2, *de Consecrat.* — Bossuet, t. 37, p. 522 et 560, édit. de Lebel. — Les comédiens étaient réputés infâmes chez les Romains et n'obtenaient aucune place. Guillon sur Tertulien, t. 3, 185 et 187.

(3) *Quod autem sortilegi*, caus. 26, qu. 5, can. 1 et suiv. — *Rituel de Paris* et plusieurs autres. — *Ordonn. synod. de Valence*, p. 384 ; — celles *de Bordeaux*, publiées par M. de Sourdis, p. 439 ; — celles *d'Aix*, p. 442.

(4) Clément, *Religiosè*, de privilegiis. — (5) Can. 1, q. 2, caus. 33. — (6) Can. 8 et 9, q. 2, caus. 35. — Can. 23, q. 5, caus 32. — (7) Const. Martini V, *Ad reprimendas insolentias.*

C'est une indécence révoltante qui scandalise les Fidèles et avilit le ministère ; on ne doit en venir à cette extrémité que lorsqu'on a épuisé tous les moyens de conciliation. Nous engageons tous les Prêtres qui ont des différens entre eux, à s'adresser à notre officialité pour les terminer. Bossuet, dans ses ordonnances synodales (1), avait défendu, sous peine de suspense encourue *ipso facto*, à tous les Curés de faire citer devant les tribunaux leur paroissiens en paiement de leurs droits curiaux : il est impossible de ne pas reconnaître la sagesse de ces deux mesures, que nous rappelons ici pour servir de direction ;

8°. Contre ceux qui envahissent les biens des hôpitaux, des monastères, des monts-de-piété, et autres destinés à des œuvres pies (2) ;

9°. Contre ceux qui interprètent les divines Écritures en un sens contraire à celui qui est approuvé par l'Église (3) ;

10°. Contre ceux qui donnent quelque chose pour obtenir du Saint-Siège une grâce ou une faveur, ou qui reçoivent quelque chose pour la procurer (4) ;

11°. Contre ceux qui se marient sans recevoir la bénediction nuptiale (5) ;

12°. L'excommunication la plus récente, et qui mérite une attention particulière, est celle qui fut portée contre les francs-maçons par Clément XII, en 1738, dans la bulle *In eminenti...*, et qui a été renouvelée par le sage et savant Benoit XIV, en 1751, dans la bulle *Providus.....* Les suites funestes qui ont été le fruit des sociétés secrètes, et qu'aucun homme sensé ne saurait aujourd'hui révoquer en doute, ont suffisamment justifié la sagesse de cette prévoyante mesure. Aussi a-t-elle été renouvelée par Pie VII, dans sa bulle en date du 13 septembre 1821, *Ecclesiam Jesu Christi...* (6) ; et en dernier lieu encore par Léon XII, dans sa bulle du 13 mars 1826, *Quò graviora....*

(1) *Statuts* et *Ordonn. synod.*, t. 7, p. 8, art. 5. = (2) Conc. Trid., sess. 22, cap. 11. = (3) Léon X, Bulle *Superna majestatis*. = (4) Grégoire XIII, dans ses Constit. = (5) Voyez le *Rituel de Paris*, tom. 3, p. 89, — les Conférences d'Angers, *sur le mariage*, Conférences de septembre 1724 ; — les *Odonn. synod. d'Aix*, p. 553 ; — celles *de Grenoble*, p. 470. = (6) On la trouvera toute entière dans l'*Ami de la Religion et du Roi*, tom. 29, page 257. Peu de temps après l'émission de cette bulle, on a vu plusieurs Souverains défendre aussi les sociétés secrètes, et sous des peines très-graves.

De la Suspense.

La suspense est une censure qui prive un Ecclésiastique, en tout ou en partie, pour un temps ou pour toujours, de l'exercice de son office, ou de son bénéfice (1). On distingue donc deux espèces de suspenses, savoir, *ab officio* et *à beneficio*.

La suspense *ab officio*, dépouille du droit d'exercer une ou plusieurs fonctions ecclésiastiques, soit d'ordre, soit de juridiction; mais celui qui est suspens, n'est point privé pour cela des biens spirituels qui lui sont communs avec les laïques, tels que l'entrée de l'église, la participation aux prières et l'usage des Sacremens.

La suspense *ab officio*, est quelquefois partielle, et ne porte que sur les fonctions de l'*ordre* ou sur celles de *juridiction*, ou même sur certaines fonctions de l'un ou de l'autre. Ainsi, un Curé suspens des saints ordres ne l'est pas pour cela de la juridiction (2). Par la même raison, la suspense de la *juridiction* n'emporte pas celle de l'*ordre*: la suspense d'un ordre supérieur, tel que le sacerdoce, n'emporte pas celle d'un ordre inférieur, tel que le diaconat.

La suspense peut aussi être restreinte à un lieu déterminé, en sorte que l'Ecclésiastique suspens conserve le droit d'exercer ses fonctions ailleurs: quelquefois elle est aussi bornée à un certain temps.

La suspense *à beneficio* ôte à l'Ecclésiastique la jouissance des fruits de son bénéfice et de tout ce qui en dépend: elle peut aussi être limitée pour le temps ou pour une partie des fruits.

Lorsqu'une action est défendue

(1) Dans le langage ordinaire, on ne distingue pas toujours assez l'interdit personnel de la suspense; il nous paraît utile de bien établir la différence qu'il y a entre ces deux censures. 1°. L'interdit peut être prononcé contre les laïques et les Ecclésiastiques, au lieu que la suspense ne peut se prononcer que contre les Ecclésiastiques; 2°. l'interdit prive de l'usage et de l'administration des Sacremens; la suspense prive les Ecclésiastiques du droit d'administrer les Sacremens, mais non du droit de les recevoir; 3°. un Prêtre suspens, peut et doit assister aux offices divins; un Prêtre interdit ne le peut pas; 4°. on peut donner la sépulture ecclésiastique à un Prêtre suspens dénoncé, au lieu qu'on ne peut la donner à celui qui est interdit dénoncé.

(2) La suspense prononcée par Pie VI, le 13 avril 1791, contre ceux qui avaient prêté le serment, était *ab ordine*; ainsi les anciens Curés assermentés conservaient toute leur juridiction. Cette remarque est très-essentielle pour décider certains cas relatifs à la révolution. Voyez le *Manuel des Missionnaires*, par M. Coste, intitulé aussi *Essai sur la conduite que peuvent se proposer de tenir les Prêtres appelés à exercer le saint ministère en France.*

sous peine de suspense sans restriction, la suspense est totale, et doit être considérée comme *ab officio* et *à beneficio*.

Quand la suspense est décernée pour un temps déterminé, elle cesse d'elle-même après le terme expiré, ou après l'accomplissement de la condition imposée par le supérieur. Quand la suspense est portée sans limitation de temps, elle ne peut être levée que par l'absolution.

Un Ecclésiastique tombe dans l'irrégularité toutes les fois qu'au mépris de la suspense d'un ordre sacré, prononcée contre lui, il exerce les fonctions de cet ordre.

Il y a beaucoup d'autres détails essentiels sur les suspenses, qu'on trouve dans les traités de théologie, et auxquels on ne fait pas assez d'attention; mais ce qui doit surtout réveiller la foi des Ecclésiastiques, ce sont les suites qui résultent d'une suspense encourue par eux. Dès l'instant qu'un Prêtre est atteint par cette censure, il ne peut plus exercer ses fonctions sans se rendre coupable d'un ensemble de sacriléges qui se renouvellent à chaque instant. Quelle situation que celle d'un Pasteur qui se trouve dans ce malheureux état! Quel fruit peut-il recueillir de ses peines et de ses exhortations? Comment inspirera-t-il la soumission à l'Église et aux supérieurs, tandis que lui-même est en pleine révolte? On se plaint de l'affaiblissement de la foi et de la stérilité du ministère évangélique, et on n'en cherche pas toujours la cause où elle est.

Table des Suspenses portées par le droit-canon.

Nous allons rappeler les principales suspenses *ipso facto*, qui sont prononcées par le droit et reconnues en France.

Il y a suspense encourue *ipso facto*,

1°. Par celui qui se fait ordonner sous-diacre sans titre clérical, ou avec un titre dont le revenu est moindre que ne l'exigent les ordonnances du Diocèse, à moins que l'Évêque ne lui accorde la dispense nécessaire en pareil cas. Même suspense si on reçoit le sous-diaconat avec un titre frauduleux (1). Quand on a reçu le Sous-Diaconat dans un des cas que nous venons d'exposer, on encourt une nouvelle suspense, si l'on reçoit une nou-

(1) Collet, *de censuris*, p. 2, cap. 2, art. 4, et les *Confér. d'Angers*, sur l'Ordre, 4e. confér., quest. 4, ne regardent la suspense comme encourue, que par ceux qui sont dans ce dernier cas: on peut s'en tenir à ce sentiment dans le Diocèse.

velle ordination sans titre, ou avec un titre vicieux.

Jusqu'à présent nous avons dispensé de l'obligation d'avoir un titre clérical; mais nous regardons comme nécessaire de la rappeler ici, et nous en parlerons encore en traitant du sacrement de l'Ordre.

2°. Par celui qui promet à la personne qui lui fournit un titre clérical, de ne pas en exiger le revenu (1).

On n'encourrait pas la suspense, si l'on promettait de ne rien demander, à moins qu'on ne fût dans un grave besoin.

3°. Par celui qui reçoit l'ordination, étant lié par l'excommunication (2); et cette suspense a lieu même envers les excommuniés tolérés.

4°. Par un Religieux qui reçoit l'ordination après avoir apostasié. Quoiqu'il soit rentré dans son couvent après l'ordination, et qu'il se soit soumis à la pénitence imposée par son supérieur, il est obligé d'obtenir l'absolution du Pape, pour exercer les fonctions de l'ordre qu'il a reçu pendant son apostasie (3).

5°. Par celui qui, étant marié, reçoit les saints Ordres sans le consentement de sa femme, qui doit elle-même faire vœu de chasteté perpétuelle (4).

6°. Par celui qui reçoit deux Ordres sacrés le même jour (5).

7°. Par celui qui reçoit les Ordres en vertu d'une simonie réelle: ainsi il encourt l'excommunication, comme nous l'avons dit plus haut, et en outre la suspense de l'ordre qu'il a reçu (6).

8°. Par celui qui reçoit furtivement les Ordres sacrés, c'est-à-dire, sans avoir été examiné et admis par son Évêque, ou par ceux qui sont chargés de sa part de choisir les ordinands (7).

9°. Par celui qui reçoit le Sous-Diaconat ou quelqu'un des Ordres supérieurs, avant l'âge requis par les saints canons. Quand on a encouru cette suspense, on n'en est pas délivré à l'époque où l'on a atteint l'âge, on ne l'est que par l'absolution du Pape (8): cependant elle peut être donnée par l'Évêque, quand on a atteint l'âge et que le délit est occulte (9).

10°. Par celui qui est ordonné *per saltum*, c'est-à-dire, qui reçoit un Ordre sans avoir reçu celui qui est inférieur. Cette suspense a lieu même pour n'avoir

---

(1) Décret. cap. *Si quis ordinaverit*, de Simoniâ. — (2) Cap. *Cùm illorum*, de Sentent. excommun. — (3) Cap. *Consultationi*, de Apostat. — (4) Extravag. Joann. XXII, tit. 6, de Voto, *Antiquæ*. — (5) Cap. *Litteras*, de Temp. ordinat. — Conc. de Trente, ch. 13, *de Reform.* — Ligori, liv. 6, n. 796. — (6) Extravag. commun., *Cùm detestabile*. — (7) Cap. *Veniens*, de eo qui furtivè ordinatur, cap. 5. — (8) Pius II. constit. *Cùm ex sacrorum*, n. 2. — (9) Ligori, liv. 6, n. 799; et Conc. de Trente, sess. 24, cap. 6, *de Reformat.*

pas reçu les ordres mineurs avant le Sous-Diaconat (1).

11°. Par celui qui reçoit l'ordination d'un Évêque étranger, sans dimissoire de son propre Évêque (2).

12°. Par celui qui, pendant la vacance du siége, et avant un an révolu, reçoit les Ordres sur le dimissoire des Vicaires-Généraux nommés par le Chapitre, à moins qu'ils n'aient été autorisés par le Pape à accorder des dimissoires (3).

13°. Par celui qui donne la bénédiction nuptiale à deux époux dont aucun n'est de sa paroisse, sans avoir obtenu le consentement de leur Curé (4).

Si les époux sont d'un diocèse différent du Curé qui a donné cette bénédiction illégale, c'est à l'Evêque des époux qu'il doit s'adresser pour obtenir l'absolution de la suspense qu'il a encourue.

14°. Par celui qui se fait ordonner *extra tempora*, sans dispense du Souverain-Pontife (5).

15°. Par celui qui, ayant commencé la sainte Messe, ne l'achève pas, sans raison grave (6). Il n'est cependant pas bien certain que cette suspense soit encourue *ipso facto* (7).

16°. Par celui qui célèbre la Messe et ne communie pas (8).

Ceux qui sont décrétés de prise de corps, et qui ne le sont pas en haine de la Religion, tombent sous la suspense, ou plutôt deviennent irréguliers, et ne peuvent exercer licitement aucune fonction, jusqu'à ce que le décret ait été purgé (9); et alors l'irrégularité cesse de plein droit.

De l'Interdit.

L'INTERDIT est une censure par laquelle l'Église défend l'usage des Sacremens, la célébration de l'Office Divin et la sépulture ecclésiastique, en tout, ou en partie, en punition de quelque crime. On divise l'interdit en local, personnel et mixte.

L'interdit local est celui qui tombe sur les lieux, comme, lors-

(1) Cap. *Litteras* de Clerico per saltum. === (2) Pius II, const. *Cùm ex sacrorum*, n. 2. — Cette suspense n'est réservé au Pape, que dans le cas où l'ordonné a exercé les fonctions de l'ordre ainsi reçu illégalement. === (3) Concil. Trid., sess. 7, cap 10, *de Reform.* === (4) Concil. Trid., sess. 24, cap. 1. *de Reform. matrim.* === (5) Pius II, const. *Cùm ex sacrorum*, n. 1 et 2. === (6) Cap. *Nullus Episcopus*, de Consecrat., dist. 1. === (7) Bailly, *de Ordine*, cap. 7, art. 2. === (8) Can. *Relatum*, ibid., dist. 2. === (9) Cette irrégularité n'est prononcé directement par aucune loi canonique: mais en France on regarde comme infâme celui qui est décrété de prise de corps, et l'infâmie est une irrégularité. Voyez *Mémoires du Clergé*, t. 1, 7. p. 846.

que l'Évêque défend de célébrer les Saints Mystères et l'Office Divin, et d'enterrer dans certaines églises ou cimetières.

L'interdit personnel est celui qui prive certaines personnes de l'usage des Sacremens, de l'assistance à l'Office Divin, et de la sépulture ecclésiastique.

L'interdit mixte renferme le local et le personnel.

On divise encore l'interdit en interdit général et en interdit spécial et particulier.

L'interdit général est celui par lequel tout un lieu, comme une ville ou un village, ou tous les habitans de ce lieu sont interdits.

L'interdit particulier est celui par lequel quelques endroits d'un lieu, comme quelques églises d'une ville, ou quelques personnes de ce lieu sont interdites.

On le peut aussi diviser en interdit qui dure toujours et celui qui n'est que pour un temps : ce temps est déterminé, ou ne l'est pas. Si le temps est déterminé, lorsqu'il est passé, l'interdit cesse sans qu'il soit besoin d'aucun jugement des supérieurs pour le lever ; si le temps n'est pas déterminé, et qu'il dépende de quelque condition, l'interdit cesse aussitôt que la condition, qui a été mise, a été accomplie ; par exemple, lorsque l'Évêque interdit une église jusqu'à ce qu'on ait fait certaines réparations, ou un cimetière jusqu'à ce qu'il soit fermé, l'interdit dure tant qu'on n'a pas rempli ces conditions, et il cesse lorsque les réparations sont faites, ou que le cimetière est fermé.

L'Église, ne voulant pas qu'aucun de ceux pour qui Jésus-Christ est mort, périsse, permet qu'on baptise les enfans dans le temps de l'interdit, et qu'on réconcilie les pécheurs qui ont recours à la Pénitence, pourvu qu'ils ne soient pas excommuniés publics, et qu'ils n'aient pas été dénoncés interdits : car, en ce cas on ne doit pas les recevoir même au sacrement de Pénitence, qu'ils n'aient satisfait à l'Église et obéi à ses ordres ; elle veut qu'on donne le Viatique aux moribonds réconciliés à Dieu et à l'Église, en leur administrant ce sacrement sans solennité, et en gardant toutefois la décence qui doit accompagner la sainteté de ces actions.

Elle permet aussi, dans un interdit général, d'assembler une fois le mois, ou une fois la semaine, le peuple qui est interdit, pour lui annoncer la parole de Dieu, et l'exciter au regret et à la réparation du mal pour lequel il a encouru cette peine.

Elle souffre pareillement que, dans l'interdit général, les Prêtres, qui n'ont pas encouru cette peine, célèbrent la Messe, une fois la semaine, dans les églises paroissiales interdites, pour consacrer le Corps de Jésus-Christ, et renouveler les Hosties qu'on doit garder pour le secours des malades, pourvu que cela se fasse à huis clos, sans sonner les cloches, et qu'on n'y laisse point entrer ceux qui ont encouru l'interdit.

La sentence d'interdit ne tombe que sur les personnes qui y sont exprimées, n'affecte d'autres lieux que ceux qui y sont désignés. Le Clergé n'est point compris, non plus que les églises, dans l'interdit porté contre le peuple. Si la sentence ne fait mention que des églises, le peuple n'est point interdit; et l'église n'est point soumise à l'interdit, quand le décret n'exprime que le cimetière ou quelqu'une des chapelles de l'église; mais l'interdit d'une ville en comprend tous les édifices, même les faubourgs, et l'interdit de l'église affecte pareillement les chapelles et le cimetière contigu.

Le Prêtre qui célèbre avec connaissance dans un lieu interdit, encourt *ipso facto* l'irrégularité.

Celui qui enterre dans un lieu saint une personne interdite dénoncée; qui enterre toute autre personne dans un lieu nommément interdit, ou qui donne la sépulture dans un lieu saint pendant un interdit général, est excommunié de plein droit.

Le Prêtre qui célèbre volontairement devant des personnes interdites dénoncées, devient *ipso facto* interdit de l'entrée de l'Église; c'est pourquoi, s'il s'aperçoit ou est averti qu'il y a dans l'église quelqu'une de ces personnes, il se comportera comme il est marqué au titre de l'excommunication.

Des Irrégularités.

On entend par irrégularité, un empêchement canonique qui rend un homme inhabile à être promu aux Ordres, ou à exercer les fonctions de ceux qu'il a reçus.

Un Confesseur doit savoir les principaux cas dans lesquels les irrégularités peuvent avoir lieu, et, dans le doute, il doit consulter l'Évêque.

On divise l'irrégularité en celle qui provient de quelque défaut, *ex defectu*, et celle qui est encourue pour un crime auquel elle est attachée, *ex delicto*.

Le premier des défauts d'où résulte l'irrégularité est celui de la naissance qui regarde ceux qui sont nés hors du légitime mariage.

Le second est le défaut d'esprit, qui comprend les insensés, les énergumènes ou possédés du malin esprit, les lunatiques, ceux qui sont atteints du mal caduc, les imbécilles et ceux qui sont tout-à-fait ignorans.

Le troisième est le défaut de

corps, qui consiste dans une difformité corporelle qui inspire de l'horreur ou du mépris, ou qui empêche qu'on ne puisse faire les fonctions des saints Ordres sans scandale, ou sans une indécence notable.

Le quatrième est le défaut de réputation, qui comprend ceux dont la vie a été scandaleuse, qui ont été condamnés à des peines infamantes, ou qui ont exercé des professions honteuses ; et généralement tous ceux qui sont réputés infâmes et exclus, pour ce sujet, de porter témoignage en justice. L'Église étend cet empêchement à ceux mêmes qui auraient subi une pénitence publique et solennelle.

Le cinquième est le défaut d'âge requis par les canons : cet âge, pour recevoir les saints Ordres, est maintenant de 22 ans commencés, pour le Sous-Diaconat, de 23 pour le Diaconat, et de 25 pour la Prêtrise. Le Pape seul peut dispenser de cet âge requis pour chaque ordre.

On regarde aussi comme irréguliers les néophytes, c'est-à-dire, ceux qui sont nouvellement baptisés, et qui ne sont pas encore bien confirmés dans la vie spirituelle.

Le sixième est le défaut de Sacrement, qui exclut de l'ordination celui qui a été marié deux fois; qui a épousé une veuve ou une femme qui notoirement n'était pas vierge lors de son mariage; qui ne s'est pas séparé de son épouse, après qu'elle a été convaincue d'adultère; ou qui l'a reçue, après l'avoir renvoyée pour cette cause; celui enfin qui aurait contracté un mariage de fait, après avoir reçu les Ordres sacrés, ou proféré les vœux solennels de Religion.

Le septième est le défaut d'obligation, c'est-à-dire qu'on ne peut ordonner ceux qui ont eu l'administration du bien public ou particulier, jusqu'à ce qu'ils en soient déchargés et qu'ils aient rendu leurs comptes.

Le huitième est le défaut de douceur, qui comprend tous ceux qui ont contribué efficacement et prochainement à la mort ou à la mutilation de quelque personne, quoiqu'avec justice, comme dans une guerre juste.

On n'encourt l'irrégularité pour aucun crime commis avant le baptême ; mais l'Église exclut de l'Ordination ceux qui, après avoir été baptisés, se sont rendus coupables de ceux qui suivent.

Le premier est la profession publique de l'hérésie, ou l'apostasie d'un Religieux qui renonce à son état.

Le second est l'homicide ou la mutilation volontaire et même casuelle, qui provient d'une action illicite, ou faute d'avoir apporté assez de précautions et de diligence pour éviter le péril. Il en est de même du crime de ceux qui procurent *abortum fœtus animati.* Cependant, celui qui tue un injuste aggresseur, ne devient pas irrégulier, s'il ne passe pas les bornes d'une juste défense et s'il n'a d'autres moyens de sauver sa vie.

Le troisième est l'infraction des censures ecclésiastiques : un Sous-Diacre, par exemple, qui exerce les fonctions de son Ordre, étant excommunié, suspens ou interdit, tombe dans l'irrégularité.

Le quatrième est la réception des Ordres furtivement, sans examen, sans être admis par l'Evêque, ou *per saltum ;* tel que serait le crime de celui qui recevraït l'Ordre de Prêtrise, avant que d'être Diacre. On encourt aussi l'irréguralité par l'exercice illicite des Ordres, en faisant avec solennité les fonctions d'un Ordre sacré qu'on n'a pas reçu, ou en célébrant dans une église interdite.

Le cinquième est la profanation du Sacrement de Baptême, qu'on commet, en le réitérant, ou en le recevant plusieurs fois.

L'irrégularité qui provient d'un défaut naturel, est levée sans dispense par la cessation du défaut qui la produit. Le défaut de naissance est purgé par la profession religieuse, avec cette réserve néanmoins que le Religieux né hors du mariage légitime, ne peut être élevé aux prélatures séculières ou régulières. Quand on a quelqu'un des défauts d'esprit, l'ignorance seule exceptée, on ne doit pas être promu aux Ordres, même après être guéri ; mais il est permis d'exercer les fonctions des Ordres qu'on aurait déjà reçus, après néanmoins que l'Évêque aura éprouvé, pendant un temps suffisant, si la guérison est véritable. Cette épreuve dont Nous Nous réservons ou à nos Vicaires-Généraux la connaissance, est absolument nécessaire.

En France, l'irrégularité encourue par la profession publique de l'hérésie, ne subsiste plus après l'absolution de l'Évêque.

L'Évêque peut dispenser ceux qui sont illégitimes, à l'effet de recevoir la Tonsure et les Ordres mineurs : l'Évêque peut pareillement dispenser de toutes les irrégularités qui naissent d'un crime occulte, excepté de celle qui provient de l'homicide volontaire, pour laquelle il faut recourir au Pape, comme pour toutes les irrégularités dont l'Évêque ne peut dispenser. C'est à l'Évêque à décider dans quels cas il est nécessaire de recourir au Pape.

L'irrégularité n'étant point une censure, le Jubilé ne donne aux Confesseurs aucun pouvoir d'en dispenser.

S'il arrive qu'un Prêtre de ce Diocèse reçoive du Pape ou de Nous une commission pour dispenser quelqu'un de l'irrégularité, il la suivra exactement, se gardant bien de passer les bornes de son pouvoir.

Si le Mandement ne prescrit aucune forme déterminée, il suivra celle qu'on trouvera ci-après dans l'ordre de l'administration du sacrement de Pénitence.

N. B. Nous donnons ici la liste des Cas réservés tant au Souverain Pontife qu'à Nous.

Tabula Casuum reservatorum

Summo Pontifici:

1. Simonia realis et confidentia.

2°. Exustio ædium sive sacrarum sive profanarum.

3°. Spoliatio sacrarum ædium cum effractione.

4°. Percussio atrox Clerici.

5°. Falsificatio Bullarum seu Litterarum summi Pontificis.

Nota. Supradicti casus, quandò difficilis est ad summum Pontificem recursus, aut quandò reus non est publicè denuntiatus, DD. Episcopo tantùm reservantur.

DD. Episcopo Ambianensi:

1°. Professio publica et pertinax hæresis aut schismatis.

2°. Apostasia à Religione christianâ, à sacris Ordinibus vel à Professione religiosâ.

3°. Profanatio cum impio abusu sacrosanctæ Eucharistiæ, chrismatis et olei sancti.

4°. Falsificatio Litterarum Episcopalium.

5°. Effractio, spoliatio, vel destructio voluntaria ædium sacrarum; item domorum profanarum, silvarum et segetum voluntaria exustio.

6°. Homicidium voluntarium.

7°. Monomachia seu Duellum propriè dictum.

8°. Abortus sive animati, sive inanimati, opere, consilio, vel auxilio procuratus.

9°. Percussio gravis Clerici in sacris ordinibus constituti.

10° Percussio criminosa patris vel matris, avi aut aviæ.

11°. Sodomia inter personas ejusdem sexûs.

12°. Horrendum bestialitatis crimen.

13°. Peccatum Confessarii sollicitantis pœnitentem ad turpia intra tribunal.

14°. Peccatum carnis, sive consummatum, sive non, cum Sacerdote, pro utrâque personâ.

15°. Peccatum Clerici in sacris Ordinibus constituti qui incurrit pœnam *Suspensionis ipso facto* latæ in Statutis Diœcesanis.

Des Vœux.

Les Confesseurs étant assez souvent consultés sur les vœux, on a cru devoir en faire un article séparé, pour les mettre en état de résoudre les difficultés qui peuvent leur être proposées sur ce sujet, et de conduire sûrement les personnes qui ont contracté ces saints engagemens.

Le vœu est une promesse délibérément faite à Dieu d'une bonne œuvre, à laquelle on n'était pas obligé, et d'ailleurs possible, comme d'un jeûne, d'une aumône, d'un pélerinage, ou de garder la pauvreté, la chasteté et l'obéissance.

On distingue deux espèces de vœux : les simples et les solennels. Le vœu solennel est celui qui se fait en recevant les Ordres sacrés, ou en faisant profession de Religion dans un Ordre approuvé par le Saint-Siège. Tout autre vœu, fait en public ou en particulier, est réputé vœu simple.

On est libre de ne pas faire de vœux ; mais quand on les a faits, on doit les tenir; et ce qui n'était, dans son principe, qu'une œuvre de pure dévotion ou de surérogation, devient, par la suite, d'une très-grave obligation. C'est pourquoi les Curés doivent avertir leurs paroissiens et plus particulièrement ceux dont la piété ne serait pas assez éclairée, de ne jamais faire de vœu, qu'après avoir pris l'avis des personnes prudentes et expérimentées, de peur que, s'étant engagés légèrement, ils ne se trouvent exposés à s'en repentir et à enfreindre leurs promesses.

Un vœu, fait par le motif d'une crainte grave et capable d'ébranler un homme constant, ne serait pas valide, si cette crainte provenait d'une cause libre et étrangère : ainsi, la profession d'une fille qui n'aurait fait des vœux solennels, que par crainte de son père qui la menaçait de la tuer, si elle ne se faisait Religieuse, serait nulle de plein droit ; il n'en serait pas de même, si la cause de la crainte était purement naturelle et intérieure : un malade qui, par la crainte de la mort, promettrait à Dieu de se faire Religieux, s'il revenait en santé, serait obligé d'accomplir son vœu après sa guérison.

Ceux qui sont en pouvoir d'autrui, ne peuvent s'engager par vœu, sans le consentement de ceux qui ont droit sur eux, lorsque l'accomplissement du vœu pourrait préjudicier à leur autorité ; ainsi une femme ne peut faire un vœu d'un long pélerinage, sans le consentement de son mari. Ces sortes de vœux n'obligent que conditionnellement, c'est-à-dire, supposé qu'ils soient ratifiés par les parties intéressées, qui sont en droit de les annuler, déclarant qu'elles s'y opposent.

Il est rare que les impubères aient le jugement assez formé pour faire des vœux qui obligent devant Dieu; cependant il peut arriver que l'usage de la raison soit assez parfait dans quelques-uns, pour leur permettre de s'engager avec la délibération nécessaire. Les Confesseurs ne doivent donc pas toujours regarder comme nuls les vœux faits à cet âge; mais ils pourront, s'ils ont un juste sujet de douter de la suffisance du discernement de ces impubères, les dispenser, pour plus grande sûreté; ce à quoi Nous les autorisons : et pour lors, en les déchargeant de l'obligation qu'ils avaient contractée, ils leur imposeront d'autres œuvres de charité, sans s'arrêter à une égalité rigoureuse de commutation, qu'il conviendrait d'observer dans un âge plus avancé.

Quant à ceux qui ont fait des vœux, ayant atteint l'âge de puberté, on ne doit pas facilement présumer qu'ils aient manqué de la délibération nécessaire pour s'engager. Il suffit, pour être assuré de la validité de leur vœu, qu'ils déclarent qu'ils l'ont fait avec connaissance et intention de s'obliger; et on doit les en croire, à moins qu'ils ne soient absolument imbécilles ou scrupuleux. Cependant si le Confesseur juge qu'ils n'aient pas assez mûrement réfléchi avant que de se déterminer à un engagement si important, ils les enverra aux supérieurs, qui pourront les dispenser plus facilement, à raison de la légèreté qui les a empêchés de prévoir toutes les conséquences de leur obligation.

Le Pape seul peut dispenser des vœux 1°. de chasteté perpétuelle; 2°. d'entrée en Religion; 3°. d'aller en pélerinage à Jérusalem, pour y secourir les Chrétiens; 4°. d'aller à Rome, pour visiter les tombeaux des Apôtres; 5°. d'aller à St.-Jacques de Compostelle : cependant l'Évêque peut en dispenser, lorsqu'il y a lieu de douter si le vœu a été fait avec la délibération nécessaire; quand il renferme une condition qui regarde l'avenir, et qui n'a pas été encore remplie. Il peut même, hors de ces cas, en dispenser tous ceux qui sont hors d'état de recourir à Rome, et généralement toutes les fois qu'il est besoin de dispenser promptement, pour empêcher le péché ou prévenir le scandale.

Il n'y a point d'autres vœux que ceux dont Nous venons de faire l'énumération, qui soient réservés au Pape. Le pouvoir de dispenser ou de commuer tous les autres, quels qu'ils soient, appartient de plein droit, et est réservé à l'Évêque. Les Confesseurs Nous renverront, ou à nos Vicaires-Généraux, les pénitens dont il serait à propos de dispenser ou de commuer les vœux, ou obtiendront les pouvoirs nécessaires à cet effet; et les ayant obtenus, ils observeront exactement ce qui leur sera prescrit.

Dans le Jubilé, les Confesseurs ne doivent user du pouvoir de commuer certains vœux, que lorsqu'il est exprimé nommément par la bulle; et en ce cas ils ne doivent faire cette commutation, que pour de justes causes, c'est-à-dire, en faveur de ceux qui se trouveraient légitimement empêchés de faire le bien qu'ils s'étaient proposé, ou du moins qui y éprouveraient de grandes difficultés. Pour lors, ils leur prescriront d'autres œuvres de piété, qui leur paraîtront être autant agréables à Dieu, ne les changeant en œuvres de moindre mérite, que lorsqu'ils croiront cette condescendence nécessaire.

Les Confesseurs qui trouveraient, dans leurs pénitens, des vœux réservés au Pape, dont il serait nécessaire de leur procurer la dispense, s'ils ont besoin d'éclaircissemens, s'adresseront à Nous ou à nos Vicaires-Généraux, sans faire connaître les personnes dont il s'agit, pour apprendre de quelle manière ils peuvent en obtenir le pouvoir.

De l'Approbation nécessaire au Confesseur.

Aucun Prêtre ne peut administrer le sacrement de Pénitence, sans être approuvé par l'Évêque. Pour satisfaire à cette condition, il ne suffit pas de se présenter à lui et de lui demander son approbation, il faut encore l'obtenir; et l'Évêque est en droit de ne l'accorder qu'après avoir examiné celui qui la demande, et de la limiter pour les lieux, les personnes, le temps et les cas qu'il juge à propos : il peut même la révoquer avant le temps expiré, pour des causes à lui connues et qu'il ne peut être tenu d'expliquer. Ce pouvoir des Évêques étant fondé sur le droit commun, le privilège et la possession immémoriale que ceux qui se disent exempts de leur juridiction, pourraient prétendre au contraire, sont abusifs et nuls; et, s'ils osaient s'en servir, ils se rendraient coupables de la profanation du Sacrement; ils abuseraient les pénitens par des absolutions nulles.

L'intention du 4me. concile de Latran, pour la confession annuelle ou Pascale, est bien manifeste sur le Confesseur qu'on doit choisir : il veut que l'on se confesse à son Curé, ou que l'on obtienne de lui la permission de se confesser à un autre Prêtre. Aujourd'hui néanmoins, de l'aveu de tous les Théologiens, sous le nom de propre Prêtre, on comprend aussi les Vicaires et tous les autres Prêtres approuvés qui sont dans la paroisse (1).

L'usage de demander la permission au Pasteur, pour aller se confesser hors de la paroisse, ne nous paraît pas suffisamment conservé dans le Diocèse, pour en faire une obligation générale et rigoureuse, et sous peine de nullité pour les confessions. Les Pasteurs ne doivent rien négliger pour instruire leurs paroissiens des dispositions qu'il faut apporter au tribunal de la pénitence, de l'inutilité et même du malheur qui résulte d'une confession faite sans ces dispositions ; mais ils doivent en même temps laisser à chacun la liberté de se choisir un Confesseur dans la paroisse, ou dans les paroisses voisines, sans désigner personne en particulier.

Il serait à désirer que les malades s'adressassent préférablement à leurs Pasteurs, pour recevoir les derniers Sacremens de ceux qui veillent pour le bien de leur âme, comme en devant rendre compte au jugement de Dieu. Cependant, comme il serait très-dangereux de gêner la conscience des Fidèles dans ces derniers momens, les Curés se rendront faciles à ceux qui voudront se confesser à d'autres. Mais aussi les Confesseurs qui seront appelés auprès des malades, se souviendront qu'il convient d'en donner avis aux Curés, afin de prendre avec eux toutes les mesures que la charité, la bienséance et la sollicitude pastorale peuvent exiger. Si les Curés et les Vicaires étaient absens, ou que le malade fût dans un danger pressant, le Confesseur les avertirait, après la confession du malade.

En général, les approbations données nommément pour une paroisse, selon l'usage, suffisent pour pouvoir absoudre les personnes qui se présentent de toute autre paroisse ; au contraire, celles données spécialement pour un monastère ne peuvent servir que pour le monastère en particulier. Il est défendu à ceux-mêmes qui sont approuvés généralement pour le Diocèse, de confesser les Religieuses, de quelque ordre et de quelque institut qu'elles soient, sans une permission spéciale et par écrit, obtenue de Nous ou de nos Vicaires-Généraux.

A l'égard toutefois des Religieuses, soit de notre Diocèse, soit d'un Diocèse étranger, qui, sorties de leur monastère avec la permission nécessaire, voudraient se confesser, Nous donnons pouvoir à tout Prêtre approuvé de

(1) Le Pape Benoit XIV traite cette question avec sa clarté et son érudition ordinaires, dans son ouvrage *De Sinodo diœcesanâ*, lib. 11, ch. 14 ; il la décide dans le même sens, en ajoutant que l'obligation de communier dans sa paroisse reste toujours la même.

Nous, quoiqu'il ne le soit pas spécialement pour les Religieuses, de les entendre et de les absoudre.

Les Vicaires ou autres Prêtres dont l'approbation sera limitée pour un temps, se garderont bien de l'étendre au-delà du terme marqué, se souvenant qu'en matière d'absolution, il n'y a pas de plus grand défaut que de manquer de pouvoir; et que la présomption de l'intention du supérieur qui a donné le pouvoir d'absoudre, et la bonne foi tant du Confesseur que du pénitent, ne pourraient valider une absolution donnée sans un pouvoir réel, ou en vertu d'une approbation dont le terme serait expiré.

Quoique les Curés ne puissent confesser que leurs seuls paroissiens, la confiance néanmoins que Nous avons en eux, Nous engage à déclarer que Nous les approuvons tous, tandis qu'ils seront Curés, pour prêcher et confesser dans l'étendue du Diocèse, du consentement des supérieurs des lieux, aux clauses et conditions portées par les approbations qui sont données aux autres Confesseurs, savoir : qu'ils ne pourront confesser aucune Religieuse, ni absoudre des cas réservés, sans une permission spéciale et par écrit. Mais, comme cette faculté n'est accordée que par pure grâce aux Curés du Diocèse, Nous nous réservons, suivant le droit, la faculté de révoquer, restreindre, ou modifier ce pouvoir comme nous le jugerons à propos et convenable au bien des âmes, sans être obligé d'en déclarer aucune cause. Nous accordons aussi le même pouvoir à leurs Vicaires.

Un Curé qui voudrait confesser son paroissien en public dans un autre Diocèse, doit en avoir le consentement de l'Évêque ou du Curé du lieu, afin d'ôter tout sujet de scandale : ce qui ne serait pas nécessaire, si la Confession se faisait d'une manière absolument secrète.

Des autres qualités nécessaires au Confesseur.

Le Confesseur est particulièrement obligé de se conserver ou de se renouveler dans l'état de grâce, autrement il commettrait des sacrilèges, en donnant l'absolution en état de péché mortel. Il doit de plus, pour exercer avec fruit son ministère, être animé d'un saint zèle pour la gloire de Dieu et le salut des âmes; se défier de ses propres lumières; avoir une chasteté éprouvée, une patience infatigable, un grand usage de la prière; joindre ensemble la douceur et fermeté, pour gagner les pénitens et ne les pas flatter dans leurs désordres, évitant d'une part une sévérité outrée, et se donnant bien de garde, de l'autre, d'embrasser les opinions relâchées, et de trahir jamais son ministère par une lâche complaisance; il doit avoir une grande horreur du péché, pour l'inspirer à tous ceux qui se présenteront à lui dans le sacré tribunal.

Lorsqu'il est appelé pour confesser quelqu'un, sa charité doit le rendre prompt et facile pour aller l'entendre, et son zèle l'oblige à exercer son ministère également envers tous, sans préférence d'âge, de condition ni de sexe, sans respect humain et sans complaisance. Il doit recevoir, avec démonstration d'amitié et de joie, les plus grossiers, ouvrir des entrailles de compassion envers tous les pénitens, et encourager, par sa douceur, les plus timides, à lui découvrir avec confiance leurs péchés les plus énormes. Il doit surtout pratiquer toutes ces règles, à l'égard des pécheurs invétérés, qui depuis long-temps n'ont pas approché des Sacremens, sans jamais, sous ce prétexte, ni les rebuter en aucune manière, ni refuser de les entendre quand ils le désirent : lequel refus arrive malheureusement peut-être quelquefois, et n'en doit pas moins être regardé comme un grand péché dans l'exercice du ministere.

Il doit avoir la science requise, et, pour cela, connaître l'étendue de ses devoirs et de ses obligations; savoir ce qui est péché et ce qui ne l'est pas; les péchés qui sont mortels de leur nature, et ceux qui ne sont que véniels; quand les péchés sont différens en nombre ou en espèce, et les circonstances qu'il faut déclarer; quand il y a obligation de restituer ou de réparer le tort fait à la réputation du prochain; quels sont les cas réservés; ceux auxquels il y a censure ou irrégularité attachée; les remèdes propres qu'il faut prescrire au pénitent, pour guérir ses péchés, détruire ses mauvaises habitudes et éviter les occasions; en un mot, il faut qu'il soit en état de décider par lui-même les cas les plus ordinaires qui arrivent dans les confessions qu'il entend, et qu'il sache prudemment douter, pour consulter à propos des personnes habiles. Cette science s'acquiert par la lecture fréquente de l'Écriture sainte, des saints Pères, des saints Canons et des Statuts du Diocèse, par l'étude des auteurs approuvés qui traitent des cas de conscience, et par les bons avis des hommes doctes et pieux.

Un Confesseur a besoin de beaucoup de prudence et de discrétion, soit pour faire les interrogations convenables, et s'instruire des dispositions du pénitent; soit pour lui imposer une pénitence salutaire, et lui prescrire à propos les remèdes pour ne plus retomber dans ses fautes; soit pour accorder, différer ou refuser l'absolution, en ménageant tout ensemble l'honneur du Sacrement et le salut du pénitent. Pour cet effet, il doit demander à Dieu cette sagesse divine qui préside à ses conseils, lui adressant, avec une humble et ferme confiance, cette prière qu'elle a elle-même enseignée : *Da mihi sedium tuarum assistricem Sapientiam; ut mecum sit et mecum laboret; ut sciam quid acceptum sit apud te, et disponam populum tuum justè.* (Sapient. 9.)

Du Sceau de la Confession.

On entend par ce sceau, le secret que les Prêtres doivent garder sur tout ce que les Fidèles leur ont déclaré, en confessant leurs péchés.

Le Confesseur est obligé, par toutes sortes de droits, naturel, divin et humain, et, dès ce monde même, sous les peine les plus rigoureuses, de tenir ce secet inviolable ; il n'y a dans le monde aucune raison qui puisse l'en dispenser ; et, dût-il exposer sa propre vie, il ne pourrait en aucun cas le violer, ni faire connaître directement ni indirectement, par paroles, par signe ou par aucune autre voie, les péchés ni aucune des circonstances dont le pénitent s'est accusé.

Pour ne point s'exposer à transgresser un devoir si essentiel, il doit être très-réservé dans ses discours, ne s'entretenant jamais de confession, ni de ce qu'il y aura entendu. Lorsqu'il aura besoin de prendre conseil, il s'adressera à des personnes prudentes et éclairées, ne proposant les difficultés, que sous des noms généraux et inconnus, en sorte qu'on ne puisse juger ou soupçonner la personne qui aura confessé le péché. Si le cas était tellement singulier, qu'il ne fût pas possible de consulter, sans caractériser, en quelque sorte, le pénitent, il ne pourrait s'en expliquer, à moins que le pénitent ne lui en eût donné expressément la permission.

On ne peut se servir de la connaissance qui provient de la confession, au préjudice du pénitent, et en faire usage pour l'empêcher d'obtenir une charge ou une administration dont on le saurait indigne, quand même l'opposition qu'on y mettrait, serait secrète et incapable de faire connaître aux autres son péché ; encore moins pourrait-on lui refuser, même en secret, la communion ou la bénédiction nuptial, pour un crime ou pour un empêchement qu'on ne connaîtrait que par cette voie.

Le Confesseur peut parler au pénitent, dans le tribunal, de ses confessions passées, avec discrétion néanmoins, ne les lui rappelant que pour lui donner des avis salutaires, ou l'engager à réparer des défauts qui auraient pu les rendre imparfaites. Hors de là, il ne lui est pas permis de le faire, si le pénitent n'y a expressément consenti; et il ne doit demander ce consentement, que pour des causes très-graves, et lorsqu'il aura l'assurance qu'il sera donné sans répugnance.

Lorsqu'il sera besoin de donner au pénitent un certificat de confession, on se servira de la formule suivante, sans jamais y rien ajouter qui puisse même faire conjecturer s'il a reçu ou non l'absolution : *Je certifie que* N. *s'est confessé à moi Prêtre soussigné, cejourd'hui.* . . . . .

Si quelqu'un était assez impie ou téméraire pour interroger un Prêtre sur la confession de son pénitent, sur un crime dont il serait soupçonné, ou sur la conduite qu'il aurait tenue envers lui pour l'absolution, il devrait répondre simplement qu'une telle demande n'est pas chrétienne; ou qu'il a fait son devoir; qu'il ne sait rien de tout ce qui se dit dans la confession.

Ce secret ne regarde pas seulement les Prêtres, mais encore ceux qui ont entendu le pénitent, pendant qu'il se confessait, qui ont lu sa confession écrite, ou qui savent un fait par quelque voie qui ait rapport à la Confession sacramentelle.

La nécessité indispensable de ce secret oblige d'ajouter un avis important pour la conduite des Prêtres chargés d'un si saint ministère. L'ivrognerie est un vice indigne de l'homme, et plus encore du chrétien; elle est détestable dans un Prêtre: mais quelle qualification assez odieuse pourrait-on lui donner, si elle se rencontrait dans un Confesseur, puisqu'elle l'exposerait perpétuellement à violer un devoir si essentiel? *Nullum secretum est, ubi regnat ebrietas.* (Prov. 3. 4.)

Si un Prêtre était assigné, et avait prêté serment, par devant le juge, de dire la vérité sur un fait qu'il saurait effectivement, mais qu'il n'aurait appris que par la confession du coupable ou de tout autre pénitent qui lui en aurait parlé au tribunal, il peut et doit répondre qu'il n'a rien absolument à dire, qu'il ne sait rien.

De l'Absolution.

C'est particulièrement ici que les Prêtres ont besoin d'une prudence toute céleste, pour user de la double puissance que Jésus-Christ leur a donnée de lier et de délier, de retenir les péchés et de les remettre; et pour garder un si juste milieu, suivant les maximes d'un ancien Concile romain, que les méchans ne puissent se louer de l'excès de leur facilité, et que ceux qui sont vraiment pénitens ne puissent se plaindre d'une trop grande sévérité.

On ne pourrait donc approuver la dureté immodérée de ceux qui, pour toutes sortes de péchés, différeraient l'absolution, lors même que les pénitens seraient suffisamment disposés; qui les rebuteraient par un délai également imprudent et injuste; qui regarderaient comme un ordre de Jésus-Christ et comme une obligation fondée sur la nature du péché et de la pénitence, la pratique de faire toujours accomplir en tout ou en partie la satisfaction avant l'absolution. Mais on ne doit pas moins éviter la trop grande facilité de ceux qui se feraient une loi d'absoudre presque indifféremment tous les pécheurs qu'ils entendraient et qui par là favoriseraient les rechutes, et tueraient les âmes au lieu de les guérir de leurs plaies.

Voici les principaux cas dans lesquels on doit refuser ou différer l'absolution, conformément aux règles que Saint Charles prescrit dans les instructions aux Confesseurs.

1°. A ceux qui ignorent les principaux mystères de la Foi, les commandemens de Dieu et de l'Église, les dispositions nécessaires pour s'approcher dignement des Sacremens, ou qui ne sont point suffisamment instruits de la Religion, suivant leur obligation et leur capacité, et ne sont pas disposés à s'en instruire au plus tôt. S'ils promettent d'apporter les soins nécessaires pour s'en faire instruire, le Confesseur examinera s'ils n'ont point fait par le passé une semblable promesse sur les avis de leur Curé ou d'un autre Confesseur, et reconnaissant qu'elle n'a point été accomplie, il différera de les absoudre, jusqu'à ce qu'ils se soient mis en devoir de satisfaire à cette obligation; mais, s'ils n'en ont jamais été avertis, il pourra leur donner l'absolution sur leurs promesses, pourvu qu'ils sachent les articles essentiels et absolument nécessaires (1).

Il sera facile de faire l'application de cette règle à ceux qui ignorent les devoirs de leur état, ou qui négligent de veiller à l'instruction de ceux dont ils sont chargés (2).

(1) *Ubi ergò pœnitens hæc ignoraverit, si quamprimùm ad ea discendum non acquieverit, absolvi non debet; immò si ad ea discenda se dispositum significaverit, interrogandum nùm aliàs de eâ negligentiâ à Confessore sive ipse sit, sive alius aut Pastor, monitus fuerit; siquidem pro modulo diligentiam ad hoc non adhibuerit, tamdiù illi absolutio differatur, donec huic officio pœnitens satisfecerit. Quòd si nondùm monitus fuerit, absolvatur quidem; sed de suprà dictis, ut poterit, instituatur.* Inst. S. Caroli ad Confess. Act. Eccl. Mediol.

(2) *Si in his casibus pro officio non satisfaciant, nec de hactenùs habitâ circa*

2°. A ceux qui conservent des haines et des inimitiés; qui refusent de pardonner et de se réconcilier ; ou qui, ayant déjà promis de le faire, n'ont pas tenu leur promesse.

3°. A ceux qui ont causé quelque tort au prochain, en son bien ou en son honneur, et qui ne veulent pas le réparer selon leur pouvoir. Cependant il n'est pas nécessaire d'exiger avant l'absolution une réparation actuelle, il suffit que le pénitent la promette, si ce n'est qu'en ayant déjà fait une promesse, il eût négligé de l'accomplir.

4°. Aux pécheurs publics, jusqu'à ce qu'ils aient réparé par une satisfaction convenable, le scandale qu'ils ont donné : ce n'est pas assez pour eux d'une promesse, il faut une réparation actuelle.

5°. A ceux qui sont dans l'habitude du péché mortel, jusqu'à ce qu'ils aient donné des preuves et des marques véritables de leur amendement. On entend par cette habitude l'état d'un homme qui, pour avoir plus ou moins réitéré les actes d'un péché mortel, éprouve un malheureux penchant qui l'y entraîne, et a contracté une funeste difficulté à s'en abstenir.

Cependant, si le Confesseur reconnaît que le pénitent qui est dans cet état, n'ait point encore été averti de l'obligation où il était de quitter le péché, et qu'on ne lui en ait point donné les moyens, il les lui enseignera ; et s'il promet de les pratiquer et que ses promesses paraissent sincères, il pourra l'absoudre une ou deux fois. Mais, si après avoir été déjà instruit par un autre Confesseur, il est retombé dans les mêmes péchés sans amendement, il lui diffèrera l'absolution (*Vide quæ suprà cit. ex S. Carolo*).

On doit excepter de cette règle les pécheurs dont les habitudes sont tellement fortes ou invétérées, que le Confesseur a lieu de juger probablement qu'ils ne quitteront pas le péché, quelque promesse qu'ils en puissent faire : telle est, dit St. Charles (1), l'habitude de certains

---

familiæ suæ curam in suprà dictis negligentiâ emendentur, non absolvantur ; quòd si id se acturos polliceantur. nondùm scilicet à Confessore de his moniti, poterunt absolvi ; sed si sæpiùs moniti, nullatenùs emendati fuerint, proroganda eis erit absolutio, donec emendationis argumenta sincerè dederint. Ibid.

(1) *Proroganda adhuc absolutio, donec hi emendentur. qui, licèt se peccatum dimissuros polliceantur, ab illo tamen non separandos Confessor suspicetur ; ut sunt ii, et præsertìm juvenes otiosi, qui solent majoris temporis parte aleis, crapulis, amoribus, peccatis carnalibus, blasphemiis, inhonestis conversationibus, dissentionibus, odiis et detractionibus vacare..... aut qui à multis annis in iisdem peccatis perseverârunt, nec, ut emendarentur, laborârunt.* Ibid. et in aliâ Instit 12. 4.

jeunes gens oisifs qui passent la plus grande partie du temps dans le jeu et la bonne chère, et sont ordinairement engagés en des amitiés charnelles et des péchés d'impureté, dans les blasphêmes, les paroles déshonnêtes, les haines et les médisances; tels sont aussi ceux qui ont persévéré pendant beaucoup d'années, et sont souvent retombés dans les mêmes péchés, sans avoir eu soin de se corriger. Alors on doit différer ces personnes dès la première fois qu'elles se présentent, jusqu'à ce qu'on remarque en elles un véritable amendement.

Il n'est pas facile de fixer le temps que doit durer ce délai; c'est à la prudence du Confesseur à en juger par la nature du péché, par la force et la durée de l'habitude, par l'occurrence des occasions plus ou moins fréquentes, et surtout par la ferveur du pénitent et le soin qu'il apporte à résister aux tentations, à éviter les occasions, à pratiquer la pénitence et à mettre en usage les moyens qui lui sont prescrits.

6°. A ceux qui sont dans l'occasion prochaine du péché mortel.

On entend par occasion prochaine du péché, toutes les circonstances qui le causent ordinairement.

On distingue deux sortes d'occasions prochaines du péché: les unes y portent par elles-mêmes et de leur nature, comme les professions des comédiens, farceurs etc.; avoir chez soi la personne avec laquelle on pèche ordinairement; lire ou garder de mauvais livres; avoir des peintures lascives; fréquenter des libertins; etc. Les autres ne portent au péché qu'à raison de la faiblesse ou mauvaise disposition de certaines personnes qui s'y trouvent exposées à un péril probable de chute, quoique ces occasions soient bonnes ou du moins indifférentes d'elles-mêmes: telles sont pour plusieurs les emplois de justice et de finance, le trafic, le jeu, etc.

Il est hors de doute qu'on ne peut absoudre ceux qui exercent des professions mauvaises de leur nature, jusqu'à ce qu'ils y aient renoncé. Quant aux autres occasions du premier genre, on ne peut absoudre le pénitent, lorsque l'occasion est présente, jusqu'à ce qu'il l'ait effectivement quittée; mais si elle ne lui est présente qu'autant qu'il s'y expose, si, par exemple, il s'agit de lecture de mauvais livres, de fréquentations de mauvaises compagnies, etc., le Confesseur suivra à son égard, pour l'absolution, la règle prescrite ci-dessus pour les cas d'habitude (1).

(1) *Occasiones porrò illæ quæ ex naturâ suâ ad peccatum inducunt, sunt..... qui domi retinent aut suo nomine aut quovis alio modo mulierem cum quâ peccatur,*

Il peut néanmoins arriver que le pénitent ne puisse se retirer de l'occasion même présente, sans s'exposer à un grand péril, ou sans scandale; alors le Confesseur lui prescrira les préservatifs qu'il jugera les plus convenables, lui défendant, par exemple, de se trouver seul avec cette personne, autant que faire se pourra; lui ordonnant certaines prières, quelque mortification de la chair, surtout de faire des confessions fréquentes dont il lui fixera le temps; et cependant il différera de lui donner l'absolution, jusqu'à ce qu'il voie des preuves d'un véritable amendement. Si cependant il ne peut le différer sans le mettre en danger d'infâmie, et si d'ailleurs il découvre en lui des marques extraordinaires d'une sincère douleur, et un grand empressement à recevoir les remèdes nécessaires pour se soutenir contre l'occasion, il pourra, dit Saint Charles (1), après les lui avoir indiqués et prescrits, l'absoudre pour cette fois. Le même Saint décide que, si après cette diligence du Confesseur actuel ou d'un autre avant lui, le pénitent ne s'est point corrigé, on ne doit pas lui donner l'absolution, jusqu'à ce qu'il se soit effectivement séparé de l'occasion.

A l'égard des occasions du second genre, le Confesseur observera ce qui a été marqué pour les péchés d'habitude; et, si après avoir prescrit aux pénitens les moyens nécessaires pour se soutenir contre les occasions, il ne reconnaît en eux aucun amendement, il les obligera, par le

aut qui colloquiis minùs honestis, aspectibus amorisque impudici significationibus vacant : pœnitentem ergò in aliquâ ex his occasionibus versantem, aut similibus, si urgens sit illa occasio, ut qui concubinam, v. g., aleret, non debet sine dubio Confessor absolvere, nisi hanc occasionem anteà sustulerit. Pro aliis verò occasionibus, quales sunt aspectus minùs pudici, colloquia, gestus..... non absolvatur, nisi eas dimittere pœnitens polliceatur; quòd si jàm aliàs id pollicitus sit, nec emendatus fuerit, absolutio tamdiù differatur, donec emendationem agnoverit. In 1. Inst. ut suprà.

(1) *Et quia potest contingere ut pœnitens cum his omnibus modis à Confessore propositis occasionem non possit dimittere sine periculo aut scandalo, debent hæc adhibere remedia : primò differatur absolutio, donec emendationis signa dederit : quòd si indè infamiæ periculum pœnitenti acciderit, et Confessor talia in eo contritionis signa perspexerit, debitamque ad excipienda remedia emendationi suæ necessaria dispositionem observaverit, debent proponi alia magìs opportuna, ut, v. g., solus talem mulierem nunquàm alloquatur, ut orationes aliquas agat, corpus asperiùs habeat, et imprimìs pro frequenti confessione Confessorem adeat, aliisque ejusmodi polliceatur uti præservativis; tunc poterit absolvi : quòd si tamen hâc jàm habitâ aut à se, aut ab alio Confessore diligentiâ, non emendatus pœnitens fuerit, non absolvatur, donec occasio illa sublata fuerit.* In 1. Instruc. ut suprà.

refus de l'absolution, de s'en séparer (1).

Si le pénitent s'excusait sur des raisons de bienséance, de nécessité, de besoin, pour ne pas quitter l'occasion du péché, il faudrait lui représenter qu'il vaudrait beaucoup mieux manquer de tout et faire son salut, que de vivre dans les commodités de ce monde, et être éternellement malheureux dans l'autre; que celui qui aime le péril et s'y expose, y périra; lui inculquer avec force ces paroles de Jésus-Christ (en Saint Marc, chap. 9.) : *Si votre pied, votre main ou votre œil vous sont une occasion de péché, coupez-les, arrachez-les et jetez-les loin de vous ;* pour nous apprendre qu'il faut nous séparer de tout ce qui nous porte à offenser Dieu, quand il nous serait aussi cher et aussi nécessaire que l'œil, la main et le pied; et le Confesseur doit demeurer ferme à refuser l'absolution, jusqu'à ce que le pénitent ait quitté l'occasion.

On doit enfin refuser l'absolution à tous ceux qu'on ne juge pas bien disposés par défaut de contrition; qui n'ont pas donné le temps et l'attention nécessaires pour s'examiner; dont la confession ne paraît pas sincère, ou qui refusent d'accepter une pénitence salutaire et proportionnée aux péchés dont ils s'accusent.

Si le pénitent se présente sans un examen suffisant, le Confesseur examinera si ce défaut d'examen provient de sa négligence, et pour lors il lui représentera l'obligation où il est de donner le temps et l'attention nécessaires à une action si importante, et le renverra pour s'en acquitter. Mais, si ce défaut n'a d'autre cause que l'incapacité et la grossièreté du pénitent, il tâchera de l'aider, l'excitant à la contrition, et lui apprenant à examiner sa conscience; puis il lui donnera quelque temps pour réfléchir sur ce qu'il lui aura dit et se préparer.

Lorsque le Confesseur se croira obligé de différer l'absolution au pénitent, il lui représentera avec douceur, que le zèle de son salut l'oblige d'en user de la sorte; il lui prescrira une pénitence et des remèdes convenables; lui marquera le temps

(1) *Peccatorum mortalium occasiones quæ tales habentur non nisi ex personæ infirmitate, sunt eæ res quæ, licèt in se licitæ sint, prudenter tamen judicatur pœnitentem earum usu in eadem peccata relapsurum, si in iis, ut anteà, ampliùs immoretur. Quòd si Confessori visum fuerit ex primâ aut secundâ pœnitentis pollicitatione et non ampliùs, ipsum occasionem hanc dimissurum, poterit eum absolvere; absolutionem autem differat, si promissis non steterit, donec amandatam omninò fuisse hanc occasionem agnoverit.* Ibid.

auquel il doit revenir, qui ne doit pas être trop éloigné ; et de crainte que les assistans ne s'apperçoivent du refus ou du délai, il récitera sur lui quelque prière, comme *Misereatur* et *Indulgentiam*, en lui donnant la Bénédiction.

De la Contrition.

La Contrition est une douleur et une détestation du péché commis, avec une ferme résolution de n'y plus retomber. Cette disposition est d'une nécessité indispensable pour le pénitent : jamais il ne peut être absous, s'il n'a le cœur touché d'un véritable regret d'avoir offensé Dieu, et s'il n'est bien résolu de s'abstenir du péché et d'en éviter les occasions.

La nécessité de cette Contrition ne regarde pas moins le Confesseur, puisqu'il est chargé par son ministère, de procurer, autant qu'il est en lui, la validité du Sacrement et d'en assurer l'effet. C'est pourquoi il aura soin de s'instruire suffisamment de la doctrine de l'Église sur cette matière importante, et de proposer à son pénitent, de la manière la plus touchante qu'il lui sera possible, les motifs propres à lui faire concevoir ces sentimens de douleur et de componction.

Pour y parvenir, il imitera la conduite de Dieu qui commence ordinairement par la crainte, afin d'introduire ensuite son amour dans les cœurs. Ainsi il effraiera d'abord le pécheur par la vue des jugemens de Dieu et des peines de l'enfer ; puis il lui exposera les grands avantages dont le péché l'a dépouillé, la grâce et l'amitié de Dieu, l'adoption de ses enfans, le droit à son héritage qu'il a perdu pour un plaisir d'un moment, une fumée d'honneur, un vil intérêt. Enfin il lui représentera l'injure qu'il a faite à un Dieu infiniment aimable, les richesses de sa bonté, de sa patience et de sa longue tolérance méprisées ; le sang de Jésus-Christ profané, et sa passion renouvelée par ses crimes. Si le pénitent était insensible à des motifs si pressans, il faudrait lui différer l'absolution, lui ordonnant de demander souvent à Dieu la contrition, de faire quelque bonne œuvre pour l'obtenir, et d'employer tous les jours quelque temps à repasser dans son esprit les motifs capables de l'exciter.

Pour s'assurer de la contrition du pénitent, il ne faut pas s'arrêter à ses paroles, ni même à ses larmes et à ses soupirs ; ces marques sont équivoques, provenant quelquefois d'une tendresse de tempérament, d'une honte naturelle, ou du respect humain. Il faut examiner si c'est l'esprit de Dieu et des motifs surnaturels qui le touchent; s'il ne s'approche point du tribunal de la Pénitence par coutume ou par nécessité; s'il a pris du temps pour s'exciter à la contrition; s'il l'a demandée à Dieu; s'il a une ferme résolution et un vrai désir de changer de vie et de quitter les occasions du péché; s'il reçoit volontiers la pénitence et les avis qu'on lui donne; s'il déclare ses fautes avec humilité; s'il ne les excuse ou ne les dissimule point; s'il déteste de tout son cœur tous les péchés mortels, sans en excepter un seul; s'il est disposé à perdre à l'avenir tout ce qu'il a de plus cher, plutôt que de commettre le péché, qu'il doit haïr plus que tous les maux du monde. On doit tenir pour suspecte la douleur de ceux qui se confessent presque sans aucune préparation, qui se présentent au sacré tribunal avec hauteur, qui témoignent de l'indignation quand le Confesseur veut connaître l'état de leur conscience, qui contestent avec lui, et qui racontent leurs péchés comme des choses indifférentes.

Il est important à ce sujet que le Confesseur soit instruit de la conduite qu'il doit tenir à l'égard d'un malade qui a perdu la parole et ne peut donner aucune marque de contrition, ni même se confesser. Le quatrième concile de Carthage, canon 76, et celui d'Orange, canon 12, décident qu'on doit l'absoudre, s'il a demandé à se confesser avant de tomber dans cet état, ou s'il en témoigne le désirer par quelque signe. A l'égard de ceux qui ne l'auraient pas demandé et ne pourraient exprimer leur désir par aucun signe certain, s'ils ont paru vivre chrétiennement, ou si du moins il n'y a aucune raison suffisante de les juger actuellement impénitens, comme ceux qui sont surpris dans l'acte du crime, les Confesseurs peuvent en toute sûreté de conscience, jusqu'à ce que l'Église en ait autrement décidé, suivre l'opinion (1) des Théologiens qui pensent qu'on peut leur accorder l'absolution; et comme cette opinion Nous paraît la plus probable et la plus avantageuse au salut des âmes, Nous désirons qu'on s'y conforme dans la pratique, en faisant précéder toutefois l'absolution, d'une formule de confession générale et d'un acte de contrition qu'on proférera à haute voix, afin que le malade qui peut-être a encore l'usage des sens internes, puisse les entendre et y acquiescer.

(1) Voyez le Traité des Pasteurs, par M. Collet, page 359 et suiv.

De la Confession.

Il y a un précepte divin de confesser les péchés mortels, pour en obtenir le pardon. Ce précepte oblige particulièrement quand on est en péril de mort; c'est pourquoi ceux qui se trouvent attaqués d'une maladie dangereuse ou exposés à un danger probable de mort, comme des soldats qui vont au combat, des femmes sujettes à avoir des accouchemens dangereux, ceux qui se voient en péril de faire naufrage, sont obligés de se confesser, s'ils se sentent coupables de péché mortel, pour ne pas s'exposer à perdre leur âme.

Dans le danger de mort, les Curés et autres Pasteurs sont obligés, par devoir de justice, d'administrer les Sacremens à leurs peuples, surtout de les confesser, même au péril de leur propre vie. Ils ne peuvent dans aucun autre temps les refuser, lorsqu'ils s'adressent à eux, pour être entendus en confession, et qu'ils le leur demandent raisonnablement. C'est pourquoi il leur est enjoint de se tenir assidus au confessionnal, surtout pendant le Carême, aux principales fêtes de l'année, aux jours de Dimanche, et généralement de s'y rendre sans difficulté, lorsqu'ils en seront requis. Le Concile de Latran tenu sous le Pape Innocent III, ordonne à tous les Fidèles qui sont parvenus à l'âge de discrétion, de se confesser au moins une fois l'an, sous peine d'être interdits de l'entrée de l'Église et privés de la sépulture ecclésiastique. Les enfans sont obligés à l'accomplissement de ce précepte, lorsqu'ils ont assez de raison pour discerner le bien d'avec le mal; on doit donc les confesser et même les absoudre, pourvu qu'ils sachent les principaux mystères de la foi, et qu'ils donnent des marques suffisantes de contrition. Pour accoutumer les jeunes gens à l'usage de la confession, les Curés prendront un soin particulier de les instruire de la manière dont il faut se confesser, aussi bien que de la nécessité et de la vertu de ce Sacrement: ils les engageront à s'y présenter souvent et à s'en approcher surtout pendant le Carême. C'est même une sainte coutume de faire venir pendant le Carême les enfans de cinq ou six ans, les uns après les autres, devant un Confesseur, lequel, après leur avoir fait dire le *Confiteor*, et les avoir interrogés sur quelques petites fautes, leur donnera la Bénédiction, en disant la prière que Nous mettrons ci-après. Par ce moyen on les introduira de bonne heure à l'usage du Sacrement de pénitence.

Quoique le Concile ne détermine pas le temps de cette confession annuelle, la nécessité de la préparation à la Communion pascale a établi le pieux usage, observé particulièrement dans ce Diocèse, de la faire dans la quinzaine de Pâques. Dès le commencement du Carême, les Curés auront soin d'avertir leurs peuples de ce précepte ; ils les exhorteront même à se confesser avant la quinzaine, ensorte qu'ils n'aient besoin que d'être réconciliés la veille ou le jour de leur Communion pascale. Pour cet effet, ils leur représenteront qu'il ne leur serait pas possible, dans un intervalle si court et partagé par de longs offices, de donner à chacun d'eux tout le temps qui serait souvent à désirer pour leur confession ; ajoutant que, faute de cette précaution, ils s'exposeraient au danger de ne pas communier à Pâques, en cas d'habitude mortelle, ou pour quelqu'autre raison qui obligerait de les différer.

Les Curés, Vicaires et autres Confesseurs approuvés, doivent savoir qu'il n'est pas en leur pouvoir de différer la Confession et la Communion pascale à ceux-mêmes qui le demandent, sans connaissance de cause et sans de très-bonnes raisons fondées sur l'état et les dispositions du pénitent, dont ils ne doivent juger que par la confession. Il est donc nécessaire que le Confesseur, avant de différer un pénitent, juge par l'aveu qu'il lui fera de ses fautes et de ses dispositions, que ce délai lui est utile ou nécesssaire.

A l'égard de ceux qui ne se présentent qu'une fois l'année au sacré tribunal de la Pénitence, les Curés et autres Confesseurs ne laisseront point échapper cette occasion de leur inspirer plus d'ardeur pour leur salut, en leur représentant vivement les suites funestes de cette négligence et les dangers auxquels elle les expose; ils leur feront remarquer que souvent il n'y a point d'autre cause de leurs fréquentes rechutes ; que c'est une conduite aveugle et insensée d'entasser péché sur péché, sans en être effrayé et sans considérer que la mort, dont l'heure est toujours incertaine, peut les surprendre à chaque moment et ne pas leur laisser le temps de rentrer en grâce avec Dieu ; ils leur apprendront que si l'Église a fait, dans ces derniers siècles, une loi de la confession annuelle, elle ne l'a pas faite pour restreindre ou pour limiter les obligations des Fidèles, mais pour les empêcher de négliger ce qui est de leur devoir, et pour leur déclarer qu'ils pèchent mortellement s'ils diffèrent davantage à s'en acquitter ; que son esprit n'ayant point changé, elle les rappelle sans cesse par ses Ministres à la participation fréquente des Sacremens, dont l'usage est si nécessaire pour conserver la vie de leurs âmes. Par ces motifs et autres semblables ils tâcheront de les porter à se confesser plus souvent. Ils éviteront surtout de les rebuter par des manières trop dures ou trop impérieuses, les traitant au contraire avec une grande douceur, ne refusant jamais de les entendre; ils se serviront de tout leur zèle et de toute leur prudence, pour faire en sorte qu'ils prennent d'eux- mêmes la résolution de s'approcher plus souvent du sacrement de Pénitence. Ils doivent même, à l'égard de plusieurs, leur en imposer l'obligation, non seulement comme un moyen de satisfaction pour leurs péchés passés, mais encore comme un préservatif qui leur est nécessaire pour s'en garantir à l'avenir.

De quoi doit s'accuser le Pénitent.

Le Pénitent qui se confesse, est obligé de déclarer tous les péchés mortels qu'il a commis : il doit en détailler l'espèce, le nombre, les circonstances qui en changent l'espèce et, selon le sentiment commun des Théologiens, celles qui en aggravent notablement l'énormité. Il doit par conséquent, avant la confession, faire un sérieux examen de tous ses péchés.

Il ne suffit pas de dire en général qu'on a péché, qu'on a beaucoup offensé Dieu ; mais il faut expliquer en particulier quel est ce péché : spécifier si c'est un jurement, un homicide, etc ; et c'est de quoi il est important d'instruire les personnes grossières qui s'accusent seulement en termes généraux d'avoir péché, et qui ne conviennent presque jamais d'aucun péché particulier, quand on les interroge. Si le péché n'est qu'intérieur, il faut s'en accuser ; et quand on l'a effectivement consommé, il faut déclarer qu'on en est venu jusqu'à l'exécution. Quand le péché est douteux, on doit le déclarer comme tel, pour se faire connaître tel qu'on se connaît soi-même.

Lorsqu'on a commis plusieurs fois un même péché, on doit en déclarer le nombre ; que si on ne peut s'en souvenir au juste après un sérieux examen, on l'exprimera tel qu'on pourra le concevoir, disant, par exemple : j'ai juré vingt ou vingt-cinq fois, ou environ. Ceux qui ne pourront en fixer le nombre, diront le temps qu'ils sont restés dans l'habitude d'un tel péché ; combien de fois à peu près ils le commettaient par jour, par semaine ou par mois : ils s'accuseront, par exemple, d'avoir conservé de la haine pendant un an contre une personne, et d'en avoir voulu tirer vengeance toutes les fois que la pensée leur en venait, ce qui arrivait presque tous les jours.

On doit aussi déclarer les circonstances qui changent l'espèce du péché, c'est-à-dire, qui de véniel le rendraient mortel, ou qui y ajouteraient une malice de différente nature; ainsi celui qui s'accuse d'avoir commis le péché d'impureté, doit déclarer si c'est avec une personne mariée, ce qui serait un adultère; ou avec une parente, ce qui serait un inceste; ou avec une personne consacrée à Dieu, ce qui serait un sacrilége.

Enfin il faut accuser les circonstances notablement aggravantes, c'est-à-dire, qui suffiraient par elles-mêmes pour faire un péché mortel. Ces circonstances font connaître la griéveté du péché, l'état du pénitent, et dirigent le Confesseur dans la pénitence qu'il doit imposer. La différence des sentimens ne peut autoriser sur ce point aucune variété dans la pratique, puisqu'en matière qui concerne la validité des Sacremens, on doit toujours prendre le plus sûr.

On réduit communément à sept les circonstances qui peuvent changer l'espèce du péché, ou l'aggraver notablement; elles sont comprises dans ce vers : *Quis, quid, ubi, quibus auxiliis, cur, quomodò, quandò.*

Quis signifie l'état ou la condition de la personne qui pèche, par exemple, en matière d'impureté, si elle est mariée, consacrée à Dieu, parente ou alliée de son complice, et, généralement parlant, si elle a quelque obligation spéciale de vœu, d'office, de serment, etc., de faire ou d'omettre une chose d'ailleurs commandée ou défendue.

Quid, la qualité ou la quantité de l'objet; par exemple: si celui qui est frappé est Clerc ou Religieux; la somme ou la valeur de l'effet qui a été volé; si c'était une chose sacrée; on peut y rapporter la circonstance du tort qu'à souffert le prochain, ou du scandale qui lui a été donné par cet entretien, cette action ou omission.

Ubi désigne le lieu dans lequel le péché a été commis. Cette circonstance aggrave souvent le péché dans une même espèce, et quelquefois même y en ajoute une seconde, qui n'est point attachée à l'acte considéré en lui-même. Un discours médisant et calomnieux est bien plus préjudiciable au prochain, lorsqu'on le tient dans une compagnie nombreuse; un crime commis en public est ordinairement un scandale; répandre le sang humain dans l'église, c'est un sacrilége.

Quibus auxiliis marque les moyens dont on a usé; si, par exemple, pour un maléfice, on a abusé du saint chrême, de l'eau bénite; si l'on a invoqué le démon, etc.; si, par sollicitation, le prochain a été induit à concourir à une mauvaise action.

Cur signifie la fin qu'on s'est proposée; si, par exemple, on a volé une épée pour tuer un homme; donné de l'argent à une femme pour la corrompre; menti pour commettre une injustice.

Quomodò signifie la manière: cette circonstance aggrave ou diminue notablement le péché; par exemple, si l'on a péché par malice, ou avec plus ou moins de délibération ou d'inadvertance; quelquefois même elle en change l'espèce, comme la violence *in raptu, stupro et rapinâ*.

Quandò signifie le temps: si l'on a travaillé ou manqué d'entendre la Messe un jour de fête ou de dimanche; mangé de la viande un vendredi, etc. La durée du péché commis ne peut jamais de veniel le rendre mortel, comme son peu de durée ne peut pas de mortel le rendre veniel; mais dans l'espèce du péché mortel, la durée est aggravante, quand elle a été notablement considérable: il faut donc pour lors la déclarer, pour faire sentir toute la malice du péché, ou pour faire connaître la multiplication des actes: cette déclaration est surtout nécessaire dans la confession des péchés contraires à la justice, puisque le dommage qu'ils causent augmente ordinairement à proportion de la durée de l'injustice.

Le Confesseur étant obligé de s'intéresser à l'intégrité de la confession de son pénitent, doit l'engager à déclarer ces différentes circonstances, et les examiner lui-même attentivement, pour en conclure la conduite qu'il doit tenir à son égard.

De la manière d'interroger le Pénitent.

QUAND on ne connaît pas un Pénitent, il est bon de lui demander, avant même qu'il s'accuse, son état et sa profession, le temps de sa dernière confession, s'il en a accompli la pénitence, s'il a reçu l'absolution: car, si elle lui avait été refusée ou différée, il faudrait le renvoyer à son dernier Confesseur, ou, s'il avait de bonnes raisons pour n'y pas retourner, il faudrait l'obliger à se confesser de nouveau des péchés dont il n'aurait pas reçu l'absolution.

Le Confesseur évitera dans ses interrogations les demandes qui n'auront aucun rapport nécessaire avec le salut du Pénitent; il s'abstiendra de lui demander son nom, sa demeure, et de lui faire d'autres questions curieuses auxquelles il ne serait point tenu de répondre; il lui suffit de connaître les désordres de sa conscience, pour y remédier.

Après les interrogations préliminaires, au cas qu'il juge devoir en faire quelqu'une, il attendra que le pénitent s'accuse lui-même de ses péchés. S'il se présentàit à lui quelqu'un qui le priât de l'interroger dans la vue de ne se confesser que par les réponses qu'il ferait à ses demandes, il ne doit point y consentir; mais il l'obligera de s'accuser lui-même, et lui apprendra la manière de le faire, s'il n'en est point instruit, à moins qu'il ne fût si grossier et si simple, que le Confesseur le jugeât incapable de se bien confesser de lui-même.

Le Confesseur écoutera avec patience la confession du Pénitent sans l'interrompre, si ce n'est pour l'interroger sur le nombre, l'espèce et les circonstances des péchés qu'il accuse, quand il ne les explique pas suffisamment, ou, pour lui donner quelque avis important qu'il craindrait d'oublier après la confession. Si, par exemple, il s'accuse d'une action qui a pu faire tort au prochain, le Confesseur l'arrêtera, pour examiner s'il n'est point tenu à la restitution, et il la lui enjoindra, avant de passer outre. Il l'arrêtera pareillement, s'il découvre des cas ou censures réservées, dont il n'ait point le pouvoir d'absoudre, pour l'avertir de l'obligation où il est de recourir au Supérieur, et lui éviter la peine d'achever inutilement sa confession. Hors de ces cas, il l'entendra tout de suite et sans lui rien dire, de crainte de déranger l'ordre de ses accusations et de l'exposer, sans nécessité, à en omettre quelqu'une. Il doit s'abstenir de témoigner par aucun mouvement ou soupir, qu'il est ému de l'énormité des crimes qu'il entend, de quelque nature qu'ils soient, de peur de rebuter les Pénitens, et que la honte ou la crainte ne les empêche de confesser le reste de leurs péchés.

Quand il aura fini, si le Confesseur doute que par oubli, par honte ou par ignorance il ait omis quelque chose, il l'interrogera principalement sur les péchés que les personnes de sa condition ont coutume de commettre, et parcourra même, s'il est nécessaire, les commandemens de Dieu et de l'Église, les sept péchés capitaux et les obligations particulières de son état.

Il faut, dans ces interrogations, beaucoup de prudence, pour ne point apprendre aux âmes simples et aux jeunes gens ce qu'ils ignorent heureusement; pour cet effet, on leur demandera simplement s'ils n'ont point eu de mauvaises pensées, tenu des discours déshonnêtes, entretenu des liaisons dangereuses, s'ils n'ont rien commis contre la modestie: s'ils répondent de manière à faire juger qu'ils sont innocens sur ces articles, on n'en demandera pas davantage ; mais si on les trouve coupables, il faudra passer outre, les interrogeant successivement et par degré, *de osculis et tactibus impudicis, de opere consummato, et specialiter de pollutione voluntariâ, quam inter opera carnis comprehendi multi non intelligunt.* A l'égard des personnes mariées, on leur demandera si elles n'ont point eu ensemble de différent qui ait troublé la paix ; si elles conviennent d'en avoir eu, on demandera si les dissensions n'ont pas été cause que *debitum conjugale sine causâ negaverint ;* en général, *an circa usum matrimonii aliquid fecerint minùs honestum, undè gravetur conscientia.*

En faisant ces interrogations, le Confesseur observera 1°. d'élever souvent son esprit et son cœur à Dieu ; 2°. de se servir de paroles intelligibles, mais chastes et honnêtes ; 3°. de ne point trop rechercher les circonstances même nécessaires : car il vaut mieux en cette matière ignorer quelque chose, que de s'exposer soi-même et le pénitent au danger d'offenser Dieu. Si le Confesseur découvre que les confessions précédentes de son Pénitent aient eu des défauts essentiels, il l'obligera de les réitérer. Il doit juger qu'elles ont été nulles, lorsqu'il reconnaît que le Pénitent y a manqué de contrition, de bon propos, et qu'il est retombé aussi souvent qu'auparavant dans les mêmes fautes mortelles ; qu'elles n'ont pas été précédées d'un examen suffisant ; qu'il a célé ou oublié par sa faute quelque péché mortel, ou quelques circonstances nécessaires. Nous disons par sa faute : car s'il n'y en avait point, il ne serait pas obligé de réitérer sa confession, mais seulement de déclarer ce qu'il aurait omis. Il sera quelquefois fort utile et même nécessaire de proposer au Pénitent des confessions générales : plusieurs n'en ont jamais fait aucune bonne dans leur vie, et ce défaut ne peut être levé que par une confession qui renferme les précédentes, et soit accompagnée des dispositions nécessaires. Les Curés y engageront particulièrement les enfans qu'ils disposeront à leur première communion, la plupart ayant fait jusqu'à ce temps trop peu de réflexion sur leur salut, pour s'assurer de leurs confessions passées.

Cependant il serait dangereux de faire cette proposition aux personnes scrupuleuses : on ne doit même leur permettre une confession générale, que lorsqu'on en voit une nécessité clairement marquée : encore ne faut-il pas facilement les croire dans les raisons qu'elles allèguent pour l'obtenir, l'expérience faisant connaître que ce moyen extraordinaire augmente souvent leurs troubles et leurs inquiétudes.

De la Satisfaction.

Nous ne pouvons parvenir à la rémission des péchés commis après le Baptême, que par de grands gémissemens et par des œuvres pénibles. C'est la justice de Dieu qui exige de nous cette Satisfaction, et c'est pour cette raison, que les Saints Pères ont appelé la pénitence un Baptême laborieux. Effectivement, l'ordre de cette justice semble demander que Dieu tienne une conduite toute différente, pour recevoir en sa grâce ceux qui avant le Baptême ont péché, n'ayant pas goûté le don de Dieu, et pour y réhabiliter ceux qui, après avoir été délivrés de la servitude du démon et avoir reçu le bienfait de la régénération, ont porté l'ingratitude jusqu'à profaner le temple de Dieu et contrister son Esprit Saint. Il convient même à sa miséricorde que ces péchés ne nous soient pas remis sans satisfaction, puisqu'autrement il serait à craindre que, prenant de là occasion de les estimer légers, nous ne vinssions à tomber dans des crimes plus énormes et à nous amasser ainsi un trésor de colère pour le jour des vengeances.

Il est constant, par l'Écriture et la Tradition, que toute la peine due au péché n'est pas toujours remise, quoique le péché soit pardonné. Dieu, par le ministère des Prêtres, remet avec les péchés la peine éternelle que le pécheur avait encourue; mais il lui reste ordinairement une peine temporelle à subir en cette vie ou en l'autre; aussi l'Église a-t-elle, dans tous les temps, imposé aux pénitens des œuvres méritoires et laborieuses, telles que sont la prière, le jeûne et l'aumône: et c'est sur ces principes qu'est fondée la nécessité de la satisfaction, qui a toujours été si absolument recommandée par Notre-Seigneur Jésus-Christ et par tous les Saints. Cette satisfaction ne sert pas seulement à expier le péché commis, elle tient encore lieu au Pénitent d'un frein salutaire qui le rend plus réservé et plus attentif sur lui-même: elle remédie aux restes du péché et en déracine les mauvaises habitudes par le fréquent exercice des vertus contraires.

Nous satisfaisons à la justice de Dieu non seulement par les œuvres laborieuses que nous nous imposons à nous-mêmes, ou qui nous sont prescrites par le Prêtre, mais encore en supportant patiemment les fléaux et les afflictions qu'il nous envoie. Ces œuvres et ces souffrances nous rendant conformes à Jésus-Christ qui a lui-même satisfait pour nos péchés, nous donnent lieu d'espérer avec une ferme confiance, que nous serons glorifiés avec lui. Quoique cette satisfaction que nous subissons pour nos péchés, nous soit propre, il est vrai néanmoins que nous satisfaisons par Jésus-Christ; en vain voudrions-nous en tirer la gloire, puisque de nous-mêmes nous ne pouvons rien faire de bien comme étant de nous-mêmes; c'est lui qui, nous prévenant de sa grâce, nous fortifie de telle sorte, que nous pouvons tout en lui. Nous ne devons donc nous glorifier qu'en Jésus-Christ en qui nous vivons, nous méritons et nous satisfaisons par de dignes fruits de pénitence qui tirent de lui leur force et leur vertu, qui par lui sont offerts à son Père et par lui sont acceptés de ce Père de miséricorde.

Le Confesseur ne doit jamais manquer d'imposer une satisfaction; et il est du devoir du pénitent de la recevoir avec soumission et de l'accomplir fidèlement. Il ne peut se dispenser d'accepter celle qui lui est prescrite, lorsqu'elle est juste et convenable; et, s'il refusait de s'y soumettre, il ne serait pas capable d'absolution. Un Confesseur ne peut pas changer une pénitence qu'un autre a imposée, à moins que le Pénitent ne lui réitère, au moins en gros, la confession des péchés pour lesquels elle lui a été enjointe.

Si un malade, auquel on pourrait d'ailleurs donner l'absolution, était hors d'état d'accomplir une pénitence proportionnée à ses péchés, on se contenterait de lui en imposer une qu'il lui fût possible d'exécuter, comme serait celle de réciter tout bas l'Oraison Dominicale, d'invoquer un certain nombre de fois le saint nom de Jésus, de produire des actes de foi, d'espérance, de contrition, d'amour et de conformité à la volonté de Dieu, de lui offrir ses afflictions, sa maladie et la mort même, en sacrifice d'expiation pour ses péchés, ou de faire des aumônes selon ses facultés; que si l'on espérait qu'il pût revenir en santé, il faudrait lui prescrire une pénitence convenable et proportionnée à ses crimes, qu'il serait obligé d'accomplir après sa guérison, ou, ce qui serait encore plus sûr pour son salut, lui ordonner, par manière de pénitence, d'aller à l'église réitérer sa confession et y recevoir une pénitence qui correspondît à la grièveté de ses péchés.

Cette dernière pratique devient un précepte indispensable à l'égard de ceux qui, à raison du pressant danger ou de l'état de leur maladie, n'ont pu faire une confession entière et exacte de tous leurs péchés. Dans ce cas, le Confesseur doit, avant de leur donner l'absolution, leur faire promettre de réitérer leur confession dès qu'ils seront en état de le faire.

Règles pour imposer les Pénitences.

Les Confesseurs doivent user ici d'une grande prudence, et implorer l'esprit de Dieu, pour imposer des satisfactions salutaires, convenables et proportionnées, tant à la qualité des crimes qu'à l'état et à la situation de leurs pénitens, persuadés que, s'ils les traitent avec trop d'indulgence, se contentant de leur enjoindre de légères pénitences pour des péchés énormes, ils se rendront eux-mêmes participans et responsables devant Dieu des crimes de ceux qu'ils conduisent.

Pour s'acquitter d'un devoir si important, ils auront premièrement égard à la qualité des crimes, à l'espèce, au nombre et aux circonstances qui les rendent plus ou moins griefs : car, généralement parlant, plus les péchés sont grands et nombreux, plus aussi la pénitence doit être rigoureuse. Ils la proportionneront, autant qu'il sera possible, à la nature du péché ; et, pour cet effet, ils ordonneront à ceux qui sont sujets à l'impureté, des œuvres qui affligent la chair, comme de jeûner, de porter le cilice, de coucher sur la dure, ou de faire quelqu'autre macération corporelle ; ils prescriront à ceux qui font des excès de bouche, de jeûner, de ne boire que de l'eau à certains jours, ou d'en mettre beaucoup dans leur vin, d'éviter les festins et les cabarets ; à ceux qui blasphèment ou prennent en vain le saint nom de Dieu, de le prier tous les jours à certains temps, de se prosterner le visage contre terre, de faire souvent des actes de contrition ; à ceux qui ont pris le bien d'autrui, d'ajouter à la restitution à laquelle ils sont obligés à titre de justice, des aumônes selon leur pouvoir : aux orgueilleux, de s'exercer à des œuvres humiliantes ; aux personnes tièdes et indévotes, d'assister aux divins Offices et aux Instructions, de faire de bonnes lectures, de fréquenter les Sacremens.

Ils doivent encore avoir égard au sexe, aux forces et à l'âge des pénitens, afin de ne leur pas imposer des pénitences qui leur seraient impraticables, ou ne leur conviendraient pas : ainsi ils éviteront de prescrire des aumônes considérables à des pauvres ou à des enfans de famille ; d'ordonner des jeûnes à des femmes enceintes, à des nourrices, à des personnes d'un tempérament faible, ou à ceux qui ne pourraient porter leur travail en jeûnant : on peut imposer des pénitences légères à ceux qui font paraître une douleur extraordinaire de leurs péchés, ou qui ont accompli d'eux-mêmes avec ferveur, des œuvres laborieuses, pour se disposer à en recevoir l'absolution.

Il faut aussi compatir, à propos, à la faiblesse de certains Pénitens qui témoignent un désir sincère de conversion, mais qui courraient risque de se décourager, si on leur imposait de rudes pénitences : pour lors il vaudrait mieux en adoucir la rigueur, ou du moins les commuer en d'autres œuvres plus faciles, mais qui leur seraient prescrites pour un plus long temps : on pourrait, par exemple, leur ordonner pour six mois, un an, ou plus, de faire tous les jours un acte de contrition, de baiser la terre, de réciter le psaume *Miserere,* de penser, en se couchant, à la mort, aux peines de l'enfer, de visiter le Saint-Sacrement une ou deux fois par semaine, de vaquer tous les jours pendant quelque temps à la lecture spirituelle, de se confesser tous les mois, ou plus souvent, de visiter les hôpitaux ou les pauvres malades, de faire de temps en temps des aumônes convenables à leurs facultés, de s'abstenir du jeu ou des assemblées, de se priver dans leurs repas, de quelque chose qui puisse flatter leur goût; ou leur imposer d'autres pratiques semblables et proportionnées à l'énormité des péchés qu'ils ont confessés.

Lorsque le Confesseur croira devoir modérer ainsi la sévérité de la pénitence, il aura soin d'avertir son Pénitent que ses crimes en méritent une bien plus rigoureuse; de lui représenter les travaux longs et pénibles auxquels l'Église assujettissait autrefois ceux qui avaient commis de semblables crimes; de l'exhorter à suppléer, par sa ferveur, à cette ancienne rigueur de la discipline, s'efforçant de multiplier ses bonnes œuvres, ayant recours aux indulgences de l'Église avec les dispositions qu'elle désire, faisant un saint usage des peines de son état, les offrant souvent à Dieu pour l'expiation de ses péchés, et les unissant aux souffrances de Jésus-Christ.

Le Prêtre faisant tout-à-la-fois la fonction de médecin et de juge, doit imposer des pénitences qui, en satisfaisant pour le péché, servent de préservatif pour ne plus le commettre. Pour cet effet, il prescrira à ceux qui retombent souvent dans les mêmes fautes, des actes de vertus contraires, ou d'autres œuvres qui puissent contribuer à les guérir de leurs mauvaises habitudes, ou les obliger à se tenir sur leurs gardes : il ordonnera, par exemple, à ceux qui jurent en vain, ou profèrent des paroles infâmes, de baiser la terre, ou de faire une certaine aumône, toutes les fois qu'ils s'apercevront d'y être retombés ; à ceux qui ont coutume de s'enivrer, de se priver de vin le lendemain ou un certain nombre de jours, pour chaque fois ; aux impudiques, de porter le cilice, ou de faire quelqu'autre macération corporelle : il ordonnera pareillement des remèdes spécifiques pour détruire les autres habitudes.

Les Confesseurs ne pourront imposer librement aux Pénitens des satisfactions proportionnées à leurs crimes, ni maintenir l'autorité qui leur est nécessaire pour remplir les autres devoirs du Ministère, s'ils n'évitent jusqu'au moindre soupçon d'avarice; c'est pourquoi il leur est défendu d'exiger d'eux, à l'occasion de la confession, de l'argent ou quelqu'autre chose que ce soit, par paroles ou par signes, directement ou indirectement, pour eux ou pour leurs confrères ; il serait à craindre qu'on ne les crût intéressés, s'ils ordonnaient communément de faire dire des Messes ; cependant il pourrait arriver qu'ils eussent des raisons particulières pour imposer à quelques-uns cette pénitence, et pour lors ils se garderont bien de se les attirer, ou de se charger de les faire dire par d'autres. Ils useront de la même réserve en prescrivant des aumônes, et en ordonnant d'appliquer en œuvres pies, des dettes incertaines. Surtout ils se souviendront qu'ils déshonoreraient leur Ministère par une cupidité sordide, s'ils abusaient de la confiance de leurs Pénitens, sains ou malades, pour les solliciter à disposer par testament en leur faveur, ou en faveur de leurs confrères; ils ne doivent pas même consentir facilement à faire, par leurs mains, les restitutions auxquelles leurs Pénitens sont obligés : et lorsqu'ils croiront devoir s'en charger, ils auront soin de retirer une reconnaissance par écrit de ceux à qui ils auront payé, pour la représenter au Pénitent.

L'Apôtre avertit son disciple de reprendre devant tout le monde ceux qui pèchent publiquement, afin que les autres soient retenus par la crainte de la confusion. Pour réduire cet avis en pratique, il faut imposer une pénitence publique et proportionnée au crime, à ceux qui ont commis des désordres si publics et si crians, qu'on ne puisse douter que ceux qui en ont été témoins, n'en aient été scandalisés ou saisis d'horreur. Ces pécheurs sont obligés de se soumettre à cette conduite, pour édifier, par l'éclat de leur conversion, ceux qu'ils ont entraînés dans le mal par le mauvais exemple.

Il faut néanmoins distinguer la pénitence solennelle de celle qui est simplement publique. On entend par la première, celle qui a été pratiquée pendant plusieurs siècles, mais qui n'est plus en usage aujourd'hui : l'Évêque seul pourrait imposer cette pénitence, aussi bien que celle qui serait insolite et extraordinaire, comme serait de rester à la porte de l'église avec un cierge à la main, d'assister à une procession les pieds nuds et en habit de pénitent, etc. Ces sortes de pénitences, faisant beaucoup d'éclat dans le public, il serait dangereux d'abandonner indifféremment ce point de discipline à tous les Confesseurs, et elles ne doivent jamais être imposées sans Notre consentement exprès, ou celui de Nos Vicaires-Généraux.

Quant à la pénitence publique ordinaire, telle que serait de demander publiquement pardon à ceux qu'on aurait publiquement outragés ou scandalisés, de marquer, en présence de témoins, du regret de sa faute, d'en faire une rétractation publique, qui consiste dans la pratique des actes des vertus contraires, etc., tout Confesseur peut et doit l'exiger des pécheurs publics, et les obliger de réparer, par cette voie, le scandale qu'ils ont donné : cette conduite doit même être observée à l'égard des malades qui ont scandalisé le public par leurs désordres, et la seule impuissance pourrait les dispenser d'en témoigner extérieurement leur repentir en présence de témoins.

Des Indulgences.

L'INDULGENCE est la rémission de la peine temporelle qui reste due pour les péchés déjà pardonnés quant à la coulpe et quant à la peine éternelle, accordée hors du tribunal de la pénitence par ceux à qui Jésus-Christ a laissé la dispensation du trésor spirituel de son Église.

Ce trésor est formé principalement de la satisfaction infiniment abondante de Jésus-Christ, à quoi on ajoute les mérites et les œuvres pénales de la Sainte Vierge qui, n'ayant jamais péché même véniellement, n'a pas eu besoin pour elle des œuvres satisfactoires qu'elle a faites pendant sa vie. Il comprend aussi les satisfactions des Saints qui, par leur pénitence, ont surpassé la peine qui était due aux péchés qu'ils pouvaient avoir commis, la bonté de Dieu voulant bien, en faveur des plus pieux de ses serviteurs, se laisser fléchir envers les autres : ainsi, pour gagner les Indulgences, il faut s'unir en esprit aux larmes, aux gémissemens, aux mortifications, aux travaux, aux souffrances de la Sainte Vierge, de tous les Martyrs et de tous les Saints, et surtout à l'agonie, aux délaissemens, enfin à la Passion et au Sacrifice de Jésus-Christ en qui et par qui toutes les satisfactions et les bonnes œuvres des Saints sont acceptées de Dieu son Père. De là vient que, quoique les pénitences qu'on exige dans les Indulgences, soient trop légères en elles-mêmes pour faire une compensation raisonnable des peines dues aux péchés, elles sont tellement rehaussées par l'accroissement de ferveur que l'Indulgence inspire aux saints pénitens, qu'associées au prix infini du Sang de Jésus-Christ et aux mérites des Saints par la grâce de l'Indulgence, elles peuvent être relevées jusqu'à produire une parfaite purification.

Il est de foi que l'Église à qui Jésus-Christ a donné la puissance de lier et de délier, a le pouvoir d'accorder des Indulgences. Elle a usé de ce pouvoir dès les premiers temps, et l'usage n'en peut être que très-salutaire au peuple chrétien; de peur néanmoins que la discipline ecclésiastique ne soit énervée par une excessive facilité, la dispensation des Indulgences doit être faite avec modération et pour de justes raisons; c'est aux Souverains Pontifes et aux Évêques seuls qu'il appartient d'accorder les Indulgences.

Les Indulgences sont perpétuelles ou seulement pour un temps, pendant lequel on peut les gagner, et elles cessent quand il est expiré. Il est à remarquer que les Indulgences que les Souverains Pontifes accordent pour sept ans, commencent à courir, non pas du jour de la publication des Indulgences, mais du jour de la date du Bref par lequel elle sont accordées.

On distingue encore deux sortes d'Indulgences : les unes sont plénières et ont la vertu de remettre toute la peine temporelle due au péché; les autres ne sont pas plénières et ne remettent qu'une partie de cette peine.

Entre les Indulgences plénières celle du Jubilé est la plus considérable. Les Souverains Pontifes ne l'accordent que dans certains temps et dans quelques occasions particulières et qu'à certaines conditions marquées par leurs Bulles.

Ce serait une erreur très-dangereuse de croire que l'intention de l'Église soit de nous décharger, par l'Indulgence, de l'obligation de satisfaire à Dieu; au contraire, l'esprit de l'Église est de n'accorder cette grâce qu'à ceux qui se mettent en devoir de satisfaire, de leur côté, à la justice Divine, autant que l'infirmité humaine le permet; l'Indulgence ne laisse pourtant pas d'être fort nécessaire en cet état, puisqu'ayant tout sujet de croire que nous sommes bien éloignés d'avoir satisfait à nos obligations à cet égard, nous serions trop ennemis de nous mêmes, si nous n'avions recours aux grâces et aux Indulgences de l'Église : en un mot, l'esprit de l'Église, dans la dispensation des Indulgences, n'est pas de diminuer le zèle qui doit nous porter à venger sur nous la justice de Dieu, offensée par nos péchés, mais d'aider les hommes de bonne volonté, et de suppléer à leur faiblesse.

Les Confesseurs auront soin de se souvenir que la première et l'essentielle condition pour pouvoir gagner l'Indulgence, même celle du Jubilé, est d'être vraiment pénitent. Cette grâce ne s'accorde jamais que *verè pœnitentibus et contritis*. Le Jubilé ne peut donc être un motif suffisant pour accorder l'absolution à ceux qui n'ont pas une vraie contrition de leurs fautes; mais ils doivent la leur différer jusqu'à ce qu'ils les trouvent suffisamment disposés; pour lors, quoique le Jubilé soit expiré, ils leur en accorderont la grâce avec celle de l'absolution. Pour ne pas passer les bornes des pouvoirs qui leur sont accordés pendant le Jubilé, ils doivent lire aussi avec attention la Bulle du Pape et Notre Mandement, pour s'y conformer avec exactitude.

Les Curés instruiront souvent les peuples de la vertu des Indulgences, des dispositions nécessaires pour les gagner; ils tâcheront de les faire entrer dans cet esprit de ferveur si conforme à l'Évangile et à toute l'antiquité; ils travailleront avec zèle à déraciner les superstitions et les abus qui se trouvent souvent, au sujet des Indulgences, dans le peuple grossier et peu instruit. L'Église accorde aussi des Indulgences applicables aux âmes du Purgatoire, non par forme de jugement ou de rémission proprement dite, mais par forme de suffrage, parce qu'elle n'a point de juridiction directe sur ces saintes âmes; les Pasteurs inviteront de tout leur pouvoir les Fidèles à les gagner; il n'est point de piété plus louable, ni de charité plus digne d'un Chrétien; il faut, pour les gagner, les mêmes dispositions que pour gagner les autres. Enfin, on doit savoir qu'il est très-expressément défendu à tout Prêtre de publier aucune Indulgence sans notre permission par écrit.

Manière d'administrer le Sacrement de Pénitence.

Les Prêtres n'entendront les Confesssions que dans l'église: ils ne peuvent confesser dans des maisons particulières, à moins qu'ils n'aient de justes causes pour se dispenser de la règle générale, comme par exemple, lorsque les Pénitens sont malades, infirmes, sourds, etc.; *et pour lors, ils n'y procèderont que dans un lieu ouvert et éclairé; et ils observeront, surtout dans les confessions des personnes d'un sexe différent, les précautions nécessaires pour éviter tout soupçon.*

Le lieu de l'église destiné à l'administration de ce Sacrement est le confessionnal, qui doit être exposé à la vue du peuple, et éloigné de l'autel.

Il est défendu, dans ce Diocèse, de confesser les femmes ou les filles en tout autre lieu de l'église, sans nécessité. Le Confesseur ne doit pas même rester avec elles au confessionnal, lorsque la nuit est arrivée, s'il n'y a de la lumière et si plusieurs personnes ne sont présentes; il ne doit pas entendre leurs Confessions après neuf heures du soir en été, et huit heures en hiver.

Le Prêtre, pour confesser à l'église, sera revêtu d'un surplis ou d'un rochet; avant que d'entrer dans le confessionnal, il se mettra à genoux, pour implorer l'assistance de l'Esprit-Saint; ce qu'il pourra faire par la prière suivante :

Cor mundum crea in me, Deus, et spíritum rectum ínnova in viscéribus meis.

Ne projícias me à fácie tuâ, et spíritum sanctum tuum ne áuferas à me.

Redde mihi lætítiam salutáris tui, et spíritu principáli confírma me.

Docébo iníquos vias tuas, et ímpii ad te converténtur.

Líbera me de sanguínibus, Deus, Deus salútis meæ, et exsultábit lingua mea justítiam tuam.

℟. Dómine, exáudi oratiónem meam, ℣. Et clamor meus ad te véniat.

Orémus.

Dómine Jesu Christe, qui sanctum Pœniténtiæ Sacraméntum purificándis animábus misericórditer instituísti, réspice preces humilitátis meæ, meque qui primus tuâ grátiâ indígeo, ab omni peccáti contagióne purífica; ut illud sanctè et cum fructu váleam ministráre. Súscipe étiam, Dómine, húmilem oratiónem quam fundo pro fámulis et famulábus tuis qui ad pœniténtiam accédunt; ut des illis spíritum veræ compunctiónis, integritátem sincéræ confessiónis et stúdium dignæ satisfactiónis; Qui vivis et regnas, Deus, in sécula seculórum. Amen.

Ensuite il entrera dans le confessionnal et s'y tiendra assis dans une grande modestie, la tête couverte, le visage caché et l'oreille penchée vers le Pénitent, sans le regarder en face.

Le Pénitent doit être à genoux de l'autre côté, s'inclinant modestement et ayant les mains jointes, sans gants ni manchon; les hommes seront découverts, et déposeront leur épée, s'ils la portent; les femmes s'y présenteront avec un habillement simple et modeste, mais qui ne tienne rien du négligé, et auront un voile sur la tête, autant que faire se pourra.

Le Pénitent, après avoir fait le signe de la croix, dira :

Bénedic mihi, Pater, quia peccávi; *ou, en français :* Bénissez-moi, mon Père, parce que j'ai péché.

Alors le Prêtre étant découvert dira :

Dóminus sit in corde tuo et in lábiis tuis, ut verè et íntegrè confiteáris peccáta tua. In nómine Patris ✝ et Fílii et Spíritûs Sancti. Amen; *en faisant le signe de la croix sur le pénitent.*

Puis le Pénitent dira le Confíteor *jusqu'à* mea culpa, *ou, en français :* Je me confesse à Dieu, *jusqu'à;* c'est ma faute, *exclusivement.*

Ensuite il dira combien il y a de temps qu'il ne s'est pas confessé; s'il a accompli la pénitence qui lui avait été imposée dans sa dernière confession; s'il a reçu l'absolution; sinon, il exposera la cause du refus ou du délai; puis il fera une confession entière, claire et distincte. Lorsqu'il aura fini, le Confesseur l'interrogera, s'il est nécessaire; et les demandes et les réponses finies, le Pénitent dira : Je m'accuse de tous ces péchés, de ceux dont je ne me souviens pas et de tous ceux de ma vie passée; j'en demande pardon à Dieu de tout mon cœur, et à vous, mon Père, pénitence et absolution, si vous m'en jugez digne.

Il dira de suite, se frappant trois fois la poitrine : Mea culpa, mea culpa, etc., *ou :* C'est ma faute, c'est ma faute; etc., *jusqu'à la fin; et pendant ce temps-là, le Confesseur, étant découvert et ayant les mains jointes, dira :*

Misereátur tuî omnípotens Deus, et, dimíssis peccátis tuis, perdúcat te ad vitam ætérnam. Amen.

Puis étendant la main droite sur le Pénitent, et faisant sur lui le signe de la croix, il ajoutera :

Indulgéntiam, absolutiónem ✝ et remissiónem peccatórum tuórum tríbuat tibi omnípotens et misericors Dóminus. Amen.

Ensuite s'étant couvert, il excitera son Pénitent au repentir de ses péchés, lui en fera voir l'énormité, l'exhortera à s'affermir de plus en plus dans la résolution de ne plus les commettre, lui en prescrira les moyens, comme d'en éviter les occasions, d'avoir recours à la prière, et de pratiquer, autant qu'il pourra, les vertus contraires; en un mot, il lui donnera tous les avis convenables, eu égard à ce qu'il aura connu de son état et de ses besoins spirituels; puis il lui imposera une pénitence, en suivant les règles qui ont été données ci-dessus.

Ensuite, s'il juge à propos de lui donner l'absolution, il l'avertira de renouveler de tout son cœur la douleur de ses péchés, faisant un acte de contrition, et de se mettre en esprit au pied de la croix du Sauveur, pour y être lavé par son précieux Sang.

Étendant la main droite sur la tête du Pénitent incliné, il dira :

Dóminus noster Jesus Christus te absolvat; (*puis s'étant couvert*), et ego, auctoritáte ipsíus, absólvo te primùm ab omni vínculo excommunicatiónis, (suspensiónis) et interdícti, in quantùm possum et índiges: deindè ego te absólvo à peccátis tuis, in nómine Patris ✠ et Fílii et Spíritûs sancti. Amen.

Si le Pénitent est un Laïc, on omet le mot suspensiónis.

Le Prêtre se découvrira et ajoutera la prière suivante :

Pássio Dómini nostri Jesu Christi, mérita Beátæ Maríæ Vírginis et ómnium Sanctórum, et quidquid boni féceris, et mali sustinúeris, sint tibi in remissiónem peccatórum, augméntum grátiæ et præmium vitæ ætérnæ. Amen.

Quand il y a un grand nombre de Pénitens à entendre, ou lorsque le Prêtre est pressé par la nécessité de remplir quelqu'autre de ses devoirs, il peut omettre Misereátur... Indulgéntiam, etc., *se contentant de dire :* Dóminus noster, *jusqu'à* Pássio *exclusivement.*

Si le Pénitent était sur le point de mourir, et qu'il n'y eût pas assez de temps pour prononcer l'absolution entière, comme elle est contenue ci-dessus, le Prêtre se contentera, en ce cas, de l'absoudre en cette manière :

Ego te absólvo ab ómnibus censúris et peccátis, in nómine Patris ✝ et Fílii et Spíritûs sancti. Amen.

Aux enfans qui sont incapables d'absolution il faut seulement leur donner la bénédiction, en disant : Misereátur tui... *et* Indulgéntiam... *On pourra aussi se servir de l'Oraison suivante pour les bénir, soit lorsqu'ils sont malades, soit lorsqu'ils sont en santé.*

Dómine Jesu Christe, qui dixísti : Sínite párvulos veníre ad me, tálium enim est regnum cœlórum, super hunc párvulum (*ou,* hos parvulos) tuæ benedictiónis grátiam infúnde ; ut grátiâ, ætáte et sapiéntiâ apud Deum et hómines profíciens (*ou,* proficiéntes) salútem consequátur (*ou,* consequántur) ætérnam ; in nómine Patris ✝ et Fílii et Spíritûs sancti. Amen.

Ordre qu'on doit garder pour absoudre de l'Excommunication.

On ne doit point absoudre un excommunié, avant qu'il ait satisfait les personnes qu'il a offensées, et réparé le dommage qu'il a causé par le crime qui lui a fait encourir l'excommunication ; s'il ne peut le faire avant de recevoir l'absolution, on lui fera du moins promettre avec serment qu'il s'acquittera de ce devoir le plus tôt qu'il pourra, qu'il obéira aux ordres de l'Église, qu'il observera ses canons et ses décrets, et spécialement celui contre lequel il a péché.

Pour absoudre de l'excommunication dans le for intérieur, on n'use d'autre forme que de celle qui est prescrite pour l'absolution sacramentelle : Dóminus noster Jesus Christus... *page* 233.

On ne peut en absoudre dans le for extérieur sans une commission spéciale de celui qui l'a portée ou auquel elle est réservée, ou du Supérieur, en cas d'appel. Si la commission prescrit une forme d'absolution, on la suivra de point en point ; que si elle porte simplement que l'absolution sera donnée in formâ Ecclesiæ consuetâ, *on observera l'ordre qui suit :*

Le Prêtre étant assis et couvert, revêtu d'un surplis et d'une étole violette, le Pénitent se mettra à genoux devant lui, et récitera le Psaume 50 : Miserére meî, Deus... ; *s'il ne peut lire ou réciter ce Psaume, d'autres le diront pour lui ; ensuite le Prêtre se levera, et, s'étant découvert, il dira :*

Kyrie, eléison.
Christe, eléison.
Kyrie, eléison.

Le Prêtre : Pater noster, etc.

℣. Et ne nos indúcas in tentatiónem ;
℟. Sed líbera nos à malo.
℣. Salvum fac servum tuum (*ou*, salvam fac ancillam tuam), Dómine,
℟. Deus meus, sperántem in te.
℣. Nihil profíciat inimícus in eo (*ou*, eâ);
℟. Et filius iniquitátis non appónat nocére ei.
℣. Esto ei, Dómine, turris fortitúdinis.
℟. A fácie inimíci.
℣. Dómine, exáudi, oratiónem meam;
℟. Et clamor meus ad te véniat.
℣. Dominus vobíscum,
℟. Et cum spíritu tuo.

ORÉMUS.

Deus, cui próprium est miseréri semper et párcere, súscipe deprecatiónem nostram, ut hunc fámulum tuum quem (*ou*, hanc fámulam tuam quam) excommucatiónis senténtia constríngit, miserátio tuæ pietátis cleménter absólvat; Per Christum Dóminum nostrum. ℟. Amen.

Le Prêtre s'étant assis et couvert, lui imposera une pénitence, et, étendant la main sur lui, il dira :

Dóminus noster Jesus Christus, per suam piíssimam misericórdiam te absólvat ; et ego, auctoritáte ipsíus et facultáte à Sanctíssimo Dómino nostro Papâ, (*ou* Reverendíssimo Epíscopo *N.*) mihi licèt indigníssimo concéssâ, absólvo te à vínculis excommunicatiónis in quam incurrísti, *ou*, incurrísse declarátus (*ou*, declaráta) es propter, *on spécifie ici le crime pour lequel l'excommunication a été encourue*, et restítuo te communióni et unitáti Fidélium et sanctis Sacraméntis Ecclésiæ; in nómine Patris ✝ et Fílii et Spíritûs sancti. Amen.

Si l'excommunication est occulte, l'absolution, quoique donnée dans le for extérieur, doit être secrète et sans cérémonie, comme ci-devant.

Formule pour absoudre un excommunié ou un interdit après sa mort.

Lorsqu'une personne est morte dans l'Excommunication ou l'Interdit, avec des marques d'un véritable repentir, sans avoir pu recevoir l'absolution de cette censure, on pourra la lui donner dans la forme marquée ci-après, afin que son corps ne soit pas privé de la sépulture ecclésiastique, et que son âme soit soulagée par les suffrages et les prières publiques de l'Église. (1)

On ne doit procéder à cette cérémonie qu'après avoir obtenu Notre permission, ou celle de Nos Vicaires-Généraux; pour lors on observera l'ordre qui suit.

Si le corps n'est pas encore enterré, on donnera l'absolution en la manière suivante; ensuite on l'enterrera dans un lieu saint, en récitant les prières, et observant les cérémonies ordinaires.

S'il est déjà enterré dans un lieu profane, on l'exhumera, s'il se peut commodément; et, après l'absolution, il sera enterré en un lieu saint; si l'on ne peut le déterrer, on donnera l'absolution au lieu de la sépulture, et on l'y laissera. Si le corps avait déjà été enterré (contre les règles) en un lieu saint, il ne faudrait pas l'exhumer, mais seulement donner l'absolution au lieu de la sépulture, en observant le rit qui suit.

Le Prêtre s'étant rendu à l'endroit où est le corps, commencera l'Antienne Exsultábunt...; *ensuite il récitera avec ses Clercs le Psaume* 50, Miserére, *sans ajouter à la fin* Glória Patri, *ni* Réquiem; *et on dira de suite l'Antienne*: Exsultábunt Dómino ossa humiliáta.

Puis le Prêtre étant couvert et étendant la main sur le corps, dira: Auctoritáte mihi, licèt indigníssimo, concéssâ, ego te absólvo à vínculo excommunicatiónis in quam

---

(1) Voir plus haut, de *l'Excommunication*, page 184.

incurrísti, *ou*, incurrísse declarátus (*ou*, declaráta) es, propter (*on exprime ici la cause de l'Excommunication*) et restítuo te communióni Fidélium; in nómine Patris ✝ et Fílii et Spíritûs sancti. Amen.

Pour lors il commence à prier pour lui, en disant le Psaume De Profúndis...

℣. Réquiem ætérnam dona ei, Dómine;
℟. Et lux perpétua lúceat ei.
Kyrie, eléison. Christe, eléison. Kyrie, eléison.
Pater noster... *il continue tout bas jusqu'au*
℣. Et ne nos indúcas in tentatiónem;
℟. Sed líbera nos à malo.
℣. A portâ ínferi
℟. Erue, Dómine, ánimam ejus.
℣. Requiéscat in pace.
℟. Amen.
℣. Dómine, exáudi oratiónem meam;
℟. Et clamor meus ad te véniat.
℣. Dóminus vobíscum;
℟. Et cum spíritu tuo.

ORÉMUS.

Da, quæsumus, Dómine, ánimæ fámuli tui quem (*ou*, fámulæ tuæ quam) excommunicatiónis senténtia constrínxerat, refrigérii sedem, quiétis beatitúdinem et supérni lúminis claritátem; Per Christum Dóminum nostrum. Amen.

Enfin il jette de l'eau bénite sur le corps ou la sépulture, en disant :

℣. Réquiem ætérnam dona ei, Dómine;
℟. Et lux perpétua lúceat ei.
℣. Requiéscat in pace.
℟. Amen.

Pour absoudre un homme mort dans l'Interdit, on suivra le même rit, changeant seulement le mot Excommunicatiónis *en celui-ci :* Interdícti.

Manière d'absoudre de la Suspense ou de l'Interdit.

Si l'absolution est donnée dans le for intérieur, on se servira simplement de la forme prescrite pour l'absolution sacramentelle, Dóminus noster..., *page* 233.

On ne peut absoudre de l'une ou de l'autre censure, dans le for extérieur, sans la commission de celui qui l'a portée, ou auquel elle est réservée, ou du Supérieur, en cas d'appel.

Si la commission prescrit une formule particulière pour l'absolution, on s'y conformera; si elle porte simplement qu'elle sera donnée in formâ Ecclesiæ consuetâ, *le Pénitent dira :* Confíteor...

Ensuite le Prêtre dira : Misereátur... Indulgéntiam... *et lui ayant imposé une pénitence, il dira :* Dóminus noster... *comme dans l'absolution de l'excommunication, page* 235, *avec cette différence, qu'au lieu des mots* Excommunicatiónis in quam..., *il dira :* Suspensiónis in quam..., *ou*, Interdícti in quod...

Forme de dispense de l'Irrégularité.

L'Irrégularité provient ou d'un délit ou d'un défaut : les Prêtres ne pouvant dispenser d'aucune des deux, qu'en vertu d'une commission spéciale du Pape ou de l'Evêque, doivent bien se garder, surtout dans une matière si importante, de passer les bornes de leur pouvoir.

Le Prêtre qui aura reçu du Pape ou de Nous, ou de Nos Vicaires-Généraux, un pouvoir spécial de dispenser de l'Irrégularité dans le sacrement de Pénitence, après avoir donné l'absolution des péchés, dira : Auctoritáte mihi à Sanctíssimo Dómino nostro Papâ, *ou*, à Reverendíssimo Dómino Epíscopo Ambianénsi tráditâ, dispénso tecum super irregularitáte in quam (*ou*, irregularitátibus in quas) incurrísti, eo quòd *(on exprime ici la cause)* et hábilem te reddo et restítuo executióni órdinum et officiórum tuórum; in nómine Patris ✝ et Fílii et Spíritûs sancti. Amen.

Si le Pénitent n'a aucun Ordre, le Prêtre, au lieu de ces mots : restítuo te executióni... *dira :* habilem te reddo ad tales *ou,* ad omnes ordines suscipiéndos, *suivant la teneur du Mandement pour dispenser.*

Si le Mandement porte que le Pénitent sera rétabli dans le titre d'un bénéfice, et qu'on lui remettra les fruits mal perçus, le Prêtre ajoutera : Restítuo tibi títulum benefícii, *ou,* títulos beneficiórum, et condóno tibi fructus malè percéptos; in nómine Patris ✝ et Fílii et Spíritûs sancti. Amen.

Ordre qu'on doit suivre pour absoudre un Hérétique dans le for extérieur, et recevoir son abjuration.

Il n'est permis à aucun Prêtre d'absoudre de l'hérésie hors du tribunal de la Pénitence, ni de recevoir l'abjuration de ceux qui l'ont professée publiquement, sans un pouvoir spécial de Nous ou de Nos Vicaires-Généraux. Le Prêtre à qui la commission sera adressée, examinera si celui qui se présente est suffisamment instruit de la Doctrine Catholique, Apostolique et Romaine, et emploiera tous les moyens nécessaires pour s'assurer de la sincérité de son retour.

Si la commission porte qu'après l'abjuration on lui suppléera les cérémonies du Baptême, le Prêtre s'y conformera ; autrement il se contentera de le réconcilier de la manière suivante :

S'étant revêtu d'un surplis et d'une étole violette, il se rendra à la porte du chœur où sera le nouveau converti tenant un cierge allumé, et accompagné de ceux qui doivent servir de témoins ; tous se mettront à genoux, et le Prêtre commencera l'Hymne Veni, Creátor... *que les assistans continueront en deux chœurs ; ensuite le Prêtre s'étant levé, dira :*

℣. Emíttes spíritum tuum, et creabúntur;
℟. Et renovábis fáciem terræ.

ORÉMUS.

DEUS, qui corda Fidélium sancti Spíritûs illustratióne docuísti, da nobis in eódem Spíritu recta sápere et de ejus semper consolatióne gaudére; Per Christum Dóminum nostrum. ℟. Amen.

L'Oraison finie, le Prêtre s'étant assis et couvert, fera l'exhortation qui suit :

EXHORTATION.

DIEU qui vous inspire le dessein de vous unir à son Église, dont l'esprit de schisme vous avait jusqu'à présent éloigné, vous fait une grâce très-considérable, puisqu'il vous donne aujourd'hui la vie spirituelle, qu'il vous découvre les vérités de la Religion, et vous délivre de l'esprit d'erreur et de mensonge. L'Église, qui est l'Épouse de Jésus-Christ, vous reçoit aujourd'hui dans son sein, pour vous servir comme d'un port salutaire où l'esprit de charité et d'union rendra efficaces toutes les choses qui ne vous serviraient de rien pour votre salut, durant le temps que vous en seriez séparé : les Sacremens, les aumônes et le martyre même étant inutiles hors de l'Église Catholique.

Mais, comme cette Église contient le dépôt de la doctrine que Jésus-Christ lui a confiée, elle oblige tous ses enfans d'embrasser avec une parfaite soumission toutes les vérités qu'elle leur propose; et on ne doit pas craindre de se tromper, en s'y soumettant, puisqu'elle enseigne les vérités qu'elle a puisées dans les Écritures, ou qu'elle a reçues par la Tradition. et qui sont les mêmes que Jésus-Christ a révélées à ses Apôtres, sans qu'on y ait fait aucun changement. Les explications dont elle a été de temps en temps obligée de se servir pour confirmer la foi de ses enfans, ne contiennent pas des vérités nouvelles; ce sont les mêmes dogmes dont elle a pris la défense, pour confondre la nouveauté et l'opiniâtreté des Hérétiques.

Renoncez donc à l'esprit de nouveauté; quittez cet esprit d'erreur et de division, et souvenez-vous que vous ne pouvez avoir Dieu pour Père, si vous ne reconnaissez l'Église Catholique, Apostolique et Romaine pour votre Mère; et que, comme le déluge enveloppa dans ses abîmes tous ceux qui ne furent pas assez heureux pour être enfermés dans l'arche de Noé, de même ceux qui ne se trouveront pas dans sa communion, n'auront point de part à cette Église Triomphante que Jésus-Christ a établie par sa passion et par sa mort. (*En parlant aux assistans*) Et vous, Chrétiens, remerciez Dieu de ce que par sa bonté il vous a fait élever dans l'Église Catholique; que vous y avez été instruits de ses vérités et nourris de ses Sacremens; et priez-le de tout votre cœur qu'il vous fasse la grâce de mourir dans son sein, d'obéir exactement à ses lois, et d'y demeurer inviolablement attachés; puisque hors de sa communion il ne peut y avoir ni véritable piété, ni aucune espérance de salut.

L'exhortation finie, le Prêtre fera au nouveau converti les interrogations suivantes :

D. Est-ce librement et sans contrainte que vous désirez maintenant d'abjurer votre hérésie et embrasser la Foi Catholique, Apostolique et Romaine?

R. Oui, Monsieur.

D. Croyez-vous tous les articles de foi contenus dans le Symbole des Apôtres?

R. Oui, Monsieur.

D. Croyez-vous aussi toutes les vérités que l'Église Catholique a décidées dans les Conciles et spécialement dans le Concile de Trente, contre les nouveautés de Luther et de Calvin?

R. Oui, Monsieur.

D. Voulez-vous embrasser toutes les vérités qui sont contenues dans la profession de foi dont l'Église Catholique se sert, et dont vous allez faire (*ou*, entendre) la lecture?

R. Oui, Monsieur.

Ces interrogations finies, le Prêtre présentera au nouveau converti la profession de foi de l'Église Catholique, qu'il lira d'une voix intelligible; s'il ne sait pas lire, le Prêtre ou quelqu'autre la lira pour lui, après l'avoir averti de l'écouter et d'y unir son esprit et son cœur.

Formule de Profession de la Foi Catholique, Apostolique et Romaine.

Moi *N.* je crois d'une foi ferme, et professe, tant en général qu'en particulier, tous les articles contenus au Symbole des Apôtres, dont se sert la sainte Église Romaine, savoir :

Je crois en un seul Dieu, le Père tout-puissant qui a fait le ciel et la terre, et toutes les choses visibles et invisibles; et en un seul Seigneur Jésus-Christ, Fils unique de Dieu, qui est né du Père avant tous les siècles; Dieu de Dieu, lumière de lumière, vrai Dieu du vrai Dieu; qui n'a point été fait, mais engendré; consubstantiel au Père, par lequel toutes choses ont été faites; qui est descendu des cieux pour nous et pour notre salut, et s'est incarné, dans le sein de la bienheureuse Vierge Marie, par l'opération du Saint-Esprit, et a été fait homme; qui a été crucifié aussi pour nous sous Ponce-Pilate, qui a souffert et qui a été mis dans le sépulcre; qui est ressuscité le troisième jour selon les Écritures; qui est monté au ciel; qui est assis à la droite du Père; qui viendra de nouveau plein de gloire juger les vivans et les morts, et dont le règne n'aura pas de fin. Je crois au Saint-Esprit qui est aussi Seigneur, et qui donne la vie; qui procède du Père et du Fils, et qui est adoré et glorifié conjointement avec le Père et le Fils; qui a parlé par les Prophètes. Je crois l'Église qui est Une, Sainte, Catholique et Apostolique. Je confesse un Baptême pour la rémission des péchés, et j'attends la résurrection des morts et la vie du siècle à venir. ℟. Ainsi soit-il.

Je crois et embrasse très-fermement les Traditions

Apostoliques et Ecclésiastiques, et toutes les autres Observances et Constitutions de la même Église. Je crois aussi la sainte Écriture selon le sens qu'a tenu et tient l'Église notre sainte Mère, à laquelle il appartient de juger du vrai sens et de l'interprétation des Écritures saintes; et je ne la prendrai ni interprèterai jamais que selon le consentement unanime des Pères. Je professe encore qu'il y a sept Sacremens de la loi nouvelle, vraiment et proprement ainsi appelés, institués par Notre-Seigneur Jésus-Christ, nécessaires au salut du genre humain, quoiqu'ils ne le soient pas tous à chacun en particulier; savoir : le Baptême, la Confirmation, l'Eucharistie, la Pénitence, l'Extrême-Onction, l'Ordre et le Mariage. Je reconnais qu'ils confèrent la grâce; et qu'entre ces Sacremens, le Baptême, la Confirmation et l'Ordre ne peuvent se réitérer sans sacrilège.

Je reconnais aussi et admets les Cérémonies de l'Église Catholique, reçues et approuvées dans l'administration solennelle de tous les Sacremens.

J'embrasse et reçois tout ce qui a été défini et déclaré par le saint Concile de Trente, touchant le péché originel et la justification.

Je reconnais aussi qu'à la sainte Messe on offre à Dieu un vrai Sacrifice proprement dit et propitiatoire, pour les vivans et les morts, et que le Corps et le Sang avec l'Ame et la Divinité de Notre-Seigneur Jésus-Christ sont vraiment, réellement et substantiellement au très-saint Sacrement de l'Eucharistie, et qu'il s'y fait un changement de toute la substance du pain au Corps, et de toute la substance du vin au Sang; lequel changement l'Église Catholique appelle Transsubstantiation.

Je confesse aussi que sous une seule des deux espèces on reçoit Jésus-Christ tout entier, et qu'en le recevant ainsi, on reçoit un vrai Sacrement.

Je tiens fermement qu'il y a un Purgatoire, et que les âmes qui y sont détenues, sont soulagées par les suffrages des Fidèles.

Je tiens aussi que les Saints qui règnent avec Jésus-Christ, sont à honorer et à invoquer; qu'ils offrent à Dieu leurs prières pour nous; et que leurs reliques sont à honorer.

Je tiens aussi fermement que les images de J.-C. et de la Mère de Dieu, toujours Vierge, et des autres Saints sont à avoir et à retenir, et qu'il faut leur rendre l'honneur et la révérence qui leur sont dus.

Je confesse que Jésus-Christ a laissé dans son Église le pouvoir de donner des Indulgences, et que l'usage en est très-salutaire au peuple chrétien.

Je reconnais que l'Église romaine est Une, Sainte, Catholique et Apostolique, et qu'elle est mère et maîtresse de toutes les Eglises;

Et je promets et jure une vraie obéissance au Pape, successeur de S. Pierre, Prince des Apôtres, et Vicaire de Jésus-Christ.

Je reçois aussi sans aucun doute, et professe toutes les autres choses qui nous ont été données, définies et déclarées par les saints Canons et par les Conciles œcuméniques, et principalement par le saint Concile de Trente, et en même-temps je condamne aussi et rejette et j'anathématise tout ce qui leur est contraire et toutes les hérésies que l'Église a condamnées, rejetées et anathématisées.

Celui qui fait profession de la Foi, met la main droite sur les Saints Évangiles, et dit :

Moi *N.*, je promets, voue et jure, sur ces saints Évangiles de Dieu, de garder et confesser très-constamment jusqu'au dernier soupir de ma vie, avec l'aide de Dieu, cette Foi Catholique, pure et entière, hors de laquelle personne ne peut être sauvé, et dont présentement je fais profession sans aucune contrainte; et tant qu'il me sera possible, je la ferai garder, enseigner et prêcher par ceux sur qui j'aurai autorité, et dont le soin m'aura été commis.

Alors le Prêtre se met à genoux avec le nouveau converti et les assistans, pour réciter avec eux le Psaume 5o.

Miserére. . . . . . *à la fin,* Glória Patri....

Kyrie, eléison.
Christe, eléison.
Kyrie, eléison.
Pate noster... *tout bas.*

Ensuite le Prêtre se lève seul, et, tourné vers l'autel, il dit:

℣. Et ne nos indúcas in tentatiónem;
℟. Sed líbera nos à malo.
℣. Salvum fac servum tuum (*ou,* Salvam fac ancíllam tuam),
℟. Deus meus, sperántem in te.
℣. Nihil profíciat inimícus in eo (*ou,* eâ);
℟. Et fílius iniquitátis non appónat nocére ei.
℣. Esto ei, Dómine, turris fortitúdinis.
℟. A fácie inimíci.
℣. Dómine, exáudi oratiónem meam;
℟. Et clamor meus ad te véniat.
℣. Dóminus vobíscum,
℟. Et cum spíritu tuo.

Orémus.

Deus, cui próprium est miseréri semper et párcere; súscipe deprecatiónem nostram, ut hunc fámulum tuum quem (*ou,* hanc fámulam tuam quam) delictórum caténa constríngit, miserátio tuæ pietátis cleménter absólvat; Per Christum Dóminum nostrum. ℟. Amen.

Puis le Prêtre imposera une pénitence au nouveau converti; ensuite étant assis et couvert, il tiendra la main droite élevée sur la tête du pénitent qui doit être à genoux, et il dira:

Auctoritáte Dei Omnipoténtis et Beatórum Apostolórum Petri et Pauli ac Ecclésiæ mihi concéssâ, absólvo te à vínculo excommunicatiónis in quam incurrísti propter hæresim : restítuo te communióni Fidélium, participatióni Sacramentórum, et planè redúco te in grémium sanctæ matris Ecclésiæ; in nómine Patris ✝ et Fílii et Spíritûs Sancti. Amen.

Si le nouveau converti doit faire la Communion, il devra se confesser aussitôt après son abjuration.

Le Prêtre pourra, selon sa prudence, conclure cette cérémonie en récitant ou chantant le Te Deum.

Le Prêtre écrira l'acte d'abjuration, conformément à la formule qui se trouve à la fin de ce Rituel, et l'enverra aussitôt au Secrétariat de l'Évêché, sans en délivrer par lui-même aucune expédition.

INSTRUCTION

SUR LE SACREMENT DE L'EXTRÊME-ONCTION.

L'Apôtre Saint Jacques, au chap. 5. de son Épître catholique, renferme en ce peu de mots toute la doctrine de l'Église sur l'Extrême-Onction : *Quelqu'un*, dit-il, *d'entre vous est-il malade? qu'il appelle les Prêtres de l'Église, et qu'ils prient sur lui, en l'oignant d'huile au nom du Seigneur, et la prière de la foi sauvera le malade; le Seigneur le soulagera; et, s'il a commis des péchés, ils lui seront remis.* On peut voir dans toute cette exposition la nature, les effets, la matière, la forme, le ministre de ce Sacrement, et qui sont ceux auxquels on peut ou on doit l'administrer.

De la nature et des effets de l'Extrême-Onction.

L'Extrême-Onction est un Sacrement qui par l'onction de l'huile sainte et la prière du Prêtre, pourvoit au soulagement spirituel et corporel du Chrétien dangereusement malade.

Les Pasteurs s'attacheront avec soin à détruire de l'esprit de leurs peuples le préjugé funeste et trop universellement répandu contre ce Sacrement, qui le fait redouter du plus grand nombre comme un arrêt de mort irrévocable; d'où il arrive qu'ils n'osent proposer à leurs parens et amis malades d'y avoir recours; et qu'à force de le différer, ils le reçoivent sans confiance, sans sentiment, quelquefois même avec répugnance, et le plus souvent dans une extrémité qui les rend incapables des dispositions qui seraient à désirer. Le moyen de remédier à ce désordre, est de leur bien faire comprendre les heureux effets de ce Sacrement: ils les trouveront clairement expliqués dans l'exposition qu'en fait le Concile de Trente, interprétant les paroles de Saint Jacques qu'on vient de rapporter.

L'effet de ce Sacrement, dit ce saint Concile (*Sess.* 14.) n'est autre que la grâce de l'Esprit-Saint, qui, par son onction, ôte les péchés qui seraient à expier, et les restes du péché; soulage l'âme du malade, et la fortifie, en excitant en lui une grande confiance en la miséricorde de Dieu; lui donne la force pour supporter plus facilement les peines et les incommodités de la maladie ; pour résister aux tentations du démon, et aux embûches qu'il nous dresse à la fin de notre vie ; et lui rend même quelquefois la santé du corps, lorsqu'elle importe au salut de l'âme.

Ce Sacrement efface les péchés qui resteraient à expier à un malade suffisamment contrit. On ne peut donner un autre sens à ces paroles de Saint Jacques : *Si in peccatis sit, remittentur ei :* ce qui doit s'entendre, non seulement des péchés véniels, mais encore des mortels qui auraient été oubliés ou inconnus, et dont on ne pourrait se confesser. C'est pour cette raison que les Pères et les Conciles appellent l'Extrême-Onction le complément, la perfection et la consommation de la Pénitence. Cet effet, envisagé par des vues de foi, suffirait seul pour exciter l'empressement d'un malade : car, que peut-il désirer de plus avantageux pour le disposer à paraître devant Dieu, que d'être purifié de ses péchés, qui peuvent seuls lui faire craindre ses jugemens redoutables, et s'opposer à son bonheur éternel.

L'Extrême-Onction ôte encore les restes du péché : *Peccati reliquias abstergit*, dit le Concile de Trente ; on entend par ces restes du péché, une certaine pente au mal, un éloignement pour le bien, la difficulté de se porter à Dieu, et même les habitudes vicieuses auxquelles l'Extrême-Onction remédie par les secours particuliers et plus abondans qu'elle donne, pour résister à leur penchant dans le temps le plus périlleux et le plus critique de la vie ; on peut aussi entendre par ces restes du péché, la peine temporelle qui lui est due et que ce Sacrement remet, du moins en partie, à proportion des dispositions de ceux qui le reçoivent.

Ce Sacrement soulage les malades, les fortifie contre les horreurs de la mort, leur donne la grâce de souffrir avec patience, et de résister aux tentations du démon, qui ranime ses efforts contre eux, dans leurs derniers momens. C'est ce que S. Jacques exprime par ces mots : *Alleviabit eum Dominus ;* et ce que signifie l'huile, dont une des propriétés est d'adoucir les maux du corps et de rétablir ses forces.

Le dernier effet de ce Sacrement est de procurer la santé du corps : l'Apôtre S. Jacques l'insinue, en disant que *l'Oraison de la foi sauvera le malade ;* et le Concile de Trente l'enseigne clairement par ces paroles : *Sanitatem corporis interdùm consequitur*. Ce Concile ajoute cette condition : *Ubi saluti animæ expedierit*. La guérison du corps ne serait pas toujours profitable à l'âme, et c'est la raison pour laquelle cet effet n'est pas toujours produit dans ceux-mêmes qui reçoivent ce Sacrement avec de saintes dispositions. Il arrive même quelquefois que l'Extrême-Onction, sans guérir absolument le corps, opère sur lui une impression bien plus salutaire, qui consiste à diminuer la violence de la maladie, et à rendre à l'âme la facilité de s'élever à Dieu, pour se disposer à paraître devant lui.

On peut conclure de tous ces avantages, qu'il est important aux Fidèles de recourir de bonne heure à ce Sacrement dans leurs maladies, lorsqu'elles sont dangereuses : car en différant ils s'exposent au danger de mourir sans ce secours, ou de ne le recevoir que lorsqu'ils ne sont presque plus en état d'en profiter.

De la Matière et de la Forme de l'Extrême-Onction.

La matière éloignée de ce Sacrement est l'huile d'olive, selon ces paroles de S. Jacques : *Ungentes eum oleo.* Cette huile doit avoir été bénite par l'Évêque le Jeudi-Saint. Les Curés auront soin de la renouveler tous les ans, et de brûler celle qui est de l'année précédente, aussitôt qu'ils auront reçu la nouvelle, observant ce qui a été prescrit ci-dessus, *page* 28 pour les Saintes Huiles destinées à l'administration du Baptême.

Si un Prêtre, par inadvertance ou dans un cas de nécessité, s'était servi, pour administrer ce Sacrement, d'une autre huile que de celle des infirmes, il devrait réitérer les onctions avec l'Huile des Infirmes, et répéter la forme, eût-il même employé à cet effet le Saint Chrême ou l'Huile des Cathécumènes. Pour éviter cette méprise, on conservera l'Huile des Infirmes dans un vase d'argent ou d'étain fin, séparé de celui du Saint Chrême et de l'Huile des Cathécumènes, sur le couvercle duquel ces deux mots seront écrits en gros caractères : *OLEUM INFIRMORUM*, ou du moins ces deux lettres majuscules *O. I.*

Ce vase sera enfermé sous clef. Lorsqu'on sera obligé de monter à cheval pour aller administrer ce Sacrement, on le mettra dans une bourse d'étoffe violette, à laquelle seront attachés des cordons, pour la passer autour du cou ; et de crainte que l'huile ne s'écoule, on mettra au fond du couvercle des étoupes ou du coton qu'on aura soin de changer de temps en temps et de brûler sur la piscine.

Si, dans le cours de l'année, l'huile des infirmes venait à diminuer, en sorte qu'on appréhendât qu'il n'y en eût point assez pour fournir jusqu'à la bénédiction des nouvelles, on pourrait y en mêler d'autre non bénite, mais en moindre quantité que ce qui serait resté d'huile bénite.

La matière prochaine de ce Sacrement est l'onction ou l'application de l'huile bénite aux principales parties du corps. On oint les yeux, les oreilles, les narines, la bouche, les mains et les pieds, comme les principaux organes des sens, par lesquels l'homme pèche. On doit aussi faire une onction au haut de la poitrine, au dessous du cou, qu'on découvrira modestement à cet effet.

Aux aveugles, sourds et muets de naissance on fera les onctions comme aux autres, parce que, selon l'instruction de St. Charles Borromée, ils ont pu désirer de commettre les fautes dont on se rend coupable par les sens dont ils sont privés.

L'onction des mains se fait en dehors aux Prêtres, parce que le dedans a déjà été consacré par leur Ordination.

On ne manquera jamais de faire les onctions susdites, à moins que le malade ne parût dans un danger de mort si pressant, qu'on eût lieu de craindre de n'avoir que le temps nécessaire pour en faire une seule; car dans ce cas il faudrait omettre toutes les prières préliminaires, et se contenter de faire cette onction unique sur un seul organe, par exemple, sur les yeux en disant : *Per istam sanctam Unctionem ✝ et suam piissimam misericordiam, indulgeat tibi Dominus quidquid peccásti per visum et alios sensus.* ℟. *Amen.*

La forme de ce Sacrement est la prière que dit le Prêtre, en faisant ces saintes onctions, comme on peut le conclure avec le Concile de Trente de ces paroles de Saint Jacques : *Orent super eum, ungentes eum oleo in nomine Domini.* Cette prière est contenue dans ces paroles dont use l'Église Romaine : *Per istam sanctam Unctionem...*

On ne prononce qu'une seule fois ces paroles sur les organes qui sont doubles, tels que les yeux, les oreilles, les mains et les pieds; mais on y fait deux onctions, commençant par le côté droit, et on ne doit achever de prononcer la forme, qu'en finissant la seconde onction.

Si le malade était mutilé de quelqu'un des membres sur lesquels on doit faire l'onction, il faudrait la faire à la partie la plus voisine, à moins qu'on ne pût la découvrir sans incommoder le malade, ou blesser la modestie.

Quand il y a du danger que le malade n'expire avant qu'on ait pu lui administrer l'Extrême-onction avec toutes les cérémonies prescrites, il faut les omettre, et faire au plus tôt les onctions à chaque sens; et, si le malade survit, on reprendra les prières qu'on aura omises. Si le malade expirait avant que toutes les onctions fussent faites, il faudrait les cesser; mais dans le doute s'il vit encore, on doit les achever, se servant de cette forme conditionnelle : *Si vivis, per istam sanctam Unctionem...*

De ceux auxquels on doit administrer le Sacrement de l'Extrême-Onction.

Les Fidèles baptisés, malades en danger de mort, qui ont actuellement, ou ont eu autrefois l'usage de la raison, sont seuls capables de recevoir l'Extrême-Onction.

De ce principe il faut conclure qu'on ne peut l'administrer à ceux qui n'ont point été baptisés, non plus qu'à ceux qui, quoique baptisés, ne sont pas malades, fussent-ils sur le point de mourir, comme les criminels qu'on va exécuter. On ne peut même la donner aux malades qui ne sont pas en danger de mort; mais on doit la donner aux vieillards qui sont tellement décrépits, qu'ils semblent devoir mourir de jour en jour de défaillance, quand même ils n'auraient aucune autre maladie.

Cependant ce serait une erreur dangereuse que de croire qu'il faut attendre que le malade soit à l'extrémité pour lui conférer ce Sacrement, comme on pourrait le conclure faussement du nom d'*Extrême-Onction*. On ne l'appelle ainsi que parce que cette onction est la dernière de celles que reçoit le Chrétien, qui ayant été oint au Baptême et dans la Confirmation, l'est encore à la fin de sa vie par ce Sacrement; mais il suffit, pour le donner à un malade, qu'il soit en danger de mort. Ceux qui attendent à l'extrémité, s'exposent à le recevoir sans connaissance, et se privent de grâces très-puissantes pour les soutenir contre les attaques du démon, et leur faire supporter patiemment les douleurs et l'abattement de la maladie, qui précèdent leurs derniers momens.

On le donnera aux insensés et aux frénétiques qui auraient eu autrefois l'usage de la raison, pourvu qu'il n'y ait aucun danger d'irrévérence. Ceux qui ont toujours été insensés, n'en sont pas capables, non plus que les enfans qui n'ont pas encore atteint l'âge de raison. Si néanmoins ces derniers paraissaient avoir assez de discernement pour pouvoir pécher, il faudrait le leur administrer, quelque jeunes qu'ils fussent; on doit même le leur donner, lorsqu'on doute s'ils ont assez de raison, étant plus à propos de risquer la validité du Sacrement que le salut d'une âme, qui peut-être sans ce remède périrait éternellement.

A plus forte raison doit-on l'administrer à ceux qui, après l'avoir demandé, ou avoir donné des marques de contrition, auraient perdu la connaissance; on ne peut même en priver ceux qui, ayant vécu chrétiennement, sont tout-à-coup surpris de quelque maladie qui, leur ôtant l'usage des sens, les met hors d'état de demander les Sacremens; car les marques de piété qu'ils ont données pendant leur santé, donnent lieu de présumer, lorsqu'il n'y a point de raison contraire, qu'ils souhaitent qu'on leur procure en danger de mort ce qui peut être utile à leur salut; et cette intention interprétative suffit pour recevoir ce Sacrement.

On doit refuser l'Extrême-Onction aux hérétiques, aux excommuniés dénoncés, aux duellistes et autres pécheurs publics et scandaleux, quand on sait certainement qu'ils ne se sont pas repentis, avant d'avoir perdu connaissance : Nous disons *certainement ;* car, dans le doute, il faut présumer en faveur du malade, et hasarder le Sacrement. Pour les hérétiques et les excommuniés qui auraient témoigné du regret, ils ne pourraient y être admis qu'après l'absolution. On le refusera pareillement à tous ceux qui demeurent obstinés dans leur crime : mais, pour user de cette rigueur envers eux, il faut être assuré de leur impénitence; car, dans le doute, on doit présumer en faveur du malade, et conférer le Sacrement.

Les principales dispositions pour recevoir ce Sacrement avec fruit sont :

1°. D'être en état de grâce : c'est pourquoi on ne doit l'administrer qu'après que le malade aura été confessé, s'il le peut; ou, s'il ne le peut pas, qu'après avoir tâché de lui faire concevoir intérieurement un vif regret de ses fautes, et lui avoir donné l'absolution.

2°. Une ferme foi et une confiance telle que J.-C. a toujours exigée des malades qui lui demandaient la guérison. S. Jacques semble l'insinuer, lorsqu'il dit que l'oraison accompagnée de la foi guérira le malade.

3°. La contrition des péchés, puisque Dieu ne les remet qu'à ceux qui y renoncent et qui les détestent. C'est pourquoi les Pasteurs avertiront les malades de détester, à chacune des onctions, les péchés qu'ils auraient commis par les sens sur lesquels on les fait, pour en obtenir la rémission, et être purifiés de leurs restes par la vertu du Sacrement.

4°. Une parfaite soumission

à la volonté de Dieu pour la santé et la maladie, pour la vie et la mort. Pour exciter dans les malades cette heureuse disposition, les Pasteurs leur représenteront le souverain domaine de Dieu sur eux, sa bonté infinie qui doit les engager à s'abandonner à lui, comme un bon enfant remet avec confiance tous ses intérêts entre les mains d'un père qui l'aime tendrement: *Sive vivimus, sive morimur, Domini sumus.*

Du Ministre de l'Extrême-Onction.

Les Prêtres seuls peuvent administrer le Sacrement de l'Extrême-Onction. Tous peuvent le conférer validement; mais, hors le cas de nécessité, le Curé seul ou les Prêtres commis par l'Évêque ou le Curé du malade peuvent l'administrer licitement : un Régulier, qui de son autorité donnerait ce Sacrement, encourrait l'excommunication. (Clem. cap. *Religiosi de privileg. et excess. privileg.*)

Les Curés donneront tous leurs soins pour faire recevoir ce Sacrement à propos à leurs Paroissiens dans leurs maladies. Ils les exhorteront à le demander de bonne heure; et, quand ils seront requis de l'administrer, ils s'y rendront au plus tôt, la nuit comme le jour, ou enverront, s'ils le peuvent, en leur place, un Prêtre approuvé pour la confession. Dans les maladies contagieuses ils auront recours à Nous, afin que nous leur prescrivions les précautions nécessaires pour ne point trop s'exposer, sans néanmoins se dispenser de donner à ceux qui en seraient attaqués, un remède si important pour le salut de leurs âmes, et qu'ils sont en droit d'exiger de leurs Pasteurs dans cette extrémité.

Quoique l'Extrême-Onction puisse se réitérer, on ne doit pas la donner deux fois dans une même maladie; si néanmoins pendant une longue maladie, le malade étant sorti du danger de mort, y retombait, il faudrait l'administrer une seconde fois.

Il y a des Diocèses où l'on donne l'Extrême-Onction avant le saint Viatique, conformément à l'usage primitif qui fut partout suivi jusqu'à la fin du treizième siècle. Depuis lors cet usage a été changé dans la plupart des Églises (1), pour une raison prise des circonstances du temps,

(1) Conformément à l'usage presque général de l'Église de France, Nous conseillons d'administrer l'Extrême-Onction avant le saint Viatique, l'expérience apprenant que

qui engagèrent les Pasteurs à imiter la charitable condescendance de S. Paul, (1. *Cor.* 9. 22.) par laquelle il se faisait *faible avec les faibles, dans la vue de gagner les faibles*. Il y a d'autres Diocèses où l'Extrême-Onction se donne après le saint Viatique ; d'autres où, pour l'ordre de ces deux Sacremens, on se règle sur le souhait des malades. Ces trois pratiques, quoiqu'opposées, sont appuyées de motifs plausibles, à l'égard desquels *chacun peut abonder dans son sens*. (*Rom.* 14. 5.) Cependant après de mûres réflexions, la troisième nous paraît préférable, comme propre à rendre fréquens les avantages ordinaires de la première, et à rendre rares ou moins communs les inconvéniens très-fréquens de la seconde. Ces inconvéniens sont que l'Extrême-Onction n'est reçue par un grand nombre de malades, que lorsqu'ils sont à l'extrémité, hors d'état d'en profiter, du moins par rapport à plusieurs de ses effets salutaires à l'âme et au corps de ceux qui ont le bonheur de la recevoir avec pleine connaissance et actuelle dévotion. Souvent même beaucoup d'entr'eux ne la reçoivent point, parce que, dans la crainte d'augmenter leur mal et d'accélérer leur mort par le trouble et la désolation que leur causerait l'annonce de cette réception, regardée comme un pronostic certain d'une mort prochaine, on n'ose leur en parler, et à force de différer, on avertit trop tard de venir la leur administrer. Les avantages que produit la première pratique, sont d'éviter ces funestes inconvéniens ; de disposer davantage par l'Extrême-Onction, qui purifie l'âme des restes du péché, à recevoir en meilleur état le saint Viatique ; et enfin d'effrayer moins le malade et de moins affliger sa famille.

La troisième pratique a de plus cet avantage, qu'en laissant aux malades la liberté du choix, elle leur procure la satisfaction de voir leur souhait accompli ; et que, s'il arrive qu'après avoir préféré de recevoir premièrement le saint Viatique, la mort les surprenne sans qu'on leur ait administré l'Extrême-Onction, ou sans qu'ils l'aient reçue en état d'en bien profiter, ils ne devront en attribuer la cause qu'à eux-mêmes. Afin de les préserver de ce malheur dont ils sont principalement menacés en certaines maladies, où il arrive d'ordinaire que tantôt une fièvre ardente, tantôt une profonde léthargie les prive de l'usage de la raison, Nous voulons que lorsqu'un

---

lorsqu'on diffère on s'expose à priver le malade du puissant secours que lui procure ce Sacrement.

Curé ou autre Prêtre proposera à un malade confessé l'option de l'ordre de la réception des derniers Sacremens, il lui représente les avantages de la première pratique et les inconvéniens de la seconde, afin de l'engager à préférer celle-là à celle-ci. Comme toutefois ces inconvéniens sont moindres que celui de laisser mourir le malade sans avoir reçu le saint Viatique, Nous ordonnons qu'on le lui administre avant l'Extrême-Onction 1°. toutes les fois qu'il témoignera désirer qu'on en use ainsi à son égard; 2°. toutes les fois que le mal sera si pressant, qu'on aura lieu de craindre que le malade ne vienne à mourir, avant que de recevoir le saint Viatique, si on commençait par l'administration de l'Extrême-Onction. Nous espérons que cette troisième pratique produira dans ce Diocèse un heureux effet. Nous l'espérons et le désirons fort, en supposant que les Pasteurs, après avoir administré ces deux Sacremens, soit séparément, soit conjointement, n'en seront pas moins soigneux de remplir ensuite, à l'égard des infirmes, tout ce qu'exige la sollicitude pastorale pour l'assistance des personnes mourantes, ou en danger de mort.

Le Prêtre qui doit administrer ce Sacrement, donnera ordre que le lit du malade soit couvert d'un linge blanc, et que sa chambre soit dans une propreté convenable. Il y fera mettre une table couverte d'une nappe, sur laquelle il y aura un Crucifix, deux chandeliers garnis de deux cierges allumés, de l'eau bénite dans un vase, avec un aspersoir, deux plats ou assiettes, sur l'un desquels on mettra sept ou huit pelotons d'étoupes ou de coton bien propres, pour essuyer les onctions, et un peu de mie de pain, pour frotter les doigts du Prêtre; sur l'autre, il y aura un cornet de papier blanc, pour mettre les pelotons après chaque onction: il y aura aussi une aiguière pleine d'eau, avec une serviette blanche et un plat ou bassin pour recevoir l'eau et les miettes de pain, quand le Prêtre se lavera les mains. Enfin le Prêtre aura soin d'avertir ceux qui seront présens, d'unir leurs prières aux siennes, pour obtenir au malade l'effet du Sacrement.

Ordre de l'administration de l'Extrême-Onction.

Tout étant disposé pour l'administration de l'Extrême-Onction, le Prêtre ira à l'église, se lavera les mains, prendra sur sa soutane un surplis et une étole violette, et s'étant mis un moment à genoux, pour demander à Dieu la grâce de se bien acquitter de cette fonction, il prendra avec respect le vase des Saintes Huiles, couvert d'un petit pavillon violet; et, s'étant couvert de son bonnet ou camail, il ira à la maison du malade, précédé de quelques clercs ou autres personnes qui porteront une Croix sans bâton, le Rituel et un flambeau, selon la coutume des lieux.

Pendant le chemin il ne saluera personne, se tiendra appliqué à Dieu, et récitera des Psaumes ou autres prières pour le malade, sans faire sonner la clochette. Si le temps est mauvais, il pourra faire porter son surplis et son étole chez le malade, et même monter à cheval, portant les saintes huiles dans une bourse suspendue à son cou.

En entrant dans la chambre du malade, il dira:

℣. Pax huic Dómui,
℟. Et ómnibus habitántibus in eâ.

Puis ayant mis les Saintes Huiles sur la table qu'on aura préparée, il prendra l'aspersoir, et jettera de l'eau bénite sur le malade et sur les assistans, en disant:

℣. Aspérges me, Dómine, hyssópo, et mundábor;
℟. Lavábis me, et super nivem dealbábor.
℣. Osténde nobis, Dómine, misericórdiam tuam;
℟. Et salutáre tuum da nobis.
℣. Dómine, exáudi oratiónem meam;
℟. Et clamor meus ad te véniat.
℣. Dóminus vobíscum,
℟. Et cum spíritu tuo.

Orémus.

Exaudi nos, Dómine sancte, Pater omnípotens, ætérne Deus; et míttere dignéris sanctum Angelum tuum de cœlis, qui custódiat, fóveat, prótegat, vísitet atque deféndat omnes habitántes in hoc habitáculo; Per Christum Dóminum nostrum. ℟. Amen.

Ensuite le Prêtre s'approchant du Malade, lui demandera à voix basse s'il n'a rien sur la conscience qui lui fasse de la peine: s'il témoigne vouloir se confesser ou se réconcilier, il fera retirer les assistans, l'entendra et lui donnera l'absolution, s'il est en état de la recevoir. S'il n'a pas besoin de se réconcilier, il lui fera néanmoins dire : Confíteor..., *ou le fera dire par quelqu'un des assistans, et ajoutera :* Misereátur..., Indulgéntiam...; *puis il dira :*

℣. Dóminus vobíscum,

℟. Et cum spíritu tuo.

ORÉMUS.

DÓMINE Deus, qui per Apóstolum tuum Jacóbum locútus es, dicens : Infirmátur quis in vobis? Indúcat Presbyteros Ecclésiæ, et orent super eum, ungéntes eum óleo sancto in nómine Dómini, et orátio fídei salvábit infírmum, et alleviábit eum Dóminus : et si in peccátis sit, dimitténtur ei ; cura, quæsumus, Dómine Redémptor, grátiâ Spíritûs sancti languóres istíus infírmi (*ou*, infírmæ) *N.*, et sana ejus vúlnera, ejúsque dimítte peccáta, atque cunctos dolóres cordis et córporis ab eo (*ou*, eâ) expélle, et plenam ei intériùs exteriúsque sanitátem misericórditer redde; ut ope misericórdiæ tuæ restitútus et sanátus (*ou*, restitúta et sanáta), ad prístina pietátis tuæ reparétur offícia; Qui vivis et regnas, Deus, per ómnia sécula seculórum.

℟. Amen.

Lorsque le Malade connaît et entend, le Prêtre doit brièvement lui exposer la vertu et les effets du Sacrement qu'il va recevoir, et lui parler à peu près en ces termes :

EXHORTATION.

LE Seigneur, riche en miséricorde, vient répandre sur vous de nouveaux dons. C'est l'onction sainte qu'il a laissée à son Église pour le soulagement spirituel et corporel des malades. Recevez-la, mon très-cher Frère (*ou*, ma très-chère Sœur), avec des sentimens d'une foi vive, et d'une parfaite confiance dans les mérites de Jésus-Christ, notre Sauveur, de qui elle tient toute son efficacité et toute sa force.

S'il reste encore en vous quelque tache qui n'ait pas

été parfaitement effacée par vos larmes et par la pénitence, ce Sacrement va vous en purifier. Si votre âme est dans la langueur et dans la faiblesse, cette onction céleste va la fortifier. Rempli de cette force divine, que Jésus-Christ est venu nous communiquer en se revêtant de nos faiblesses, vous vaincrez le démon qu'il a vaincu; vous surmonterez les douleurs de la maladie et celles de la mort auxquelles ce divin Sauveur ne s'est soumis que pour nous en adoucir les rigueurs et l'amertume.

S'il est même convenable aux desseins de Dieu sur vous, s'il est plus avantageux pour votre salut, ce Sacrement opérera la guérison de votre maladie, et vous rendra la santé. Espérez-la, mon très-cher Frère (*ou*, ma très-chère Sœur); attendez-la avec confiance du Dieu tout-puissant, qui tient la vie et la mort entre ses mains, qui frappe et qui guérit, comme il lui plaît.

Mais, vous occupant moins de la vie présente, que du désir de vous sauver, ne demandez votre guérison qu'avec une soumission parfaite et un abandon sans réserve à la volonté du Père céleste, qui sait mieux que nous ce qui est véritablement utile, et qui ne donne rien que de bon à ses enfans.

Pour recevoir ce Sacrement avec plus de fruit, renouvelez-vous dans la douleur de vos péchés; unissez-vous à Notre-Seigneur Jésus-Christ au jardin des Oliviers et sur la croix, et demandez-lui la grâce d'entrer dans les dispositions où il entra lui-même pour se préparer à son sacrifice.

En même temps que nous ferons les onctions, demandez pardon à Dieu de tous vos péchés, et principalement de ceux que vous avez commis par le mauvais usage que vous avez fait de vos sens. Par exemple, quand on fera l'onction sur les yeux, dites dans le fond de votre cœur: Mon Dieu, je vous demande très-humblement pardon des péchés que j'ai commis par la vue. (*Et ainsi des autres sens.*)

Mais auparavant (1) nous avons quelques demandes à vous faire, auxquelles vous voudrez bien répondre, s'il vous plaît, pour rendre témoignage à la Religion que vous professez.

D. Mon cher Frère (*ou*, ma chère Sœur), Croyez-vous fermement tout ce que croit la sainte Eglise Catholique, Apostolique et Romaine; et voulez-vous vivre et mourir en cette foi?

R. Oui, Monsieur.

D. Espérez-vous de la bonté de Dieu toutes les choses qu'il connaît vous être nécessaires pour votre plus grand bien, et particulièrement d'obtenir la rémission de tous vos péchés, et la vie éternelle par les mérites de la Mort et de la Passion de Notre-Seigneur Jésus-Christ?

R. Oui, Monsieur.

D. Aimez-vous votre Dieu, au moins le désirez-vous, et lui demandez-vous la grâce de l'aimer de tout votre cœur, de tout votre esprit, de toutes vos forces et de toutes les affections de votre âme?

R. Oui, Monsieur.

D. Celui que vous souhaitez ainsi d'aimer, est celui que vous avez tant de fois offensé; ne vous repentez-vous pas de tout votre cœur, d'avoir tant offensé un Dieu si bon et si aimable, et ne lui demandez-vous pas pardon de tous les péchés que vous avez commis en toute votre vie?

R. Oui, Monsieur.

D. Pardonnez-vous de bon cœur et pour l'amour de Dieu, à tous ceux qui vous ont offensé en quelque sorte que ce soit? Et vous-même, voulez-vous bien prier ceux que vous avez offensés en quelque manière que ce puisse être, de vous pardonner, voulant que tous les torts que vous pourriez leur avoir faits, soient entièrement et au plus tôt réparés?

---

(1) *On pourra omettre ces demandes, si on le juge convenable, ou pour ne pas fatiguer le malade.*

R. Oui, Monsieur.

D. Agréez-vous, pour l'amour de Dieu et pour l'expiation de vos péchés, le mal et les douleurs que vous souffrez, avec une entière soumission à ses ordres, et une parfaite résignation à tout ce qu'il lui plaira ordonner et disposer de vous, soit à la vie, soit à la mort?

R. Oui, Monsieur.

Ensuite le Prêtre se tournant vers les assistans, dira :

Et vous, mes Frères, qui environnez ce lit de douleur, unissez vos prières à celles de l'Eglise, afin d'obtenir à votre frère (*ou*, à votre sœur) les grâces qui lui sont nécessaires. Profitez en même temps d'un si touchant spectacle, et vivez désormais comme vous voudriez avoir vécu, lorsqu'on vous administrera les derniers secours de la Religion.

Alors le Prêtre et les assistans se mettront à genoux, et réciteront ensemble les Litanies suivantes : (1)

KYRIE, eléison. ℟. Christe, eléison.
Kyrie, eléison; Christe, audi nos. ℟. Christe, exáudi nos.

Pater de cœlis, Deus, ℟. Miserére ei.
Fili Redémptor mundi, Deus, miserére ei.
Spíritus sancte, Deus, miserére ei.
Sancta Trínitas unus Deus, miserére ei.
Sancta María, ℟. Ora pro eo (*ou*, eâ).
Sancta Dei Génitrix, ora.
Sancta Virgo Vírginum, ora.
Sancte Míchael (2), ora.
Omnes sancti Angeli et Archángeli, oráte.
Omnes sancti Beatórum Spirítuum órdines, oráte.
Sancte Joánnes Baptísta, ora.

---

(1) Le Prêtre pourra, selon les circonstances et ce qu'il jugera le plus convenable, omettre les Litanies, jusqu'au deuxième *Kyrie, eléison*, exclusivement.

(2) Le Prêtre nommera le Patron de la Paroisse en son ordre.

Sancte Joseph, ℟. Ora pro eo (*ou*, eâ).
Omnes sancti Patriárchæ et Prophétæ, oráte.
Sancte Petre, ora.
Sancte Paule, ora.
Omnes sancti Apóstoli et Evangelístæ, oráte.
Omnes sancti Discípuli Dómini, oráte.
Omnes Sancti Innocéntes, oráte.
Sancte Stéphane, ora.
Sancte Laurénti, ora.
Sancte Firmíne, ora.
Sancti Fabiáne et Sebastiáne, oráte.
Sancti Achi et Achéole, oráte.
Sancte Quintíne, ora.
Sancte Fusciáne cum sóciis tuis, ora.
Omnes sancti Mártyres, oráte.
Sancte Gregóri, ora.
Sancte Ambrósi, ora.
Sancte Augustíne, ora.
Sancte Hierónyme, ora.
Sancte Martíne, ora.
Sancte Nicoláe, ora.
Sancte Firmíne, ora.
Sancte Honoráte, ora.
Sancte Salvi, ora.
Sancte Geofríde, ora.
Sancte Remígi, ora.
Omnes sancti Pontífices et Confessóres, oráte.
Omnes sancti Doctóres, oráte.
Sancte Benedícte, ora.
Sancte Bernárde, ora.
Sancte Domínice, ora.
Sancte Francísce, ora.
Sancte Domíti, ora.
Omnes sancti Sacerdótes et Levítæ, oráte.
Omnes sancti Mónachi et Eremítæ, oráte.
Sancta María Magdaléna, ora.

Sancta Anna, ℟. Ora pro eo (*ou*, eâ).
Sancta Bárbara, ora.
Sancta Catharína, ora.
Sancta Margaréta, ora.
Sancta Genovéfa, ora.
Sancta Ulphia, ora.
Omnes sanctæ Vírgines et Víduæ, oráte.
Omnes Sancti et Sanctæ Dei, ℟. Intercédite pro eo (*ou*, eà).
Propítius esto, ℟. Parce ei, Dómine.
Ab omni malo, ℟. Líbera eum (*ou*, eam), Dómine.
Ab insídiis diáboli, líbera.
A morte perpétuâ, líbera.
Per Mystérium sanctæ Incarnatiónis tuæ, líbera.
Per Nativitátem tuam, líbera.
Per Passiónem, Crucem et Mortem tuam, líbera.
Per gloriósam Resurrectiónem tuam, líbera.
Per admirábilem Ascensiónem tuam, líbera.
Per grátiam sancti Spíritùs Paracléti, líbera.
In die Judícii, líbera.
Peccatóres, ℟. Te rogámus, audi nos.
Ut infírmum istum (*ou*, infírmam istam) visitáre et confortáre dignéris, te rogámus.
Ut ei vitam et sanitátem donáre dignéris, te rogámus.
Ut iracúndiæ tuæ flagélla ab eo (*ou*, eâ) amóveas, te rog.
Ut fidem, spem et charitátem illi áugeas, te rogámus.
Ut fontem lacrymárum ei dones, te rogámus.
Ut spátium pœniténtiæ ei dones, te rogámus.
Ut ad gáudia ætérna eum (*ou*, eam) perdúcas, te rog.
Ut nos exaudíre dignéris, te rogámus.
Fili Dei, *trois fois*. te rogámus.
Agnus Dei, qui tollis peccáta mundi, exáudi nos, Dómine.
Agnus Dei, qui tollis peccáta mundi, parce ei, Dómine.
Agnus Dei, qui tollis peccáta mundi, miserére ei, Dómine.
Christe, audi nos.
Christe, exáudi nos.

Kyrie, eléison.
Christe, eléison.
Kyrie, eléison.
Pater noster..., *tout bas.*

℣. Et ne nos indúcas in tentatiónem;
℟. Sed líbera nos à malo.
℣. Salvum fac servum tuum, (*ou*, Salvam fac ancíllam tuam),
℟. Deus meus, sperántem in te.
℣. Dóminus consérvet et vivíficet eum (*ou*, eam);
℟. Et beátum fáciat eum in terrâ, et non tradat eum (*ou*, Et beátam fáciat eam in terrâ, et non tradat eam) in manus inimicórum ejus.
℣. Dóminus opem ferat illi super lectum dolóris ejus.
℟. Univérsum stratum ejus versâsti in infirmitáte ejus.
℣. Dóminus custódiat eum (*ou*, eam) ab omni malo.
℟. Custódiat ánimam ejus Dóminus.
℣. Nihil profíciat inimícus in eo (*ou*, eâ);
℟. Et fílius iniquitátis non appónat nocére ei.
℣. Mitte ei, Dómine, auxílium de sancto;
℟. Et de Sion tuére eum (*ou*, eam).
℣. Esto ei, Dómine, turris fortitúdinis,
℟. A fácie inimíci.
℣. Exsúrge, Dómine; ádjuva eum (*ou*, eam);
℟. Et líbera eum (*ou*, eam) propter nomen sanctum tuum.
℣. Dómine, exáudi oratiónem meam;
℟. Et clamor meus ad te véniat.
℣. Dóminus vobíscum, ℟. Et cum spíritu tuo.

ORÉMUS.

DEUS, qui factúræ tuæ pio semper domináris afféctu, inclína aurem tuam supplicatiónibus nostris; et fámulum tuum (*ou*, fámulam tuam) ex advérsâ córporis valetúdine laborántem placátus réspice, et vísita eum (*ou*, eam) in salutári tuo; ac cœléstis grátiæ præsta medicínam; Per Christum....

Puis, étendant la main droite vers le malade, il dira :

Dóminus Jesus Christus, qui dixit discípulis suis : Quæcúmque ligavéritis super terram, erunt ligáta et in cœlis, et quæcúmque solvéritis super terram, erunt solúta et in cœlis; de quorum número, quamvìs indígnos, nos esse vóluit, ipse te absólvat per ministérium nostrum, ab ómnibus peccátis tuis, quæcúmque cogitatióne, locutióne, operatióne negligénter egísti; atque à néxibus peccatórum absolútum (*ou*, absolútam) perdúcere dignétur ad regna cœlórum; Qui cum Deo Patre et Spíritu sancto vivit et regnat in sécula seculórum. ℟. Amen.

Ayant toujours la main étendue vers le malade, il fera sur lui les signes de croix où ils sont marqués, et dira :

In nómine Patris ✝, et Fílii ✝, et Spíritus ✝ sancti, extinguátur in te omnis virtus diáboli per impositiónem mánuum nostrárum et per invocatiónem Beátæ Maríæ semper Vírginis, Genitrícis Dei ac Dómini nostri Jesu Christi, ómnium Beatórum Spiríтuum, Patriarchárum, Prophetárum, Apostolórum, Mártyrum, Confessórum, Vírginum atque Sanctórum ómnium. ℟. Amen.

Ensuite le Prêtre, s'étant lavé les mains, prendra le vase des saintes Huiles, et fera les onctions avec l'extrémité du pouce droit, ou le stylet ou la virgule, en forme de croix, selon l'ordre qui va être marqué, prononçant en même temps les paroles qui répondent à chaque onction; et oignant deux endroits semblables, il commencera toujours à droite.

Aux yeux, sur la paupière fermée :

Per istam sanctam Unctiónem ✝ et suam piíssimam misericórdiam, indúlgeat tibi Dóminus quidquid peccâsti per visum. ℟. Amen.

L'onction achevée, il essuiera les yeux avec de petits pelotons d'étoupe ou de coton, qu'il mettra dans un cornet de papier blanc, ou sur un plat, pour ne plus s'en servir : ce qu'il observera après chaque onction des autres sens.

Aux oreilles, sur la partie inférieure de chacune :

Per istam sanctam Unctiónem ✠ et suam piíssimam misericórdiam, indúlgeat tibi Dóminus quidquid peccâsti per audítum. ℟. Amen.

Aux narines, sur les extrémités de chacune :

Per istam sanctam Unctiónem ✠ et suam piíssimam misericórdiam, indúlgeat tibi Dóminus quidquid peccâsti per odorátum. ℟. Amen.

A la bouche, les lèvres fermées :

Per istam sanctam Unctiónem ✠ et suam piíssimam misericórdiam, indúlgeat tibi Dóminus quidquid peccâsti per gustum et locutiónem. ℟. Amen.

Aux mains, par-dessus aux Prêtres, et au-dedans aux autres :

Per istam sanctam Unctiónem ✠ et suam piíssimam misericórdiam, indúlgeat tibi Dóminus quidquid peccâsti per tactum. ℟. Amen.

A la poitrine, et pour les femmes, au bas du cou :

Per istam sanctam Unctiónem ✠ et suam piíssimam misericórdiam, indúlgeat tibi Dóminus quidquid peccâsti per ardórem libídinis. ℟. Amen

Aux pieds, par-dessus :

Per istam sanctam Unctiónem ✠ et suam piíssimam misericórdiam, indúlgeat tibi Dóminus quidquid peccâsti per incéssum. ℟. Amen.

Les onctions étant achevées, le Prêtre frottera ses doigts avec de la mie de pain, lavera ses mains au-dessus d'un bassin, et fera jeter dans le feu l'eau dont il se sera lavé, ainsi que les pelotons qui auront servi à essuyer les onctions, avec le cornet de papier qui les contient; puis il dira debout et tourné vers le malade :

℣. Dóminus vobíscum,
℟. Et cum spíritu tuo.

ORÉMUS.

RÉSPICE, quæsumus, Dómine, fámulum tuum (*ou*, fámulam tuam) *N.* in infirmitáte sui córporis faliscéntem, et ánimam réfove quam creâsti; ut castigatiónibus emendátus (*ou*, emendáta), se tuâ séntiat medicínâ salvátum (*ou*, salvátam); Per Christum Dóminum nostrum. ℟. Amen.

ORÉMUS.

DÓMINE sancte, Pater omnípotens, ætérne Deus, qui benedictiónis tuæ grátiam ægris infundéndo corpóribus, factúram tuam multíplici pietáte custódis, ad invocatiónem tui nóminis benígnus assíste; ut fámulum tuum (*ou*, fámulam tuam) ab ægritúdine liberátum (*ou*, liberátam) et sanitáte donátum (*ou*, donátam), déxterâ tuâ érigas, virtúte confírmes, potestáte tueáris, atque Ecclésiæ tuæ sanctæ, cum omni desiderátâ prosperitáte, restítuas; Per Christum Dóminum nostrum. ℟. Amen.

Si on n'a pas encore administré le saint Viatique au malade, et qu'il soit en état de le recevoir, on le lui administrera de la manière qui a été marquée ci-dessus, page 144 *et suivantes; et à la place de l'exhortation suivante, on lui adressera celle qui précède le saint Viatique.*

Après l'Oraison ci-dessus, ou après l'administration du saint Viatique, le Prêtre prendra le Crucifix et exhortera en peu de mots le malade à conserver la grâce qu'il vient de recevoir; à unir ses souffrances à celles de Jésus-Christ mourant; à remettre sa vie entre les mains de Dieu; à persévérer jusqu'au dernier soupir dans la fidélité qui lui est due; et il lui fera, à cet effet, si son état le permet, l'exhortation suivante, ou quelqu'autre semblable.

EXHORTATION.

JÉSUS-CHRIST, mon cher Frère (*ou*, ma chère Sœur), s'est mis en possession de votre corps et de votre âme par la vertu des Sacremens (*ou*, du Sacrement) que vous venez de recevoir. Il n'y a plus rien en vous qui n'ait été purifié par l'application de son Sang et de ses mérites. Adorez-le donc; remerciez-le; donnez-vous tout entier (*ou*, toute entière) à lui, comme il s'est donné tout entier à vous. N'agissez plus que par le mouvement de son amour. Je vous présente son image, pour qu'à la vue de ce Dieu crucifié, vous ne vous occupiez que de sa passion et de sa mort, qui vous ont mérité les biens éternels ; pour qu'à l'exemple de ce divin Modèle, vous vous mettiez dans l'état d'une victime déjà placée sur l'autel, et que vous ne soupiriez plus, comme lui, qu'après la consommation de votre sacrifice ; pour que vous unissiez vos souffrances aux siennes, et que vous vous souteniez par cette pensée consolante, que des douleurs d'un moment seront suivies d'une éternelle félicité et d'un poids immense de gloire.

En finissant, le Prêtre fera baiser la croix au malade, et il la placera ensuite de manière qu'elle soit exposée à sa vue ; puis, s'il y a un cierge bénit dans la chambre du malade, il le lui présentera en disant :

En recevant le cierge bénit, souvenez-vous, mon cher Frère (*ou*, ma chère Sœur), qu'un chrétien est un enfant de lumière, et que la foi, l'espérance et la charité sont les véritables flambeaux qui doivent guider tous ses pas dans la nuit de cette vie. C'est surtout dans votre situation, qu'il importe de renouveler souvent les actes de ces vertus. Dites donc au moins dans le secret de votre cœur : Seigneur, je crois fermement que vous êtes un seul Dieu en trois personnes, Père, Fils et Saint-Esprit. Je mets ma confiance dans votre bonté, et j'espère tout de vos miséricordes. Je vous aime, ô mon Dieu, comme mon créateur, mon père, mon souverain, mon unique bien ; et, si la condition d'une créature mortelle ne me permet pas d'atteindre encore à cette perfection d'amour que je vous dois, je soupire du moins après ce moment où mon âme, dégagée des liens du corps, n'aura plus de mouvement que pour vous, d'autre occupation que celle de vous voir, de vous louer et de vous aimer dans les siècles des siècles.

Si le malade a des enfans, le Prêtre pourra, selon sa prudence, les lui présenter, afin qu'il leur donne sa bénédiction : si néanmoins quelqu'un d'eux est dans les ordres sacrés, il ne le bénira pas, mais il se contentera d'invoquer sur lui la bénédiction du Ciel, et de se recommander à ses prières.

Si le malade n'avait qu'une connaissance imparfaite, il vaudrait mieux substituer aux exhortations de courtes aspirations, lui suggérant des Actes de Foi, de Contrition, d'Amour de Dieu, de Confiance en sa miséricorde, de Soumission à sa volonté, de Désir du ciel, etc.

Si le Prêtre n'aperçoit dans le malade aucune marque de connaissance, il pourra, selon les circonstances, adresser la parole aux assistans, le recommander à leurs prières, et prendre occasion de son état pour leur faire considérer la fragilité de cette vie et la nécessité de se préparer à une mort chrétienne.

Si le malade paraît près de sa fin, le Prêtre, avant de se retirer, lui donnera l'Indulgence plénière à l'article de la mort, et pour cela il dira les Prières qui sont à la page 270; il pourra dire aussi les Prières de la recommandation de l'âme, qui se trouvent à la page 27.

Si le malade n'est pas à l'extrémité, le Prêtre lui donnera sa bénédiction, comme ci-après, et s'en retournera à l'église, après avoir recommandé à ceux qui restent auprès du malade, de l'avertir aussitôt qu'il entrera en agonie, ou qu'il paraîtra approcher de son dernier moment, afin de lui faire les Prières de la recommandation de l'âme.

Dans un danger pressant, le Prêtre omettra les prières préliminaires ; il dira seulement Misereátur..., *et* Indulgéntiam.... *et fera de suite les onctions. Si le malade survit, il suppléera, dans l'ordre marqué ci-dessus, les prières et cérémonies omises. S'il craint de n'avoir pas le temps de faire toutes les onctions, il se contentera d'en faire une sur les yeux ou sur un autre sens, en disant :* Per istam sanctam Unctiónem ✠ et suam piíssimam misericórdiam, indúlgeat tibi Dóminus quidquid peccâsti per visum (*ou*, per audítum, etc., *selon le sens sur lequel il fera l'onction*), et álios sensus. ℟. Amen. *Si le malade survit, le Prêtre continuera à faire les autres onctions, selon l'ordre ci-dessus, en omettant celle qu'il aura déjà faite.*

Après l'administration, le Prêtre se tournera vers le malade, et faisant sur lui le signe de la croix avec la main droite, il lui donnera la bénédiction, en disant :

Benedíctio Dei omnipoténtis. Patris ✝, et Fílii, et Spíritûs sancti, descéndat super te et máneat semper. ℟. Amen.

Ensuite il retournera à l'église, dans le même ordre qu'il en est venu.

Formule pour accorder l'Indulgence Plénière aux Mourans (1).

Les Curés et les Confesseurs veilleront avec le plus grand soin à ce qu'aucun des malades qui leur sont confiés ne meure sans avoir reçu cette Indulgence. Pour la leur donner, il n'est pas nécessaire d'attendre qu'ils soient in articulo mortis, *dans le sens strict de cette expression; mais elle doit être appliquée après l'administration des derniers sacremens, lorsque le malade est dans un danger imminent de mort, et qu'il a encore l'usage de ses facultés. Si cependant le malade avait perdu la connaissance, ou qu'il fût tombé dans le délire, il ne faudrait pas la lui refuser, à moins qu'il ne fût excommunié ou dans un état évident de péché mortel. Elle peut être appliquée plus d'une fois dans la même maladie, tant que le danger persévère.*

Le Prêtre, en entrant dans la chambre du malade, dira : Pax huic domui... *Ensuite, s'étant revêtu du surplis et d'une étole blanche, s'il en a la facilité, il aspergera avec de l'eau bénite le malade, l'appartement et les assistans, en disant :* Aspérges... *Si le malade désire se confesser, il l'entendra avec bonté, et l'absoudra, s'il y a lieu. Dans tous les cas, il l'excitera à des sentimens de contrition, et lui en fera produire des actes; il l'instruira, si le temps le permet, mais en peu de mots, sur la nature et la vertu de cette Indulgence, et les dispositions qu'elle requiert; l'exhortera à supporter sa maladie avec patience et en expiation de ses péchés; l'encouragera à se résigner à la volonté*

---

(1) Cette formule a été donnée et prescrite par Benoît XIV lui-même, dans sa bulle *Pia Mater*....

de Dieu, et à accepter la mort en union avec celle de J.-C. et en satisfaction de ses fautes. Enfin, il le consolera par des paroles pleines de charité et d'onction, en lui faisant espérer le salut éternel par les mérites de Notre-Seigneur.

Ensuite, il dira :

℣. Adjutórium nostrum ✝ in nómine Dómini,
℟. Qui fecit cœlum et terram.

Ant. Ne reminiscáris, Dómine, delícta fámuli tui (*ou*, fámulæ tuæ), neque vindíctam sumas de peccátis ejus.

Kyrie, eléison.
Christe, eléison.
Kyrie, eléison.
Pater noster..., *tout bas.*
℣. Et ne nos indúcas in tentatiónem;
℟. Sed líbera nos à malo.
℣. Salvum fac servum tuum (*ou*, salvam fac ancíllam tuam),
℟. Deus meus, sperántem in te.
℣. Dómine, exáudi oratiónem meam;
℟. Et clamor meus ad te véniat.
℣. Dóminus vobíscum, ℟. Et cum spíritu tuo.

Orémus.

Clementíssime Deus, Pater misericordiárum et Deus totíus consolatiónis, qui néminem vis períre in te credéntem atque sperántem, secúndùm multitúdinem miseratiónum tuárum réspice propítius fámulum tuum *N.* quem, (*ou*, fámulam tuam *N.* quam) tibi vera fides et spes christiána comméndant. Vísita eum (*ou*, eam) in salutári tuo, et per Unigéniti tui passiónem et mortem, ómnium ei delictórum suórum remissiónem et véniam cleménter indúlge; ut ejus ánima, in horâ éxitûs sui, te Júdicem propitiátum invéniat, et in sánguine ejúsdem Fílii tui ab omni máculâ ablúta, transíre ad vitam mereátur perpétuam; Per eúmdem Christum...

Alors un des assistans ayant récité le Confíteor..., *le Prêtre dira :* Misereátur..., Indulgéntiam...; *et ensuite, levant la main droite vers le malade, il ajoutera :*

DÓMINUS noster Jésus Christus, Fílius Dei vivi, qui beáto Petro Apóstolo suo dedit potestátem ligándi atque solvéndi, per suam piíssimam misericórdiam recípiat confessiónem tuam, et restítuat tibi stolam primam, quam in baptísmate recepísti; et ego, facultáte mihi ab Apostólicâ Sede tribútâ, Indulgéntiam plenáriam et remissiónem peccatórum tibi concédo; in nómine Patris ✝, et Fílii, et Spíritûs sancti. Amen.

PER sacrosáncta humánæ reparatiónis mystéria, remíttat tibi omnípotens Deus omnes præséntis et futúræ vitæ pœnas, Paradísi portas apériat, et ad gáudia sempitérna te perdúcat. Amen.

Benedícat te omnípotens Deus, Pater ✝, et Fílius, et Spíritus sanctus. Amen.

Si le malade est si près de la mort qu'on n'ait pas le temps de réciter toutes ces prières, on lui appliquera de suite l'Indulgence, en commençant par ces mots : Dóminus noster Jesus Christus, etc.

Si le moribond n'expire pas immédiatement après, le Prêtre suppléera ce qui aura été omis.

NOTA. *Les Confrères du Saint-Sacrement, du Sacré-Cœur de Jésus, du Rosaire, etc., gagnent aussi une Indulgence plénière, à l'article de la mort. Il est donc utile de le leur rappeler et de les avertir de réitérer souvent l'intention de gagner cette Indulgence. Pour cette fin, il faut leur faire produire des Actes de Contrition et d'Amour de Dieu, et les aider à prononcer de cœur ou de bouche, les saints noms de Jésus et de Marie.*

Absolution des Moribonds.

Quand le malade est sur le point de mourir, et s'il est à craindre qu'il n'y ait pas assez de temps pour prononcer entièrement la formule ordinaire d'Absolution, le Prêtre se contentera de l'absoudre en la manière suivante :

Ego te absólvo ab ómnibus censúris et peccátis, in nómine Patris ✝, et Fílii, et Spíritus sancti. Amen.

Bénédiction des Enfans malades.

Lorsqu'un enfant qui n'a pas encore fait sa première communion se trouve dangereusement malade, s'il a assez d'intelligence pour connaître les premiers principes de la Foi et l'excellence du Sacrement de l'Eucharistie, le Prêtre achèvera de l'instruire et de le disposer à la sainte Communion; et, après lui avoir fait faire sa confession générale, il lui donnera l'Absolution et lui administrera l'Extrême-Onction et le saint Viatique; mais il l'avertira, ainsi que ses parens, que la faveur qui lui est accordée, à raison de sa maladie, ne le dispense pas de faire sa première Communion à l'église, si Dieu lui rend la santé.

Si l'enfant a assez d'intelligence pour pécher, et qu'il n'ait pas néanmoins le degré d'instruction et les autres dispositions nécessaires pour qu'on puisse l'admettre à la sainte Communion, on lui donnera l'Absolution et l'Extrême-Onction, dont on lui expliquera les salutaires effets d'une manière proportionnée à son âge.

Si cet enfant n'est pas encore parvenu à l'âge de raison, on lui donnera la Bénédiction comme il suit.

Le Prêtre en étole blanche, après avoir fait l'aspersion comme il est marqué ci-dessus, page 256, récitera seul, ou avec les assistans, le Psaume suivant:

PSAUME 112.

LAUDATE, púeri, Dóminum; * laudáte nomen Dómini.

Sit nomen Dómini benedíctum, * ex hoc nunc et usque in séculum.

A solis ortu usque ad occásum, * laudábile nomen Dómini.

Excélsus super omnes gentes Dóminus; * et super cœlos, glória ejus.

Quis sicut Dóminus Deus noster, qui in altis hábitat, * et humília réspicit in cœlo et in terrâ?

Súscitans à terrâ ínopem, * et de stércore érigens páuperem;

Ut cóllocet eum cum princípibus, * cum princípibus pópuli sui :

Qui habitáre facit stérilem in domo, * matrem filiórum lætántem. — Glória Patri....

Ensuite, s'approchant du malade, il pourra lui faire dire, s'il sait parler, le Pater, *l'*Ave, *et le* Credo; *et lui faire faire des Actes de Foi, d'Espérance et de Charité ; puis il dira :*

℣. Ex ore infántium et lacténtium

℟. Perfecísti laudem tuam, Dómine.

℣. Dómine, exáudi oratiónem meam;

℟. Et clamor meus ad te véniat.

℣. Dóminus vobíscum,

℟. Et cum spíritu tuo.

ORÉMUS.

DEUS, cui cuncta adoléscunt, et per quem adúlta firmántur, exténde déxteram tuam super hunc fámulum tuum (*ou*, fámulam tuam) in ténerâ ætáte languéntem; quátenùs, vigóre sanitátis recépto, ad annórum pervéniat plenitúdinem, et tibi fidéle gratúmque obséquium præstáre mereátur; Per Christum Dóminum nostrum. ℟. Amen.

Ensuite il donnera la Bénédiction, comme il suit :

Benedíctio Dei omnipoténtis Patris, ✝ et Fílii et Spíritûs sancti, descéndat super te, et máneat semper. ℟. Amen.

Puis il jettera de l'eau bénite sur lui.

De l'assistance des personnes mourantes.

LES Curés et Vicaires, après avoir administré aux malades le sacrement de Pénitence, le saint Viatique et même l'Extrême-Onction, ne doivent pas croire avoir rempli tous leurs devoirs envers eux. Les Fidèles n'ont jamais plus de besoin de leur assistance, qu'aux approches de la mort; les Pasteurs sont obligés alors, à titre de charité et de justice, de les visiter plus assidument, pour les soutenir dans ces précieux momens qui doivent décider de leur éternité.

Ils se persuaderont facilement de l'importance de ce devoir, s'ils considèrent, avec les yeux de la foi, l'extrémité à laquelle se voit ordinairement réduit un Chrétien souffrant et épuisé de maladie, qui touche de près à cette dernière heure, qui doit être pour lui la fin du temps et le commencement d'une éternité heureuse ou malheureuse. Il se trouve alors au milieu de ses biens, de ses parens et de ses amis qu'il se voit obligé de quitter ; les remords de conscience et le souvenir de ses péchés le troublent et l'agitent ; la vue des jugemens de Dieu l'effraie et le consterne ; ses douleurs augmentent ; son esprit, accablé sous le poids d'un corps qui se corrompt, s'appesantit et s'énerve. Cependant le démon le tente avec une nouvelle fureur, et il ne faut qu'un instant pour perdre ou sauver cette âme rachetée du Sang de Jésus-Christ. Les Curés doivent donc prendre un soin très-particulier des personnes mourantes, les visitant le plus assidument qu'ils pourront, pour connaître l'état et les dispositions de leurs âmes, et proportionner les secours qu'ils leur donneront, à leurs forces et à leurs besoins.

Ils s'attacheront principalement à soutenir leur patience et leur courage par l'espérance de la vie éternelle et par l'exemple de Jésus-Christ et de ses Saints. Ils tâcheront de les animer à la confiance en la miséricorde de Dieu, leur rappelant le souvenir de ses grâces, qui prouvent le désir sincère qu'il a toujours eu de les sauver, et spécialement par la vue des mérites de Jésus-Christ, qui a répandu son Sang pour eux. Ils les exhorteront à se détacher de la vie, leur représentant que la mort n'est pas un anéantissement de l'homme, qu'elle est au contraire le terme de l'exil du Chrétien et le commencement de son bonheur éternel ; ils les porteront à se recommander à Dieu par de fréquentes élévations d'esprit et de cœur, et à implorer l'intercession de la Sainte Vierge et des Saints.

Ils éviteront néanmoins de leur être incommodes par des discours trop longs, par un ton de voix trop élevé ou par des redites trop fréquentes. Un moribond épuisé et souffrant n'est pas capable de soutenir une exhortation continue. L'ouie, dans l'extrémité de la maladie, est quelquefois d'une délicatesse qui demande de grands ménagemens, et en parlant à ce moribond trop haut ou trop longtemps, on pourrait l'exposer à l'impatience dont ses douleurs ne le rendent que trop susceptible. Il ne faut donc employer alors que des discours entre-coupés, des paroles vives et touchantes, un ton de voix affectif et doux ; et, après lui avoir parlé, il faut lui donner le temps de méditer ce qu'il a entendu, pour le faire passer de son esprit dans son cœur. Il faut l'écouter attentivement, quand il a quelque chose à dire ; lui répondre et le satisfaire en peu de mots ; le tranquilliser le plus qu'il est possible, et l'engager à s'occuper de Dieu et à s'unir à lui.

C'est par les mouvemens et les affections de notre cœur que nous nous unissons à Dieu ; c'est pourquoi on ne peut rien faire de plus utile pour les mourans, que de les exciter et aider à produire souvent des actes de foi, d'espérance, de charité, de contrition, de résignation à la volonté de Dieu, de désir des biens éternels, etc.

C'est une pratique louable et très propre à suggérer à un moribond de pieux sentimens, que de placer ou attacher sous ses yeux quelque image dévote de Notre-Seigneur, et de lui présenter de temps en temps le Crucifix à baiser, accompagnant cette action de quelque réflexion ou aspiration courte, mais tendre et enflammée, pour lui rappeler le souvenir consolant de la passion de Jésus-Christ, exciter sa confiance en ses mérites, l'animer à invoquer son saint Nom, à se résigner comme lui à la volonté du Père Céleste, et à souffrir patiemment à son exemple et en union avec son Sacrifice.

Il sera bon encore de se mettre à genoux devant le Crucifix, en présence du malade, et de prononcer en cette posture, d'un ton de voix dévot et affectueux, quelques prières touchantes, mais courtes, telles que celles qui suivent ci-après, et qui pourront servir de modèles. Cette pratique édifiera les assistans et pourra les porter à se mettre en prières à l'exemple du Pasteur : le malade sera consolé par ce témoignage sensible de son zèle, et sera plus facilement excité à se recommander à Dieu. On pourra faire auprès de lui quelque lecture qu'on interrompra de temps en temps, de crainte de le fatiguer : celle de la Passion de Jésus-Christ est sans doute la plus utile qu'on puisse lui faire en cet état. On pourra aussi lui faire de temps en temps la lecture de quelques chapitres de l'Écriture convenables à sa situation, tels que ceux qui seront cités ci-après, ou même lui lire quelques autres livres de piété, y mêlant quelques réflexions courtes et animées, dont il puisse faire à lui-même l'application.

Quoique la tendresse d'un père pour ses enfans, d'un mari pour son épouse, d'un fils pour son père et sa mère, soit louable en elle même, et fondée sur les lois de la nature et de la Religion, la vue de ces personnes pourrait quelquefois attendrir trop sensiblement un chrétien mourant, et retarder ou ralentir les mouvemens de son cœur vers Dieu ; cependant, comme ces derniers momens sont infiniment précieux pour son salut, on ne doit rien omettre alors pour le détacher, autant que l'on peut, de tout ce qui est distingué de Dieu ; lors donc qu'on a lieu de craindre que leur présence n'excite en lui ces impressions trop vives et trop tendres, il faut leur persuader de ne se pas montrer à lui, et de se contenter de demander à Dieu pour lui une mort précieuse à ses yeux.

Lorsque le moribond est dans une agonie qui le prive de toute connaissance, le Curé ne doit pas cesser de le voir, autant qu'il lui est possible, pour faire à chaque fois sur lui quelque prière, lui jeter de l'eau bénite, et recommander à ceux qui sont auprès de lui, d'en faire de même. Il est surtout de sa charité de ne pas laisser mourir un malade sans avoir fait sur lui les prières de la recommandation de l'âme.

Si le malade conserve sa connaissance pendant que le Curé fera ces prières, il sera bon de les interrompre de temps en temps, pour l'exciter à s'y unir intérieurement, et lui inspirer quelques actes ou aspirations proportionnées à ses besoins.

Quelque zélés que soient les Pasteurs pour l'assistance des personnes mourantes, il faut convenir qu'étant redevables à toute une paroisse, il ne leur est pas possible de les visiter aussi souvent, et de rester auprès d'eux autant de temps qu'ils le pourraient souhaiter. C'est pourquoi il est de leur devoir de choisir et de dresser, chacun dans leurs paroisses, des personnes charitables et d'une piété reconnue, pour les aider dans cette importante fonction, et assister, à leur défaut, ceux qui sont en cet état.

Pour faciliter cette assistance aux Curés et aux Vicaires et aux personnes vertueuses par lesquelles ils se feront suppléer, on va rapporter des modèles d'actes des vertus chrétiennes qu'il est à propos de leur suggérer, avec les motifs les plus propres à les y exciter. On se servira surtout de ceux qui conviennent le plus aux besoins et aux dispositions du malade.

Ordre pour l'assistance des personnes mourantes.

Le Curé dit, en entrant dans la chambre du malade :
Que la paix de Dieu soit dans cette maison et sur tous ceux qui l'habitent.

Si le malade a assez de connaissance pour prier, le Curé pourra jeter sur lui de l'eau bénite ; puis, s'étant approché de son lit, il lui dira doucement : Élevons notre esprit et notre cœur à Dieu, M..., et mettons-nous en sa sainte présence ; *il se mettra ensuite à genoux auprès du lit, et récitera en français, d'un ton de voix médiocre, mais qui puisse être entendu du malade, l'Oraison Dominicale et la Salutation Angélique.*

Si le Curé estime qu'il soit plus à propos de parler d'abord au malade pour l'exhorter et le consoler, il remettra ces prières à un autre temps, comme à la fin de la visite, ou parmi les vertus dont il lui suggérera les actes.

Ensuite il examinera attentivement les dispositions du malade, pour l'exciter et l'aider à produire les Actes qu'il jugera plus propres et plus proportionnés à son état, dont voici les modèles après chaque petite Instruction que le Prêtre fera bien de faire au malade.

Modèles des Actes des vertus chrétiennes, qu'il est à propos de suggérer aux malades, avec les motifs propres à les y exciter.

Pour exciter le Malade à la contrition de ses péchés.

RAPPELEZ-VOUS le souvenir de vos péchés, M..., dans l'amertume de votre cœur. Soyez pénétré d'une vive douleur à la vue de la multitude et de l'énormité de vos offenses. Quel plus juste objet de vos larmes que la perte que vous avez faite de votre Dieu, de son amour et de son héritage ! Détestez de tout votre cœur ces péchés par lesquels vous avez offensé le plus tendre de tous les pères, le meilleur de tous les maîtres, un Dieu souverainement aimable. Vous avez mérité d'être séparé de lui pour jamais, et d'être la victime de sa colère pendant toute l'éternité; cependant il attend encore votre retour ; il vous invite à faire pénitence, et vous offre sa grâce. Rendez-vous à ses désirs, et profitez du peu de temps qui vous reste, pour vous convertir sincèrement. (*Voyez* St. Luc, *c.* 7. ℣. 37. *et suivans, chap.* 13. *et* 15. *Aux* Ephésiens, *chap.* 4. ℣. 22. *et suivans.*)

Actes de Contrition.

MON DIEU, j'ai un véritable regret de vous avoir offensé, parce que vous êtes infiniment bon, souverainement aimable, et que le péché vous déplaît. Je me propose, moyennant votre sainte grâce, de vivre et de mourir dans votre amour, de ne vous offenser jamais, et de faire pénitence du passé. J'accepte ma maladie avec toutes ses suites, et la mort même, en esprit de pénitence, pour les expier.

Mon Père, j'ai péché contre le ciel et contre vous, je ne mérite plus d'être appelé votre fils, ayant manqué au respect, à l'amour et à la fidélité que je vous devais. Brisez mon cœur d'une vive douleur pour tant d'offenses. (*St. Luc,* 15.)

Mon Dieu, faites-moi la grâce de vivre et de mourir dans le regret d'avoir si mal vécu. Triomphez de mes crimes par votre miséricorde; ayez pitié de moi, Seigneur, et ne me perdez pas.

Dites à mon âme: *Je suis ton salut.* (Ps. 34.)

Delicta juventutis meæ et ignorantias meas ne memineris. (Ps. 24.)

Reminiscere miserationum tuarum, Domine, et misericordiarum tuarum quæ à seculo sunt. (Ibid.)

Propter nomen tuum, Domine, propitiaberis peccato meo; multum est enim. (Ibid.)

Deus, propitius esto mihi peccatori. (St. Luc, 28.)

(*Voyez les sept Psaumes de la Pénitence.*)

Pour animer le Malade à la patience.

VOUS devez regarder cette maladie, M..., comme une carrière de gloire qui vous est ouverte, et dans laquelle vous ne pouvez remporter le prix que par la patience. Pour vous y exciter, jetez les yeux sur Jésus-Christ, l'auteur et le consommateur de notre foi, qui a préféré à la vie tranquille et heureuse les souffrances et l'ignominie de la croix. (*Aux Héb.* 12.)

Envisagez la récompense qui vous est préparée, et vous reconnaîtrez que les souffrances de la vie présente n'ont aucune proportion avec cette gloire qui doit être le prix de votre patience. (*Aux Rom.* 8.)

Refuseriez-vous de souffrir

pour un Dieu qui couronne un moment de peine et de douleur par une éternité de gloire et de consolation ! (2. *Aux Cor.* 4.)

Rappelez-vous cette exhortation qui vous est adressée dans la sainte Écriture : « Mon fils, » ne négligez pas le châtiment » du Seigneur, et ne vous laissez » pas abattre lorsqu'il vous corrige : car il châtie celui qu'il » aime, et il frappe de verges » tous ceux qu'il reçoit au nombre de ses enfans ; ne vous » lassez donc point de souffrir, » car quel est l'enfant qui ne soit » pas châtié par son père ? Et » si vous n'êtes pas châtié, tous » les autres l'ayant été, vous » n'êtes donc pas du nombre de » ses enfans. Tout châtiment, » lorsqu'on le reçoit, semble être » un sujet de tristesse ; mais il » fait ensuite recueillir les fruits » de la justice ». (*Aux Héb.* 12.)

Vous êtes, M..., par votre qualité d'enfant de Dieu, son héritier et le cohéritier de Jésus-Christ ; mais pensez que vous ne partagerez avec lui l'héritage de votre Père, qu'autant que vous souffrirez avec lui. Comment pourriez-vous en être exempt, puisqu'il a fallu que Jésus-Christ lui-même souffrît et qu'il entrât ainsi dans sa gloire ? (*Aux Rom.* 8. *St. Luc.* 14.)

Voyez Job, c. 1. et 2. Isaïe, 43. St. Luc, c. 16. ℣. 1. 2. Aux Cor. 1. et 4. Aux Philip. 2.

Sentimens d'un Malade souffrant avec patience.

Je reconnais, ô mon Dieu, le besoin que j'ai de souffrir pour l'expiation de mes péchés : je suis trop heureux de racheter, par des peines passagères, les flammes éternelles que j'ai méritées ; ne m'épargnez pas dans le temps présent ; pardonnez-moi seulement dans l'éternité.

Mon Dieu, donnez-moi la patience : soutenez mon courage jusqu'à la fin.

A la vue du Crucifix : C'est avec justice que je souffre et que je porte la peine que j'ai méritée par mes péchés. Mais pour vous, ô mon Dieu, vous n'avez fait aucun mal.

Vertatur, obsecro, manus tua contra me. (2 des Rois, 17.)

Ego in flagella paratus sum. (Ps. 37.)

Hic ure, hic seca, modò in æternum parcas. (S. Aug.)

Voyez les Psaumes 35, 39, 40, 54, 70, 76.

Pour exciter dans le Malade une foi vive.

Croyez fermement en Dieu et en Jésus-Christ, M... ; car sans la foi il est impossible de plaire à Dieu. Rappelez-vous les grandes promesses attachées à cette foi. Quiconque aura cette foi ne sera point condamné : il ne périra point, et il sera préservé de la mort éternelle.

Croyez tout ce que Dieu à dit et révélé à son Église : soyez soumis parfaitement à toutes ses décisions : tenez à ce grand honneur de l'avoir pour Mère, et de vivre et mourir dans son sein.

On trouvera des exemples de foi en Jésus-Christ, dans les maladies, (St. Matth. c. 8. ℣. 13. *et suiv.* c. 9 c. 15. ℣. 21. *et suiv.* c. 20. ℣. 29. *et suiv.* Marc. c. 2. ℣. 2. c. 5. c. 7. ℣. 25. *et suiv.* c. 10. ℣. 46. St. Luc, c. 5. ℣. 12. *et suiv.* c. 7. ℣. 3. c. 8. ℣. 41. c. 18. ℣. 35. Jean. c. 4. ℣. 46.)

Actes de Foi.

MON DIEU, je crois fermement tout ce que croît et enseigne l'Église Catholique, Apostolique et Romaine.

Je crois un seul Dieu en trois personnes, le Père, le Fils et le Saint-Esprit. Je proteste que je veux vivre et mourir dans cette foi.

Je crois en Jésus-Christ le Fils de Dieu, qui s'est fait homme, et qui est mort pour mon salut.

Si le Malade peut parler sans s'incommoder, on lui fera réciter le Symbole des Apôtres. S'il ne le peut pas, on pourra le réciter lentement auprès de lui, lui faisant ensuite protester qu'il croit tout ce qui y est contenu.

Est-ce là votre croyance, M..., croyez-vous tous les articles du Symbole que je viens de réciter?

Priez Dieu qu'il augmente votre foi.

Pour consoler le Malade par l'espérance de la vie éternelle et de la résurrection glorieuse.

METTEZ en Dieu toute votre confiance, M..., tant de grâces qu'il vous a faites jusqu'à ce moment, vous répondent du désir sincère qu'il a de vous sauver. Espérez fermement qu'il achèvera en vous le grand ouvrage de votre salut, qu'il a toujours tant à cœur.

Envisagez cette récompense que Dieu promet à ceux qui l'aiment : elle s'approche de plus en plus; la faiblesse de ce corps mortel qui commence à se dissoudre, vous avertit que bientôt votre âme sera délivrée de cette prison qui la retient captive. Désirez ardemment les tabernacles éternels que Jésus-Christ vous a acquis par son Sang.

Ne vous inquiétez pas pour le corps qui se corrompt : Jésus-

Christ est ressuscité d'entre les morts, et sa résurrection est un gage assuré de celle qu'il promet à ceux qui lui seront fidèles. Il vous ressuscitera par cette vertu toute-puissante par laquelle il peut s'assujettir toutes choses. (*Aux Philip.* 3.)

Voyez St. Jean. c. 11. *et* 17. *Aux* Romains, c. 8. ℣. 19 *et suivans.* 1. *Aux* Cor. c. 15. ℣. 2. 2. *Aux* Cor. *chap.* 5. ℣. 1. *et suivans.* 1. *Aux* Thess. *chap.* 4. ℣. 12. *et suivans. Aux* Héb. c. 4. ℣. 15. 16. *et* l'Apoc. *chap.* 22. *et* 23

Actes d'Espérance.

Je me présenterai avec confiance devant le trône de la grâce, pour y trouver grâce et miséricorde, et pour en obtenir un secours toujours présent dans tous mes besoins. (*Aux Héb.* 4.)

Mon Dieu, je mets en vous toute ma confiance: quoique mes crimes me rendent indigne de la vie éternelle, j'espère néanmoins de votre miséricorde infinie, que vous aurez pitié de moi, et que vous me recevrez au nombre des Bienheureux.

Je sais que mon Rédempteur est vivant, et, comme lui, je ressusciterai de la terre au dernier jour; je serai encore revêtu de cette peau, et je verrai mon Dieu dans ma chair; je le verrai, dis-je, moi-même, et non un autre, et je le contemplerai de mes propres yeux: c'est l'espérance que j'ai et qui reposera toujours dans mon cœur. (*Job,* 19.)

J'attends avec une ferme confiance mon Sauveur Jésus-Christ, qui transformera mon corps, tout vil et abject qu'il est, pour le rendre conforme à son corps glorieux. (*Aux Philip.* 3.)

Que ne dois-je pas espérer, Seigneur, quand je me rappelle votre miséricorde et le commandement que vous me faites d'espérer en vous? Oui, mon Dieu, j'espèrerai en vous jusqu'au dernier moment, et je ne serai pas trompé dans mon espérance.

Voyez Tobie, c. 9; les Ps. 16, 35, 41, 83, 121, 136.

Pour exciter le Malade à mettre sa confiance dans les mérites de Jésus-Christ.

On pourra lui dire, en lui présentant le Crucifix:

Ranimez votre espérance, M..., à la vue de ce grand objet de votre foi. Si Dieu n'a pas épargné son propre Fils, s'il l'a livré à la mort pour vous, n'avez-vous pas lieu d'attendre qu'il vous donnera tout avec lui? (*Aux Rom.* 8.)

Que la multitude et l'énormité de vos péchés ne vous troublent point, Jésus-Christ vous en a mérité la rémission par son Sang; vos péchés, il est vrai, vous avaient assujetti à une mort éternelle, mais il vous a rendu la vie par son Sacrifice : c'est lui qui a effacé et aboli la sentence rendue contre vous, en l'attachant avec lui sur cette croix.

Mettez votre confiance dans cette divine croix : oubliez tout, pour ne savoir que Jésus crucifié; c'est pour vous, et pour votre salut, que son côté a été ouvert, que ses pieds et ses mains ont été percés, et qu'il a été couronné d'épines. Concevez bien à quel prix vous avez été racheté. Pouvez-vous douter maintenant qu'il ne désire sincèrement votre salut?

Actes de Confiance.

On suggèrera au Malade les Actes suivans à la vue du Crucifix :

MISERICORDIA tua ante oculos meos est. (Ps. 25. 3.) J'ai cette consolation, ô mon Dieu, de voir de mes yeux une preuve sensible et convaincante de votre miséricorde : mes péchés m'ont rendu indigne de vous; mais le Sang de votre Fils répandu pour moi me fera trouver grâce devant vous.

Dilexit me, et tradidit semetipsum pro me. (Aux Galat. 2. 20.) Vous m'avez aimé, ô mon Dieu, jusqu'au point de vous livrer à la mort pour moi. J'ai cette confiance que mon salut, qui vous a tant coûté, vous sera cher et précieux jusqu'à la fin. *Adjutor et susceptor meus es tu, et in verbum tuum supersperavi.* (Ps. 118.) *Misericordia mea et refugium meum, susceptor meus et liberator meus.* (Ps. 143. ℣. 2.)

Occisus es, Dómine, et redemisti nos Deo in Sanguine tuo. (Apoc. 5.) Vous avez été mis à mort pour moi, Seigneur, et vous m'avez racheté à Dieu par votre Sang. Cette vérité consolante est mon unique ressource et mon plus ferme appui.

O Crux, ave, spes unica. Croix adorable de mon Sauveur, vous êtes le seul fondement de mon espérance : j'ai trouvé en vous mon salut et ma vie; j'abandonne et oublie tout le reste, pour ne plus savoir et ne plus posséder que vous.

Voyez les Psaumes 30, 106, *et* 141.

Pour inspirer au Malade une entière conformité à la volonté de Dieu.

SOUMETTEZ-VOUS à la volonté de Dieu, M...; vous êtes son ouvrage : il vous a acquis par son Sang; vous n'êtes plus à vous : lui appartenant par tant de titres, il est juste qu'il dispose de vous, pour sa plus grande gloire.

Si vous avez reçu des biens de la part du Seigneur, pourquoi n'en recevriez-vous pas aussi les maux qu'il vous envoie? (*Job*, 2.) Il vous dispense les uns et les autres selon vos besoins qu'il connaît mieux que vous. Ne jugez point de votre état par votre inclination ou par vos répugnances. Les voies de la Providence sont infiniment élevées au-dessus de vos pensées. Soyez docile à la conduite d'un si bon Père, qui ne vous éprouve que pour vous rendre digne de lui dans l'éternité.

Actes de résignation à la volonté de Dieu.

PARATUM cor meum, Deus, paratum cor meum. (Ps. 56.) Mon cœur est tout préparé, Seigneur; j'accepte en esprit de pénitence la mort à laquelle vous me condamnez très-justement. Faites de moi tout ce qu'il vous plaira.

Il ne m'est arrivé que ce qu'il a plu au Seigneur; que son Nom soit béni à jamais. (*Job*, 1.)

Obmutui, et non aperui os meum, quoniàm tu fecisti. (Ps. 38.) Je me garderai bien de me plaindre de mon état, sachant que c'est vous-même qui m'y avez réduit. Disposez de moi en maître et en souverain Seigneur; quoiqu'il m'en coûte, j'aime mieux tomber entre vos mains, que dans celles des hommes, parce que vos miséricordes sont infinies. (2. *des Rois*. 24.)

Mon Père, faites, s'il est possible, que ce calice s'éloigne de moi; cependant que votre volonté soit accomplie, et non la mienne. (*Saint Matth.* 26.)

Nonne Deo subjecta erit anima mea? (Ps. 61.)

Ità, Pater, quoniàm sic fuit placitum ante te. (St. Matth. 11.)

Non sicut ego volo, sed sicut tu. Fiat voluntas tua. (id. c. 26.)

Voyez les Psaumes 33, 102, 123, 135, 144.

Pour modérer dans le Malade la crainte de la mort.

UN chrétien, M..., ne vit que pour Jésus-Christ, et la mort est un gain pour lui. Nous sommes dans le monde hors de notre patrie, y vivant éloignés du Seigneur. Pourquoi donc craindrions-nous la mort ? Ne devons-nous pas bien plutôt désirer de sortir de ce corps, pour aller habiter avec Jésus-Christ. (*Aux Philip.* 1. 2 *Aux Cor.* 5.)

Pourquoi aurions-nous de la douleur et du regret de quitter ce monde, où tout est vanité et affliction d'esprit, où il n'y a que misère et péché, où plus on demeure, plus on est exposé au malheur d'offenser Dieu et de se perdre éternellement ?

Heureux sont les morts qui meurent dans le Seigneur ! (*Apoc.* 14.) Ils sont délivrés de toutes les misères de cette vie, des frayeurs et des troubles qui les ont agités ; ils n'ont plus à craindre leur propre inconstance ; ils n'auront plus la douleur de voir offenser Dieu, dans cette patrie où tous l'aimeront et le béniront à jamais.

Cessez donc, M..., d'envisager la mort comme une séparation terrible : regardez-la plutôt comme l'heureux terme de votre exil, qui doit vous mettre en possession d'un bonheur éternel.

Désirs de la mort et des biens éternels.

M*oriatur anima mea morte justorum.* (des Nomb. 23.) Faites, ô mon Dieu, que je meure de la mort des justes ; j'ose la désirer et vous la demander, tout indigne que j'en suis.

Ecce sponsus venit. (St. Matth. 25.) Allons, mon âme, allons au-devant de l'Époux : le voilà qui s'avance : il ne viendra pas ; mais il vient déjà ; ce n'est point pour vous perdre, mais pour vous tirer des misères de cette vie mortelle, et vous faire entrer en possession de son royaume ; ce n'est point pour vous rejeter de sa présence, mais pour vous recueillir dans son sein et vous unir éternellement à lui.

Qui me délivrera de ce corps de mort qui tient mon âme captive ? (*Aux Rom.* 7.) Rompez mes liens, Seigneur. Quand viendra le moment où je vous possèderai pour toute l'éternité !

Céleste Jérusalem, ville sainte, séjour des Bienheureux, que vos tabernacles sont désirables ! Jour de l'éternité, vous êtes le plus tendre objet de mes désirs !

Tibi dixit cor meum : Exquisivit te facies mea : faciem tuam, Domine, requiram. (Ps. 26.)

Unam petii à Domino : hanc requiram ; ut inhabitem in domo Domini omnibus diebus vitæ meæ : ut videam voluptatem Domini, et visitem templum ejus. (Ibid.)

Quemadmodùm desiderat cervus ad fontes aquarum, ità desiderat anima mea ad te, Deus. Sitivit anima mea ad Deum fortem, vivum. (Ps. 41.)

Desiderium habeo *dissolvi, et esse cum Christo.* (Aux Philip. 1.)

Veni, Domine Jesu. (Apoc. 22.)

Quis mihi dabit pennas sicut columbæ, et volabo; et requiescam. (Ps. 54.)

Voy. les Psaumes 3, 12, 34, 90.

Pour exciter le Malade à l'amour de Dieu.

Vous aimerez le Seigneur votre Dieu de tout votre cœur, de toute votre âme, de tout votre esprit et de toutes vos forces. C'est là, M..., le premier et le plus grand de tous les commandemens. (*St. Marc*, 12.)

Aimez Dieu, M..., puisqu'il est en lui-même infiniment aimable et mérite seul de posséder votre cœur. Aimez-le par reconnaissance, puisqu'il vous a aimé le premier. (1 *de St. Jean.* 4.)

Empressez-vous d'obtenir cette couronne de vie qu'il a promise à ceux qu'il aime : elle est au-dessus de toute expression et de tout sentiment. L'œil n'a point vu, l'oreille n'a point entendu et le cœur de l'homme n'a jamais conçu ce que Dieu a préparé à ceux qui l'aiment. (1 *Aux Cor.* 2.)

Aimez tendrement J.-C., M..., sa charité nous presse : il est mort, afin que vous ne viviez plus que pour lui. (2 *Aux Cor.* 5.)

Actes d'Amour de Dieu.

Mon Dieu, je vous aime de tout mon cœur, parce que vous êtes infiniment bon et infiniment aimable. J'aime mon prochain comme moi-même; et spécialement mes ennemis, pour l'amour de vous.

Remplissez mon cœur, ô mon Dieu, de votre divin amour; faites-moi la grâce de vous aimer par-dessus toutes choses.

Je vous aimerai, Seigneur, vous qui êtes ma force, vous qui êtes mon appui, mon refuge et mon libérateur. (*Ps.* 17.)

Vous êtes le Dieu de mon cœur : vous serez éternellement mon partage. (*Ps.* 72.)

Seigneur, vous connaissez tout : vous savez que je vous aime. (*St. Jean*, 21.)

Ni la mort, ni la vie, ni les choses présentes, ni les futures, ni toute autre créature ne pourra jamais me séparer de l'amour de Jésus-Christ. (*Aux Rom.* 8.)

Qui suis-je pour vous aimer, ô mon Dieu? Et comment pourrais-je jamais mériter ou reconnaître le commandement que vous m'en faites? Vous me l'ordonnez cependant; et, si j'y manque, votre colère s'allume contre moi, et vous me menacez d'une effroyable misère ; comme si ce n'en était pas une assez grande que de ne vous point aimer ! (*Saint Augustin, Liv.* 1. *des Conf. chap.* 5.)

O ignis, qui semper ferves, et nunquàm extingueris ! O amor, qui semper ardes, et nunquàm tepescis! Accendar totus abs te, ut totus diligam te. (St. Aug. Soliloq. c. 19.)

Voyez les Psaumes 17 *et* 72.

Actes d'Adoration.

MON DIEU, je vous adore avec tous les Saints, et vous reconnais pour mon Créateur et mon Souverain Seigneur. Ma vie et ma mort sont entre vos mains.

Que toute gloire et tout honneur vous soient rendus à jamais, ô mon Dieu! Vous êtes le Saint, le Seigneur et le Très-Haut. A vous seul appartient l'immortalité, la puissance et l'empire de tous les siècles; mais pour moi, qui ne suis que néant devant vous, mon partage est la confusion dont je suis tout couvert, et que j'ai justement méritée.

Benedic, anima mea, Domino: Domine, Deus meus, magnificatus es vehementer. (Ps. 103.)

Te Deum laudamus; te Dominum confitemur. (Le Cantique en entier.)

Laudamus te; benedicimus te; adoramus te; glorificamus te; gratias agimus tibi propter magnam gloriam tuam.

A la vue du Crucifix. *Adoramus te, Christe, et benedicimus tibi; quia per sanctam Crucem tuam redemisti mundum.*

Voyez les Psaumes 8, 28, 32, 46, 55, 94, 112, 134, 144 *et suivans.*

Actions de grâces.

JE vous rends grâces, Seigneur, de tous les biens que j'ai reçus de vous dans tout le cours de ma vie; de toutes les années que vous m'avez données, pour faire mon salut; de la patience avec laquelle vous avez supporté mes iniquités; de la miséricorde avec laquelle vous m'avez si souvent averti de retourner à vous et de la grâce que vous me faites de me reconnaître dans ces derniers momens de ma vie.

Que vous rendrai-je, ô mon Dieu, pour toutes les grâces que vous m'avez accordées? (*Ps.* 115.) Et comment pourrai-je dignement vous témoigner ma reconnaissance, si vous n'en formez vous-même en moi les sentimens?

Faites-moi vivement sentir, ô mon Dieu, les obligations infinies que j'ai à votre miséricorde. Ingrat que j'ai été pour tant de grâces pendant ma vie, ne permettez pas que je le sois jusqu'à la mort.

Benedic, anima mea, Domino, et noli oblivisci omnes retri-

butiones ejus ; qui propitiatur omnibus iniquitatibus tuis ; qui redimit de interitu vitam tuam ; qui coronat te in misericordiâ et miserationibus ; qui replet in bonis desiderium tuum. (Ps. 102.)

Voyez les Psaumes 29, 33, 44, 45, 80, 102, 128.

Lorsque le moment de la mort semblera prochain, on pourra suggérer au Moribond les aspirations suivantes.

MISERERE *meî, Deus, secundùm magnam misericordiam tuam.* (Ps. 50.)

AYEZ pitié de moi, mon Dieu, selon votre grande miséricorde.

Deus, in adjutorium meum intende : Domine, ad adjuvandum me festina. (Ps. 69.)

Venez à mon aide, ô mon Dieu, hâtez-vous, Seigneur, de me secourir.

Esto mihi in Deum protectorem. (Ps. 30.)

Soyez-moi un Dieu protecteur.

Jesu, Fili David, miserere meî. (St. Marc. 10.)

Jésus, Fils de David, ayez pitié de moi.

Domine Jesu, suscipe spiritum meum. (Act. 7.)

Mon Seigneur Jésus, recevez mon esprit.

In manus tuas commendo spiritum meum. (Ps. 30.)

Je recommande et remets mon âme entre vos mains.

Veni, Domine Jesu. (Apoc. 22.)

Venez, mon Seigneur Jésus.

On l'exhortera à invoquer la Sainte Vierge, qui est le refuge des pécheurs, et à avoir une grande confiance en ses prières et en sa protection qui est très-puissante et secourable, surtout à l'heure de la mort ; on pourra se servir à cet effet des paroles suivantes :

Sancta Maria, Mater Dei, ora pro nobis peccatoribus nunc et in horâ mortis nostræ.

Sainte Marie, Mère de Dieu, priez pour nous pécheurs maintenant et à l'heure de notre mort.

Monstra te esse Matrem.

Montrez que vous êtes ma Mère.

Jesum, benedictum fructum ventris tui, nobis post hoc exsilium ostende.

Faites-moi voir, après cet exil, Jésus le fruit béni de votre sein.

On le portera encore à implorer la protection de son Ange Gardien, de son Patron et de tous les Saints et Saintes qui règnent avec J.-C. ; et surtout on lui fera réitérer les Actes de Foi, d'Espérance, de Charité et de Contrition, qui sont les plus nécessaires dans ces derniers momens.

Recommandation de l'Ame.

Lorsque que le malade approchera de sa fin, le Prêtre fera sur son lit une aspersion d'eau bénite, en disant : Aspérges me... ; *s'il lui trouve encore l'usage des sens et de la raison, il lui présentera la croix, l'exhortera en peu de mots, mais remplis d'onction, à s'unir à Jésus-Christ et à mettre toute sa confiance dans les mérites infinis de ce divin Libérateur. Il placera ensuite la croix devant lui, avec un cierge bénit qu'on tiendra allumé; et, s'étant mis à genoux avec tous les assistans, il dira avec eux les prières suivantes :* (1)

KYRIE, eléison. ℟. Christe, eléison.
Kyrie, eléison.
Sancta María, ℟. Ora pro eo (*ou*, eâ).
Omnes sancti Angeli et Archángeli, oráte.
Sancte Abel, ora.
Omnis chorus Justórum, ora.
Sancte Abraham, ora.
Sancte Joánnes Baptísta, ora.
Sancte Joseph, ora.
Omnes sancti Patriárchæ et Prophétæ, oráte.
Sancte Petre, ora.
Sancte Paule, ora.
Sancte Andréa, ora.
Sancte Joánnes, ora.
Omnes sancti Apóstoli et Evangelístæ, oráte.
Omnes sancti Discípuli Dómini, oráte.
Omnes sancti Innocéntes, oráte.
Sancte Stéphane, ora.
Sancte Lauréuti, ora.
Omnes sancti Mártyres, oráte.
Sancte Sylvéster, ora.

(1) Il est quelquefois utile de faire ou faire faire ces prières en français, les malades les comprennent mieux, et elles font aussi une impression salutaire sur les assistans : on les trouvera traduites dans l'Office divin *latin-français* du diocèse, etc.

Sancte Gregóri, ℟. Ora pro eo (*ou*, eâ).
Sancte Augustíne, ora.
Omnes sancti Pontífices, oráte.
Sancte Benedícte, ora.
Sancte Francísce, ora.
Omnes sancti Mónachi et Eremítæ, oráte.
Sancta María Magdaléna, ora.
Sancta Lúcia, ora.
Omnes sanctæ Vírgines et Víduæ, oráte.
Omnes Sancti et Sanctæ Dei. Intercédite pro eo (*ou*, eâ).
Propítius esto; ℟. Parce ei, Dómine.
Propítius esto; ℟. Líbera eum, (*ou*, eam), Dómine.
Ab irâ tuâ, líbera.
A perículo mortis, líbera.
A malâ morte, líbera.
A pœnis inférni. líbera.
Ab omni malo, líbera.
A potestáte diáboli, líbera.
Per Nativitátem tuam, líbera.
Per Crucem et Passiónem tuam, líbera.
Per Mortem et Sepultúram tuam, líbera.
Per gloriósam Resurrectiónem tuam, líbera.
Per admirábilem Ascensiónem tuam, líbera.
Per grátiam Spíritûs sancti Paracléti. líbera.
In die Judícii, líbera.
Peccatóres, ℟. Te rogámus, audi nos.
Ut ei parcas, ℟. Te rogámus, audi nos.
Kyrie, eléison.
Christe, eléison.
Kyrie, eléison.

Le malade étant près d'expirer, le Prêtre se lèvera, et dira debout et découvert, auprès de son lit, les Oraisons suivantes, qu'il pourra néanmoins interrompre, pour lui suggérer de temps en temps quelques pieuses affections.

PROFICÍSCERE, Anima christiána, de hoc mundo, in nómine Dei Patris omnipoténtis, qui te creávit; in nómine Jesu Christi Filii Dei vivi, qui pro te passus est; in nómine Spíritûs sancti, qui in te effúsus est; in nómine Angelórum et Archangelórum; in nómine Thronórum et Dominatiónum; in nómine Principátuum et Potestátum; in nómine Chérubim et Séraphim; in nómine Patriarchárum et Prophetárum; in nómine sanctórum Apostolórum et Evangelistárum; in nómine sanctórum Mártyrum et Confessórum; in nómine sanctórum Monachórum et Eremitárum; in nómine sanctárum Vírginum et ómnium Sanctórum et Sanctárum Dei. Hódiè sit in pace locus tuus, et habitátio tua in sanctâ Sion; Per Christum Dóminum nostrum. ℟. Amen.

ORÉMUS.

DEUS misericors, Deus clemens, Deus, qui, secúndùm multitúdinem miseratiónum tuárum, peccáta pœniténtium deles, et præteritórum críminum culpas véniâ remissiónis evácuas, réspice propítius super hunc fámulum tuum (*ou*, hanc fámulam tuam) *N.*, et remissiónem ómnium peccatórum suórum totâ cordis confessióne poscéntem deprecátus exáudi. Rénova in eo (*ou*, eâ), piíssime Pater, quidquid terrénâ fragilitáte corrúptum, vel quidquid diabólicâ fraude violátum est; et unitáti córporis Ecclésiæ membrum redemptiónis annécte. Miserére, Dómine, gemítuum, miserére lacrymárum ejus; et non habéntem fidúciam, nisi in tuâ misericordiâ, ad tuæ sacraméntum reconciliatiónis admítte; Per Christum Dóminum nostrum. ℟. Amen.

COMMÉNDO te omnipoténti Deo, charíssime Frater (*ou*, charíssima Soror), et ei cujus es creatúra, commítto; ut, cùm humanitátis débitum persólveris, ad eum qui te de limo terræ formáverat, revertáris. Egrediénti ítaque ánimæ tuæ de córpore spléndidus Angelórum cœtus occúrrat, judex Apostolórum tibi senátus advéniat, candidatórum tibi Mártyrum triumphátor exércitus óbviet, liliáta rutilántium te Confessórum turma circúmdet, jubilántium te Vírginum chorus excípiat. Beátæ quiétis in sinu Patriarchárum te compléxus astríngat. Mitis atque festívus Christi Jesu tibi aspéctus appáreat, qui te inter assisténtes sibi júgiter interésse decérnat. Ignóres omne quod horret in ténebris, quod stridet in flammis, quod crúciat in torméntis. Cedat tibi tetérrimus sátanas cum satellítibus suis in advéntu tuo, te, comitántibus Angelis, contremíscat, atque in ætérnæ noctis chaos immáne diffúgiat. Exsúrgat Deus, et dissipéntur inimíci ejus, et fúgiant qui odérunt eum à fácie ejus. Sicut déficit fumus, defíciant; sicut fluit cera à fácie ignis, sic péreant peccatóres à fácie Dei; et justi epuléntur et exsúltent in conspéctu Dei. Confundántur ígitur et erubéscant omnes tartáreæ legiónes; et minístri sátanæ iter tuum impedíre non áudeant. Líberet te à cruciátu Christus, qui pro te crucifíxus est. Líberet te ab ætérnâ morte Christus, qui pro te mori dignátus est. Constítuat te Christus Fílius Dei vivi intra Paradísi sui semper amœna viréntia, et inter oves suas te verus ille Pastor agnóscat. Ille ab ómnibus peccátis tuis te absólvat, atque ad déxteram suam in Electórum suórum te sorte constítuat. Redemptórem tuum fácie ad fáciem vídeas, et præsens semper assístens manifestíssimam beátis óculis aspícias veritátem. Constitútus (*ou*, Constitúta) ígitur inter ágmina Beatórum, contemplatiónis divínæ dulcédine potiáris in sécula seculórum. ℟. Amen.

Suscipe, Dómine, servum tuum (*ou*, ancíllam tuam) in locum sperándæ sibi salvatiónis à misericórdiâ tuâ. ℟. Amen.

Líbera, Dómine, ánimam ejus ex ómnibus perículis inférni, et de láqueis pœnárum, et ex ómnibus tribulatiónibus. ℟. Amen.

Líbera, Dómine, ánimam ejus, sicut liberásti Enoch et Éliam de commúni morte mundi. ℟. Amen.

Líbera, Dómine, ánimam ejus, sicut liberâsti Noe de dilúvio. ℟. Amen.

Líbera, Dómine, ánimam ejus, sicut liberâsti Abraham de Ur Chaldæórum. ℟. Amen.

Líbera, Dómine, ánimam ejus, sicut liberâsti Job de passiónibus suis. ℟. Amen.

Líbera, Dómine, ánimam ejus, sicut liberâsti Isaac de hóstiâ, et de manu patris sui Abrahæ. ℟. Amen.

Líbera, Dómine, ánimam ejus, sicut liberâsti Loth de Sódomis et de flammâ ignis. ℟. Amen.

Líbera, Dómine, ánimam ejus, sicut liberâsti Móysen de manu Pharaónis, regis Ægyptiórum. ℟. Amen.

Líbera, Dómine, ánimam ejus, sicut liberâsti Daniélem de lacu leónum. ℟. Amen.

Líbera, Dómine, ánimam ejus, sicut liberâsti tres púeros de camíno ignis ardéntis, et de manu regis iníqui. ℟. Amen.

Líbera, Dómine, ánimam ejus, sicut liberâsti Susánnam de falso crímine. ℟. Amen.

Líbera, Dómine, ánimam ejus, sicut liberâsti David de manu regis Saul, et de manu Góliath. ℟. Amen.

Líbera, Dómine, ánimam ejus, sicut liberâsti Petrum et Paulum de carcéribus. ℟. Amen.

Et sicut beatíssimam Theclam, vírginem et mártyrem tuam, de tribus atrocíssimis torméntis liberâsti, sic liberare dignéris ánimam hujus servi tui (*ou*, ancíllæ tuæ), et tecum fácias in bonis cœléstibus congaudére. ℟. Amen.

COMMENDAMUS tibi, Dómine, ánimam fámuli tui (*ou*, fámulæ tuæ), precamúrque te, Dómine Jesu Christe, Salvátor mundi, ut eam propter quam ad terram descendísti, Patriarchárum tuórum sínibus insinuáre non rénuas. Agnósce, Dómine, creatúram tuam, non à diis aliénis creátam, sed à te solo Deo vivo et vero; quia non est álius Deus præter te, et non est secúndùm ópera tua. Lætífica, Dómine, ánimam ejus in conspéctu tuo, et ne memíneris iniquitátum ejus antiquárum, quas suscitávit furor mali desidérii. Licèt enim peccáverit, tamen Patrem et Fílium et Spíritum sanctum non negávit, sed crédidit, et zelum Dei in se hábuit, et Deum qui fecit ómnia, fidéliter adorávit. ℟. Amen.

ORÉMUS.

DELÍCTA juventútis et ignorántias ejus, quæsumus, ne memíneris, Dómine; sed secúndùm magnam misericórdiam tuam, memor esto illíus in glóriâ claritátis tuæ. Aperiántur ei cœli, collæténtur illi Angeli. In regnum tuum, Dómine, creatúram tuam súscipe. Suscípiat eam sanctus Michael Archángelus Dei, qui milítiæ cœléstis méruit principátum. Véniant illi óbviàm sancti Angeli Dei, et perdúcant eam in civitátem cœléstem Jerúsalem. Suscípiat eam beátus Petrus Apóstolus, cui à Deo claves regni cœléstis tráditæ sunt. Adjuvet eam beátus Paulus Apóstolus, qui dignus fuit esse vas electiónis. Intercédat pro eâ sanctus Joánnes eléctus Dei Apóstolus, cui reveláta sunt secréta cœléstia. Orent pro eâ omnes sancti Apóstoli, quibus à Dómino data est potéstas ligándi atque solvéndi. Intercédant pro eâ omnes Sancti et Elécti Dei, qui pro Christi nómine, torménta in hoc século sustinuérunt; ut vínculis carnis exúta, perveníre mereátur ad glóriam regni cœléstis, præstánte Dómino nostro Jesu Christo, qui cum Patre et Spíritu sancto, vivit et regnat in sécula seculórum. ℟. Amen.

Si après ces Prières, l'agonie continue, on dira les Psaumes 117, CONFITÉMINI..., *et* 118, BEATI..., *comme ils sont distribués dans le Bréviaire, aux Petites-Heures du Dimanche.*

Lorsque le malade sera près d'expirer, tous les assistans, continuant de prier pour lui avec plus d'instance, le Prêtre, debout auprès de lui, l'avertira de dire de temps en temps : Jésus, Marie, Joseph, venez à mon aide. — *S'il ne le peut pas, le Prêtre prononcera lui-même ces paroles d'une voix intelligible, en avertissant le mourant de le suivre du fond de son cœur ; il répètera plusieurs fois à ses oreilles ces noms sacrés, et lui suggèrera d'autres courtes aspirations, pour ranimer sa piété dans ces derniers momens.*

Le malade ayant rendu l'esprit, le Prêtre lui jettera de l'eau bénite; et, se tenant debout et découvert, il dira les Répons et Prières suivants :

℟. In te, Dómine, sperávi; non confúndar in ætérnum; accélera, ut éruas me. In manus tuas comméndo spíritum meum : * Redemísti me, Dómine, Deus veritátis. Illústra fáciem tuam super servum tuum (*ou*, ancíllam tuam). Salvum (*ou*, salvam) me fac in misericórdiâ tuâ. ℣. Dómine Jesu, súscipe spíritum meum. * Redemísti me...

℟. Subveníte, Sancti Dei : occúrrite, Angeli Dómini, * Suscipiéntes ánimam ejus, † Offeréntes eam in conspéctu Altíssimi. ℣. Suscípiat te Christus, qui vocávit te, et in sinum Abrahæ Angeli dedúcant te. * Suscipiéntes ánimam ejus..., ℣. Réquiem ætérnam dona ei, Dómine, et lux perpétua lúceat ei. † Offeréntes eam in conspéctu Altíssimi.

Kyrie, eléison.
Christe, eléison.
Kyrie, eléison.
Pater noster..., *tout bas.*

℣. Et ne nos indúcas in tentatiónem;
℟. Sed líbera nos à malo.
℣. Non intres in judícium cum servo tuo (*ou*, ancíllâ tuâ), Dómine;
℟. Quia non justificábitur in conspéctu tuo omnis vivens.
℣. Ne tradas béstiis ánimas confiténtes tibi;
℟. Et ánimas páuperum tuórum ne obliviscáris in finem.
℣. Dómine, exáudi oratiónem meam;
℟. Et clamor meus ad te véniat.
℣. Dóminus vobíscum,
℟. Et cum spíritu tuo.

ORÉMUS.

Tibi, Dómine, commendámus ánimam fámuli tui (*ou*, fámulæ tuæ) *N.* ut defúnctus (*ou*, defúncta) século, tibi vivat; et quæ, per fragilitátem humánæ conversatiónis, peccáta commísit, tu véniâ misericordíssimæ pietátis abstérge; Per Christum Dóminum nostrum. ℟. Amen.

℣. Requiéscat in pace.

℟. Amen.

Ensuite le Prêtre pourra se tourner vers les assistans et prendre occasion de la circonstance pour leur représenter la fragilité de cette vie et la nécessité de se préparer à la mort par une vie chrétienne.

Avant de se retirer, il cherchera à consoler les parens du Défunt, en leur représentant que Dieu n'abandonne pas ceux qui lui sont fidèles; qu'il leur tiendra lieu de père, de fils, d'époux, etc.; que s'ils considèrent la bonne vie de leur parent décédé, les sentimens de religion avec lesquels il a reçu les derniers Sacremens, la patience qu'il a marquée dans sa maladie, ils doivent espérer qu'il obtiendra miséricorde et que Dieu exaucera les prières que l'Église fera pour lui. Il ajoutera que l'union qu'ils ont eue avec lui, n'est qu'interrompue, qu'elle recommencera et sera indissoluble dans l'éternité.

Il n'est pas toujours certain qu'une personne soit morte, quoiqu'elle le paraisse : le refroidissement et la raideur des membres, une insensibilité complète, la perte de la parole, de l'ouïe, de la vue, de la respiration, l'odeur cadavéreuse d'un corps, ne sont pas toujours des signes certains de la mort; mais si tous ces indices sont réunis, si en abaissant la machoire inférieure ou en élevant la paupière, ces parties restent dans la position qu'on leur donne, si l'orbite de l'œil pressé par le doigt reste affaissé, surtout si la putréfaction se manifeste, on peut croire alors qu'il n'y a pas seulement suspension des fonctions vitales, mais que la vie a cessé entièrement.

Cependant, comme on a vu plusieurs personnes qui, longtemps après qu'elles avaient paru expirer, ont donné des signes de vie et sont même revenues en santé, il faut différer d'ensevelir le corps; et le Prêtre aura soin de recommander qu'après qu'on l'aura décemment accommodé, qu'on lui aura fermé les yeux et plié les bras en forme de croix, on le laisse dans le même état environ vingt-quatre heures, avant de le revêtir de son suaire, à moins qu'une putréfaction anticipée n'oblige de le faire plus tôt.

On mettra auprès du corps une petite croix, un cierge allumé, un vase plein d'eau bénite, avec un aspersoir; et, s'il est possible, quelques Ecclésiastiques ou autres personnes de piété y resteront en prières jusqu'à l'enterrement.

DES SÉPULTURES.

Les Prières et les Cérémonies qui se pratiquent aux funérailles des Fidèles défunts, ont toujours été regardées comme des œuvres de piété et de religion propres à soulager les morts et à consoler chrétiennement de leur perte les vivans qui les regrettent. La discipline de l'Église sur ce point est un précieux monument de foi, qui nous apprend qu'elle a toujours cru fermement l'immortalité des âmes, la future résurrection des corps, l'existence d'un Purgatoire, où sont renfermées et souffrent les âmes de ceux qui, bien que décédés en état de grâce, n'ont pas entièrement satisfait à la justice de Dieu; et qui autorise la sainte et salutaire pratique d'offrir pour eux le saint Sacrifice, de prier, de faire des aumônes et d'autres bonnes œuvres, pour obtenir leur soulagement et leur délivrance.

L'opposition que les hérétiques des derniers siècles témoignent contre cette discipline, tendant à ébranler, autant qu'il est en eux, les dogmes sur lesquels elle est appuyée, doit animer le zèle des Pasteurs pour ces prières et ces cérémonies. Pour ne rien négliger sur un point si important, ils auront soin d'instruire leurs peuples de la doctrine de l'Église sur le Purgatoire, et de leur apprendre que les âmes qui y sont détenues peuvent être soulagées dans leurs souffrances et en être même délivrées par le suffrage des Fidèles, et surtout par le saint Sacrifice de la Messe. Ils s'abstiendront, selon l'avis du Concile de Trente, de traiter, dans ces instructions, des questions épineuses et trop relevées, qui ne pourraient aucunement contribuer à l'édification de leurs auditeurs, se bornant à leur y proposer les vérités qu'elle enseigne et les pratiques qu'elle autorise. Ils s'acquitteront eux-mêmes des Offices et Prières pour les morts, avec un extérieur de piété et de religion, qui réponde aux intentions de l'Église qui les a institués, et y éviteront tout ce qui pourrait faire soupçonner en eux une avarice sordide et des vues d'intérêt indignes de leur Ministère.

Aussitôt que quelqu'un sera décédé dans la Foi Catholique, on en avertira le Curé, pour obtenir de lui la permission de faire sonner à l'église, afin d'exciter les Fidèles à prier pour le repos de l'âme du défunt. Nous accordons quarante jours d'Indulgences à tous ceux qui réciteront alors, pour le repos de son âme, le Psaume *De profundis*, ou trois fois *Pater* et *Ave*. Nous défendons très-expressément de sonner pendant la nuit, c'est-à-dire, après huit heures du soir et avant six heures du matin, en hiver; et après neuf heures du soir et avant cinq heures du matin, en été : ce qui s'observera pareillement le jour de la Commémoration des Fidèles défunts.

Aucun corps ne sera enterré, sans des raisons pressantes, qu'après un intervalle de vingt-quatre heures écoulées depuis la mort, surtout si elle a été subite.

On enveloppera d'un linceul le corps du défunt, avant que de le porter en terre, et on le mettra ainsi enveloppé dans un cercueil, qu'on couvrira d'une nappe ou d'un drap mortuaire. Les Curés ne doivent pas permettre qu'on fasse servir à cet usage des linges ou autres ornemens de l'église, quoique déchirés ; ils ne souffriront pas même qu'on les emploie à la décoration du cercueil, de la porte du défunt ou du lieu de la sépulture.

Les Prêtres seront exposés et enterrés la tête tournée vers l'autel; les laïcs auront, au contraire, les pieds tournés vers l'autel du chœur ou des chapelles dans lesquelles ils seront enterrés.

De droit commun, un défunt doit être inhumé dans le cimetière de la Paroisse sur laquelle il est mort. On suit, pour les exceptions, ce qui est marqué dans les réglemens civils.

Si l'enterrement tombe un jour de Fête, on pourra célébrer la Messe pour le Défunt, le corps présent, pourvu cependant que la grand'Messe et les Offices divins n'en soient pas empêchés, et que la solennité du jour n'y mette pas obstacle. Ainsi dans les jours solennels, l'enterrement sera différé au jour suivant ; ou, si cela n'est pas possible, il se fera le soir après l'Office ; ou même, s'il y a une nécessité très-pressante, on pourra le faire le matin, mais sans célébrer de Messe pour le Défunt.

Les Curés iront toujours processionnellement faire la levée des corps, même des petits enfans, et les conduiront à l'église paroissiale : les corps néanmoins de ceux qui seront décédés dans les hameaux fort éloignés, surtout lorsque les temps seront mauvais, pourront être apportés ou voiturés à l'entrée des villes ou villages, et le Curé les ira recevoir et lever à l'endroit où ils auront été déposés, pour les conduire ensuite à l'église.

Dans les temps de maladies contagieuses, s'il est ordonné de conduire les corps droit au cimetière, on ira ensuite à l'église, pour y faire les prières et les cérémonies ordinaires, telles qu'on les eût pratiquées, le corps présent. Si la contagion était telle qu'il y eût lieu de craindre que les habitans des maisons voisines du cimetière fussent trop exposés, en y enterrant, il faudrait avoir recours à Nous ou à nos Vicaires-Généraux, pour obtenir la permission d'en bénir un autre désigné par l'autorité civile.

Lorsqu'un corps aura été enterré en un lieu, on ne pourra l'exhumer, pour le mettre ailleurs, sans notre permission spéciale.

Les Curés et autres Prêtres se contenteront de ce qui est réglé pour leur honoraire, et ne pourront l'exiger avant l'inhumation. Ils enterreront les pauvres gratuitement ; ils tâcheront même de contribuer charitablement, selon leur pouvoir, à ce qui sera nécessaire pour leur sépulture.

L'usage des cierges ou flambeaux allumés aux enterremens des Fidèles étant fort ancien dans l'Église, on ne doit jamais l'omettre, même dans les sépultures des pauvres, pour lesquelles on allumera deux cierges aux dépens de la Fabrique.

Lorsqu'on transportera le corps d'un défunt, pour l'enterrer hors de sa paroisse, le Curé de la paroisse sur laquelle il est décédé, ira, accompagné de son Clergé, lever le corps; le conduira à son église ; et ensuite accompagnera le corps, si la famille le désire, jusqu'à la limite de la paroisse où la sépulture doit se faire. S'il se trouvait des coutumes particulières en certains lieux, on aurait soin de s'y conformer.

Le Curé écrira sur les deux registres des Actes, aussitôt après l'inhumation, les noms, prénoms, surnoms, âge, qualités et domicile du Défunt, le jour de son décès et celui de son enterrement, y exprimant qu'il a été inhumé en présence de deux témoins, dont il marquera les noms, prénoms, surnoms, qualités et domiciles ; il choisira à cet effet, autant qu'il sera possible, les plus proches parens du Défunt, qui auront assisté à ses obsèques, signera avec eux sur les deux registres, ou marquera qu'ils ont déclaré ne savoir signer.

On observera les mêmes règles à l'égard des enfans, de quelque âge que ce soit ; on y ajoutera à leurs noms et prénoms, ceux de leurs père et mère, avec leurs qualités : ce qui sera même observé à l'égard des enfans majeurs qui n'auraient point de qualités distinctives.

De la Sépulture des Adultes.

On doit généralement donner la Sépulture ecclésiastique à tous ceux qui sont décédés dans la Communion de l'Église Catholique, Apostolique et Romaine.

Il faut, au contraire, la refuser à ceux qui sont morts hors du sein de l'Église, soit qu'ils n'y soient jamais entrés, soit qu'y étant entrés ils s'en soient séparés, ou en aient été retranchés. Tels sont :

1°. Les Infidèles, c'est-à-dire, ceux qui n'ont point été baptisés.

On comprend sous ce titre les enfans même qui sont décédés sans Baptême.

2°. Les Apostats de la Foi chrétienne, les Hérétiques et les Schismatiques notoires.

C'est la profession publique de l'hérésie ou du schisme dans une secte séparée extérieurement de l'Église, et non pas les discours qu'un homme aurait pu tenir pendant sa vie, qui l'exclut de l'honneur de la Sépulture ecclésiastique.

Il n'est pas nécessaire que ces Hérétiques ou Schismatiques aient été nommément dénoncés.

3°. Les Excommuniés publiquement et nommément dénoncés. Si néanmoins ils ont donné des signes de pénitence avant leur mort, on pourra leur accorder la Sépulture ecclésiastique, après que leur censure aura été levée par notre ordre, selon la forme marquée ci-devant, *page* 236.

Quoique les Interdits dénoncés ne soient pas séparés de la Communion des Fidèles, on doit néanmoins les priver, après leur mort, de la Sépulture ecclésiastique, lorsque cette privation est exprimée dans la sentence portée contre eux.

4°. Les suicidés, c'est-à-dire, ceux qui se sont donné la mort à eux-mêmes, non par accident ou dans le délire d'une maladie, mais volontairement, librement, avec projet et par violence.

Si cependant, avant leur mort, ils ont donné quelque marque de repentir de leur crime, on doit les inhumer avec les cérémonies de l'Église.

5°. Ceux qui, tués en duel, ont expiré sur le champ. Si, ayant survécu quelques momens à leurs blessures, ils s'étaient confessés, ou du moins avaient donné des marques publiques de leur repentir, il faudrait les inhumer en terre sainte.

6°. Les comédiens, farceurs, bateleurs, s'ils n'ont, avant leur mort, donné des signes de pénitence et renoncé à cette profession que l'Église à toujours réprouvée.

7°. Ceux qui sont morts en commettant publiquement et manifestement un crime, et qui n'ont pas eu le temps de témoigner du repentir. Mais il faut que le crime soit bien avéré et incontestable : tel serait celui d'un voleur ou d'un assassin qui serait tué par la personne qui se défendrait.

8°. Ceux qui, à l'article de la mort, ont refusé les sacremens de l'Église par impiété, avec scandale et en présence de témoins.

La prudence et la charité doivent faire éviter avec soin, par un Pasteur, l'occasion de ces sortes de refus, toujours funestes à l'âme du mourant, à l'honneur de la famille, à la paix et à l'édification de la paroisse. (1)

Dans tous ces cas et notamment aux n°s. 4, 5, 6, 7, 8, Nous ordonnons qu'on ne refuse la Sépulture ecclésiastique qu'après Nous avoir consultés et reçu nos ordres ou ceux de nos Vicaires-Généraux, en notre absence.

Les criminels qui, avant d'être exécutés par ordre de la justice, auront donné des signes de pénitence, pourront être inhumés en terre sainte avec la permission du Juge, mais le soir et sans cérémonies; et on récitera les prières à voix basse. Les soldats qui perdent la vie par ordonnance et exécution militaires, doivent être inhumés comme les autres Fidèles.

Les corps de ceux qui auront été trouvés morts avec des signes ou indices de mort violente, ou autres circonstances qui donnent lieu de la soupçonner, ne pourront être inhumés qu'en conséquence d'une ordonnance du Juge du lieu, et il sera fait mention de ladite ordonnance et de sa date dans l'acte de sépulture, qui sera écrit sur les deux registres de la paroisse, ainsi qu'il est prescrit ci-dessus, à l'effet d'y avoir recours quand besoin sera.

De la Sépulture des Enfans.

Les enfans qui meurent sans être baptisés, ne peuvent être inhumés en terre sainte. Il faut néanmoins, autant qu'il sera pos-

(1) Nous insérons ici un extrait des avis aux Curés du Diocèse d'Amiens, publiés par M. d'Orléans de la Motte, le 19 décembre 1746. Les principes canoniques sur la matière y sont nettement posés.

Que si, dit ce Prélat, on ne doit pas refuser les Sacremens en public sans notre avis, à ceux qui les demandent avec respect, bien moins doit-on dénier la Sépulture ecclésiastique. Ceci demande une explication, parce que le vulgaire s'imagine que le Pasteur qui a refusé les Sacremens à un malade, devrait, s'il meurt, lui dénier aussi la Sépulture ecclésiastique; mais c'est toute autre chose; en voici la raison : Nous savons à n'en pouvoir douter les dispositions du malade qui veut communier en Viatique : on l'interroge, et il repond, de sorte que nous n'agissons pas à l'aveugle, soit que nous le lui donnions, soit que nous le lui refusions; au lieu que nous ignorons l'état dans lequel un chrétien meurt. Et comme il faut plus présumer de la bonté de Dieu, que de la malice des hommes, on peut se flatter que le dernier soupir du Défunt a été un acte de contrition parfaite.

Il n'est donc pas permis de priver un chrétien de la Sépulture ecclésiastique, s'il n'est dénoncé; c'est pourquoi on l'accorde à ceux qui meurent subitement sans avoir fait leurs Pâques; et à ceux encore, ou qui seraient morts sans avoir voulu pardonner, ou chasser leur concubine, quoique on leur eût dû constamment refuser le Viatique et l'Extrême-Onction.

Ajoutez à cela, que la Sépulture ecclésiastique est tout ce qu'il y a de plus notoire; delà vient qu'il faut une sentence ou un usage constant et universel, qui soit l'équivalent d'une sentence, pour la refuser à quiconque a professé extérieurement la Religion catholique. Qu'on ne conclue donc pas du refus des Sacremens, celui de la Sépulture, il est aisé d'en voir la différence.

sible, les inhumer en un lieu décent et honnête, tant par respect pour la nature humaine dont ils ont été revêtus, que par considération pour les parens fidèles dont ils sont issus.

On doit tenir une conduite toute opposée à l'égard de ceux qui, ayant été baptisés, meurent avant que d'avoir atteint l'usage de la raison, et dont les corps ayant été jusqu'au dernier moment les temples vivans de l'Esprit-Saint, doivent être enterrés en un lieu saint et bénit.

Ces enfans étant certainement entrés, dès le moment de leur mort, dans la jouissance d'un bonheur éternel, toute la cérémonie de leur inhumation doit exprimer une joie sainte et religieuse. Pour cet effet, on bannira, tant de la sonnerie que du chant et des ornemens, tout ce qui pourrait inspirer le deuil et la tristesse : les ornemens, le drap mortuaire, la tenture et les cierges seront blancs. Si l'on y célèbre le saint Sacrifice de la Messe, on n'y dira pas celle des Défunts, mais celle de l'Office du jour, ou la Messe propre, comme elle est à la fin du petit Missel pour les morts.

Les Curés instruiront soigneusement leurs peuples de l'esprit de l'Église dans la Sépulture de ces enfans. Ils leur apprendront à distinguer les prières et les cérémonies qu'elle y pratique, de celles qui sont en usage dans les enterremens des adultes; ils leur feront remarquer que celles-ci sont des suffrages qu'elle offre à Dieu, pour obtenir la rémission de leurs péchés et de la peine qui leur est due; mais que celles-là ne renferment que des actions de grâces qu'elle lui rend, pour la grande miséricorde dont il a usé envers ces enfans, qu'il a sanctifiés par le Baptême, ravis à la corruption du siècle, et introduits dans son Royaume, sans aucun mérite de leur part; ils s'attacheront à leur faire comprendre que ces corps ayant été les temples du St.-Esprit qu'ils n'ont jamais contristé par aucune souillure, l'Église révère en eux de précieux restes d'une innocence baptismale inviolablement conservée, et professe extérieurement qu'elle attend avec une ferme confiance une résurrection glorieuse, qui les unisse à eux dans l'éternité; que les prières qu'elle joint aux actions dans ces cérémonies, n'ont d'autre objet que d'obtenir le même bonheur pour les vivans qui restent après eux; et que, si quelquefois elle y offre le saint Sacrifice, c'est toujours dans le même esprit et sans se départir de sa doctrine sur l'heureux état de ces enfans.

Des Cimetières.

Le respect pour les morts s'est conservé dans tous les pays et dans tous les siècles ; cette tradition vénérable remonte à l'origine du monde, et on peut la regarder comme essentiellement liée avec le dogme de l'immortalité de l'âme. Aussi a-t-on toujours envisagé la violation des tombeaux comme un sacrilége.

Les anciens embaumaient les morts, et leur faisaient ériger des monumens magnifiques, qui entretenaient la piété filiale dans ceux qui les avaient sous les yeux, et leur rappelaient que les morts étaient encore vivans, quoique devenus invisibles.

La doctrine catholique est admirable sur ce point comme sur tous les autres : dans ses dogmes, dans ses cérémonies et dans ses prières elle nous rappelle sans cesse l'éternité ; elle nous y fait chercher l'objet de nos plus chères affections ; elle nous y fait trouver le motif de nos plus douces consolations : les châtimens même qu'elle nous y fait apercevoir, deviennent un stimulant salutaire qui nous éloigne du vice et des passions, source de tous les maux et de tous les crimes, et nous dispose, en nous pressant de faire un bon usage de la vie, à goûter les douceurs momentanées de la vertu, qui ne sont que l'ombre et le prélude de celles que l'éternité nous promet.

Le respect pour les morts, dans les principes de la Foi, est fondé sur le dogme de l'immortalité de l'âme, sur l'espérance de la résurrection future, sur la consécration que les sacremens de Baptême, de Confirmation, d'Eucharistie, ont faite de nos corps, qui par-là sont devenus, selon la pensée de l'Apôtre, le temple du Saint-Esprit, le sanctuaire de la Divinité.

Les Pasteurs doivent travailler à nourrir, à entrenir ces idées sublimes par de fréquentes instructions et par leur fidélité à remplir toutes les cérémonies, lesquelles fixent toujours l'attention d'une manière plus vive et plus efficace. En conséquence, pour éviter les conflits qui pourraient avoir lieu entre les Maires et les Pasteurs, nous allons rappeler ce qui est réglé par la loi civile et les lois canoniques sur cette matière.

1. Les Cimetières appartiennent aux Communes, c'est-à-dire que c'est à elles à les acheter, à les clore, et à faire toutes les réparations majeures qui sont nécessaires pour les entretenir dans un état de décence convenable.

2. Dans les Communes où l'on professe plusieurs cultes, chaque

culte doit avoir un lieu d'inhumation particulier, et dans le cas où il n'y aurait qu'un seul Cimetière, on le partagera par des murs, haies ou fossés, en autant de parties qu'il y a de cultes différens, avec une entrée particulière pour chacun (1).

3. L'usage des Cimetières appartient aux divers cultes auxquels ils sont consacrés, et personne n'a le droit d'y faire inhumer les morts qui n'appartiennent pas à leurs sociétés religieuses respectives. C'est une conséquence nécessaire de l'article précédent et des lois sur lesquelles il est fondé.

4. Il n'y a que les ministres d'un culte qui soient compétens pour juger ceux qui leur appartiennent, et qui sont sous leur direction religieuse.

5. Quand il n'y a que le culte catholique dans une Commune, l'usage du Cimetière appartient nécessairement à la Religion catholique, et c'est pour cela que le produit spontané des Cimetières est attribué aux Fabriques par l'art. 36 du décret du 30 décembre 1809. C'est pour cela que les Fabriques doivent donner leur avis quand la Commune achète un nouveau Cimetière (2).

6. Quand l'usage du Cimetière appartient à l'Église catholique, tout doit y être réglé d'après les lois canoniques : il doit être bénit solennellement par l'Évêque ou par son délégué ; il doit y avoir une croix, un endroit séparé pour les enfans ou les adultes morts sans baptême, et pour tous ceux qui ne seraient pas Catholiques, puisque, d'après les lois canoniques, le Cimetière perd sa bénédiction dès l'instant qu'on y a enterré un infidèle, un hérétique, un schismatique : or, d'après le n°. 4 ci-dessus, et d'après le bon sens, c'est aux Pasteurs, et en cas de doute, à l'Évêque à décider qui sont ceux qu'on doit séparer des catholiques.

7. La police des Cimetières appartient à l'autorité civile, en ce sens qu'elle doit veiller à ce qu'on n'enterre pas avant l'heure indiquée ; à ce que les fosses aient la profondeur convenable, qui est de six pieds ; à ce qu'il ne se passe rien sur le Cimetière qui soit contraire au respect dû à la mémoire des morts, comme seraient des assemblées profanes, des danses, des foires, des marchés, etc. (3) ; à ce qu'on n'exhume personne sans autorisation préalable ; à ce qu'on n'empiète pas sur le Cimetière, qu'on n'y construise pas, qu'il ne s'y établisse pas des servitudes, comme

(1) Décret du 23 prairial an 12, art. 15 ; (12 juin 1804.) == (2) Déclaration du 10 mars 1779, et art. 2 du décret du 7 germinal an 9, (29 mars 1801). == (3) Arrêté du Conseil d'État, du 2 juin 1614 ; du Parlement de Paris, 4 août 1745 ; du Parlement de Rennes, 14 mai 1622.

jours, portes, passages et tout ce qui serait contraire au respect dû à la cendre des morts, ou violerait le droit d'usage et le produit spontané qui appartient aux fabriques.

8. C'est à l'autorité civile, de concert avec la Fabrique, qu'il appartient de faire un fossé autour de l'église pour empêcher l'humidité, et de faire enlever la terre, quand elle est trop élevée; le Pasteur et le Maire doivent veiller à ce que les ossemens soient recueillis et mis à part dans une fosse. En cas de dissentiment entre les deux autorités, on s'adresse aux autorités supérieures.

9. C'est aux Fabriques à fournir les tentures pour l'autel et l'église, le drap mortuaire, les manteaux de deuil que portent quelquefois les parens dans certaines paroisses, etc. C'est à elles aussi à fournir le fossoyeur, les porteurs, ou même les voitures pour le transport du Défunt, et généralement tout ce qui est nécessaire pour les enterremens. Elles peuvent affermer ce droit ou le mettre en régie (1).

Il faut excepter de cette règle, 1°. les grandes villes pour lesquelles il y a des réglemens particuliers qu'on peut consulter (2); 2°. les petites communes, bourgs et autres, dans lesquels les parens eux-mêmes fournissent des porteurs d'office.

10. Nous ordonnons aux Pasteurs de faire tout ce qui dépendra d'eux pour que tous les Cimetières soient clos, conformément aux lois civiles et canoniques, ou par une muraille, ou par une haie vive en aubépine, ou, du moins provisoirement, par une forte palissade qui en défende l'entrée aux animaux.

11. La bénédiction du Cimetière est réservée à l'Évêque, comme celle des églises. L'objet de cette bénédiction est de sanctifier le lieu où reposent les cendres des Fidèles; de faire participer aux prières de l'Église toutes les personnes qui y sont ensevelies; d'augmenter le respect des vivans pour les trépassés; de rendre plus efficaces les prières qu'on y fait pour eux.

12. Nous défendons à tous les Ecclésiastiques d'assister à un enterrement qui se ferait ailleurs que dans une terre bénite par Nous, ou de notre autorité.

13. Comme il pourrait arriver que l'autorité civile, par mégarde ou par abus de pouvoir, fît enterrer dans le Cimetière, des enfans morts sans Baptême (3), et que le Cimetière serait alors pollué, d'après les lois canoniques, nous autorisons nos Doyens à le

(1) Décret du 23 prairial an 12; (12 juin 1804,) art. 22; décret du 18 mai 1806, art. 7. — (2) Décret du 18 mai 1806, art. 1er. et suivans. — (3) Par décision du Conseil d'État

réconcilier, ou à donner aux Pasteurs de leurs doyen nés l'autorisation provisoire de bénir chaque fosse. Nous accordons la même autorisation pour les cas pressans où le Cimetière aurait été pollué.

14. Il est défendu aux Ecclésiastiques de prononcer aucune oraison funèbre dans l'église ou au Cimetière, sans notre autorisation.

15. Nous recommandons de maintenir avec soin la sainte pratique de visiter les Cimetières, soit en particulier, soit en procession, aux jours marqués par les rubriques ou par les louables coutumes de chaque paroisse.

Nous nous y rendrons aussi, conformément à ce qui est prescrit dans le Pontifical, en faisant la visite des églises, à moins que le défaut de temps, la distance des lieux ou l'intempérie de la saison ne nous en empêche.

16. Les Prêtres donneront tous leurs soins pour que la sainte et touchante cérémonie des enterremens soit faite avec décence et avec piété, et qu'il ne s'y mêle aucune pratique superstitieuse. Ils suivront exactement les rubriques du Diocèse, et s'acquitteront de cette fonction avec toute la gravité et le respect convenables.

---

du mois de mai 1832, il doit y avoir dans le Cimetière un endroit séparé pour les enfans morts sans Baptême, et le Maire doit se conformer, pour l'ouverture des fosses, à ce qui serait indiqué par le Curé. Il en est de même lorsqu'il s'agit de l'enterrement de ceux qui sont hérétiques: ils doivent avoir un Cimetière différent, ou un endroit séparé dans le Cimetière ordinaire. (Décret du 12 juin 1804, article 15.)

INSTRUCTION
SUR LE SACREMENT DE L'ORDRE.

Comme les Évêques sont les seuls ministres du sacrement de l'Ordre, eux seuls ayant reçu de Dieu le pouvoir de consacrer ceux qui sont destinés au service des autels; et qu'ils ont dans leurs Pontificaux la manière de conférer ce Sacrement avec toutes les cérémonies qui doivent être observées dans les Ordinations, il serait inutile de les placer dans ce Rituel, qui n'est que pour l'usage des Curés. Néanmoins la charge des âmes que ceux-ci exercent, leur imposant certaines obligations à l'égard des jeunes-gens de leurs paroisses, qui aspirent à l'État ecclésiastique et aux saints Ordres, il est nécessaire de leur prescrire ici ce qu'ils doivent observer à ce sujet.

L'une de leurs attentions sera d'instruire leurs paroissiens de l'excellence et de la dignité de l'Ordre. Ils leur représenteront, dans les occasions durant l'année, mais principalement les Dimanches qui précèdent les Quatre-Temps, que ce Sacrement institué par Jésus-Christ est l'abrégé des merveilles dont il a enrichi l'Église, puisque ceux qui en sont honorés, sont les Prédicateurs de la parole de Dieu, les Interprètes et les Docteurs de la loi, les seuls qui aient reçu le pouvoir de remettre les péchés, de consacrer le Corps de Jésus-Christ, d'offrir à Dieu l'adorable Sacrifice, et d'administrer les Sacremens.

Par cette idée qu'ils donneront aux Fidèles de la dignité de l'Ordre, ils les porteront à bénir Dieu, et à le remercier d'avoir donné une si grande puissance aux hommes; et par une suite nécessaire, ils feront voir à leurs paroissiens quel respect et quelle soumission ils doivent à ceux que Dieu élève à un si haut degré de puissance, et qu'il a établis pour les conduire dans la voie du salut.

Suivant cette même idée, ils les exciteront à joindre leurs prières et leurs jeûnes à ceux de l'Église, dans la semaine des Ordinations, pour demander à Dieu de dignes Ministres, qui soutiennent, par leurs mérites et leurs talens, le poids de cette grande dignité, et pour obtenir de sa miséricorde, qu'il fortifie de ses grâces et de ses dons ceux qui sont honorés de ce caractère.

Ces considérations seront encore très-utiles pour faire rentrer les Curés en eux-mêmes, et les exciter à s'acquitter dignement de leurs fonctions, en rallumant le feu sacré de la grâce, qui leur a été donnée dans leur Ordination, par l'imposition des mains de l'Évêque.

Mais, si c'est un devoir pour les Curés d'instruire les Fidèles de l'excellence du sacrement de l'Ordre, ils sont bien plus étroitement obligés encore de veiller sur ceux qu'ils jugent vouloir entrer dans l'État ecclésiastique. Dans la vue de remplir là-dessus leurs obligations, ils doivent les avertir, ainsi que leurs parens, qu'une des conditions les plus indispensables pour entrer légitimement dans cet état, c'est d'y être appelé de Dieu, selon cette parole de Saint Paul: *Que personne ne s'attribue lui-même l'honneur du Sacerdoce, mais seulement celui qui y est appelé de Dieu comme Aaron:* (Aux Héb. c. 5. ℣. 4.) nécessité de vocation que cet Apôtre confirme par l'exemple de Jésus-Christ dont il dit: *Qu'il ne s'est pas glorifié lui-même pour être Pontife; qu'il en a reçu la qualité de son Père.* (Ibid. ℣. 5.)

Ils leur expliqueront quelles sont les marques d'une véritable vocation, et comment on doit s'examiner par ces marques, pour connaître, autant qu'on le peut dans les ténèbres de cette vie mortelle, si l'on est véritablement appelé de Dieu. Les principales sont: l'esprit et l'amour de la prière, sans quoi on ne remplira jamais les devoirs du Sacerdoce; l'humilité et la docilité, qui font qu'on se défie de ses propres lumières, et qu'on se conduit dans le besoin par le conseil de personnes pieuses et éclairées; la droiture d'intention qui exige qu'en se consacrant au service de l'Église, on n'ait pas des vues d'embition ou d'intérêt, comme d'avoir des bénéfices, de vivre plus commodément ou plus honorablement dans le monde, ce qui serait une intention très-mauvaise et un présage très désavantageux pour l'avenir; mais qu'on recherche uniquement de procurer la gloire de Dieu par les travaux du ministère, et de s'attacher à lui, qui est le propre héritage de ceux qui se dévouent au service des autels: *Dominus pars hæreditatis meæ* (Ps. 15. ℣. 5.); un respect religieux et de l'inclination pour les cérémonies de l'Église, selon cette parole du Prophète: *Domine, dilexi decorem domûs tuæ* (Ps. 25. ℣. 8.); de la fermeté et du courage pour surmonter les peines et les difficultés qu'on rencontre dans le service de Dieu et le ministère de l'Église, Dieu rejetant ces faibles et délicats que les moindres difficultés rebutent: *Quia tepidus es, incipiam te evomere ex ore meo* (Apoc. 3. ℣. 16.); enfin une conscience droite et timorée, et une grande pureté de mœurs, qui consiste à avoir conservé l'innocence qu'on a reçue au Baptême, ou, si on l'avait perdue, à s'être efforcé de la réparer par les pratiques d'une pénitence sincère et éprouvée. Ces dispositions qui sont des marques d'une vocation qui vient de Dieu, doivent être jointes à certaines qualités naturelles, telles que sont un bon jugement, un esprit du moins médiocrement ouvert et capable des sciences, un corps qui ne soit pas difforme ; en un mot, il faut n'avoir aucun des empêchemens canoniques qui rendent les hommes irréguliers et incapables de recevoir les saints Ordres.

Quand les Curés auront, dans leurs paroisses, des jeunes-gens qu'ils reconnaîtront, par les marques que Nous avons spécifiées, être appelés de Dieu et propres à l'état ecclésiastique, ils s'appliqueront de bonne heure à les former à la piété et à la science, et dans l'occasion, ils Nous en rendront un compte fidèle. Que s'ils en ont qui soient engagés dans la Cléricature ou dans les Ordres, ils veilleront attentivement sur leur conduite, et tiendront la main, autant qu'ils le pourront, à ce qu'ils observent exactement les règlemens du Diocèse.

Lorsque des Clercs se disposeront à recevoir le premier Ordre sacré, leur Curé fera la publication du titre (1) trois Dimanches ou Fêtes, avec un intervalle d'un jour au moins entre deux, pour découvrir s'il est légitime et dans les formes. Le titre clérical est une assurance d'une honnête subsistance, qui peut être fondée, ou sur un bénéfice, ou sur un bien qui produise du revenu, ou sur la profession religieuse.

Autrefois il n'y avait proprement que le titre de bénéfice qui eût lieu, parce qu'on n'ordonnait personne qu'en l'attachant à une église, pour y faire les fonctions de son Ordre, avec droit d'être nourri sur les biens de cette église; mais dans la suite, l'usage s'étant introduit de faire des Ordinations absolues par le besoin d'un grand nombre de Ministres, on a voulu que ceux qui seraient ordonnés de la sorte, eussent un titre de patrimoine pour s'entretenir honnêtement, *parce qu'il n'est pas de la bienséance*, dit le Concile de Trente, Sess. 21. chap. 2. de la Réform., *que ceux qui sont engagés au service de Dieu, soient, à la honte de leur Ordre, réduits à la mendicité, ou contraints de gagner leur vie à des emplois bas et indignes de leur état.*

Pour être ordonné sur un titre de bénéfice, il faut en être canoniquement pourvu, en jouir paisiblement, et que le revenu soit au moins de cent francs, si Nous ne jugeons à propos de

(1) Nous laissons subsister ces dispositions relatives au titre, quoiqu'elles ne soient plus d'usage à ce moment; mais elles servent à montrer l'esprit de l'Eglise; dans plusieurs Diocèses, on a déjà pu en remettre quelques-unes en vigueur.

le passer à moindre valeur. Ainsi, un Ecclésiastique pourvu d'un bénéfice qu'il voudra faire passer pour titre, aura soin de représenter ses provisions, et de justifier sa paisible possession ; ce que le bénéfice produit de revenu annuel, et quelles en sont les charges. Celui qui sera ordonné sur un titre de bénéfice, ne pourra le résigner que Nous ne soyons assurés qu'il a d'ailleurs de quoi subsister honnêtement.

Pour établir le titre patrimonial, il faut une possession véritable et certaine de quelque bien immeuble portant revenu, ou de quelque rente perpétuelle ou viagère, qui est, suivant l'usage de ce Diocèse, de la somme de cent francs. L'acte en sera dressé par deux notaires ou par un seulement, en présence de deux témoins. Si l'aspirant aux Ordres est en possession du fonds, ou que ce soit le père ou la mère qui le lui donne, on le spécifiera dans l'acte, en l'affectant pour son titre ; si c'est une donation entre-vifs ou une pension viagère qu'on lui fait au cas qu'il reçoive les Ordres, il faut que la donation soit acceptée de lui à cette condition, et surtout ne pas omettre dans l'acte, que l'aspirant commencera à jouir, dès le jour qu'il aura reçu le Sous-Diaconat, des choses qui ont été affectées pour son titre.

Le titre patrimonial doit être certifié au moins par quatre personnes qui soient solvables, dignes de foi, qui assurent que les choses appartiennent aux dénommés, qu'elles sont de telle valeur, toutes charges acquittées, qu'elles ne sont sujettes à aucunes dettes ou hypothèques ; et qui soient garans de la dite valeur ou de la pension viagère.

Les Curés avertiront les Fidèles, conformément à la formule qui sera mise vers la fin de ce Rituel, que s'ils connaissent quelque défaut considérable ou quelque empêchement canonique dans le prétendant, l'Église les oblige à le venir révéler, et parce que ces empêchemens sont rarement connus des peuples, les Curés auront soin de les leur expliquer. Nous en avons parlé dans le Sacrement de Pénitence, à l'article des Censures.

Les Curés avertiront enfin que ceux qui se feraient promouvoir aux Ordres sous un titre, soit de bénéfice ou de patrimoine, faux, supposé ou collusoire, pècheraient grièvement et encourraient la suspense par le seul fait; qu'il en est de même de ceux qui s'obligeraient par promesse de ne rien demander de ce qu'on leur donnerait pour servir de titre, ou même de le rendre après avoir reçu les Ordres ; qu'on ne peut, sans encourir la suspense, se faire ordonner par un Évêque étranger sans dimissoire de son propre Évêque, ou sur un faux dimissoire, et que ceux qui ordonnés de la sorte, exerceraient les fonctions de leurs Ordres, sans s'être fait relever de leur suspense, tomberaient dans l'irrégularité.

Sur toutes choses, que les Curés prennent bien garde de ne pas donner de certificats de vie et de mœurs légèrement et par complaisance : leur conscience serait chargée devant Dieu non seulement de ce péché, mais des péchés de ceux qui seraient ainsi promus sur leur attestation. Que s'ils ne jugent pas à propos d'exprimer dans un certificat certaines choses qui pourraient empêcher un Clerc d'être admis aux Ordres auxquels il aspire, ils ne manqueront pas de Nous en donner avis.

De quelques obligations des Ecclésiastiques.

1°. Les Ecclésiastiques sont obligés de travailler sans cesse à acquérir une sainteté qui réponde à l'excellence et à la dignité de leur vocation. Autant leur état est au-dessus de celui des laïcs, autant leur vertu doit surpasser celle des simples Chrétiens ; car, dit St. Jérôme, (*in cap. 2. Epist. ad Titum*) *vehementer Ecclesiam Christi destruit meliores esse Laicos quàm Clericos.* Ils sont le sel de la terre et la lumière du monde ; leur vie doit servir de modèle aux autres ; ils doivent se sanctifier pour eux, à l'exemple du Prince des Pasteurs, qui dit de soi (*Joan. 17*) : *Pro eis sanctifico meipsum.* C'est pourquoi le Concile de Trente veut qu'ils évitent avec soin les moindres péchés ; que toute leur conduite soit tellement réglée, qu'ils soient partout la bonne odeur de J.-C. et qu'ils prêchent d'exemple ; parce que *in Sacerdote omnia debent esse vocalia.*

2°. Pour s'acquitter de leurs fonctions, ils doivent avoir l'esprit d'oraison et de prière, sans cela ils ne pourront avec recueillement offrir le Sacrifice ; réciter ou célébrer les Divins Offices ; parler aux peuples avec onction ; attirer sur eux les bénédictions de Dieu et détourner sa colère ; éviter les pièges du démon, vaincre le monde, vivre dans la perfection que demande leur état : car, dit St. Chrysostôme (*Lib. 10. de orando Deo*) : *Simpliciter impossibile est absque precationis præsidio cum virtute degere, et hujus vitæ cursum peragere.* Ils auront donc soin de donner tous les jours quelque temps à l'oraison mentale, et ils seront instruits de la manière de s'y appliquer.

3°. Ils doivent être distingués des laïcs aussi bien par leur habit extérieur que par leur état : c'est pourquoi l'Église leur enjoint très-étroitement, s'ils sont dans les Ordres sacrés, d'avoir les cheveux courts et modestes, la tonsure bien marquée et proportionnée à leur Ordre, et de porter toujours la soutane ou habit long de couleur noire, dans le lieu de leur résidence. On connaît sur ce sujet les Statuts du Diocèse, que Nous voulons être rigoureusement observés. On permet seulement en voyage l'usage d'une soutanelle, pourvu qu'elle soit cléricale et différente, pour la façon et la couleur, des habits des laïcs.

4°. Pour conserver plus sûrement le précieux trésor de la chasteté, et se rendre irréprochables sur cet article, ils éviteront toute familiarité avec les personnes de différent sexe, et n'en laisseront habiter aucune chez eux, à moins qu'elle n'ait les conditions et les qualités requises par les Statuts du Diocèse.

5°. Ils doivent s'abstenir de tous les divertissemens que les Canons défendent : comme sont la chasse, les excès de bouche, le luxe dans la table, dans les meubles et dans les habits, les danses, les spectacles, les jeux de hasard, et généralement tout ce qui choque l'honnêteté ou la bienséance ecclésiastique, et pourrait avilir leur caractère, ou faire perdre la confiance que les peuples doivent avoir en eux.

6°. Comme ils ont renoncé au monde, et pris Dieu pour leur portion et leur héritage, ils ne doivent point s'embarrasser dans les affaires du siècle, suivant l'avis de l'Apôtre (1. *ad Tim.* 2.) : *Nemo militans Deo implicat se negotiis secularibus.* Ils doivent prendre soin de leur temporel, en sorte cependant qu'il n'y ait rien de sordide ni d'abject dans les soins qu'ils se donnent ; mais ne pas se charger de l'administration des affaires d'autrui, ni s'engager dans le négoce, se trouvant dans les foires et dans les marchés, ni poursuivre des procès, etc. Tout cela leur est défendu par les saints Canons, les détournerait des fonctions de leur ministère et leur ferait perdre l'esprit de leur état.

7°. Ceux qui ont des revenus de bénéfices, tâcheront d'en faire bon usage ; et ils doivent savoir qu'après un honnête entretien, le superflu doit être donné aux pauvres, ou être employé en d'autres œuvres pies. S'ils manquent de le faire, ils commettent une injustice et un sacrilège, et sont obligés à restitution. C'est le sentiment des meilleurs auteurs et en particulier de St. Bernard, qui parle ainsi dans sa seconde lettre à Foulques : *Quidquid præter necessarium victum de Altari retines, tuum non est ; rapina est, sacrilegium est.*

Enfin ils doivent éviter l'oisiveté, les compagnies mondaines et les conversations séculières; s'appliquer à l'étude, à la lecture des saintes lettres et des livres de piété, tant pour se remplir eux-mêmes de bons sentimens et nourrir leur dévotion, que pour y puiser les avis et les instructions qu'ils ont à donner aux autres.

Des devoirs particuliers des Curés.

COMME les Curés sont chargés du soin des âmes et du gouvernement de leur Paroisse, ils ont en cette qualité plusieurs devoirs qui leur sont propres.

1°. Ils sont obligés, par toutes les lois. à résider exactement dans leurs Cures. S'ils y manquent, outre le péché qu'ils commettent, ils doivent perdre, et ne peuvent en conscience retenir les fruits de leurs bénéfices, à proportion du temps de leur absence. C'est la décision expresse du Concile de Trente (*Sess.* 23. *chap.* 1. *de la Réform.*). C'est manquer à ce devoir, non seulement de s'absenter plusieurs mois de suite, mais même de quitter le lundi la Paroisse pour n'y retourner que le samedi, ou passer loin du lieu de leur résidence la plus grande partie de la semaine.

Loin que les maladies qui règnent dans une Paroisse, soient une raison à un Curé pour s'en absenter, au contraire il est plus étroitement obligé d'y résider alors. Les paroissiens ont besoin de sa présence, pour recevoir les Sacremens et tirer de lui les autres secours qui leur sont nécessaires. S'il quitte par crainte de la mort, c'est un mercenaire et non pas un Pasteur; car le bon Pasteur doit être dans la disposition de donner sa vie pour ses brebis: *Bonus Pastor animam suam dat pro ovibus suis.* (Joan. 11.)

Il peut arriver qu'une véritable nécessité, ou le bien de l'Église, oblige un Curé à quitter sa Paroisse pour quelque temps; mais alors il doit en obtenir la permission de son Évêque, après lui en avoir exposé le sujet et mis en sa place quelqu'un qui remplisse convenablement ses devoirs. C'est ainsi que le prescrit le St. Concile de Trente, et les édits et ordonnances de l'autorité temporelle ont confirmé cette discipline.

2°. Cette résidence ne doit pas être oisive et sans action, mais occupée au bien spirituel du troupeau, par l'administration des Sacremens, par le bon exemple, par le soin de s'opposer aux vices, de consoler les affligés, et par les autres fonctions pastorales, auxquelles un Curé doit s'employer sans relâche.

3°. Il doit nourrir et instruire

son peuple par la prédication de la parole de Dieu. Cette obligation est indispensable pour un Curé, qui doit s'appliquer ces paroles de l'Apôtre (1. *Cor.* 9.) : *Vœ mihi, si non evangelizavero; necessitas enim mihi incumbit.* C'est pourquoi, Nous enjoignons à tout Curé de faire tous les Dimanches une instruction par forme de Prône, ainsi que le prescrivent nos Statuts Synodaux. Lorsque le Curé ne le pourra pas par lui-même, il tâchera d'y suppléer par d'autres.

Pour faire utilement cette instruction, il faut choisir des vérités importantes, édifiantes et consolantes, et des maximes de pratique convenables aux auditeurs, et qui tendent toujours à détruire les vices, et à établir le règne de Dieu et son amour dans les cœurs. On aura soin de s'y préparer durant la semaine, en méditant l'Évangile, lisant de bons livres, et réfléchissant sur les besoins spirituels de son troupeau.

Toutes ces instructions resteraient inutiles et ne porteraient point les fruits que l'Église en attend, si les peuples n'y étaient préparés par de bons catéchismes, qui soient à la portée des enfans et des personnes peu instruites. Le cathéchisme est donc la plus essentielle de toutes les instructions, puisqu'elle sert de fondement à toutes les autres. Le catéchisme ouvre le cœur et l'esprit, pour recevoir les impressions de la foi et de la morale de Jésus-Christ. Les Curés par conséquent auront soin de faire eux-mêmes, ou de faire faire par d'autres Ecclésiastiques instruits, le catéchisme, à une heure commode, tous les Dimanches et Fêtes de l'année. On le fera outre cela pendant le Carême tous les jours de la semaine.

On avertira souvent les pères et mères, maîtres et maîtresses, d'envoyer leurs enfans et leurs domestiques au catéchisme, et de tenir la main pour qu'ils s'y rendent exactement : il sera bon aussi de les exhorter à les y conduire eux-mêmes quelquefois, soit pour s'assurer davantage s'ils n'y manquent pas, soit pour les y faire aller avec plus d'empressement, soit aussi pour s'instruire eux-mêmes de plusieurs choses nécessaires et qu'on ignore souvent dans un âge fort avancé.

Nous défendons de se servir, pour instruire, dans tout notre Diocèse, d'autre catéchisme que celui du Diocèse.

4°. Les Curés doivent faire en sorte que leurs paroissiens sanctifient les Fêtes et Dimanches. Pour cela ils tâcheront de faire chanter et de célébrer le plus décemment qu'ils pourront les divins Offices : c'est un excellent moyen pour attirer les peuples au culte de Dieu, et leur donner une haute idée de nos Mystères. Il faut donc qu'ils sachent le plain-chant, et qu'ils fassent en sorte qu'il y ait dans leurs paroisses des personnes qui sachent les chants de l'Église, pour en être aidés à chanter la Messe et les Vêpres. On peut y former de jeunes enfans ou d'autres en qui on remarquerait de la voix. Quand on a du zèle et de la religion, on trouve les moyens d'en venir à bout.

5°. Ils doivent être les pères des pauvres de leurs paroisses, les assister d'aumônes, leur apprendre à faire bon usage de la pauvreté que Jésus-Christ a consacrée en sa personne, exciter ceux qui sont en état de leur faire du bien, et de les soulager, principalement dans leurs maladies où les besoins sont plus grands. Nous exhortons les Curés à former ou à entretenir de leur mieux des compagnies de personnes vertueuses et charitables, pour prendre soin des pauvres, leur distribuer des aumônes à propos, visiter les malades et s'informer de leurs besoins.

6°. Ils tâcheront de pacifier les familles, d'apaiser les discordes, d'accommoder les différends. Ils prendront pour règle de prudence, de ne se jamais laisser prévenir contre personne; de gouverner par eux-mêmes; de ne rien faire d'important sans avoir pris conseil, et de ne prendre aucun parti dans les divisions ou procès qui pourraient arriver entre leurs paroissiens, mais de porter tout le monde à s'accommoder.

7°. Ils veilleront sans cesse sur leur troupeau, seront affables et de facile accès aux pauvres, toujours prêts à porter les Sacremens aux malades, près ou loin, le jour ou la nuit, toutes les fois qu'ils seront appelés, sans se rendre là-dessus trop difficiles. Car ce serait pour eux un terrible compte à rendre, si par leur faute quelqu'un mourait sans les recevoir; rien de plus épouvantable à ce sujet que les menaces d'un prophète: *Custodi virum istum, qui, si lapsus fuerit, erit anima tua pro animâ ejus.* (3. Reg. 20.)

8°. Il est pareillement du devoir des Curés de veiller sur la conduite de tous les Prêtres qui sont dans leurs paroisses; de les appliquer aux fonctions ecclésiastiques, suivant leurs talens et leur capacité, et de faire en sorte qu'ils édifient le peuple, tant par leur piété et la pureté de leurs mœurs, que par la modestie de leurs habits et la bienséance de tout leur extérieur. Ils s'efforceront de les attacher au service de leurs paroisses par tous les bons offices possibles, et ils en tireront de grands secours, s'ils les honorent comme ministres de Dieu; s'ils reconnaissent leur zèle et leurs travaux par toutes les honnêtetés qu'ils pourront; s'ils récompensent leur mérite; s'ils leur témoignent un grand désintéressement; s'ils agissent avec eux comme avec leurs frères, et surtout s'ils les animent par leurs bons exemples et par leurs paroles à la pratique des vertus et des fonctions ecclésiastiques : en quoi ils pourront aisément réussir, s'ils tâchent de lier avec eux quelques conférences, pour les tenir au moins une fois par mois, afin d'y traiter ensemble de leurs obligations, prendre les moyens de les remplir dignement, et convenir des mêmes principes pour la conduite des âmes, et pour remédier aux besoins de la paroisse.

9°. Pour ne rien négliger du temporel aussi bien que du spirituel, ils auront soin que les biens de la Fabrique de leur église soient administrés comme il faut; qu'on nomme des Marguilliers sages, fidèles et vigilans; que ceux qui sortent de charge rendent exactement leurs comptes. Ils exécuteront aussi ou feront exécuter fidèlement les fondations, les annonceront tous les Dimanches au Prône de la grand'Messe, et en auront un état ou tableau dans la sacristie. Ils veilleront pour retrancher les abus qui pourraient être dans les confréries; en un mot, ils tâcheront que Dieu soit aimé, servi et honoré dans leur paroisse : *Ut in omnibus honorificetur Deus per Jesum Christum.* (1. Pet. 4.)

10°. Les obligations et les fonctions attachées à la qualité de Pasteur sont si importantes, et ont des suites d'une si grande conséquence, que Nous croyons devoir ici avertir les Présentateurs (1) ou Collateurs des cures et autres bénéfices à charge d'âmes, situés dans notre Diocèse, qu'ils sont tenus selon tout droit divin et humain, et en particulier selon les décrets du saint Concile de Trente (*Sess.* 24. *de Ref. c.* 18.), de choisir ceux qu'ils estiment en leur conscience et après un mûr examen les plus dignes et les plus propres à ce redoutable ministère, à peine de répondre à Dieu et à son terrible jugement, non seulement des péchés et des scandales qui arriveront par un mauvais choix, et de la damnation éternelle qui s'en suivra de plusieurs de leurs frères, mais encore de tous les degrés de grâce et d'instruction que perdront les peuples, faute d'avoir des Pasteurs plus dignes et plus capables. Ceux qui ont ce droit de présentation, doivent être très-attentifs, non à consulter la chair et le sang, ni à satisfaire à des amitiés et à des considérations humaines, ce qui leur est sévèrement défendu par les saints Canons, et ce qui pourrait leur faire commettre le crime même de simonie, mais à pourvoir au besoin pressant des Fidèles, dont le salut à cet égard

(1) Nous n'avons point retranché ces deux alinéa, pour qu'on sentît mieux le danger qui se trouve pour des Laïques et des Ecclésiastiques à employer des recommandations ou des instances souvent importunes pour faire nommer à des cures certains Ecclésiastiques dont on ne peut connaître souvent ni l'aptitude ni la vertu.

est mis en quelque sorte entre leurs mains; tellement que dans une matière si grave ils ne peuvent commettre de fautes légères, et qu'il n'y va de rien moins pour eux que de la malédiction de Dieu et de la perte de leur âme.

Enfin ceux qui permutent ou résignent leurs bénéfices à charge d'âmes, sont d'autant plus obligés d'avoir ces règles en vue, qu'étant Pasteurs ils sont plus étroitement chargés du salut de leur troupeau; et lorsqu'ils veulent choisir leur successeur, ils doivent être encore plus circonspects en ce choix dans la maladie et aux approches de la mort, où ils peuvent plus facilement être trompés, et où ils ont plus lieu de craindre de porter devant Dieu non seulement leurs péchés, mais aussi ceux des autres.

L'édification que les Curés doivent spécialement à leur paroisse, les oblige doublement, lorsqu'ils sont dangereusement malades, de ne pas différer de se confesser et de demander les derniers Sacremens : ceux de la campagne, plus exposés à n'être pas alors avertis du péril de leur état, courent aussi plus de risque de mourir sans les avoir reçus. Ce déplorable malheur peut être occasionné par la distance des lieux, qui empêche que leur Doyen n'apprenne leur maladie et ne prenne les mesures nécessaires pour leur procurer par lui-même, ou par quelqu'autre Prêtre, les secours spirituels; mais lorsque cela arrive par négligence, par défaut de zèle et de vigilance, il en résulte un si grand scandale, que Nous ne pouvons pas trop recommander aux Doyens, Curés et autres Prêtres de notre Diocèse d'avoir la plus diligente exactitude à remplir tous les devoirs que la sollicitude pastorale, la charité chrétienne, la fraternité sacerdotale leur imposent envers leurs confrères ainsi attaqués de maladie et en danger de mort.

INSTRUCTION

SUR LE SACREMENT DE MARIAGE.

Le Mariage est une société légitime entre l'homme et la femme, que Dieu lui-même a établie dès le commencement du monde, pour la multiplication du genre humain. Cette société a été regardée dans tous les temps comme un des points les plus importans de la vie civile ; et Jésus-Christ, en l'élevant à la dignité de Sacrement, l'a rendue un des actes les plus solennels de la Religion.

Les Pasteurs rencontrent souvent de très-grandes difficultés dans l'administration de ce Sacrement ; on y commet aisément de grandes fautes, et on ne les répare qu'avec beaucoup de peine. Le seul moyen pour eux de les prévenir est de s'instruire avec soin des règles dont la connaissance leur est absolument nécessaire pour procéder à sa célébration avec toute la prudence et toute l'exactitude qu'il exige. Pour bien connaître ces règles, ils doivent particulièrement apprendre les décisions et les ordonnances de l'Église sur l'administration de ce Sacrement, et s'instruire des lois du royaume sur un point si important ; car le Mariage n'intéresse pas moins le repos des familles et la tranquillité de l'état, que l'honneur de la Religion et le salut des âmes.

Nous n'entreprendrons pas ici de traiter cette matière dans toute l'étendue qui serait à désirer, pour en donner une parfaite connaissance ; les bornes que Nous impose un ouvrage qui doit comprendre toutes les fonctions du ministère des Prêtres, Nous obligent de renvoyer ceux qui voudront en être pleinement instruits, aux livres des Théologiens et des Jurisconsultes qui en ont écrit plus amplement ; mais aussi, pour ne rien omettre d'essentiel dans cet abrégé, Nous exposerons premièrement la doctrine de l'Église sur ce Sacrement ; Nous traiterons ensuite des promesses de Mariage, de la publication des bans, des empêchemens du Mariage, de la présence du Curé, et de ses devoirs à l'égard de ceux qui se présentent à lui pour être mariés ; du temps et du lieu propres pour la célébration du Mariage, enfin de l'enregistrement de ses actes.

De la doctrine de l'Église sur le Sacrement de Mariage.

Le Mariage est un Sacrement institué par Jésus-Christ pour sanctifier la société légitime de l'homme et de la femme.

Il paraît, par la sainte Écriture, que Dieu s'est proposé deux fins principales dans l'institution primitive du Mariage. La première a été de donner aux conjoints un secours et une compagnie pour s'entr'aider réciproquement dans les besoins de la vie. *Faciamus ei* (Adæ) *adjutorium simile sibi.* (Gen. 2.) La seconde a été de procurer la génération des enfans, qui fussent élevés dans la crainte de Dieu : *Benedixitque illis Deus, et ait : Crescite et multiplicamini et replete terram.* (Ibid. c. 1.) Depuis la chûte du premier homme, le Mariage a une troisième fin, qui est de servir de remède à l'incontinence, comme on le peut conclure de ces paroles de Saint Paul : *Propter fornicationem unusquisque propriam uxorem habeat, et unaquæque suum virum habeat* (1. Cor. cap. 7.) ; et de crainte qu'on ne crût qu'il voulait obliger tout le monde de recourir à ce remède, il ajoute peu après : *Hoc autem dico secundùm indulgentiam, non secundùm imperium.* (Ibid.)

On distingue dans ce Sacrement, comme dans tous les autres, une matière et une forme. Plusieurs Théologiens, après Saint Thomas, enseignent que la donation mutuelle que l'homme et la femme se font de leurs corps, est la matière prochaine de ce Sacrement, et que leur mutuelle acceptation, exprimée par des paroles ou par quelque signe sensible, en est la forme.

L'Église n'a rien décidé sur ce point, et elle ne s'est pas plus expliquée sur le ministre du Mariage, laissant aux Théologiens la liberté de penser différemment sur ces questions ; mais soit que les parties qui contractent s'administrent l'une à l'autre ce Sacrement, soit que le Prêtre le leur confère, en prononçant ces paroles : *Ego vos in Matrimonium conjungo,* ou d'autres semblables, on doit reconnaître que la présence du propre Curé des parties, ou de quelqu'autre Prêtre, commis de lui ou de l'Évêque, est nécessaire pour sa validité.

Le lien que forme ce Sacrement, est indépendant de la consommation du Mariage. Nous avons une preuve éclatante de cette vérité dans la Sainte Vierge et Saint Joseph qui, bien que véritablement liés par le Mariage, ont gardé une continence perpétuelle. Ces illustres Époux ont eu depuis pour imitateurs plusieurs Saints, qui, vivant dans le Mariage comme des vierges, se sont bornés à l'union toute pure des cœurs, renonçant d'un commun consentement au commerce charnel qui leur était permis. Ces Mariages avaient tout ce qui était essentiel à leur validité; ils avaient même cet avantage sur les autres Mariages, de représenter, dans un sens, d'une manière plus parfaite, l'union spirituelle de Jésus-Christ avec son Église.

Le Mariage produit en ceux qui le contractent avec de saintes dispositions, une grâce de sanctification, qui augmente en eux la charité; grâce de chasteté, qui corrige en eux les ardeurs de la concupiscence; grâce d'union, qui purifie leur amour et le rend méritoire, en le rapportant à Dieu; grâce de patience, pour se supporter mutuellement; grâce enfin de bénédiction, qui les multiplie par la naissance des enfans, qui préside à leur éducation dans la crainte du Seigneur, et leur facilite un établissement chrétien suivant leur condition.

Moïse avait permis aux Juifs, par condescendance pour la dureté de leur cœur, de répudier leurs femmes, quand ils en avaient sujet, en leur donnant un billet de divorce, et d'en épouser d'autres; et ces femmes ainsi répudiées pouvaient se remarier avec d'autres hommes. On peut même conclure de l'exemple des Patriarches et de plusieurs Saints de l'ancien Testament, qu'il leur était libre d'avoir plusieurs femmes ensemble, quoique cette permission ne se trouve pas positivement exprimée dans aucun texte de la loi de Moïse; mais Jésus-Christ a défendu, dans la loi nouvelle, cette pluralité et ce divorce, en rappelant le Mariage à sa première institution : *Et erunt duo in carne unâ.* (St. Matth., 19.)

Il faut néanmoins remarquer, et c'est la doctrine du Concile de Trente (*Sess.* 24. *Can.* 6.), que lorsque le Mariage n'a point été consommé, il peut être dissous par la Profession Religieuse de l'un des deux époux; mais aussi hors ce cas, la mort seule peut rompre le lien qui les unit; à moins que d'un commun accord ils ne se fassent tous les deux Religieux, ou le mari Prêtre et la femme Religieuse; ce qui demande la plus grande prudence, et ce qui ne peut se faire que du consentement de l'Évêque des parties. C'est donc une fausse opinion de croire avec les hérétiques des derniers siècles, que l'adultère, l'hérésie, les mauvais traitemens d'un mari soient des moyens de dissolution, après laquelle les parties puissent passer à de secondes nôces; ces moyens peuvent bien donner lieu au Juge d'ordonner la séparation de lit et de demeure: ils ne peuvent rompre un lien qui de sa nature est indissoluble.

Le Mariage des chrétiens étant une société sanctifiée par le Sacrement, n'a pas moins que les autres sociétés, ses devoirs et ses obligations. L'Apôtre Saint Paul en fait une exacte énumération, qu'il est à propos que les personnes mariées aient souvent devant les yeux. « Que le mari, dit-il, rende » à sa femme ce qu'il lui doit, » et la femme, ce qu'elle doit à » son mari; le corps de la femme » n'est point en sa puissance, mais » en celle de son mari; de même, » le corps du mari n'est point en » sa puissance, mais en celle de » sa femme. Ne vous refusez donc » point l'un à l'autre ce devoir; » si ce n'est du consentement de » l'un et de l'autre pour un temps, » afin de vaquer à la prière; et » ensuite vivez ensemble comme » auparavant, de crainte que le » démon ne prenne sujet de votre » continence pour vous tenter; » ce que je dis par condescen- » dance, et non par comman- » dement ».

Ces paroles de l'Apôtre comprennent quatre vérités, dont il est à propos d'instruire les Fidèles engagés dans le Mariage.

1°. C'est une obligation pour l'époux et pour l'épouse de se garder une fidélité inviolable, et de se rendre le devoir l'un à l'autre: obligation fondée sur la justice, puisqu'ils n'ont plus en leur disposition leur propre corps, mais qu'il est en la puissance de celui auquel ils en ont transféré l'usage par le Sacrement.

2°. Ils peuvent en tout temps garder la continence, pourvu que ce soit d'un commun consentement. L'Apôtre le leur conseille principalement pour les temps consacrés à la prière et à la pénitence; l'Église les y exhorte encore aujourd'hui, non seulement dans les temps de jeûne, mais encore lorsqu'ils se disposent à recevoir la sainte Eucharistie, et le jour qu'ils l'ont reçue.

3°. Ceux qui se sentent trop faibles pour garder long-temps la continence, doivent retourner ensemble, pour éviter les tentations de l'ennemi. L'Apôtre ajoute: Ce que je dis par condescendance et non par commandement. Celui donc qui use du Mariage comme d'un remède, fait une œuvre qui lui est permise, mais par condescendance seulement, *secundùm indulgentiam;* mais celui qui en use pour rendre à l'autre ce qui lui est dû, s'acquitte d'un précepte et d'une obligation de justice, dont il ne peut se dispenser que pour cause légitime.

4°. Les époux ne peuvent garder la continence les jours mêmes auxquels l'Église le leur recommande, si ce n'est d'un commun consentement. Celui des deux qui désirerait se conformer à l'esprit de l'Église, ne perd rien de son mérite devant Dieu, en obéissant à l'autre, et lui rendant ce qu'il lui doit: il pècherait même grièvement, si, sous prétexte de piété, il voulait garder la continence sans le consentement de l'autre.

L'Apôtre parlant dans un autre

endroit des personnes mariées, leur donne encore cette excellente instruction : « Que les femmes » soient soumises à leurs maris, » comme au Seigneur ; parce que » le mari est le chef de la femme, » comme J.-C. est le chef de l'É- » glise qui est son corps, et dont il » est aussi le Sauveur. Comme » donc l'Église est soumise à J.-C., » les femmes doivent aussi être » soumises en tout à leurs maris. » Et vous, maris, aimez vos fem- » mes, comme Jésus-Christ a » aimé l'Église, et s'est livré » lui-même à la mort pour elle, » afin de la sanctifier, après l'avoir » purifiée dans le Baptême de » l'eau par la parole de vie, pour » la faire paraître devant lui » pleine de gloire, n'ayant ni » tache, ni ride, ni rien de sem- » blable, mais étant sainte et » irrépréhensible. Ainsi les maris » doivent aimer leurs femmes » comme leur propre corps. Celui » qui aime sa femme, s'aime » lui-même, car nul ne hait sa » propre chair; mais il la nourrit » et l'entretient, comme Jésus- » Christ fait envers l'Église, parce » que nous sommes les membres » de son corps, formés de sa chair » et de ses os. C'est pourquoi » l'homme abandonnera son père » et sa mère pour s'attacher à sa » femme; et ils deviendront une » même chair. Ce Sacrement est » grand, je dis en Jésus-Christ et » en l'Église. Mais que chacun de » vous aime aussi sa femme comme » lui-même, et que la femme » craigne et respecte son mari ». *(Aux Ephés. 5)*.

Les personnes mariées doivent encore se rappeler souvent le précepte du même Apôtre, qui leur ordonne *de traiter le Mariage avec honnêteté, et de conserver sans tache le lit nuptial.* Ce serait une erreur très-grossière, de croire que tout est permis dans le Mariage : on ne doit pas passer les bornes que la pudeur et l'honnêteté y ont prescrites, et les excès qu'on y commet, ne sont pas sans péché. Lâcher la bride à l'incontinence et ne chercher dans le Mariage qu'à satisfaire une passion brutale, c'est, dit Saint Augustin, se rendre l'adultère de sa propre femme ; renverser et changer l'ordre que la nature y a établi, c'est une abomination.

Une autre obligation indispensable des époux est d'élever leurs enfans dans la piété et la crainte de Dieu, et de les édifier par leurs exemples. Les femmes enceintes doivent surtout veiller à la conservation de leur fruit, et ne jamais s'exposer à aucun danger qui puisse lui nuire. Elles doivent tâcher de nourrir elles-mêmes leurs enfans, autant qu'elles le pourront ; et, en cas qu'elles ne le puissent pas, elles doivent du moins faire choix, pour nourrices, de personnes d'une probité et d'une piété reconnues. Elles ne doivent faire coucher leurs enfans avec elles qu'après un an et un jour accomplis depuis leur naissance; ce qui sera pareillement observé par les nourrices.

Les Curés et Vicaires, en expliquant publiquement les devoirs du Mariage et les péchés qu'on y peut commettre, doivent s'attacher à le faire avec tant de retenue et de circonspection, qu'il ne leur échappe jamais aucune expression tant soit peu contraire à la pudeur et à l'honnêteté. Ils éviteront surtout de parler alors de ce qui ne doit être dit qu'en particulier et dans le tribunal de la Pénitence.

Des Fiançailles.

On entend par Fiançailles la promesse mutuelle que se font deux personnes de différent sexe de contracter Mariage ensemble.

Cette promesse, pour être valide et avoir tout son effet, n'a pas besoin d'être faite en présence de témoins, ni par écrit, attendu que le Concile de Trente n'a annulé que les Mariages clandestins, et non les promesses de Mariage.

Cette promesse faite sérieusement et librement produit un empêchement entre les personnes fiancées et leurs parens mutuels au premier degré : ainsi Pierre ne peut se marier validement sans dipense avec la sœur, ou la mère, ou la fille de Louise qu'il a fiancée; et réciproquement Louise ne peut se marier validement avec le frère, ou le père, ou le fils de Pierre qu'elle a fiancé.

Les Fiançailles peuvent être dissoutes par le consentement mutuel ; par l'entrée en religion ; par la réception des saints Ordres; par un voyage de long cours qui n'avait pu être prévu ; par un délai de se marier, prolongé par la faute d'un des fiancés au-delà du terme convenu (mais il n'y a alors que la partie innocente qui puisse demander la résiliation) ; par un changement notable dans la santé d'un des futurs époux ; par l'infidélité d'une des deux parties ; par un Mariage subséquent ; par un empêchement qui surviendrait ; par le refus du consentement des parens, quand l'un des époux est mineur.

Les Fiançailles entre les personnes qui ne peuvent se marier ensemble, comme sont les parens, les alliés, etc., sont nulles, à moins qu'elles ne soient faites avec la condition qu'on demandera dispense.

Les Confesseurs doivent défendre sévèrement aux personnes fiancées d'habiter dans la même maison (1); les engager à ne pas

(1) Cette recommandation est faite par le saint Concile de Trente, sess. 24., *de Ref. Matr.* c. 1.

se trouver seules, à éviter toute familiarité, toute conversation dangereuse, et à ne se voir qu'en présence des parens.

Pour de justes raisons, Nous avons supprimé les Fiançailles faites à l'église, et Nous défendons de les célébrer à l'avenir.

Des Bans.

Tous les Mariages doivent être publiés à l'église, dans l'assemblée des Fidèles, avant qu'on puisse les bénir. Cette publication s'appelle *Ban*, ou annonce de Mariage.

Nous défendons, sous peine de suspense, de bénir aucun Mariage, si les Bans n'ont pas été publiés trois fois, à moins qu'il n'y ait eu dispense. La publication des Bans n'est pas nécessaire pour la validité du Mariage.

Les Bans doivent être publiés: 1°. dans la paroisse où habite chacun des futurs époux, quoiqu'ils y soient depuis peu de temps; 2°. dans la paroisse où ils habitaient auparavant, s'il n'y a pas plus de six mois qu'ils l'ont quittée, que cette paroisse soit du Diocèse ou non (1); 3°. dans le lieu où habitent les pères et mères des deux futurs, si la fille a moins de 21 ans et le garçon moins de 25 ans; 4°. s'ils sont orphelins et n'ont pas 21 ans, dans le lieu où habitent leurs ascendans; 5°. s'ils n'ont point d'ascendans, on publie les Bans dans le lieu où se tient le conseil de famille, sans le consentement duquel le Mariage des mineurs ne peut avoir lieu (2). Quand la fille a 21 ans et le garçon 25, on ne publie pas les Bans dans le domicile du père et de la mère; il suffit qu'on s'assure de leur consentement qui doit être relaté dans l'acte civil. Dans les cas douteux ou pressans, l'Évêque peut accorder la dispense du domicile pour la publication des Bans.

Quand une des parties a deux domiciles différens dans lesquels

(1) Autrefois on exigeait six mois de résidence dans la paroisse où l'on habitait, pour être dispensé de faire publier ses Bans dans la paroisse d'où l'on sortait, lorsque toutes les deux étaient du même Diocèse; et un an, quand elles étaient de Diocèses différens. Mais cette distinction n'étant fondée sur aucune loi ecclésiastique, Nous ne croyons pas devoir la rétablir. Les nouveaux statuts de plusieurs Diocèses, n'exigent comme Nous que six mois de résidence dans la paroisse où habitent les futurs époux, même quand ils avaient habité dans un Diocèse différent. Mais que faire quand depuis assez long-temps l'une des parties n'a demeuré six mois de suite dans aucune paroisse? Nous répondons qu'il faut les publier d'abord dans le domicile de fait, et suivre ce que Nous dirons plus bas, sur le Mariage des étrangers. — (2) Le Conseil de famille se tient de plein droit chez le juge de paix (Code civil, art. 415).

elle demeure à peu près le même espace de temps, le Mariage doit être publié dans les deux paroisses.

Lorsqu'un Mariage n'est pas terminé trois mois après la dernière publication, il faut le publier de nouveau une fois avant de le bénir.

C'est toujours le dimanche ou les fêtes chômées, et pendant la Messe principale, que les Bans doivent être publiés; cependant s'il était arrivé, par oubli, qu'on ne l'eût pas fait et que le mariage fût pressé, on pourrait faire cette publication pendant les Vêpres; mais Nous ne l'autorisons qu'une fois pour le même Mariage et dans le cas où il se fait trois publications. S'il y a dispense de deux Bans, il faut que la publication qui reste à faire ait lieu à la Messe de paroisse.

A chaque publication il faut avertir si c'est la première, ou la seconde, ou la troisième; et, quand on n'en fait qu'une, il faut annoncer qu'on espère obtenir la dispense de deux Bans, afin que les personnes qui connaîtraient des empêchemens, puissent prendre leurs précautions et faire un peu plus tôt leur révélation.

Le certificat de publication de Bans ne sera délivré par MM. les Curés et Desservans que vingt-quatre heures après la dernière publication, soit que ledit certificat doive Nous être présenté pour que Nous accordions dispense d'un ou deux Bans, soit qu'il doive être présenté au Curé de la paroisse qui bénira le Mariage. Dans ce dernier cas, le certificat doit renfermer la remise, c'est-à-dire, la déclaration du Curé qui a fait la publication, qu'il consent à ce que le Mariage soit bénit par le Curé auquel il adresse le certificat. On trouvera dans le second volume de cet Ouvrage, des modèles de certificat et de remise.

Si l'un des contractans est d'un autre Diocèse, le certificat de son Curé sera légalisé par l'Évêque, à moins que l'autre Curé n'en connaisse bien l'écriture, comme il peut arriver lorsque leurs paroisses sont voisines, ou qu'ils ont des relations les uns avec les autres.

Quand on découvre un empêchement public et certain, on doit cesser la publication des Bans jusqu'à ce que la dispense soit obtenue; cette défense est sous peine de suspense.

Il faut avertir les Fidèles que l'obligation de révéler les empêchemens de Mariage est très-grave, et qu'elle s'étend à ceux qui sont d'une autre paroisse et même d'un autre Diocèse. Elle ne s'étend pas à ceux qui sont obligés à garder le secret naturel, comme les avocats, les médecins, les sages-femmes, etc.

Il serait à propos de faire connaître aux Fidèles les empêchemens qui arrivent le plus fréquemment, et de les leur rappeler de temps en temps.

Quand les père et mère, l'aïeul ou l'aïeule, ou d'autres qui en tiennent lieu, s'opposent à la publication d'un Mariage, le Pasteur doit la suspendre; mais il faut qu'il demande acte par écrit de l'opposition. Il doit suspendre aussi cette publication de Bans, quand on lui montre une promesse de mariage par écrit, faite par une des parties à une autre personne. Lorsque l'opposition est ainsi fondée sur des motifs graves, il doit Nous l'envoyer, et il ne peut donner la bénédiction nuptiale sans avoir reçu de Nous une autorisation expresse.

On demande ce qu'il faut faire lorsque tout est prêt pour le Mariage et qu'on s'aperçoit que les publications de Bans n'ont pas été faites partout où il fallait.

R. Les règles que nous avons indiquées, sont obligatoires, et un Curé qui les négligerait par sa faute, serait coupable. Les Pasteurs doivent donc instruire leurs paroissiens avec soin sur les précautions à prendre au moment du Mariage, les engager à se confesser de bonne heure et à présenter leurs papiers; ils doivent eux-mêmes étudier avec soin et prévoir ce qu'ils ont à faire; mais si, malgré ces précautions, quelques formalités ont été omises, ils s'adresseront à Nous ou à nos Vicaires-Généraux pour obtenir les décisions, ou les dispenses qui leur seront nécessaires. Il est cependant tel cas si pressant où ils pourront user d'épikée pour éviter un scandale; mais alors ils feront sagement de consulter un voisin éclairé.

Il est utile que MM. les Curés sachent que le Code civil, art. 63 et 64, exige que tous les Mariages soient publiés deux fois à la porte de la commune, pendant deux dimanches de suite, et que cet acte de publication reste affiché pendant huit jours. L'acte civil ne peut être fait par l'officier public que trois jours après la seconde publication, c'est-à-dire le mercredi. Le procureur du Roi peut dispenser d'une publication, et alors c'est le mercredi après la première publication, que l'acte civil est dressé.

De ceux qui peuvent contracter Mariage.

Le respect et l'obéissance engagent les enfans à consulter leurs père et mère, et à suivre leurs avis sur le choix d'un époux ou d'une épouse. Saint Ambroise donnant des règles de conduite à une fille chrétienne, lui apprend que c'est de la main de ses parens qu'elle doit recevoir un époux. Le quatrième Concile de Carthage (*chap.* 13.) veut que les enfans soient présentés au Prètre par leurs parens, pour recevoir de lui la bénédiction nuptiale; et le quatrième concile d'Orléans (*ch.* 22.) prononce la peine d'excommunication contre ceux qui manquent à un devoir si essentiel, à l'égard de ceux qui leur ont donné naissance.

On appelle mineurs, pour le Mariage, les garçons qui ont moins de 25 ans, et les filles qui ont moins de 21 ans.

Dans l'ancien droit civil et canonique, l'homme pouvait contracter Mariage à quatorze ans, et la fille à douze ans, avec le consentement de leurs parens; aujourd'hui, d'après le Code civil, art. 144, « l'homme avant dix-huit ans révolus, et la femme avant quinze ans révolus, ne peuvent contracter Mariage, même avec le consentement de leurs parens ».

Nous défendons à tous les Prêtres de notre Diocèse de donner la bénédiction nuptiale avant l'âge désigné dans cet article du Code.

Le Roi accorde dispense d'âge quand il y a des motifs très-graves, (Code civ. art. 145). On s'adresse pour cela au procureur du Roi de l'arrondissement dans lequel demeure une des parties, et c'est lui qui fait passer la supplique au Garde des sceaux.

Quand la dispense d'âge est accordée par le Roi, les Pasteurs peuvent donner la bénédiction nuptiale sans autre dispense de notre part, à moins qu'une des parties n'ait pas atteint l'âge canonique désigné plus haut.

Le Code civil porte :

« Art. 148. Le fils qui n'a pas atteint l'âge de vingt-cinq ans accomplis; la fille qui n'a pas atteint l'âge de vingt-et-un ans accomplis, ne peuvent contracter Mariage sans le consentement de leurs père et mère : en cas de dissentiment, le consentement du père suffit ».

« Art. 149. Si l'un des deux est mort, ou s'il est dans l'impossibilité de manifester sa volonté, le consentement de l'autre suffit ».

« Art. 150. Si le père et la mère sont morts, ou s'ils sont dans l'impossibilité de manifester leur volonté, les aïeuls et aïeules les remplacent; s'il y a dissentiment entre l'aïeul et l'aïeule de la même ligne, il suffit du consentement de l'aïeul; s'il y a dissentiment entre les deux lignes, ce partage emportera le consentement ».

« Art. 151. Les enfans de famille ayant atteint la majorité fixée par l'article 148, sont tenus, avant de contracter Mariage, de demander, par un acte respectueux et formel, le conseil de leurs père et mère, ou celui de leurs aïeuls et aïeules, lorsque leur père et leur mère sont décédés ou dans l'impossibilité de manifester leur volonté ».

« Art. 152. Depuis la majorité fixée par l'article 148, jusqu'à l'âge de trente ans accomplis pour les fils, et jusqu'à l'âge de vingt-cinq ans accomplis pour les filles, l'acte respectueux prescrit par l'article précédent, et sur lequel il n'y aurait pas de consentement au Mariage, sera renouvelé deux autres fois de mois en mois; et un mois après le troisième acte, il pourra être passé outre à la celébration du Mariage ».

Nous ordonnons à tous les Pasteurs, Vicaires et autres Prêtres qui ont juridiction ordinaire ou déléguée pour bénir un Mariage, de s'en tenir littéralement à ces règles, et de refuser la bénédiction nuptiale à tout enfant de famille qui se serait écarté de ces dispositions.

Les enfans qui se marient contre le gré de leur parens, se rendent coupables d'une grande faute et, à moins que des raisons majeures ne les excusent, ils sont indignes d'absolution.

Les parens qui refusent leur consentement au Mariage de leurs enfans sans des raisons graves, et les exposent par-là à désobéir, se rendent coupables aussi d'une grande faute et ne méritent pas l'absolution.

Le consentement mutuel des parties étant de l'essence du Mariage, on ne doit admettre à ce Sacrement que ceux qui ont l'usage de la raison assez libre pour contracter validement; c'est pourquoi les insensés qui n'ont aucun bon intervalle, les furieux dans le temps de leur fureur, les imbécilles et les vieillards dont l'esprit est affaibli, ne peuvent se marier validement. A l'égard des vieillards qui, quoique d'un âge très-avancé, sont néanmoins en état de donner un consentement libre et volontaire au Mariage, un Curé n'est point en droit de les en exclure; mais il doit communément tâcher de les en détourner, surtout lorsqu'ils veulent épouser de jeunes personnes; l'expérience fait assez connaître que ces sortes de Mariages sont souvent la source d'une infinité de désordres.

Ceux qui sont sourds et muets, se marient validement, pourvu qu'ils puissent manifester au dehors leur consentement. C'est la décision d'Innocent III. (cap. *Cùm apud.* de Sponsal.) fondée sur ce principe, que le consentement des parties, qui est de l'essence du Mariage, peut être exprimé par des signes aussi bien que par des paroles; mais aussi les signes que font ces sortes de personnes, pouvant être fort équivoques, dans le doute, on n'entreprendra jamais de les marier, sans Nous consulter, ou nos Vicaires-Généraux.

Des Mariages mixtes ou entre catholiques et hérétiques (1), *et des Mariages purement civils.*

Les Mariages entre les catholiques et les hérétiques sont sévèrement défendus (2), et le Pasteur doit toujours éloigner les Fidèles de ces alliances, qui souvent affaiblissent la foi, empêchent l'union et l'harmonie, tourmentent la conscience de la partie catholique, et ne lui laissent entrevoir que des regrets pour l'avenir.

Quand il est impossible d'arrêter un Mariage de ce genre, on doit Nous adresser une supplique, pour demander la dispense au Souverain Pontife. Cette dispense, qu'on obtient difficilement, ne s'accorde qu'à condition que lès époux promettent avec serment et par écrit que tous les enfans de l'un et l'autre sexe seront élevés dans la Religion Catholique, Apostolique et Romaine, et que la partie hérétique ne gènera jamais la partie catholique dans l'exercice de son culte, et ne l'entraînera jamais dans des assemblées où s'exerce le culte hérétique. Avant de demander la dispense, les Pasteurs doivent s'assurer de ces dispositions.

On ne donnera point la bénédiction nuptiale aux époux, si l'une des parties est hérétique, quoiqu'ils aient obtenu une dispense (3). On se contentera de recevoir leur consentement mutuel en présence de témoins, à la porte de l'église, dans la sacristie, la maison curiale ou ailleurs, sans dire : *Ego vos...;* on dressera ensuite un acte du consentement mutuel donné, et de la promesse d'élever les enfans dans la Religion Catholique. On peut, avant la cérémonie, faire une exhortation analogue à la circonstance, qui tende à rappeler les obligations que les époux ont contractées, et la nécessité d'y être fidèles. Si la femme est catholique, on peut bénir son anneau.

Le Pasteur et le Confesseur doivent engager fortement la partie catholique à prier Dieu sans cesse, à faire des aumônes et autres bonnes œuvres, pour obtenir la conversion de la partie hérétique. Nous disons qu'il faut

(1) Nous reviendrons sur cet empêchement de l'hérésie, en parlant de la manière d'en demander dispense. == (2) Voyez Benoit XIV, *de Synodo*, liv. 6, ch. 5, n°. 3, etc., et liv. 9, ch. 3, 1, etc.; *item* son Bullaire, constit. 34, § 3, et constit. 51. == (3) Benoit XIV, *de Synodo*, lib. 6, chap. 25, n°. 3.

l'engager à prier Dieu, parce que c'est le moyen le plus sûr d'obtenir sa conversion : les exhortations et les sollicitations trop réitérées ne servent souvent qu'à fatiguer la partie hérétique, et à éloigner le terme de son retour à la foi ; l'expérience en fournit tous les jours mille preuves.

La partie catholique doit surtout prêcher d'exemple, approcher souvent des Sacremens, observer le jeûne et l'abstinence, veiller avec grand soin sur ses enfans et ses domestiques, et pratiquer toutes les vertus chrétiennes : l'exemple de sainte Monique, de sainte Clotilde et de beaucoup d'autres doit l'encourager et lui servir de modèle.

L'Église, dit le Saint Concile de Trente, a toujours détesté les Mariages clandestins, c'est-à-dire, les Mariages faits sans publication de bans ou sans la présence du propre Prêtre; il n'est donc pas douteux que tous ceux et celles qui se marient de cette manière, ne se rendent coupables d'un très-grand crime et qu'ils ne soient indignes d'absolution. Il y a plus, c'est que leur Mariage est nul dans le second cas, c'est-à-dire, lorsqu'il est célébré sans que le propre Prêtre soit présent. Nous allons donner ici un petit développement pour les jeunes Prêtres qui ne connaissent qu'imparfaitement ce qui se pratiquait avant la révolution.

Le Mariage est un contrat par lequel deux personnes de sexe différent se promettent de vivre ensemble comme époux jusqu'à la mort. Le contrat, pour être reconnu par l'autorité civile, doit être revêtu de toutes les formalités prescrites par la loi de l'État, et ce n'est qu'à cette condition que les époux et leurs enfans peuvent jouir des avantages que la loi civile leur assure.

Le Mariage des Chrétiens a été élevé par Jésus-Christ à la dignité de Sacrement, et à ce titre, les époux ont droit à tous les priviléges spirituels que notre divin Maître et son Église y ont attachés ; mais il faut pour cela qu'ils se marient chrétiennement et qu'ils suivent exactement tout ce que prescrivent les lois ecclésiastiques.

Avant la Révolution, le contrat civil n'était pas séparé du contrat religieux, et un Mariage était ordinairement (1) nul devant les deux puissances, dès qu'on pou-

(1) Nous disons *ordinairement*, parce que les cas où le Mariage n'était pas regardé comme invalide par les deux puissances, étaient très-rares. Il y en a cependant deux bien connus : le premier était celui des enfans de famille, c'est-à-dire, de ceux qui étaient sous la puissance de leurs père et mère, et qui se mariaient sans avoir obtenu leur consentement : le Mariage, dans ce cas, était reconnu valide par l'Église qui n'aurait pas permis un autre Mariage ; tandis que les parlemens le regardaient comme nul. Le deuxième est le Mariage de ceux qui étaient morts civilement, c'est-à dire, qui étaient bannis, condamnés aux ga-

vait prouver que les parties ne s'étaient point conformées aux lois civiles ou aux lois canoniques. Le Prêtre recevait le consentement des époux au nom de l'Église et de l'État.

Le contrat civil étant aujourd'hui séparé du contrat religieux, un Mariage peut être nul aux yeux de l'autorité ecclésiastique, quoiqu'il soit regardé comme valide par l'autorité civile ; ce qui donne quelquefois beaucoup d'embarras dans l'exercice du saint ministère. Des cousins germains, par exemple, se marient sans dispense de l'autorité ecclésiastique; leur Mariage est regardé comme valide par la loi civile, mais il est nul aux yeux de la loi canonique, à cause de l'empêchement de parenté au deuxième degré, établi par l'Église : quand même on aurait donné la bénédiction nuptiale aux époux, leur Mariage est nul, tant qu'il n'y a pas dispense donnée par l'autorité ecclésiastique.

Le Mariage est toujours nul aux yeux de la Religion, quand il n'a pas été contracté en présence du Curé d'une des parties et de deux témoins, sauf dans certains cas arrivés pendant la révolution, que nous exposerons à la fin de ce chapitre. Le Mariage est nul également quand il a été contracté avec un des Empêchemens canoniques que Nous indiquerons plus loin, le consentement eût-il été donné en présence du Curé.

Quand un Mariage est nul aux yeux de la Religion, les deux époux ne peuvent pas participer aux grâces et faveurs spirituelles de la Religion Catholique; ils ne peuvent pas recevoir l'absolution, ni la communion; ils ne peuvent pas être reçus comme parrains et marraines ; la femme ne peut pas être bénite après ses couches; leurs enfans sont irréguliers et ne peuvent pas être admis, sans dispense, dans l'état ecclésiastique.

Quoique les Mariages purement civils soient nuls aux yeux de la Religion, les Confesseurs ne doivent pas refuser d'entendre les époux en Confession. C'est au contraire un moyen puissant de les engager à recevoir au plus tôt la bénédiction nuptiale, sans laquelle on ne peut pas ordinairement leur donner l'absolution.

S'il n'y a qu'une des parties qui ait le désir de recevoir la bénédiction nuptiale, le Con-

lères, etc. Sur cette distinction du Mariage civil et du Sacrement, voyez Devoti, *Instit. Canonic.*, lib. 2. tit. 2. n°. 117. ; — la troisième édit. du traité du Mariage, par M. Bouvier, chap. 4, art. 1, § 2.; — la nouvelle édition des Conférences d'Angers, avec les notes de M. Gousset, Traité des lois, 4e. confér., question 4, art. 2, note ; — *idem*, Traité du Mariage, confér. 8e.; — Traité des dispenses de M. Collet, revu par Compans, livre 2, et ce qui précède le chapitre 1er.; — Billuart, *de Matrim.*, dissert. 6, art. 2.

fesseur doit lui conseiller d'employer les prières, les bonnes œuvres, les sollicitations, le refus même du devoir conjugal, qui, dans la vérité, n'est pas légitime. Ce dernier article cependant est délicat, et les jeunes Prêtres feront bien de consulter avant de donner ce conseil. La position d'une femme surtout, dans ces occasions, est si pénible, qu'on pourrait la laisser dans la bonne foi (1), plutôt que de lui donner des lumières et des conseils *circa debitum*, qui seraient à peu près impraticables pour elle : d'ailleurs il y a des cas où le Mariage de ces époux est valide, comme on va le voir.

Quand l'une des parties désire ardemment recevoir la bénédiction nuptiale, et que l'autre s'y refuse opiniâtrément, on peut obtenir de Rome la dispense *in radice Matrimonii* (2).

L'effet de cette dispense est de valider un consentement qui persévère et qui, dans le principe, avait été nul, à cause d'un Empêchement dirimant. Ainsi, dans le cas dont il s'agit ici, le Mariage purement civil étant nul, parce que le Curé n'était pas présent quand les parties ont donné leur consentement, la dispense *in radice* lève l'obligation imposée par le Concile de Trente de donner son consentement devant le Curé, en sorte que ce consentement, qu'on juge prudemment persévérer en vertu de l'acte civil et de la cohabitation, obtient tout son effet et devient valide. Si on avait la preuve qu'une des parties a révoqué son consentement, la dispense serait inutile et ne pourrait valider un consentement qui n'existe plus.

Quand la dispense *in radice* est accordée, on peut admettre aux Sacremens la partie qui l'a demandée, pourvu que le scandale ait été suffisamment réparé. Il y a des Pasteurs qui, dans ce cas, se contentent de donner l'absolution à la partie qui est bien disposée, et attendent, pour l'admettre à la Communion, que la bénédiction nuptiale ait eu lieu. Cette conduite Nous paraît loua-

(1) On demande s'il est possible que cette femme soit dans la bonne foi? Nous répondons que l'expérience du ministère Nous porterait à croire qu'elle peut y être, et qu'on ferait rarement une chose utile et efficace en l'engageant au refus du devoir conjugal. Si cependant la femme dont Nous parlons, demandait positivement quelles sont ses obligations à cet égard, il faudrait lui dire la vérité. == (2) Voyez sur cette dispense Sanchez, *de Matrimonio*, livre 8, disput. 7; l'*Instruction du cardinal Caprara*, sur les Mariages contractés pendant la révolution, qu'on trouvera dans la nouvelle édition de la Théologie d'*Antoine*, tome 6; — Benoît XIV, *de Synodo diœcesanâ*, livre 13, ch. 21, n°. 7; — St. *Ligori*, livre 6, n°. 1115; la *Théologie de Toulouse*, qui traite cette question avec beaucoup de clarté, tome 4, *de Matrimonio, dissert.* 4, cap. 3. — Voyez surtout une dissertation sur la réhabilitation des Mariages nuls... pour servir de supplément au Traité des dispenses de Collet, par un professeur de théologie. On a placé à la suite l'instruction du cardinal Caprara sur le Mariage.

ble et même nécessaire dans certaines occasions où les Fidèles pourraient être scandalisés de voir cette personne à la table sainte.

Il Nous paraîtrait utile qu'on donnât à la partie qui s'est confessée, une déclaration par écrit que la dispense *in radice* lui a été accordée, afin qu'elle puisse être tranquille à l'avenir.

Les Mariages purement civils contractés pendant la persécution, en présence de deux témoins, sont légitimes et valides, quand il n'y avait point de Prêtre catholique qui eût la juridiction au moment où les époux ont contracté civilement, ou quand il était très-difficile ou très-dangereux d'aborder les Prêtres, *difficillimè seu periculosissimè*, dit Pie VI (1). Dans le doute il faut insister pour que les époux demandent la bénédiction nuptiale, et suspendre jusqu'alors l'admission aux Sacremens. Lors même qu'il n'y aurait pas de doute, on doit prendre les moyens les plus sages et les plus efficaces pour déterminer les époux à recevoir cette bénédiction, parce qu'il n'est pas certain que le Mariage soit alors valide comme Sacrement. Quant aux Mariages purement civils qui se font aujourd'hui, il n'y a pas de doute qu'ils ne soient radicalement nuls.

Des Empêchemens du Mariage.

Les Empêchemens du Mariage sont des obstacles qui empêchent deux personnes de se marier ensemble. Il y en a de deux sortes : les uns rendent les personnes en qui se rencontrent ces obstacles, inhabiles à contracter l'une avec l'autre, de telle sorte, que si elles se marient, leur Mariage est nul, et on appelle ces Empêchemens *Dirimans* ; les autres font seulement que le Mariage est illicite, et qu'ils ne peuvent se marier sans un grand péché ; et on les nomme *Prohibitifs*.

(1) Voyez le *Manuel des Missionnaires* ou *Essai sur la conduite que peuvent se proposer les Prêtres*, etc., par M. Coste, 4e. partie, article 6, § 1 et 2. — Voyez aussi la *Collection des Brefs de Pie VI*, relatifs aux affaires de France ; — *Lettre à Mgr. l'Évêque de Luçon*, 28 mai 1793 ; — *Bref adressé à Mgr. l'Evêque de Genève*, 5 octobre 1793. — Voyez aussi l'Instruction du cardinal Caprara citée plus haut.

Des Empêchemens Prohibitifs.

Le plus ordinaire de ces Empêchemens est celui qui provient des promesses de Mariage. Il consiste en ce que celui qui a promis à une personne de l'épouser, ne peut licitement en épouser une autre, jusqu'à ce qu'il soit dégagé de l'obligation qu'il avait contractée. Si néanmoins il se marie au préjudice de cette obligation, son Mariage est valide.

Les vœux simples de chasteté, d'entrer en Religion, ou de ne jamais se marier, empêchent ceux qui les ont faits, de se marier licitement; mais ils n'annullent pas les Mariages célébrés à leur préjudice.

L'Église défend la solennité des nôces depuis le premier Dimanche de l'Avent jusqu'au jour des Rois, et depuis le jour des Cendres jusqu'à l'Octave de Pâques inclusivement, ce qui doit s'entendre de la célébration même des Mariages, suivant la coutume de l'Église de France et l'usage de ce Diocèse, que Nous voulons être observé. Les Curés avertiront les parties qui obtiendront, pour cause juste et légitime, la permission de Nous ou de nos Vicaires-Généraux de se marier dans ce temps, qu'ils doivent s'interdire les festins et réjouissances des nôces qui accompagnent communément les Mariages, mais qui ne conviendraient pas en des jours qui doivent être particulièrement consacrés à la pénitence; et qu'il ne leur a été permis de se marier en ces jours, qu'à cette condition. Les Curés peuvent, néanmoins, pendant ce temps, procéder à la publication des Bans.

La défense que fait le Juge à une personne de se marier avant qu'il en ait été ordonné autrement, forme un empêchement qui rend le Mariage illicite.

Ce qui serait un Empêchement Dirimant avant que le Mariage fût contracté, survenant après la célébration, ne forme qu'un Empêchement Prohibitif de l'usage du Mariage. Si donc un mari commet le crime avec la sœur de son épouse, son Mariage ne laisse pas de subsister; mais, quoiqu'il soit obligé de rendre le devoir conjugal, il lui est défendu de l'exiger jusqu'à ce qu'il ait obtenu, de Nous ou de nos Vicaires-Généraux, dispense de cet Empêchement.

Des Empêchemens Dirimans.

Les Empêchemens Dirimans qui n'étaient qu'au nombre de douze avant le Saint Concile de Trente, sont maintenant au nombre de quatorze, depuis que ce Concile a ajouté aux douze autres le rapt et la clandestinité. On les a exprimés dans ces six vers latins :

Error, conditio, votum, cognatio, crimen,
Cultûs disparitas, vis, ordo, ligamen, honestas :
Si sis affinis, si consummare nequibis :
Si mulier sit rapta, loco nec reddita tuto :
Si Parochi et duplicis desit præsentia testis.

Parmi ces Empêchemens, il y en a qui sont fondés sur le droit naturel, comme l'erreur de la personne, la folie, l'impuissance perpétuelle, la parenté en ligne directe; il y en à d'autres qui sont établis par droit divin, tel qu'est l'Empêchement du lien, qui fait qu'une personne mariée ne peut en épouser un autre, tant que son premier Mariage subsiste : *omnis qui dimiserit uxorem suam et aliam duxerit, mœchatur.* (St. Luc, 16.); d'autres enfin qui sont purement ecclésiastiques, comme ceux qui proviennent des Ordres sacrés, de la profession religieuse:...

Le premier de ces Empêchemens est l'erreur de la personne : cet Empêchement a lieu, lorsqu'on substitue à la place de la personne qu'on recherche et qu'on croit épouser, une autre personne qu'on n'a point dessein d'épouser. Jacob, par exemple, croit épouser Rachel, et on substitue en sa place Lia; le Mariage est nul, puisque Jacob n'a point consenti à se marier avec Lia; et il ne peut être réhabilité que par un consentement subséquent, comme on le dira dans la suite.

Il ne faut pas étendre cet Empêchement à l'erreur qui ne tombe que sur la qualité de la personne, (à moins que cette erreur quant à la qualité n'emportât l'erreur quant à la personne) : Pierre, par exemple, en épousant Catherine, la croit riche, vertueuse et d'une famille illustre; cependant il reconnait, après son Mariage, qu'elle n'a pas de biens, qu'elle est de la plus basse roture et qu'elle a vécu en prostituée avant de l'épouser; toutes ces raisons réunies ne peuvent donner d'atteinte au Mariage, parce qu'elles ne détruisent point la vérité du consentement, qui a pour premier et principal objet la personne même et non ses qualités.

Le second Empêchement est celui de la condition servile, qui se rencontre lorsqu'une partie libre épouse une esclave, dont elle ignore l'état de servitude. Cet Empêchement n'a point lieu en France, puisqu'on n'y reconnaît point de vraie servitude.

Ceux qui sont bannis ou condamnés à perpétuité aux galères, quoique morts civilement, peuvent se marier validement quant au Sacrement; mais les effets civils sont nuls: ils vaudraient, si le bannissement n'était que pour un temps.

Le troisième est celui du vœu. On entend par ce vœu, la profession solennelle dans un Ordre religieux approuvé par le Saint Siége: la profession, quoique publique, dans un couvent approuvé seulement de l'Évêque et du Prince, mais non spécialement du Pape, ne serait point un Empêchement Dirimant.

Le quatrième Empêchement est celui de la parenté: il y en a de deux sortes, savoir: la spirituelle et la naturelle.

La parenté spirituelle est une alliance formée par les Sacremens de Baptême et de Confirmation. Il faut voir ce qui est dit à ce sujet dans l'Instruction sur le Sacrement de Baptême, au titre des Parrains et Marraines, page 22.

La parenté naturelle est un lien qui unit entr'elles les personnes qui descendent d'une même tige ou souche commune, et sont du même sang. Il faut considérer dans la parenté trois choses, savoir: la souche, la ligne et le degré.

On entend par tige ou souche les père et mère, ou le père seulement, ou la mère seulement, dont les descendans tirent leur origine.

La ligne est la suite des personnes liées par le sang, et qui descendent d'une même souche.

Le degré est l'intervalle ou la distance qui est entre les parens ou la souche dont ils sortent.

On distingue dans la parenté la ligne directe et la ligne collatérale.

La ligne directe est celle des personnes qui descendent d'une même souche ou qui montent à cette même souche l'une par l'autre, les unes étant nées des autres: tels sont l'aïeul, le père, le fils . . .

La collatéralle est entre ceux qui descendent d'une même souche, sans être nés les uns des autres: tels sont les frères et sœurs, les oncles et les nièces, les cousins et cousines . . .

Ces principes seront plus sensibles par l'inspection de l'arbre généalogique qui se trouve à la page suivante.

	PIERRE, tige ou souche commune de			
1er. *degré.*	PAUL.	frère de.	MARIE.	1er. *degré.*
	Père de *Ligne*		*Ligne* Mère de	
2e. *degré.*	JACQUES,	cousin germain de	JEAN.	2e. *degré.*
	Père de *directe.*		*directe.* Père de	
3e. *degré.*	MARTHE,	cousine issu-germaine d'ANDRÉ.		3e. *degré.*
	Mère de		Père de	
4e. *degré.*	LOUIS.	*Ligne Collatérale.*	CATHERINE.	4e. *degré.*

Pour bien connaître les degrés de parenté, il faut suivre les règles suivantes.

1°. Dans la ligne directe il y a autant de degrés qu'il y a eu de générations : ainsi le père et le fils sont au premier degré, l'aïeul et le petit-fils sont au second ; et ainsi des autres. Cette règle s'exprime autrement, en disant qu'il y a dans cette ligne autant de degrés que de personnes, en exceptant celle qui en est la souche : ainsi Louis est au quatrième degré de Pierre ; parce que depuis Pierre qui est la souche et qui par conséquent ne doit pas être compté, Louis se trouve la quatrième personne.

2°. Dans la ligne collatérale les personnes sont parentes dans le même degré qu'elles le sont de la souche commune : par exemple, Marthe et André sont parens au troisième degré, parce que entre Pierre et eux il y a trois degrés de distance.

3°. Dans cette même ligne collatérale, lorsque deux personnes sont dans une distance inégale de leur souche commune, le degré le plus éloigné doit être considéré par rapport à l'Empêchement : ainsi quoique Jean soit au second degré de Pierre, Marthe et Jean sont néanmoins au troisième degré, parce que Marthe est au troisième degré de Pierre. Cependant ceux qui demandent dispense pour se marier dans les degrés inégaux, doivent exprimer, dans leur supplique, cette inégalité de degrés : c'est ce qu'on appelle communément être parent du second au troisième degré.

4°. La parenté entre deux personnes peut être double en

deux occasions : la première est lorsqu'il y a deux souches ; par exemple, si deux frères épousent deux filles qui soient entr'elles cousines germaines, les enfans qui naîtront de ces deux Mariages, seront doublement parens ; savoir : au second degré du côté paternel, et au troisième, du côté maternel : la seconde est lorsque n'y ayant qu'une souche, ceux qui en descendent, ont contracté entre eux des Mariages par dispense : c'est ainsi que dans la généalogie ci-jointe,

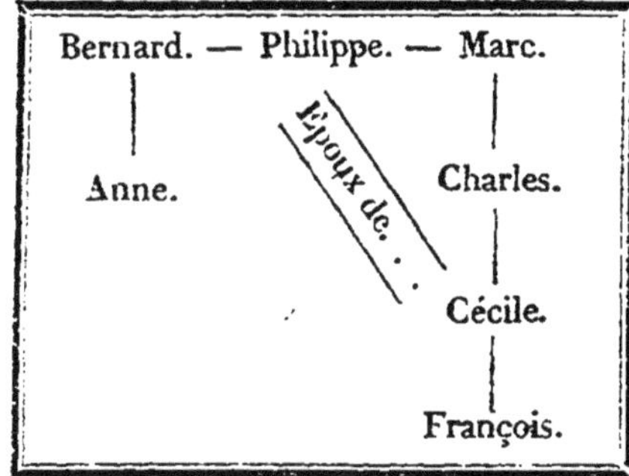

Bernard, Philippe et Marc étant trois frères, et Philippe ayant épousé Cécile sa petite-nièce, François qui est issu de ce Mariage, est au second degré avec Anne, puisqu'ils sont enfans de deux frères ; François et Anne sont encore du second au quatrième, à cause de Cécile, et, par conséquent, ils ont, entre eux, deux consanguinités inégales, quoique provenant d'une même souche.

5°. Quand il n'y a qu'une souche commune, elle est simple ou double ; par exemple, Pierre et Marie sont frère et sœur, ou de père et de mère, ou de mère seulement ; mais peu importe au Mariage que la souche soit double ou simple, la parenté qui provient d'une souche simple n'étant pas un moindre Empêchement Dirimant que celle qui provient d'une souche double.

6°. Pour ne pas se tromper dans la recherche de la parenté, il faut la mettre sur le papier, et écrire d'abord séparément l'un de l'autre, au bas d'une feuille, les noms et surnoms des deux personnes dont il s'agit ; puis écrire au dessus de chacun, toujours séparément, ceux et celles de qui ils descendent, et remonter ainsi, jusqu'à ce qu'on soit arrivé à une souche commune.

La parenté en ligne directe rend le Mariage nul, soit en montant, soit en descendant, en quelque degré que ce puisse être ; et ainsi Pierre ne peut épouser aucune des filles ou veuves qui se trouvent dans l'Arbre Généalogique exposé ci-dessus. On n'en dispense jamais.

La parenté en ligne collatérale rend nul le Mariage jusqu'au quatrième degré inclusivement ; par conséquent, Louis ne peut épouser Catherine ; mais cet empêchement ne subsiste point pour le fils de Louis, puisqu'il est au cinquième degré de la souche commune.

Lorsqu'entre deux personnes il se trouve deux sortes de parenté, soit qu'elles proviennent de deux souches différentes, soit qu'elles se tirent d'une seule, comme il a été expliqué dans la quatrième règle, il y a aussi, entre ces deux personnes, deux Empêchemens Dirimans, et la dispense que l'on obtiendrait de l'un, ne s'étendrait pas à l'autre.

La parenté ou consanguinité qui provient d'un commerce illégitime, forme aussi un Empêchement Dirimant qui exclut tout Mariage dans la ligne directe, et s'étend pareillement jusqu'au quatrième degré de la ligne collatérale.

Le cinquième Empêchement est celui qui provient du crime. Cet Empêchement ne peut regarder que les Mariages des hommes veufs ou des femmes veuves. Les crimes qui forment cet Empêchement, sont l'homicide et l'adultère.

L'homicide séparé de l'adultère ne produit cet Empêchement que quand ces quatre circonstances se trouvent réunies : 1°. qu'il soit consommé, c'est-à-dire, que la personne en soit morte; 2°. qu'il soit commis sur le mari ou la femme d'une des deux personnes qui veulent se marier ensemble ; 3°. qu'il soit commis par une commune conspiration des deux parties ; 4°. que ces parties s'y soient déterminées en vue du Mariage.

L'adultère rend nul le Mariage en trois cas seulement. Le premier est lorsqu'il est joint à l'homicide ; un mari ayant fait mourir sa femme, pour épouser celle avec laquelle il entretient un commerce illicite, ne peut plus épouser cette dernière : il n'est pas même nécessaire, dans ce cas, que cette femme qu'il veut épouser, ait été complice de l'homicide commis. Le second cas est lorsqu'un homme (il en faut dire autant d'une femme) s'est marié du vivant de sa femme avec une autre qui savait qu'il était déjà marié, et avec laquelle il a commis l'adultère; cet homme ne peut épouser celle-ci après la mort de sa femme légitime. Le troisième cas, c'est lorsque l'adultère se trouve joint avec la promesse de Mariage; comme lorsqu'une partie engagée dans le Mariage, commet un adultère avec une autre, lui promettant de l'épouser lorsqu'elle sera libre : il n'importe que cette promesse ait précédé ou suivi l'adultère ; mais il est nécessaire qu'elle ait été donnée et acceptée pendant que le Mariage légitime subsistait.

L'adultère ne produit cet Empêchement, dans ces trois cas, que lorsqu'il est consommé : il faut de plus que ce Mariage soit connu des deux parties ; car, si une fille qui a eu une habitude criminelle avec un homme engagé dans le Mariage, et qui l'épouse ou promet de l'épouser, le croyait libre dans le temps de leur commerce illicite, elle pourrait se marier avec lui après la mort de sa femme.

Le sixième Empêchement est celui de la différence de Religion. Deux personnes qui se marient, peuvent être de différente Religion, ou parce que l'une est baptisée, et que l'autre ne l'est point; ou parce que toutes deux étant baptisées, l'une est de la véritable Église, et l'autre est hérétique ou schismatique.

La première différence de Religion rend le Mariage nul, c'est-à-dire, qu'un chrétien ne peut se marier validement avec une femme païenne, juive ou mahométane; un infidèle qui se convertit, peut même, s'il est nécessaire pour son salut, quitter sa femme qui persévère dans l'infidélité, et en épouser une autre; mais si deux Fidèles étant mariés dans le sein de l'Église, l'un des deux abandonne sa Foi, pour être idolâtre, juif ou mahométan, l'autre partie qui persévère dans la Foi, ne peut se marier, parce que le Sacrement qu'ils ont reçu, rend le Mariage indissoluble; au lieu que le Mariage des païens n'ayant point été honoré de la dignité de Sacrement, peut être dissous en faveur de la partie qui embrasse la Foi de Jésus-Christ.

La seconde différence rend le Mariage illicite; mais nous n'avons aucune loi dans l'Église Latine qui déclare nuls les Mariages des Catholiques avec les hérétiques; ils sont néanmoins étroitement défendus par les Canons de l'Église.

Le septième Empêchement est celui de la violence et de la crainte. Cette crainte, pour former un Empêchement Dirimant, doit être : 1°. grave et capable de faire impression sur un esprit fort et constant, tant par la grandeur du mal dont on est menacé, que par le juste fondement qu'on a de l'appréhender. Il peut néanmoins arriver qu'une crainte qui n'est pas grave en elle-même, le soit par rapport à la personne intimidée; une menace, par exemple, qui ne ferait pas une forte impression sur un homme ferme et constant, pourrait quelquefois opérer une crainte très-considérable dans l'esprit d'une fille, à raison de la timidité naturelle à son sexe ou de la faiblesse particulière de son esprit, et pour lors rendrait nul un Mariage contracté par son moyen; mais la crainte respectueuse, telle qu'est celle d'un enfant qui craint de désobéir à son père, ou d'un serviteur qui appréhende de déplaire à son maître, ne suffit pas pour annuler le Mariage, à moins qu'elle ne soit accompagnée de menaces et de mauvais traitemens. 2°. Il faut qu'elle vienne d'une cause libre et étrangère; un homme qui ne se serait marié que pour se garantir d'une maladie qu'il aurait cru ne pouvoir éviter que par l'usage du Mariage, ne serait pas en droit de le faire casser. 3°. Il est requis qu'elle ait pour fin le Mariage; un prisonnier pour dettes qui, dans la crainte de rester toute sa vie en prison, aurait épousé la fille de son créancier, ne pourrait pas réclamer contre son Mariage, puisque cette crainte n'en aurait pas été la cause, mais seulement l'occasion. 4°. Il faut que cette crainte soit injustement inspirée; si elle était imprimée par une autorité publique et légitime, elle n'empêcherait point la validité du Mariage: un homme donc qui n'aurait épousé une fille qu'il aurait déshonorée, que parce que le Juge l'y aurait condamné sous peine de mort, aurait validement contracté avec elle.

Le huitième Empêchement est l'engagement dans les Ordres sacrés. Le Sous-Diaconat et les Ordres supérieurs forment dans l'Église Latine le même Empêchement que le vœu solennel, avec cette différence néanmoins que l'Ordre sacré qu'un homme recevrait après un légitime Mariage, ne pourrait en dissoudre le lien, quoique le Mariage n'eût pas été consommé.

Le neuvième est le lien ou l'engagement formé par un premier Mariage, qui empêche, tant qu'il subsiste, qu'on n'en contracte un second. Quelque longue qu'ait été l'absence de l'un des deux époux, l'autre ne peut passer à de secondes nôces, s'il n'a des preuves constantes de la mort du premier. Cette preuve consiste dans un extrait des registres des sépultures de la paroisse sur laquelle il est décédé; cet extrait doit être délivré par le Curé ou Vicaire de la paroisse, ou par l'Officier de l'État civil, qui aura un des registres. Si les registres des sépultures avaient été brûlés, perdus, ou s'il n'y en avait jamais eu, l'époux survivant pourrait être admis à prouver le décès de son conjoint, tant par titre que par témoins. Le titre le plus naturel qu'on puisse produire dans ces occasions, est un certificat d'enterrement, signé de témoins. Pour s'assurer du décès d'un soldat tué dans un combat, on doit avoir un certificat de son Capitaine, ou au cas que ce Capitaine soit mort, du Major du régiment, ou d'un autre Officier. Les Capitaines de vaisseaux peuvent aussi certifier du décès de ceux qui sont morts sur mer.

Quand ces certificats viennent d'un Prêtre d'un autre Diocèse, ils doivent être légalisés par l'Évêque, ou du moins par le Magistrat civil. Il est même nécessaire, pour éviter toute surprise, en cas de doute, qu'un Curé ne fasse aucun usage des certificats qu'on lui présente, qu'ils n'aient été vus et approuvés par Nous ou par l'un de nos Vicaires-Généraux.

Quand une veuve, qui désire passer à de secondes nôces, est

dans l'impossibilité de produire aucune preuve par écrit de la mort de son mari, elle peut recourir à la preuve par témoins. L'usage, dans ce cas, était de présenter requête à l'Official, tendante à ce qu'il fût permis de faire cette preuve. L'Official, ayant entendu juridiquement les témoins, rendait sa sentence, qui tenait lieu d'extrait mortuaire.

Aujourd'hui, la bénédiction nuptiale ne devant être donnée qu'après le Mariage civil, c'est au Magistrat civil à constater la mort du premier mari.

Si une femme avait été remariée de bonne foi sur un faux certificat de la mort de son premier mari, son second Mariage serait nul, et elle serait obligée de retourner avec son premier époux.

Lorsqu'une veuve remariée de bonne foi doute de la mort de son premier mari, elle doit s'informer du fait, et cependant rester avec celui qui l'a épousée aussi de bonne foi en secondes nôces; elle est même obligée de lui rendre le devoir conjugal, lorsqu'il l'exige; mais elle ne peut elle-même le demander, tant que son doute subsiste, s'il est bien fondé.

Le dixième Empêchement est celui de l'honnêteté publique; cet Empêchement ne se forme que par les Fiançailles validement faites en face de l'Église, et par le Mariage qui n'a point été consommé.

L'Empêchement de l'honnêteté publique, qui résulte des Fiançailles, ne s'étend plus que jusqu'au premier degré de parenté. Il consiste donc seulement en ce que le fiancé ne peut épouser la mère, la fille ni la sœur de la fiancée; mais il peut validement se marier avec sa cousine et autres parentes plus éloignées; il en est de même de la fiancée par rapport aux parens de son fiancé. Les Fiançailles, qui sont nulles par quelque cause que ce soit, ne produisent pas cet Empêchement. Le Concile de Trente l'a déterminé dans la Session 24. chapitre 3.

Celles qui sont valides et absolues, opèrent l'Empêchement de l'honnêteté publique et par conséquent la nullité, tant des Fiançailles postérieures que du Mariage subséquent, avec tout parent au premier degré de la personne fiancée, mais elles n'ont pas un effet rétroactif : ainsi un homme qui aurait été fiancé successivement avec deux sœurs, pourrait épouser sa première fiancée, nonobstant les secondes Fiançailles.

L'Empêchement d'honnêteté publique naît encore du Mariage qui n'est pas consommé, soit qu'il soit valide ou non; et il s'étend, comme celui de la parenté, jusqu'au quatrième degré inclusivement. C'est pourquoi, par exemple, une femme dont le Mariage n'a point été consommé, soit à cause de l'impuissance de son mari, soit parce qu'il s'est fait Religieux, soit parce qu'il est mort avant la consommation du Mariage, ne peut épouser aucun parent de son mari jusqu'au quatrième degré. Il en est de même du mari à l'égard des parens de son épouse.

Quand néanmoins le Mariage est nul par défaut de consentement, ou parce qu'il est clandestin, il ne produit aucun Empêchement d'honnêteté publique.

Le onzième Empêchement est celui de l'affinité ou alliance qui se contracte par le commerce charnel de deux personnes de différent sexe. Il y en a de deux sortes : l'une légitime, qui résulte de la consommation d'un Mariage bon et valide ; l'autre illégitime, qui provient d'un adultère, ou de la fornication. L'affinité légitime se contracte entre le mari et les parens de sa femme, et entre la femme et les parens de son mari, et s'étend aux mêmes degrés que l'Empêchement de la parenté, c'est-à-dire, à tous ceux de la ligne directe, et jusqu'au quatrième inclusivement de la ligne collatérale. Les degrés de l'affinité suivent ceux de la parenté ; les parens au premier degré de la femme sont les alliés au premier degré du mari ; il en est de même des autres degrés, et des parens du mari par rapport à la femme.

Il n'y a cependant entre les parens du mari et ceux de la femme aucune alliance qui puisse les empêcher de se marier ensemble : un père et un fils peuvent épouser la mère et la fille ; deux frères peuvent épouser deux sœurs, et ainsi de tous les autres degrés ; mais le mari qui est veuf, ne peut épouser aucune des parentes de sa femme, jusqu'au quatrième degré ; et de même la femme veuve ne peut épouser aucun des parens de son mari, jusqu'au quatrième degré.

L'affinité illégitime forme aussi un Empêchement Dirimant, mais qui ne s'étend que jusqu'au second degré inclusivement. Celui donc qui a eu une habitude criminelle avec une femme, ne peut se marier avec aucune parente au premier ou au second degré de cette femme ; mais il peut épouser les parentes d'un degré ultérieur : et de même la femme ne peut épouser aucun parent au premier ou au second degré de celui avec lequel elle a péché. Cette alliance n'a point lieu *nisi opere carnis completo ;* et il ne peut provenir *ex sodomitico congressu.*

Si un homme est assez déréglé pour avoir un mauvais commerce avec la sœur ou quelqu'autre des parentes de sa femme dans le premier ou second degré, son Mariage ne peut être dissous pour ce crime, puisque le lien en est indissoluble ; mais l'usage lui en devient interdit, en sorte qu'il ne peut demander le devoir conjugal, jusqu'à ce qu'il ait obtenu de l'Évêque ou de ses Grands-Vicaires dispense de cet Empêchement ; il est néanmoins obligé de rendre le devoir, sa femme ne devant pas être privée de son droit, pour un crime auquel elle n'a eu aucune part.

Le douzième Empêchement est *Impedimentum impotentiæ. Super hoc impedimentum ubi orietur difficultas aliqua, ad Nos recurrent Pastores, vel ad nostros Vicarios Generales. Hic enim non nisi brevem hujus impedimenti ideam efformare convenit. Impotentiæ ergò nomine intelligitur inhabilitas consummandi Matrimonium, sive illa se teneat ex parte viri, sive sit ex parte mulieris, modò fuerit tempore ipsius contractûs, et non ipsi rato supervenerit. Distinguitur à sterilitate ; distinguitur etiam ab impotentiâ pariendi fœtum vivum absque periculo mortis. Impotentia autem illa de quâ nunc agimus, perpetua sit necesse est ; nam si absque periculo vitæ, arte medicinæ possit auferri, vel Ecclesiæ remediis tolli, Matrimonium non dirimit : item requiritur ut sit absoluta vel evidenter respectiva. De absolutâ nihil difficultatis est ; de respectivâ autem constat per Ecclesiam licere ut pars ad quam altera est impotens, ad alias transeat nuptias. Ut autem Matrimonium impotentiâ nullum declaretur, requiritur Judicis Ecclesiastici sententia. Si impotentia ex maleficio oriatur, eam magicarum incantationum arte depellere grande foret sacrilegium ; recurrendum ergò ad preces et alia Ecclesiæ remedia, consulto semper priùs Episcopo.*

Le treizième Empêchement est le Rapt, *Raptus ;* cet Empêchement est fondé sur ce qu'on présume que la liberté, qui est essentielle au Mariage, ne se trouve point dans une personne qui a été enlevée, tandis qu'elle est sous la puissance de son ravisseur.

On distingue deux sortes de rapts, l'un de violence, l'autre de séduction. Le rapt de violence se fait, quand on enlève une personne par force et malgré elle, afin de l'épouser. Le rapt de séduction se fait, lorsqu'on engage une jeune personne par artifice, par caresses, par présens, à sortir de la maison de ses parens ou de celle où elle est placée par leur autorité, pour se mettre sous la puissance du ravisseur et contracter Mariage avec lui.

Pour que le rapt de violence forme un Empêchement Dirimant, il faut : 1°. qu'il y ait un enlèvement de la personne ; 2°. il faut que l'enlèvement se fasse contre la volonté de la personne qui est ravie, et, supposé qu'elle soit sous la puissance d'autrui, il faut aussi que l'enlèvement se fasse malgré les père et mère, tuteur ou curateur. C'est pourquoi si les parens consentaient à l'enlèvement de leur fille, pour l'obliger à épouser un jeune-homme, ce Mariage serait nul à raison de la violence qu'on lui aurait faite; mais il n'y aurait point de rapt; 3°. il faut que la personne qui a été enlevée, soit sous la puissance du ravisseur.

Le rapt de violence a lieu à l'égard des garçons comme à l'égard des filles; à l'égard des majeurs aussi bien qu'à l'égard de ceux qui sont sous la puissance d'autrui.

Le rapt de séduction est un Empêchement Dirimant aussi bien que celui de violence; mais il y a cette différence entre l'un et l'autre : 1°. que le rapt de séduction n'a lieu qu'à l'égard des mineurs; parce qu'on ne présume plus de séduction au delà de vingt-cinq ans; 2°. dans le rapt de violence il faut un enlèvement forcé; dans celui de séduction, un enlèvement volontaire de la maison paternelle, ou même une retraite concertée avec le ravisseur suffit.

L'Empêchement formé par le rapt, soit de violence, soit de séduction, n'est pas perpétuel; il cesse dès que la personne ravie n'est plus sous la puissance de son ravisseur, et est remise en pleine liberté.

Le quatorzième Empêchement est celui de la clandestinité. On nomme clandestin un Mariage qui n'a pas été célébré en présence du propre Curé des parties, et des témoins. On expliquera dans la suite ce qu'on doit entendre par le propre Curé dont la présence est nécessaire. A l'égard des témoins, le St. Concile de Trente en demande au moins deux. Il est nécessaire qu'ils soient dignes de foi, domiciliés, sachant signer, s'il peut s'en trouver autant dans le lieu où on célébre le Mariage, qui sachent écrire. Leur fonction n'est pas seulement d'assister au Mariage, pour pouvoir certifier sa célébration; ils doivent encore attester au Curé le domicile, l'âge et la qualité des contractans, et signer à cet effet l'acte du Mariage, s'ils savent écrire.

Des Dispenses des Empêchemens de Mariage.

Il est important que les Curés et les Vicaires auxquels leurs paroissiens s'adressent ordinairement pour leur demander conseil sur ces sortes de dispenses, soient instruits de cette matière, tant pour prévenir les démarches de ceux qui désirent les obtenir sans justes raisons, que pour les empêcher d'y faire des fautes considérables et capables d'entraîner la nullité de leur Mariage; par exemple, de déguiser la vérité en des points essentiels. Ils auront donc soin d'étudier cette matière dans les auteurs qui en ont traité : ce n'est pas ici le lieu de le faire dans toute son étendue, on se contente d'y faire quelques réflexions qui sont d'un usage plus ordinaire.

C'est une maxime fondamentale en matière de dispense, que le Supérieur n'en doit jamais accorder aucune sans une cause légitime, c'est-à-dire, sans un motif suffisant pour relâcher l'obligation de la loi aux particuliers qui demandent d'en être dispensés. En fait de Mariage, par exemple, pour qu'on puisse accorder légitimement la dispense d'un empêchement dirimant, comme du degré de parenté, il ne suffit pas que les parties se conviennent l'une à l'autre, et que le Mariage soit sortable; ce n'est pas non plus assez qu'elles soient pauvres; il faut qu'il se trouve de justes raisons tirées de certaines circonstances particulières, qui donnent lieu au Supérieur d'exempter les parties de la loi commune.

Les raisons les plus ordinaires qu'on peut alléguer pour ces sortes de dispenses, sont les suivantes :

La première se tire de la petitesse du lieu, lors, par exemple, qu'il ne se trouve dans la paroisse aucun autre parti convenable pour la fille, soit pour l'âge et la condition; ou lorsque les parties vivant de la culture de leurs héritages, si elles étaient forcées de s'établir dans un autre village, ne pourraient y trouver un Mariage convenable.

La seconde cause est la dotation de la fille qui, n'ayant aucun bien, ne pourrait trouver d'établissement que par le Mariage avec quelqu'un de ses parens ou alliés. On peut encore rappeler à cette cause un avantage fort considérable que l'une des parties trouverait, pour sa subsistance, dans un Mariage proposé, et qu'elle ne pourrait espérer dans aucun autre.

La troisième cause est l'établissement de la paix et de la concorde dans les familles; ce qui a lieu, lorsqu'il y a d'anciennes inimitiés ou procès qu'on peut terminer par une alliance; ou lorsqu'un Mariage est nécessaire pour prévenir les procès qui pourraient naître de la division des héritages, entre parens et alliés.

La quatrième cause est l'éducation des enfans d'un premier Mariage, lorsqu'une des parties est chargée d'enfans qu'elle ne peut élever ou faire subsister qu'en convolant à de secondes nôces avec un de ses parens ou alliés.

La cinquième cause se tire de la Religion, lors, par exemple, que dans une paroisse, il y a un nombre considérable de Protestans, et que les Catholiques trouveraient difficilement à se marier avec des personnes de la vraie Religion.

La sixième cause est prise de l'âge d'une fille qui, ayant déjà atteint vingt-cinq ans, n'a pu parvenir encore à aucun Mariage, soit qu'il ne se soit présenté aucun parti, soit qu'ayant été recherchée, le Mariage n'ait pu se faire, parce qu'on n'a pu consentir à quelque condition des conventions matrimoniales, ou pour quelqu'autre difficulté.

La septième cause est la nécessité de réparer l'honneur d'une fille, qu'une fréquentation scandaleuse ou un mauvais commerce mettrait hors d'état de pouvoir espérer un autre établissement : mais, comme le crime ne doit point servir de moyen pour mériter les grâces de l'Église, il faut, pour que cette cause soit recevable, que les parties ne l'aient point commis dans l'intention de se procurer la dispense; et que d'ailleurs elles soient disposées à faire une satisfaction publique et solennelle de leur faute, afin que la confusion dont cette réparation sera accompagnée, puisse retenir ceux que l'espérance d'une Dispense pourrait engager dans le péché.

Il peut encore se trouver d'autres causes justes et légitimes qu'on ne peut détailler au long; celles qui viennent d'être rapportées suffiront pour faire juger si les autres sont recevables, en observant que, lorsqu'une cause ne suffit pas seule, eu égard à la nature de l'empêchement, il peut arriver que la réunion de diverses causes fasse un motif suffisant. Mais c'est au Supérieur qui accorde la dispense, à en juger. Ce qui vient d'être dit, n'est que pour l'instruction des Pasteurs, afin qu'ils puissent détourner leurs paroissiens de demander des dispenses sans raison légitime.

Pour épargner à ceux de nos Diocésains qui demeurent hors de notre ville épiscopale, la peine et les dépenses de voyages multipliés, Nous permettons aux Doyens de leurs cantons de faire, sans une commission spéciale de notre part, l'information ou enquête, à l'effet de constater le degré de parenté ou d'affinité des personnes qui veulent obtenir dispense, les motifs qu'elles ont de la demander, et leur pauvreté; d'en dreser procès-verbal, pour, ladite enquête à Nous rapportée, être statué ce qu'il conviendra. Ces personnes pourront à cet effet leur présenter une supplique dans laquelle, après avoir exposé l'objet et les causes ou les motifs de leur demande, elles les prieront de vouloir bien faire l'information nécessaire.

Le principal soin des Doyens ruraux ou autres Pasteurs est de bien examiner la vérité de ces causes et de tous les autres faits énoncés dans la supplique, lorsqu'ils sont autorisés ou commis pour en faire preuve; surtout, qu'ils se gardent bien de penser que la requête et l'information qui se fait en conséquence, ne sont que des formalités de style, et que tout ce qui s'y peut trouver de faux, ne peut jamais être de grande conséquence; ce serait une erreur d'autant plus pernicieuse, qu'il s'ensuivrait indubitablement la nullité du Mariage des parties, avec une foule d'autres inconvéniens. Ils ne peuvent donc apporter trop d'attention, dans l'exécution de la commission qui leur est donnée, sur ces sortes de dispenses.

Les Curés, par la même raison, auront soin de faire entendre à leurs paroissiens que, lorsque pour de justes causes, ils demandent la dispense de quelque empêchement, ils ne doivent pas, dans la supplique ou requête qu'ils présentent pour cet effet, exposer ni glisser rien de faux, soit dans le fait, soit dans la cause; ni supprimer aucune chose de tout ce qu'on est obligé d'exprimer, puisque, s'ils se mariaient sur une dispense subreptice ou obreptice, c'est-à-dire, obtenue en cachant la vérité, ou sur un faux exposé, leur Mariage serait nul, leur cohabitation criminelle, incestueuse ou au moins concubinaire, et les enfans qui en naîtraient seraient illégitimes.

Les difficultés qui se rencontrent dans une matière si délicate et si importante, pouvant occasionner beaucoup de fautes considérables, les Curés qui trouveront, dans leurs paroissiens, des empêchemens dont il sera nécessaire de leur procurer la dispense, s'adresseront à Nous ou à nos Vicaires-Généraux, lorsqu'il faudra recourir à Rome, pour apprendre de quelle manière on doit se conduire et ce qu'il faut faire pour pouvoir l'obtenir.

Nous croyons devoir ajouter ici quelques observations en faveur des Curés et autres Confesseurs qui sont souvent chargés de l'exécution des Brefs de Dispense de Mariage accordés à Rome par la Pénitencerie.

1°. Un Bref de Dispense de Mariage de la Pénitencerie ne peut être mis à exécution que dans le tribunal de la Pénitence, *auditâ Sacramentali Confessione*, et il ne peut servir que pour le for intérieur ; Dispenses *in foro conscientiæ tantùm* : ce sont les termes ordinaires employés dans le Bref. Il est donc nécessaire que celui à qui la dispense est accordée, se confesse pour l'entérinement du Bref.

2°. Le Confesseur qui entérine le Bref, doit être approuvé dans le territoire où il le fulmine ; il doit aussi avoir les qualités qui sont marqées dans la formule du Bref, par exemple, Docteur en Théologie ou en Droit-Canon ; certains Religieux peuvent néanmoins l'entériner sans être gradués. Si cependant le Bref est adressé *simplici Confessario*, ou *discreto viro ex approbatis*, tout Confesseur approuvé peut le mettre en exécution, et il est libre aux impétrans de choisir un de ces Confesseurs à leur volonté, pour se faire dispenser. Le Bref doit leur être présenté cacheté; autrement ils ne pourraient pas s'en servir.

3°. Celui qui met à exécution un Bref de la Pénitencerie, doit être assuré de la vérité du fait et de la cause de la dispense ; il doit, par exemple, être sûr que le cas est occulte... C'est l'intention du Pape, qui est clairement marquée par les termes du Bref : *Si ità est, dispensa*. Le seul témoignage et le serment du suppliant lui suffisent, à moins qu'il n'ait d'ailleurs des preuves certaines du contraire.

Il n'est donc pas nécessaire de faire aucune procédure, cela est défendu : le Confesseur, après l'entérinement du Bref, ne doit pas même le rendre au suppliant, parce qu'il lui est absolument inutile ; il faut au contraire que le Confesseur le déchire.

4°. Le Confesseur qui entérine le Bref, doit observer exactement ce qui y sera marqué ; donner, par exemple, certains avertissemens aux impétrans; leur enjoindre les pénitences prescrites dans le Bref, ayant néanmoins égard à l'âge, à la santé, aux pénitences qu'ils auraient déjà faites pour ces péchés, et aux autres circonstances des personnes. Lorsque le temps que doit durer une pénitence n'est pas fixé dans le Bref, le Confesseur peut le déterminer. Il doit aussi enjoindre les restitutions et les réconciliations auxquelles le pénitent est obligé, et observer à son égard les règles de la saine morale pour les autres péchés dont il s'accuse. Quant à la formule dont il doit se servir pour dispenser, chaque Confesseur peut en composer comme il juge à propos, pourvu qu'elles expriment les grâces qu'il doit accorder. Il la profèrera tout de suite après l'absolution sacramentelle.

Les règles que nous venons de

prescrire, peuvent être facilement appliquées aux cas des Brefs (1) de la Pénitencerie pour tout autre dispense que celle du Mariage, telle que serait la dispense d'un vœu . . .

Quant aux dispenses d'empêchemens de Mariage qui s'accordent à la Daterie, ceux qui sont chargés de leur obtention, auraient grand tort de vouloir persuader aux personnes qui s'adressent à eux, que l'exposé des causes infâmantes est purement de style, et que la vérification n'en est pas nécessaire pour la fulmination et la validité de la dispense. Le Pape Benoît XIV. consulté sur cet objet a déclaré dans sa Bulle *Ad Apostolicæ*... donnée en 1741 : « Que les causes exposées dans les suppliques, à l'effet d'obtenir des » dispenses de Mariage, ne doivent pas être regardées comme » des clauses de style; que la vérité desdites causes est nécessaire » pour la validité de la grâce ; » que les Ordinaires à qui les » Dispenses sont adressées, doivent vérifier exactement la cause » et même ne pas procéder à l'exécution, s'ils reconnaissent la » fausseté de l'exposé, avec défense aux solliciteurs en Cour » de Rome, Officiers de la Pénitencerie et tous les autres, de » rien ajouter ni diminuer à l'exposé des suppliques qui leur » sont remises par les parties, » à peine d'être poursuivis et punis comme faussaires ».

Le Souverain Pontife s'explique d'une manière aussi claire et aussi positive dans les Brefs de Dispense. Il y dit en termes exprès que son intention est de n'accorder la dispense qu'autant que le commissaire délégué aura reconnu par voie d'enquête la vérité des raisons exposées dans la supplique; il enjoint à l'Official de faire cette enquête avec la plus scrupuleuse exactitude, et il en charge sa conscience; il lui ordonne de plus de s'assurer, en prenant le serment des parties, qu'elles n'ont pas commis le crime et causé le scandale dans l'espérance d'obtenir plus facilement la dispense.

Nous espérons que ces réflexions ne seront pas inutiles pour engager tous les Curés à éclairer la Religion de ceux d'entre leurs paroissiens qui se proposeraient de solliciter en Cour de Rome ces sortes de dispenses à l'effet de contracter Mariage, et même à les en détourner, surtout lorsqu'ils paraîtront n'avoir pas de raisons canoniques et suffisantes pour pouvoir espérer de les obtenir.

(1) Il y a dans la seconde partie de ce Rituel des Formules de Suppliques pour obtenir des Brefs de la Pénitencerie.

Règles qu'il faut observer à l'égard de ceux qui se sont mariés avec quelque Empêchement Dirimant.

Lorsqu'un Curé apprend par une autre voie que celle de la confession, qu'il y a dans sa paroisse des personnes dont le Mariage est nul, pour avoir été célébré avec un empêchement dirimant, il doit avant tout s'assurer du fait, pour ne pas troubler le repos des familles sur de simples soupçons qui ne peuvent l'emporter sur la présomption toujours favorable pour un Mariage contracté de bonne foi. Il examinera ensuite si les parties ont connaissance de l'empêchement; s'il est public; et si l'Église en peut dispenser. Une personne mariée qui connaît certainement la nullité de son Mariage, ne peut en aucune manière user du droit que donne aux époux un Mariage bon et valide; autrement elle se rendrait coupable du péché de fornication. Dans le doute, elle doit examiner la chose; et si son doute lui paraît bien fondé, elle est à la vérité obligée de rendre le devoir conjugal; mais il ne lui est pas alors permis de l'exiger, jusqu'a ce que son doute soit levé, ou qu'elle ait fait réhabiliter son Mariage. L'état des personnes mariées avec un empêchement dirimant public étant un concubinage, un Curé ne pourrait les souffrir dans sa paroisse, sans s'attirer l'indignation de Dieu et les reproches de l'Église. Il doit dans ce cas leur représenter en particulier avec force et avec courage, et néanmoins avec prudence et avec charité, toute l'horreur de leur état; les engager à se séparer de lit et d'habitation, pour contracter de nouveau en face de l'Église, avec toutes les solennités prescrites pour les Mariages, après avoir obtenu dispense de l'empêchement, s'il y a lieu de la leur accorder, et de la publication des Bans, si Nous croyons à propos de les en dispenser, afin que le public puisse être certain de la validité de leur Mariage; et alors il écrira de nouveau sur son registre l'acte de la célébration de leur Mariage, y faisant mention de la dispense qu'elles ont obtenue.

Si le Mariage est nul par défaut de consentement intérieur, il suffit que la partie qui n'avait point donné son consentement, le donne, en se soumettant intérieurement aux obligations que le Mariage lui impose. La cohabitation de l'autre partie est un consentement virtuel, qui suffit pour faire le concours des deux volontés, et valider le contrat (1).

Si le Mariage est nul par défaut de présence du Curé et des témoins, le consentement doit être renouvelé devant eux, puisque leur présence est nécessaire pour la validité du Mariage. Il faut excepter néanmoins les cas dont Nous avons parlé plus haut. *p.* 330.

Si le Mariage est nul à raison d'un empêchement public et connu, il faut que les époux se séparent d'habitation, et renouvellent leur consentement en présence du Curé et de témoins, après avoir obtenu la dispense. Dans le cas où l'empêchemènt, quoique public, ne serait pas connu, et que la séparation d'habitation pût causer une espèce de rumeur, très-difficile à supporter pour les époux, il suffirait de les séparer *quoad torum*; mais il faut toujours que le consentement soit renouvelé en présence du Curé et de témoins (2).

Si le Mariage contracté à l'église est nul à raison d'un empêchement connu des deux époux, mais dont il serait impossible de fournir la preuve juridiquement, il n'est pas nécessaire alors que le consentement soit renouvelé devant le Curé et les témoins : il suffit qu'après avoir obtenu la dispense, et s'être disposés pour s'approcher des Sacremens, les époux renouvellent leur consentement en secret (Saint Ligori, n°. 1110).

Si l'empêchement qui rend le Mariage nul n'est connu que par une des parties, la conduite à tenir est plus délicate et plus difficile. Cette difficulté vient de la clause apposée par la Pénitencerie au Bref des Dispenses, et qui est conçue en ces termes : *Ut, dictâ muliere* (*idem dic de viro*) *de nullitate prioris Matrimonii certioratâ, uterque inter se de novo secretè contrahere valeant, sed ità cautè, ut latoris delictum nunquàm detegatur.*

D'après cette clause il paraîtrait nécessaire de faire connaître l'empêchement à la partie qui l'ignore, ou du moins de lui dire d'une manière générale que le Mariage est nul, afin de l'engager à renouveler son consentement (3). Lorsque cet empêchement peut nuire essentiellement à la paix, Nous recommandons de ne pas faire connaître la nullité du Mariage sans Nous avoir exposé la

(1) Saint Thomas, St. Bonaventure, St. Antonin, Lessius, Navarre, Bonacina, Sanchez, Soto, Sylvius, Collet, St. Ligori, et un grand nombre d'autres auteurs décident ainsi. Voyez St. Ligori, lib. 6, n°. 1114. == (2) Quand l'une des parties refuse de se confesser, il faut toujours recevoir son consentement; il suffit même qu'il soit donné par procureur, *Instruct. de Caprara*, 2e. partie, n°s. 9. et 11. Si l'un des époux s'obstine à refuser son consentement, on peut suivre l'opinion de St. Ligori, n°. 1112. == (3) Voyez St. Ligori, lib. 6, n°. 1117, où il indique divers moyens. Le sixième mérite une attention particulière : on pourrait ajouter le nom de beaucoup d'autres théologiens à ceux qu'on trouve cités dans ce n°. 1117.

position morale où se trouvent les époux, pour avoir Notre avis et connaître la marche que l'on doit suivre (1).

Lorsque les Brefs de la Pénitencerie ne renferment pas les clauses dont Nous avons parlé, il Nous paraît suffisant que la partie qui connaît l'empêchement renouvelle son consentement, après s'y être disposée par le Sacrement de Pénitence. La cohabitation de l'autre, comme Nous l'avons dit plus haut, est un prolongement virtuel de son premier consentement.

Pour lever toutes difficultés, lorsqu'on prévoit des dangers à faire connaître l'empêchement à la partie qui l'ignore, il serait à propos d'en faire mention dans la supplique, et de demander d'être dispensé de cette manifestation (2).

Quand les époux ignorent la nullité de leur Mariage et paraissent peu disposés à le faire réhabiliter, il faut les laisser dans la bonne foi; c'est le sentiment du cardinal Caprara et de St. Ligori, (lib. 6. n°. 610. 611. et 1123).

Quand on a seulement des doutes sur la validité d'un Mariage, on doit incliner à le regarder comme valide (St. Ligori, lib. 1. n°. 50., et lib. 6. n°. 109).

Du propre Curé dont la présence est requise pour la validité du Mariage.

Le Concile de Trente (*Sess. 24. cap. 1. de Ref. Matrim.*) déclare nul et invalide tout Mariage contracté autrement qu'en présence du Curé des parties, ou d'un autre Prêtre ayant pouvoir de ce Curé ou de l'Ordinaire.

L'Église, pour assurer l'exécution d'un règlement si important, décerne des peines très-rigoureuses contre les Prêtres qui auraient la témérité de marier les paroissiens d'un Curé sans sa permission ou celle de l'Ordinaire. Le Concile de Trente, dans son décret contre la clandestinité, qui est suivi dans ce royaume, prononce contre eux la suspense encourue *ipso jure*, qui ne peut être levée que par l'Évêque du

(1) Voyez St. Ligori, livre 6, n°. 1115. et suiv.—Rituel de Langres, ch. 9. art. 4. §. 19.

(2) Benoît XIV. cite des exemples de dispenses accordées de cette manière.—St. Ligori, livre 6. n°s. 109. et suiv.— Voyez ce que nous avons dit des dispenses *in radice*, pag. 331. Nous recommandons de nouveau une dissertation sur la réhabilitation des Mariages nuls, faite par un professeur de Théologie, pour servir de suite et de supplément au Traité de Collet.

Curé qui devait assister au Mariage ou qui en devait faire la bénédiction, étendant cette défense et cette censure à ceux mêmes qui pourraient prétendre avoir cette licence par privilége ou en vertu d'un usage immémorial.

Les Prêtres réguliers qui feraient un Mariage sans la permission du Curé des parties, seraient excommuniés *ipso facto*, quelques priviléges qu'ils pussent alléguer à ce contraires. (*Clement.* 1. *de privileg.*)

D'après ces principes, Nous déclarons que les Prêtres séculiers et réguliers, approuvés seulement pour la prédication et la confession, ne peuvent validement célébrer aucun Mariage sans le consentement exprès des Curés, ou notre permission, ou celle de nos Vicaires-Généraux; et Nous ordonnons que, lorsque les Curés donneront leur permission à un Prêtre, autre que leur Vicaire, pour célébrer quelque Mariage, ils seront tenus de certifier leur consentement, en signant l'acte sur le registre; et Nous leur enjoignons de laisser (lorsqu'il seront obligés de s'absenter) une permission par écrit, aux Prêtres qu'ils commettront pour les Mariages, inscrivant avant leur départ cette permission sur le registre, et non sur un papier volant.

Pour prévenir toute difficulté sur un point si important, Nous déclarons que les Vicaires peuvent célébrer validement les Mariages des paroissiens des lieux où ils sont établis de Notre autorité, comme aussi des Mariages des parties des autres paroisses, qui sont renvoyées aux Curés dont ils sont Vicaires. Ils peuvent même donner permission aux parties qui sont de la paroisse dont ils sont Vicaires, de se marier ailleurs, ou permettre à un Prêtre de les marier dans la paroisse. Ils doivent néanmoins observer dans ces fonctions, comme dans toutes les autres, les règles d'une juste subordination à l'égard de leurs Curés, ne célébrant aucun Mariage et ne donnant aucune permission sans leur consentement, à moins qu'ils ne soient absens. Il faut excepter de cet article les Vicaires desservant certaines chapelles ou églises succursales, dans lesquelles il ne serait pas d'usage d'administrer le sacrement de Mariage. Nous défendons aux dits Vicaires de célébrer aucun Mariage sans le consentement du Curé, ou le Nôtre.

Lorsque les parties contractantes ne demeurent pas actuellement sur la paroisse où doit se célébrer leur Mariage, elles ont besoin, pour pouvoir se marier, de la permission et du consentement par écrit du Curé de leur domicile, qui énoncera, dans cette permission, que les parties sont libres, et qu'il a publié leurs bans; il y marquera la paroisse où doit se célébrer le Mariage, les nom, surnom et qualité du Curé, ou autre Prêtre en particulier, auquel les parties doivent s'adresser pour la bénédiction de leur Mariage. Il aura soin d'inscrire tout au long cette permission sur les registres de Mariages de sa paroisse. Nous défendons très-expressément à tous Curés de donner des permissions générales de se marier partout où les parties voudraient, et d'appeler tel Prêtre qu'elles voudraient.

Si les parties contractantes ne demeurent sur la paroisse où elles veulent se marier, que depuis peu de temps, ce qui est domicile de fait, et qu'elles n'aient pas encore acquis le temps de domicile requis, leur nouveau Curé ne peut les marier, qu'elle ne lui apportent un certificat de la publication de leurs bans faite dans la paroisse où elles demeuraient auparavant. Ce certificat pourrait tenir lieu au nouveau Curé qui fait le Mariage, de la permission par écrit de célébrer le Mariage; mais, pour prendre le parti le plus sûr, celui qui délivrera ce certificat, fera bien d'y marquer expressément qu'il permet à l'autre Curé de donner aux dites parties la bénédiction nuptiale avec les solennités requises.

Quand les parties ne demeureront pas sur la même paroisse, Nous voulons, selon l'usage immémorial de ce Diocèse et de plusieurs autres, que ce soit le Curé de la future Épouse qui fasse le Mariage et en perçoive l'honoraire; et le Curé du futur Époux ne pourra percevoir que les droits de publication de bans et de certificat de cette publication. Pour lors, les bans seront publiés dans les deux paroisses, et le Curé qui ne fera pas le Mariage, donnera son certificat de leur publication et y joindra son consentement exprès à ce que l'autre Curé célèbre le Mariage.

Ceux qui demeurent pendant l'année dans deux différentes paroisses, tenant leur ménage dans chacune des deux, se marieront à la paroisse dans laquelle ils habitent la plus grande partie de l'année; et, s'ils habitent à peu près la moitié de l'année dans chaque paroisse, ils pourront choisir, pour la célébration du Mariage, la paroisse qu'ils souhaiteront, en faisant néanmoins publier des bans dans toutes les deux, avec certificat desdits bans, comme il est marqué ci-dessus.

Ceux qui vont passer quelque temps à la campagne, pour y prendre l'air, ou pour veiller sur leurs biens, ayant leur domicile fixe et connu dans la ville, n'ont d'autre propre Curé que celui de la ville; et ainsi leur Mariage serait nul, s'il était célébré sans sa permission, en présence du Curé de la campagne. Ceux au contraire qui, étant domiciliés à la campagne, ont une chambre dans la ville pour vaquer extraordinairement aux affaires qu'ils pourraient y avoir, n'ont d'autre propre Curé que celui de la campagne, sans la permission duquel ils ne pourraient être mariés validement par le Curé de la ville.

Le domicile des fils et filles de famille mineurs de vingt-cinq ans, pour la célébration de leurs Mariages, est celui de leurs pères et mères, ou de leurs tuteurs ou curateurs après la mort de leurs dits pères et mères. Lors donc qu'ils ont un autre domicile de fait, le Curé de ce dernier domicile ne peut les marier sans avoir la permission, par écrit, du Curé de leurs pères et mères, tuteurs ou curateurs, et seulement après la publication des bans dans la paroisse des pères, mères, tuteurs ou curateurs.

Ceux qui n'ont aucun domicile fixe, n'ayant pas de propre Curé, celui devant qui ils se présentent, ne peut les marier sans en avoir obtenu une permission particulière de Nous ou de nos Vicaires-Généraux.

Des dispositions au Sacrement de Mariage.

Les dispositions au sacrement de Mariage sont prochaines ou éloignées. Les dispositions éloignées sont : 1°. de consulter Dieu et ceux qui tiennent sa place, avant de s'engager dans le Mariage, de faire des prières et des aumônes pour obtenir de Dieu la connaissance de sa volonté dans une action si importante ; 2°. de ne point s'engager dans le Mariage par des motifs d'intérêt, d'ambition...., mais dans la seule vue de se sanctifier dans cet état, de donner des enfans à l'Église, de se procurer du soulagement dans les infirmités ; 3°. d'avoir plus d'égard à la vertu qu'aux richesses dans le choix de la personne à laquelle on doit s'unir ; observer dans ce choix, autant qu'il est possible, une égalité d'âge et de condition ; éviter surtout de choisir pour époux ou épouse, une personne dont l'humeur et les inclinations seraient un obstacle à la paix et à la concorde qui doit régner dans les familles chrétiennes ; 4°. de se comporter avec beaucoup de retenue dans les visites qu'un futur époux a coutume de rendre à sa future ; ne la voir qu'en présence de ses parens ou de personnes sages, et éviter dans ces entrevues tout ce qui pourrait donner la moindre atteinte à l'innocence ; 5°. de ne point demeurer ensemble dans la même maison, à moins qu'il n'y ait nécessité et qu'on ne le puisse faire sans danger et sans scandale; 6°. d'avoir soin de se faire instruire, si on ne l'est pas, des principaux mystères de la Religion, et de ce qui regarde la sainteté et les devoirs de l'état qu'on veut embrasser : ces devoirs sont de se garder une fidélité inviolable, se supporter mutuellement en esprit de charité, vivre dans une grande union, observer dans l'usage du Mariage les règles de la chasteté conjugale, et donner tous ses soins pour élever chrétiennement sa famille.

Les dispositions prochaines sont: 1°. d'être en état de grâce, et pour cela de se préparer à recevoir la bénédiction nuptiale par les prières, par les bonnes-œuvres et principalement par la Confession et par la sainte Communion, suivant l'avis du Confesseur ; 2°. de se présenter à l'église le jour de la célébration du Mariage avec un extérieur modeste et recueilli ; prier avec ferveur pendant toute la cérémonie, pour obtenir la bénédiction de Dieu et l'abondance des grâces attachées au Sacrement ; 3°. de regarder le jour de son Mariage comme un jour saint, qu'il n'est pas permis de profaner par des excès et des divertissemens contraires à la sainteté du Christianisme.

Du temps, du lieu et de l'heure propre à la célébration du Mariage.

On a déjà dit, en parlant des empêchemens prohibitifs, qu'il n'est pas permis de célébrer des Mariages pendant l'Avent ou le Carême. Il suffit d'ajouter ici que Nous défendons très-expressément de le faire sans Notre permission en des jours de Dimanches et Fêtes qui sont de précepte, pour ne pas détourner les Fidèles de l'application qu'ils doivent donner à la prière en ces jours de solennité.

Les Curés ne feront aucun Mariage avant le lever du soleil ni l'après midi, à quelque heure que ce soit, sans une permission expresse de Nous.

Quant au lieu de la célébration du Mariage, on ne doit y procéder que dans l'église paroissiale ou succursale, s'il est d'usage de l'y célébrer ; et il est étroitement défendu de le faire partout ailleurs, même dans toute autre église, chapelle ou oratoire, sans notre permission ou celle de nos Vicaires-Généraux.

De l'enregistrement des Actes de Mariage.

Les registres de Mariages étant d'une extrême conséquence pour la tranquillité des familles, les Curés apporteront tous leurs soins pour les conserver et y écrire tous les actes en bonne forme, y observant avec exactitude les règles générales qui sont prescrites.

Les Curés marqueront dans les actes : 1°. le jour, le mois, l'année et le lieu de la célébration du Mariage ; 2°. les noms, surnoms, âge, qualités et domicile des parties contractantes; ils exprimeront s'ils sont veufs, et de qui ; ils énonceront les noms, surnoms, qualités et domicile de leurs pères et mères vivants ou morts ; 3°. les différens jours de la publication des bans, les certificats de la publication faite en d'autres paroisses, les dispenses de bans ou toute autre dispense qui aurait été accordée pour ledit Mariage, les dates desdites dispenses ; 4°. et lorsque les parties sont mineures, ils en feront mention ; marqueront que leurs pères et mères, tuteurs ou curateurs ont été présens audit Mariage et y ont consenti ; ou, en cas de légitime empêchement de leur part, ils feront mention de leur consentement ; 5°. les noms, surnoms, qualités et domiciles des quatre témoins, exprimant s'ils sont parens des parties contractantes, de quel côté et en quel degré ; qu'ils ont attesté ce qui est énoncé dans l'acte sur le domicile, l'âge et la qualité desdites parties ; 6°. ils auront soin de signer sur les deux registres l'acte avec les parties contractantes, leurs pères, mères, tuteurs ou curateurs, s'ils sont présens, les témoins et le Prêtre qui célébrera le Mariage ; et, au cas que quelques-uns des susdits ne sachent écrire, ils l'exprimeront. Si le Prêtre célèbre le Mariage en vertu d'une permission du Curé, ou d'une commission particulière, il en sera fait mention dans l'acte avec sa date.

Lorsque pour de justes causes Nous aurons permis de célébrer un Mariage dans une église ou chapelle autre que l'église paroissiale, les registres de la paroisse dans l'étendue de laquelle ladite église ou chapelle sera située, seront apportés par le Curé ou Vicaire, lors de la célébration du Mariage, pour y être l'acte de ladite célébration inscrit, lequel sera signé par le Curé ou Vicaire qui les aura apportés.

Quand les parties contractantes ont été mariées avec permission ailleurs que dans leurs paroisses, le Prêtre qui a célébré le Mariage, doit donner à chacune des parties un extrait de l'acte de Mariage qu'il aura célébré, et le Curé des parties l'inscrira au long dans le registre de la paroisse, en attachant ledit extrait à une des minutes.

Si les parties contractantes ont des enfans nés avant leur Mariage, le Curé engagera lesdites parties à lui représenter leur extrait baptistaire, ou le cherchera dans ses registres, supposé qu'ils aient été baptisés dans son église, pour dresser un acte de reconnaissance ou de légitimation de ces enfans, qui y soit conforme. Il serait dangereux à la réputation des parties d'insérer cette reconnaissance dans l'acte même du Mariage, puisque par cette voie les témoins seraient instruits de l'habitude criminelle qu'elles auraient eue ensemble avant leur Mariage ; ce qui ne pourrait se faire sans révéler leur crime et couvrir leur famille d'un éternel opprobre. Pour éviter un inconvénient si fâcheux, le Curé dressera l'acte de Mariage dans la forme ordinaire, sans y faire aucune mention de ces enfans; l'acte étant signé, comme il vient d'être dit, le Curé écrira à la suite des signatures l'acte de reconnaissance, qu'il signera avec lesdites parties contractantes. Il marquera dans ce second acte la date de la naissance de ces enfans et de leur baptême, le lieu où il a été célébré, les noms de leurs Parrains et Marraines. On trouvera une formule de cet acte à la suite de celle des actes de Mariage.

Si dans la suite on vient à demander un extrait de l'acte du Mariage, le Curé ou Vicaire délivrera seulement l'extrait du premier, n'y ajoutant le second que lorsqu'il sera demandé par les parties contractantes ou par leurs enfans reconnus.

Cet acte de reconnaissance ne doit être employé que pour les enfans nés de personnes pouvant contracter Mariage ensemble; car pour les enfans adultérins, ils ne peuvent être légitimés par un Mariage subséquent; et généralement les Curés ne doivent jamais consentir qu'on écrive sur le registre un acte de reconnaissance en faveur des enfans nés de père et mère qui, dans le temps de la conception de ces enfans, auraient été inhabiles à se marier ensemble pour cause de parenté ou d'autre empêchement dirimant, s'il n'en est autrement ordonné par la dispense qui leur aura permis de s'épouser.

Ordre à suivre pour la Célébration du Mariage.

1°. *Les futurs Époux étant vêtus modestement, et accompagnés de leurs Parens, Tuteurs ou Curateurs et de deux ou quatre témoins dignes de foi, domiciliés, et qui sachent signer leurs noms, s'il se peut, se rendront à l'église au jour et à l'heure dont on sera convenu. Ils présenteront au Curé un certificat signé par le Maire ou l'Adjoint, qui constate que les Époux ont rempli les formalités de l'état-civil. Ils lui présenteront aussi un certificat de Confession, et un de publication de bans, si l'un des deux est d'une autre paroisse.*

2°. *Le Curé ayant pris une étole blanche par-dessus son surplis ou son rochet; ou, s'il doit dire la Messe de suite, s'étant revêtu d'un amict, d'une aube, d'une ceinture et d'une étole croisée sur la poitrine, ira faire sa prière à genoux au bas du grand autel, accompagné d'un Clerc qui portera le bénitier, l'aspersoir et un petit bassin. Il se rendra ensuite soit à la porte du chœur, soit dans une chapelle où les Futurs doivent l'attendre. Tous les deux étant debout devant lui, le Futur à la droite de la Future, il leur fera, étant couvert, l'exhortation suivante, ou quelqu'autre semblable.*

EXHORTATION

Qu'on fera en entier, ou en partie, selon les circonstances ou la qualité des personnes.

Au nom du Père, et du Fils, et du Saint-Esprit.

Il n'appartient qu'à la Religion d'ennoblir et de sanctifier les actions des hommes. Elle seule peut leur imprimer le caractère de la véritable grandeur. Elle élève à un ordre supérieur celles mêmes où nous paraissons ne suivre que les penchans de la nature; et telle est, mes Frères, l'alliance dont ces saints autels vont être les dépositaires et les témoins.

Le Mariage, dans les principes du Christianisme, n'est pas seulement l'union intime et permanente de deux époux, prévenus l'un pour l'autre d'une estime et d'une inclination mutuelles, et qui désormais ne doivent plus être qu'une seule âme, comme ils ne sont plus, selon l'expression de l'Écriture, qu'une seule chair; il est encore un Sacrement, et un grand Sacrement, dit l'Apôtre. Il est le symbole auguste de l'union de Jésus-Christ avec son Église. Et sous ce rapport, qu'il est digne, mes Frères, de votre respect et de votre vénération!

Oublions, s'il est possible, que c'est le Créateur lui-même qui, dans l'heureux état de l'innocence primitive et dans le jardin des délices, forma ces nœuds sacrés; oublions ce prodige touchant par lequel il voulut embellir la nature, en accordant aux besoins du premier homme une aide semblable à lui, une compagne destinée à partager et à augmenter sa félicité. Quelques leçons d'amour mutuel que donne aux époux cette origine de la société conjugale, nous en trouvons de plus sublimes encore dans les paroles de l'Apôtre. Oui, mes Frères, Jésus-Christ et son Église sont les modèles sur lesquels vous devez former vos sentimens. Aimez-vous l'un l'autre, comme Jésus-Christ a aimé son Église, pour laquelle il n'a pas craint de donner son sang et sa vie. Ayez pour fin principale votre sanctification réciproque, comme Jésus-Christ dans ses travaux et dans ses souffrances s'est proposé la sanctification de son Église. [(1) Et si le Seigneur répand sur votre union les bénédictions promises aux époux qui le craignent, n'élevez les enfans qu'il vous donnera, que pour sa gloire: faites tout pour leur salut, comme Jésus-Christ a tout fait pour celui de ses élus.]

Ces devoirs, mes Frères, vous sont communs à l'un et à l'autre; mais il en est encore de particuliers pour chacun de vous. Un époux chrétien se souvient toujours quel est le chef dont il tient la place, et il le représente encore plus par sa douceur et par sa prudence, que par son autorité. Il veut plaire à son épouse, et il étudie ses inclinations, ou pour les suivre, ou pour les supporter.

---

(1) On omettra ce paragraphe, si la femme est dans un âge où il n'y a plus d'enfans à espérer, ou si elle est visiblement enceinte, ou si étant demeurés un certain temps dans un Mariage purement civil, les Futurs ont de la famille.

Il regarderait comme une lâcheté criminelle d'offenser, par le partage de son cœur, une personne choisie dans tout l'univers pour être l'objet de son estime et de sa tendresse. Il est tout à elle, mais sans cesser d'être à Jésus-Christ.

Il faut aussi, dit l'Apôtre, que l'épouse soit soumise à son époux, qu'elle révère son autorité, qu'elle lui conserve une fidélité inviolable, une obéissance pleine de respect et d'amour. Elle ne doit jamais oublier qu'une vie passée dans les vains amusemens du siècle, est indigne d'une femme chrétienne; que sa plus solide gloire consiste à aimer la retraite; à n'être point occupée de sa personne; à soulager son époux avec une application qui détermine sa confiance et qui lui rende le poids des affaires domestiques plus léger et plus doux.

Voulez-vous, mes Frères, être guidés et encouragés dans la pratique de toutes ces vertus par de grands modèles? Considérez le jeune Tobie et sa religieuse compagne, et réglez votre vie sur celle de ces époux pleins de foi. Dites comme eux dès ce moment: Nous sommes les enfans des Saints; à Dieu ne plaise que dans l'état saint du Mariage, nous imitions les mœurs profanes de ces hommes à qui il n'a pas été donné, comme à nous, de connaître le Seigneur et les maximes saintes de sa loi.

Puissent les vœux que nous formons pour votre félicité, attirer sur vous les bénédictions les plus abondantes! (Puisse surtout le sang de Jésus-Christ, qui va couler sur cet autel, sanctifier vos liens et les rendre aussi doux qu'ils seront désormais sacrés et inviolables.)

L'exhortation finie, le Curé se découvrira pour bénir l'anneau qui lui sera présenté dans un bassin.

℣. Adjutórium ✝ nostrum in nómine Dómini,
℟. Qui fecit cœlum et terram.
℣. Sit nomen Dómini benedíctum,
℟. Ex hoc nunc et usque in séculum.

℣. Dómine, exáudi oratiónem meam;
℟. Et clamor meus ad te véniat.
℣. Dóminus vobíscum,
℟. Et cum spíritu tuo.

ORÉMUS.

Bénedic ✝, Dómine, hunc annulum quem in tuo nómine benedícimus; ut quæcúmque eum portáverit, in tuâ pace consístat, et in tuâ voluntáte permáneat, et in tuo amóre vivat, et multiplicétur in longitúdine diérum; Per Christum Dóminum nostrum. ℟. Amen.

ORÉMUS.

Creator et conservátor humáni géneris, dator grátiæ spirituális, largítor ætérnæ salútis, tu, Dómine, dignáre míttere benedictiónem ✝ tuam super hunc ánnulum; ut quæ illum gestáverit, sit armáta virtúte cœléstis defensiónis, et profíciat illi ad ætérnam salútem; Per Christum Dóminum nostrum. ℟. Amen.

Bénédiction des pièces d'argent que l'Époux doit donner à l'Épouse.

Oblátos étiam hos nummos, Dómine, sanctífica ✝, et concéde ut non solùm temporálibus, sed et cœléstibus ac ætérnis donis isti sponsus et sponsa ditéscant; Per Christum Dóminum nostrum. ℟. Amen.

Puis il jettera de l'eau bénite en forme de croix, sur l'anneau et sur les pièces d'argent; et, ayant averti l'Époux et l'Épouse de se donner la main droite l'un à l'autre, il dira d'abord à l'Époux, en l'appelant par ses nom et surnom, sans y rien ajouter:

N. Reconnaissez-vous et jurez-vous devant Dieu et en face de sa sainte Église, que vous voulez prendre et que vous prenez présentement, pour femme et légitime Épouse, *N*. ici présente?

L'Epoux répondra: Oui, Monsieur.

Promettez-vous de lui garder la fidélité en toutes choses, comme un fidèle Époux le doit à son Épouse, selon le commandement de Dieu?

L'Epoux répondra : Oui, Monsieur?

Puis il dira de même à l'Epouse :

N. Reconnaissez-vous et jurez-vous devant Dieu et en face de sa sainte Église, que vous voulez prendre et que vous prenez présentement, pour mari et légitime Epoux, *N.* ici présent?

L'Epouse répondra : Oui, Monsieur.

Promettez-vous de lui garder la fidélité en toutes choses, comme une fidèle Épouse le doit à son Époux, selon le commandement de Dieu?

L'Epouse répondra : Oui, Monsieur.

Ici le Curé doit prendre bien garde si les deux parties (et particulièrement l'Epouse si elle est encore fort jeune,) s'expliquent nettement, et ne laissent aucun sujet de douter de leur consentement libre et volontaire; car s'il y avait la moindre apparence que l'une ou l'autre des parties ne consentît pas pleinement, il faudrait tout suspendre, et leur remontrer que le Mariage ne consiste que dans un consentement libre et entier qui en fait l'union et le lien; et s'il ne voit plus aucun lieu de douter du consentement des deux parties, il dira, étant découvert, et les Epoux continuant de se donner la main :

Deus Abraham, et Deus Isaac, et Deus Jacob ipse vos conjúngat, impleátque benedictiónem suam in vobis. Et ego vos in Matrimónium conjúngo, in nómine Patris ✝, et Fílii, et Spíritûs sancti. Amen.

Puis il jettera de l'eau bénite sur eux, en disant :

Quod Deus conjúnxit, homo non séparet.

Ensuite il ajoutera :

Orémus.

Deus, qui fœdera nuptiárum blando concórdiæ jugo et insolúbili pacis vínculo nexuísti, ut multiplicándis adoptiónum fíliis, sanctórum connubiórum fecúnditas pudíca servíret, te súpplices deprecámur, ut quod generátio, providéntiâ tuâ, ad mundi edíderit ornátum, regenerátio, grátiâ tuâ, ad Ecclésiæ perdúcat augméntum; Per Christum Dóminum nostrum. ℟. Amen.

Après cela le Curé présentera l'anneau bénit à l'Époux, qui le mettra au quatrième doigt de la main droite de son Épouse, c'est-à-dire, à celui qui est le plus voisin du petit doigt, en lui disant : Je vous donne cet anneau en signe de l'alliance que nous venons de contracter.

Il prendra ensuite trois des pièces d'argent qui sont dans le bassin (laissant les dix autres pour le Curé), et les mettra dans la main de son Épouse, en ajoutant :

Et recevez ces pièces de monnaie comme un gage de notre prospérité spirituelle et temporelle.

Puis le Prêtre s'étant découvert, et faisant le signe de la croix sur les Époux, dira :

In nómine Patris ✝, et Fílii, et Spíritûs sancti. ℟. Amen.
℣. Confírma hoc, Deus, quod operátus es in nobis,
℟. A templo sancto tuo, quod est in Jerúsalem.
Kyrie, eléison. Christe, eléison. Kyrie, eléison. Pater noster..., *tout bas.*
℣. Et ne nos indúcas in tentatiónem;
℟. Sed líbera nos à malo.
℣. Salvos fac servos tuos,
℟. Deus meus, sperántes in te.
℣. Mitte eis, Dómine, auxílium de sancto;
℟. Et de Sion tuére eos.
℣. Esto eis, Dómine, turris fortitúdinis,
℟. A fácie inimíci.
℣. Dómine, exaúdi oratiónem meam;
℟. Et clamor meus ad te véniat.
℣. Dóminus vobíscum,
℟. Et cum spíritu tuo.

ORÉMUS.

RÉSPICE, quæsumus, Dómine, super hos fámulos tuos; ut in tuâ voluntáte permáneant, et senéscant in longitúdinem diérum ; Per Christum Dóminum nostrum.

℟. Amen.

Ensuite le Curé prendra le manipule et la chasuble, s'il doit célébrer la Messe, ou se retirera simplement, si elle doit être célébrée par un autre Prêtre. Pendant ce temps-là, l'Époux prenant la main droite de son Épouse, la conduit au bas du balustre, au côté gauche, et se range au côté droit, puis tous deux se mettent à genoux.

Bénédiction des nouveaux Mariés.

Si la nouvelle Mariée est une veuve, ou si elle a péché avec un autre que celui qu'elle épouse, de manière cependant que sa faute soit notoire, le Curé omettra la Bénédiction suivante; dans le cas contraire, il l'ajoutera toujours.

S'il doit dire la Messe pour les nouveaux Mariés, il la commencera et la continuera jusqu'au Pater ; *et avant de dire* Líbera nos, quæsumus..., *il fera une génuflexion, se retirera du côté de l'Épître, et se tournant vers les nouveaux Mariés qui seront à genoux et couverts d'un voile, tenu par les plus proches parens, il étendra la main droite sur eux et prononcera la Bénédiction qui est ci-après, ou dans le Missel,* in Missâ de Sponsálibus, *en observant, selon la rubrique, de ne dire la dernière Oraison* Deus Abraham...., *qu'après l'*Ite, Missa est. *On dira la Messe propre* De Sponsálibus, *toutes les fois qu'il ne sera pas Dimanche, ou Fête double de troisième classe et au-dessus; (car alors on dira la Messe du jour, en ajoutant sous une seule conclusion, les Oraisons de la Messe* De Sponsálibus). *Dans cette Messe, on dira le* Glória in excélsis... ; *mais on ne fera aucune Mémoire de l'Office du jour, et on ne dira point le* Credo. *Dans l'Avent et le Carême, si l'Évêque donne la dispense du temps, on dira la même Messe sans aucune Mémoire du temps, et on dira à la fin, l'Évangile* In princípio...

Lorsqu'il n'y aura point de Messe pour les nouveaux Mariés, le Curé ne laissera pas de leur donner la Bénédiction dont Nous venons de parler, s'ils sont dans le cas de la recevoir.

Orémus.

Propitiare, quæsumus, Dómine, supplicatiónibus nostris; et institútis tuis, quibus propagatiónem humáni géneris ordinâsti, benígnus assíste; ut quod te auctóre júngitur, te auxiliánte servétur; Per Dóminum nostrum Jesum Christum, Fílium tuum, qui tecum vivit et regnat in unitáte Spíritûs sancti, Deus, per ómnia sécula seculórum. ℟. Amen.

℣. Dóminus vobíscum,
℟. Et cum spíritu tuo.
℣. Sursùm corda: ℟. Habémus ad Dóminum.
℣. Grátias agámus Dómino Deo nostro:
℟. Dignum et justum est.

Verè dignum et justum est, æquum et salutáre, nos tibi semper et ubíque grátias ágere, Dómine sancte, Pater omnípotens, ætérne Deus; Qui potestáte virtútis tuæ, de níhilo cuncta fecísti; qui dispósitis universitátis exórdiis, hómini ad imáginem tuam facto, ídeò inseparábile mulíeris adjutórium condidísti, ut femíneo córpori de viríli dares carne princípium; docens quod ex uno placuísset instítui, nunquàm licére disjúngi; Deus, qui tàm excellénti mystério conjugálem cópulam consecrâsti, ut Christi et Ecclésiæ sacraméntum præsignáres in fœdere nuptiárum; Deus per quem múlier júngitur viro, et socíetas principáliter ordináta eâ benedictióne donátur, quæ sola nec per originális peccáti pœnam, nec per dilúvii abláta est senténtiam; Deus, in cujus solíus manu est cordis potéstas, quique tuâ providéntiâ cuncta scis et regis, quo jungénte nemo dissólvet, quo benedicénte nemo nocébit, horum, quæsumus, tuórum cónjugum junge mentes, sincérum affectum illórum córdibus ingeréndo; ut, sicut tu unus, verus, et solus es omnipotens, ità et illi in te unum sint. [*S'il y avait à la fois plusieurs Mariages, et que cette Bénédiction fût donnée à tous en même temps, le Curé dirait au pluriel ce qui suit :*] Réspice propítius super hanc fámulam tuam, quæ maritáli jungénda consórtio, tuâ se éxpetit protectióne muníri. Sit in eà jugum dilectiónis et pacis; fidélis et casta nubat in Christo, imitatríxque sanctárum permáneat feminárum. Sit amábilis viro, ut Rachel; sápiens, ut Rebécca; longæva et fidélis, ut Sara. Nihil in eâ ex áctibus suis auctor prævaricatiónis usúrpet; nexa fídei mandatísque permáneat; uni toro juncta, contáctus illícitos fúgiat; múniat infirmitátem suam róbore disciplínæ. Sit verecúndiâ gravis, pudóre venerábilis, doctrínis cœléstibus erudíta; sit fecúnda in sóbole; sit probáta et ínnocens, et ad Beatórum réquiem, atque ad cœléstia regna pervéniat, et vídeat fílios filiórum suórum usque ad tértiam et quartam generatiónem, et ad optátam pervéniat senectútem; Per eúmdem Dóminum nostrum Jesum Christum, Fílium tuum, qui tecum vivit et regnat in unitáte Spíritûs sancti, Deus, per ómnia sécula seculórum. ℟. Amen.

Ensuite le voile étant ôté, il ajoutera ce qui suit. (*Si c'est à la Messe, il ne le dira qu'après l'*Ite, Missa est).

ORÉMUS.

DEUS Abraham, Deus Isaac, et Deus Jacob sit vobíscum, et ipse adímpleat benedictiónem ✝ suam in vobis; ut videátis fílios filiórum vestrórum usque ad tértiam et quartam generatiónem, et pósteà vitam ætérnam habeátis, adjuvánte Dómino nostro Jesu Christo; Qui cum Patre et Spíritu sancto vivit et regnat, Deus, per ómnia sécula seculórum. ℟. Amen.

Puis il jettera de l'eau bénite sur les Epoux, qui baiseront ensuite avec respect le milieu de l'autel.

Après la Messe, le Curé écrira l'acte de Mariage sur le registre, selon la formule qui est à la fin de ce Rituel; *il le signera, le fera signer par les nouveaux Mariés, leurs parens et les témoins; s'ils ne savent pas signer, il en sera fait mention.*

Des secondes Noces.

Il n'y a rien de particulier dans les secondes Noces, sinon que quand c'est la femme qui se remarie, on ne bénit pas les nouveaux Mariés avant la Communion; on ne les met pas non plus sous le voile; mais seulement, quand la Messe est dite, le Prêtre peut les faire approcher de l'autel; et, se tournant vers eux, dire les prières suivantes:

PSAUME 127.

BEATI omnes qui timent Dóminum, * qui ámbulant in viis ejus!

Labóres mánuum tuárum, quia manducábis, * beátus es, et benè tibi erit.

Uxor tua sicut vitis abúndans, * in latéribus domûs tuæ.

Fílii tui sicut novéllæ olivárum, * in circúitu mensæ tuæ.

Eccè sic benedicétur homo, * qui timet Dóminum.

Benedícat tibi Dóminus ex Sion; * et vídeas bona Jerúsalem ómnibus diébus vitæ tuæ;

Et vídeas fílios filiórum tuórum, * pacem super Israel.

Glória Patri et Fílio, * et Spíritui sancto,

Sicut erat in princípio, et nunc, et semper, * et in sécula seculórum. Amen.

Kyrie, eléison.
Christe, eléison.
Kyrie, eléison.
Pater noster..., *tout bas.*
℣. Et ne nos indúcas in tentatiónem;
℟. Sed líbera nos à malo.
℣. Manda, Deus, virtúti tuæ:
℟. Confírma hoc, Deus, quod operátus es in eis.
℣. Salvum fac servum tuum et ancíllam tuam,
℟. Deus meus, sperántes in te.

℣. Mitte eis, Dómine, auxílium de sancto;
℟. Et de Sion tuére eos.
℣. Dómine, exáudi oratiónem meam;
℟. Et clamor meus ad te véniat.
℣. Dóminus vobíscum,
℟. Et cum spíritu tuo.

ORÉMUS.

PRÆTÉNDE, quæsumus, Dómine, Fidélibus tuis déxteram cœléstis auxílii; ut te toto corde perquírant, et quæ dignè póstulant, ássequi mereántur; Per Christum...

Après ces prières, le Mari et la Femme iront baiser l'autel, et se retireront.

Bénédiction du Lit nuptial.

Cette Bénédiction est établie pour bannir de l'union des nouveaux conjoints tout esprit impur, et demander à Dieu qu'ils traitent le Mariage avec honnêteté, comme il convient à des Chrétiens.

Pour remédier aux abus qui arrivent ordinairement pendant cette cérémonie, on ne fera point cette Bénédiction lorsqu'on aura lieu de croire qu'elle occasionnera quelque scandale; et quand on croira prudemment qu'il n'en arrivera aucun, on la fera avant le festin des noces et jamais après, sous quelque prétexte que ce soit, en présence des deux Époux et de leurs pères et mères, ou de deux ou trois personnes graves et religieuses, sans en admettre d'autres.

Avant que de la commencer, le Prêtre leur recommandera d'y assister avec piété et modestie, leur représentant que, s'ils s'y laissaient aller à rire ou à badiner, ils commettraient une irréligion qui semblerait être un mépris du sacrement de Mariage et des Prières de l'Église. Si néanmoins il n'espère point les contenir dans le respect, il supprimera cette Bénédiction.

Les deux Époux étant debout près du lit nuptial, le Prêtre en étole blanche par-dessus son surplis, et accompagné d'un Clerc, jettera de l'eau bénite sur eux, et dira:

ORÉMUS.

VÍSITA, quæsumus, Dómine, habitatiónem istam, et omnes insídias inimíci ab eâ longè repélle: Angeli tui sancti hábitent in eâ, qui nos in pace custódiant, et benedíctio Dómini sit super nos semper; Per Christum Dóminum nostrum. ℟. Amen.

Il dira ensuite alternativement avec son Clerc, le Psaume 127 Beati omnes...., *comme ci-dessus p.* 368.

Kyrie, eléison.
Christe, eléison.
Kyrie, eléison.
Pater noster... *tout bas.*
℣. Et ne nos indúcas in tentatiónem;
℟. Sed líbera nos à malo.
℣. Salvos fac servum tuum et ancíllam tuam,
℟. Deus meus, sperántes in te.
℣. Esto illis turris fortitúdinis.
℟. A fácie inimíci.
℣. Mitte eis, Dómine, auxílium de Sancto;
℟. Et de Sion tuére eos.
℣. Dómine, exáudi oratiónem meam;
℟. Et clamor meus ad te véniat.
℣. Dóminus vobíscum,
℟. Et cum spíritu tuo.

Orémus.

Bénedic, Dómine, Thálamum hunc nuptiálem unà cum his conjúgibus; ut ✝ in tuâ pace consístant, tuâ voluntáte permáneant, tuo amóre vivant et senéscant, et multiplicéntur in longitúdinem diérum; Per Christum Dóminum nostrum. ℟. Amen.

Benedícat vos ✝ Pater et Fílius et Spíritus sanctus.
℟. Amen.

Le Prêtre, en finissant, aspergera les deux Époux et le lit; et si on lui présente alors du pain ou du gâteau à bénir, il le bénira de la manière suivante :

℣. Adjutórium ✝ nostrum in nómine Dómini,
℟. Qui fecit cœlum et terram.

℣. Sit nomen Dómini benedíctum,
℟. Ex hoc nunc et usque in séculum.
℣. Dómine, exáudi oratiónem meam;
℟. Et clamor meus ad te véniat.
℣. Dóminus vobíscum,
℟. Et cum spíritu tuo.

ORÉMUS.

DOMINE sancte, Pater omnípotens, ætérne Deus, benedícere ✝ dignéris hunc panem tuâ sanctâ spirituáli benedictióne; ut sit ómnibus suméntibus salus mentis et córporis, atque contra omnes morbos et univérsas inimicórum insídias tutámen; Per Dóminum nostrum Jesum Christum, Fílium tuum, Panem vivum, qui de cœlo descéndit, et dat vitam et salútem mundo, et tecum vivit et regnat in unitáte Spíritûs.....

Ordre à suivre pour la célébration des Mariages mixtes.

Lorsqu'il faudra procéder à un Mariage mixte, le Curé observera exactement ce qui est prescrit page 328. Revêtu d'une simple soutane, sans surplis et sans étole, il recevra le consentement des Époux à la sacristie, au presbytère, ou dans tout autre lieu convenable, hors de l'église, et il leur adressera les questions suivantes :

N. Reconnaissez-vous et jurez-vous devant Dieu et en face de sa sainte Église, que vous voulez prendre et que vous prenez présentement pour femme et légitime Épouse, *N.* ici présente?

L'Époux répondra : Oui, Monsieur.

Promettez-vous de lui garder la fidélité en toutes choses, comme un fidèle Époux le doit à son Épouse, selon le commandement de Dieu?

L'Époux répondra : Oui, Monsieur.

Puis, s'adressant à l'Épouse :

N. Reconnaissez-vous et jurez-vous devant Dieu et en face

de sa sainte Église, que vous voulez prendre et que vous prenez présentement pour mari et légitime Époux, *N.* ici présent?

L'Épouse répondra : Oui, Monsieur.

Promettez-vous de lui garder la fidélité en toutes choses, comme une fidèle Épouse le doit à son Époux, selon le commandement de Dieu?

L'Épouse répondra : Oui, Monsieur.

Quand les Époux ont répondu aux questions précédentes, la cérémonie est terminée, et le Curé ne doit plus rien ajouter. Si pourtant l'Épouse est catholique, il peut bénir son anneau. Il peut aussi, lorsqu'il le juge convenable, faire précéder l'union des Époux par une instruction analogue aux obligations qu'ils vont contracter.

CATALOGUE

PAR ORDRE ALPHABÉTIQUE

DES NOMS DE SAINTS ET DE SAINTES

QUE L'ON PEUT DONNER AU BAPTÊME.

A.

Aaron, abbé.	*Aaron.*
Abachum, martyr.	*Abachum.*
Abban, abb.	*Abbanus.*
Abbon, abb.	*Abbo.*
Abdas, mart.	*Abdas.*
Abdias, prophète.	*Abdias.*
Abdjésus, mart.	*Abdjesus.*
Abdon, mart.	*Abdon.*
Aberce, évêque.	*Abercius.*
Abibe, diacre mar.	*Abibus.*
Abondance, mart.	*Abundantius.*
Abonde, mart.	*Abundius.*
Abraham, abb.	*Abrahamus.*
Abrahamus, év. m.	*Abrahamus.*
Abrosime, mart.	*Abrosima.*
Absalon, mart.	*Absalon.*
Abudème, mart.	*Abudemius.*
Abeyle, év.	*Abylius.*
Acace, mart.	*Acatius.*
Acaire.	*Acharius.*
Acathe, mart.	*Acathius.*
Accurce, mart.	*Accursius.*
Acepsimas, mart.	*Acepsimas.*
Achart, abb.	*Aicardus.*
Achate.	*Acatius.*
Ache, mart.	*Achius.*
Achillas, év.	*Achillas.*
Achillée, mart.	*Achilleus.*
Acheul, mart.	*Acheolus.*
Aciscle, mart.	*Acisclus.*
Acyndine, mart.	*Acyndinus.*
Adalbaud.	*Adabaldus.*
Adalbert.	*Adalbertus.*
Adauque, mart.	*Adaucus.*
Adaucte, mart.	*Adauctus.*
Adélaïde s[te], abb[e].	*Adelais.*
Adélard, abb.	*Adelardus.*
Adelbert.	*Adelbertus.*
Adelphe, év.	*Adelphus.*
Aderit, év. et conf[r].	*Aderitus.*
Adhelm, év.	*Adelmus.*
Adjuteur, mart.	*Adjutor.*
Adon.	*Ado.*
Adrien, abb.	*Adrianus.*
Adulphe, mart.	*Adulphus.*
Adventeur, mart.	*Adventor.*
Aëlred, abb.	*Ailredus.*
Ængus, év.	*Ængus.*
Afre s[te], martyre.	*Afra.*
Africain, mart.	*Africanus.*
Agabe, mart.	*Agabus.*
Agape, mart.	*Agapius.*
Agape s[te], mart.	*Agape.*
Agapet, pape.	*Agapitus.*
Agapit, év.	*Agapitus.*
Agathange, mart.	*Agathangelus.*
Agathe s[te], v. et m.	*Agatha.*
Agathoclie s[te], m.	*Agathoclia.*
Agathodore, mart.	*Agathodorus*
Agathon, pape.	*Agatho.*
Agathonique, m.	*Agathonicus*
Agathonique s[te] m.	*Agathonica.*
Agathopode, mar.	*Agathopodes*
Aggée, proph.	*Aggeus.*
Agilée, mart.	*Agileus.*
Agiric.	*Agericus.*
Aglaé s[te], mart.	*Aglae.*
Aglibert, mart.	*Aglibertus.*
Agnan.	*Agnianus.*
Agnel, ab.	*Agnianus.*
Agnès s[te], v. et m.	*Agnes.*
Agoard, mart.	*Agoardus.*
Agrèce, év.	*Agræcius.*
Agri.	*Agericus.*
Agricole, mart.	*Agricola.*
Agrippine s[te], v. m.	*Agrippina.*
Aibert, reclus.	*Aibertus.*
Aidan, év.	*Aidanus.*
Aigulphe, abb.	*Aigulfus.*
Aile, abb.	*Agilus.*
Aimé, év.	*Amatus.*
Airi.	*Agericus.*
Aithilahas.	*Aithilahas.*
Ajut, mart.	*Adjutus.*
Alban, mart.	*Albanus.*
Albée, év.	*Albeus.*
Albert, év. et m.	*Albertus.*
Albine s[te], v. et m.	*Albina.*
Alboin, év.	*Albinus.*
Alcmond, év.	*Alcmundus.*
Aldegonde s[te], abb.	*Aldegundis.*
Aldetrude s[te], abb.	*Aldetrudis.*
Aldhelm.	*Adelmus.*
Aldric.	*Aldericus.*
Aleaume, abb.	*Adelelmus.*
Alexandra s[te], m.	*Alexandra.*
Alexandre.	*Alexander.*
Alexis, confesseur.	*Alexius.*
Alfrède s[te], vierg.	*Alfrede.*
Alfhère.	*Adelpherus.*
Allyre.	*Illidius.*
Almaque, mart.	*Almachius.*
Alodie s[te], mart.	*Alodia.*
Aloph, mart.	*Eliphius.*
Alphe, mart.	*Alphius.*
Alphée, mart.	*Alpheus.*
Alphonse, év.	*Alphontius.*
Alpin, év.	*Alpinus.*
Alton, abb.	*Alton.*
Alypius.	*Alypius.*
Amable.	*Amabilis.*
Amaître.	*Amator.*
Amance, év.	*Amantius.*
Amand.	*Amandus.*
Amant, év.	*Amantius.*
Amaranthe, mart.	*Amaranthus*
Amarin.	*Marinus.*

Amateur, év.	*Amator.*
Amâtre.	*Amator.*
Ambique, mart.	*Ambicus.*
Ambrois, abb.	*Ambrosius.*
Ambroise, doct.	*Ambrosius.*
Ame ste.	*Amata.*
Amé.	*Amatus.*
Amédée.	*Amedeus.*
Amée ste.	*Amata.*
Amelberge ste, v.	*Amelberga.*
Amet, prêt. et abb.	*Amatus.*
Ammie ste, mart.	*Ammia.*
Ammien.	*Ammianus.*
Ammon, mart.	*Ammonius.*
Ammonaire ste, v.	*Ammonaria.*
Ammône, mart.	*Ammonius.*
Amos, prophète.	*Amos.*
Ampèle, mart.	*Ampelius.*
Amphien, mart.	*Amphianus.*
Amphiloque, év.	*Amphilochius.*
Amphion, év.	*Amphion.*
Ampliat, mart.	*Ampliatus.*
Anaclet, pape m.	*Anacletus.*
Ananie, mart.	*Ananias.*
Anastase, pape.	*Anastasius.*
Anastase ste, v. m.	*Anastasia.*
Anastasie, v. m.	*Anastasia.*
Anathalon, év. et c.	*Anathalon.*
Anatole, év.	*Anatolius.*
Anatolie ste, mart.	*Anatolia.*
Anatolien, mart.	*Anatolius.*
Andéol, mart.	*Andeolus.*
Andoche, mart.	*Andochius.*
André, apôtre.	*Andræas.*
Andronique, m.	*Andronicus.*
Anect, mart.	*Anectus.*
Anecte, mart.	*Anectus.*
Anempodiste, m.	*Anempodistus.*
Anèse, mart.	*Anesius.*
Angadrême ste, v.	*Angadrisma*
Ange.	*Angelus.*
Angèle ste, v.	*Angela.*
Angilbert, abb.	*Anglibertus.*
Anicet, pap. et m.	*Anicetus.*
Anien.	*Anianus.*
Anne ste.	*Anna.*
Annon.	*Anno.*
Anobert.	*Alnobertus.*
Ansan, mart.	*Ansanus.*
Ansbert.	*Ansbertus.*
Anschaire.	*Anscharius.*

Anselme.	*Anselmus.*
Ansigise, abb.	*Ansigisius.*
Ansuère, mart.	*Ansuerus.*
Ansevin, év. et [illegible]	*Ansovinus.*
Antère, pap.	*Anteros.*
Anthelme.	*Anthelmus.*
Anthès, mart.	*Anthes.*
Anthie ste, mart.	*Anthia.*
Anthime, mart.	*Anthimus.*
Antholein, mart.	*Antholianus*
Anthuse ste, v. m.	*Anthusa.*
Antide, év. et m.	*Antidius.*
Antigone, mart.	*Antigonus.*
Antiochus, mart.	*Antiochus.*
Antioque, év.	*Antiochus.*
Antipas, mart.	*Antipas.*
Antoine, abb.	*Antonius.*
Antoinette ste, m.	*Antonia.*
Antolien.	*Anatolianus*
Antonin, év. conf.	*Antoninus.*
Antonine ste, m.	*Antonina.*
Anyse, év.	*Anysius.*
Anysie ste, mart.	*Anysia.*
Aout, prêt.	*Augustus.*
Apelle, mart.	*Apellis.*
Aphraate, anachor.	*Aphraates.*
Aphrodise, prêt.	*Aphrodisius.*
Aphthone, mart.	*Aphthonius.*
Apodème, mart.	*Apodemius.*
Apollinaire, mart.	*Apollinaris.*
Apollinaire ste, v.	*Apollinaris.*
Apolline ste, v. et m.	*Apollonia.*
Apollon, mart.	*Apollo.*
Apollone, év.	*Apollonius.*
Apollonie ste, v.	*Apollonia.*
Apollonius, m.	*Appolonius.*
Apollos, abb.	*Apollus.*
Appie ste.	*Appias.*
Appien, mart.	*Appianus.*
Apronien, mart.	*Apronianus.*
Apulée, mart.	*Apuleius.*
Aquila.	*Aquila.*
Aquilas, mart.	*Aquila.*
Aquilas ste, mart.	*Aquila.*
Aquile, mart.	*Aquila.*
Aquilin, mart.	*Aquilinus.*
Aquiline ste, v.	*Aquilina.*
Arabie ste, mart.	*Arabia.*
Arator, pr. mart.	*Arator.*
Arbogaste.	*Arbogastus.*
Arcade, év. et m.	*Arcadius.*

Arcadius, mart.	*Arcadius.*
Archélaüs, mart.	*Archelaus.*
Archinime.	*Archinimus.*
Archippe.	*Archippus.*
Arconce, mart.	*Arcontius.*
Ardalion, bâteleur.	*Ardalion.*
Arèce, mart.	*Aretius.*
Arègle.	*Agricola.*
Arèse, mart.	*Aresus.*
Arétas, mart.	*Aretas.*
Arey.	*Aredius.*
Argée.	*Argeus.*
Argimir, moine m.	*Argymirus.*
Ariadne ste, mart.	*Ariadna.*
Arien, mart.	*Arianus.*
Arige.	*Aredius.*
Aristarque.	*Aristarchus.*
Aristée, év. et m.	*Aristæus.*
Aristide.	*Aristides.*
Aristion.	*Aristion.*
Aristobule, mart.	*Aristobulus.*
Ariston, mart.	*Ariston.*
Aristonique, mart.	*Aristonicus.*
Armentaire, év.	*Armentarius.*
Armogaste, mart.	*Armogastes.*
Arnoul.	*Arnulfus.*
Arpin, év.	*Agrippinus.*
Arsace, conf.	*Arsacius.*
Arsène, anach.	*Arsenius.*
Artème, mart.	*Artemius.*
Artémon, pr. m.	*Artemo.*
Asaph, év.	*Asaph.*
Asclas, mart.	*Asclas.*
Asclépiade, év. et m.	*Asclepiades.*
Asclépiodote.	*Asclepiodotus.*
Aselle ste, v.	*Asella.*
Aspren.	*Aspren.*
Astère, mart.	*Asterius.*
Astère, év.	*Asterius.*
Astérie ste, v. et m.	*Asteria.*
Asyncrite.	*Asyncritus.*
Athanase, év. et m.	*Athanasius.*
Athénodore, m.	*Athenodorus.*
Athénogène, év. m.	*Athenogenes.*
Attale, mart.	*Attalus.*
Atte, mart.	*Attius.*
Attilan, év.	*Attilanus.*
Attique.	*Atticus.*
Atton, év.	*Attho.*
Aubert.	*Aubertus.*
Aubierge ste, abb.	*Eildilburgis.*

Aubin, év.	*Albinus.*
Aucte, mart.	*Auctus.*
Audard.	*Theodardus.*
Audax, mart.	*Audax.*
Audifax, mart.	*Audifax.*
Audri.	*Audrinus.*
Audry, abb.	*Ediltrudus.*
Aufroi, év.	*Aufridus.*
Augule, év. m.	*Augulus.*
Augure, d. et m.	*Augurius.*
Auguste, mart.	*Augustus.*
Augustin, doct.	*Augustinus.*
Aule.	*Augulus.*
Aunaire.	*Anacharius.*
Aure ste, abbe.	*Aurea.*
Auré, mart.	*Aureus.*
Aurée ste, v. et m.	*Aurea.*
Aurèle, év. et m.	*Aurelius.*
Aurèle ste, mart.	*Aurelia.*
Aurélien.	*Aurelianus.*
Ausone.	*Ausonius.*
Auspice, év. et c.	*Auspicius.*
Austreberte ste, ae.	*Austreberta.*
Austregisile.	*Austregisilius.*
Austremoine.	*Austrimonius.*
Austrille.	*Austregisilius.*
Austrude ste, abbe.	*Austrudis.*
Austrulle, abb.	*Austrulfus.*
Autal, év. et c.	*Augustalis.*
Autonome, év. et m.	*Autonomus.*
Auxane, év.	*Auxanus.*
Auxence, év.	*Auxentius.*
Auxence, mart.	*Auxentius.*
Auxibe, év.	*Auxibius.*
Auxile, mart.	*Auxilius.*
Aventin, solitaire.	*Aventinus.*
Avertin, diacre.	*Avertinus.*
Avit, mart.	*Avitus.*
Avy, abb.	*Avitus.*
Azade, mart.	*Azades.*
Azario.	*Azarias.*
Azas, soldat mart.	*Azas.*

B.

Babolein, abb.	*Babolenus.*
Babylas, mart.	*Babylas.*
Bacque, mart.	*Bacchus.*
Badème, abb. m.	*Bademus.*
Bagne, moine.	*Bagnus.*
Bain.	*Bainus.*
Bajule, mart.	*Bajulus.*
Balbine ste, vierg.	*Balbina.*
Baldrède.	*Baldredus.*
Barachise, mart.	*Barachisus.*
Baradat, solit.	*Baradatus.*
Barbascemin.	*Barbasceminus.*
Barbat.	*Barbatus.*
Barbatien, pr. et c.	*Barbatianus*
Barbe ste, v. et m.	*Barbara.*
Barbée ste, mart.	*Barbea.*
Bardomien, m.	*Bardomianus.*
Barhadbesciabas, martyr.	*Barhadbesciabas.*
Barlaam, mart.	*Barlaam.*
Barnabé, apôt.	*Barnabas.*
Barnard.	*Barnardus.*
Baront, ermite.	*Barontius.*
Barsabas, mart.	*Barsabas.*
Barsabias, mart.	*Barsabias.*
Barsanuphe, anac.	*Barsanuphius.*
Barsès, év.	*Barsen.*
Barsimée, év. m.	*Barsimeus.*
Barthélemi, apôt.	*Bartholomaeus.*
Barulas, mart.	*Barulas.*
Bas, év. mart.	*Bassus.*
Basile, doct.	*Basilius.*
Basilée, mart.	*Basileus.*
Basilide, mart.	*Basilides.*
Basilien.	*Basilianus.*
Basilisque, mart.	*Basiliscus.*
Basilisse ste, mart.	*Basilissa.*
Basille ste.	*Basilla.*
Basin.	*Basinus.*
Basle, erm.	*Basolus.*
Basse ste, v. et m.	*Bassa.*
Bassien, év.	*Bassianus.*
Bassille ste, v.	*Basilla.*
Bassus, mart.	*Bassus.*
Bathilde ste.	*Bathildes.*
Baudèle, mart.	*Baudelius.*
Baudile.	*Baudelius.*
Bavon.	*Bavo.*
Béan, év.	*Beanus.*
Béat, anach.	*Beatus.*
Béate ste, v.	*Beata.*
Béatrix ste, mart.	*Beatrix.*
Beaudouin.	*Balduinus.*
Bède, doct de l'Egl,	*Beda.*
Bees ste, v.	*Bega.*
Bége ste, v.	*Bega.*
Beggue ste, abbe.	*Begga.*
Bellin, év. et m.	*Bellinus.*
Bénen.	*Benen.*
Bénezet.	*Benedictus.*
Bénigne, év.	*Benignus.*
Benilde ste, mart.	*Benildes.*
Benjamin, mart.	*Benjamin.*
Bennon, év.	*Benno.*
Benoît, pap.	*Benedictus.*
Benoîte ste, v. et m.	*Benedicta.*
Bérard, mart.	*Berardus.*
Bercaire, abb.	*Bercharius.*
Berhond, évêque.	*Berhundus.*
Bérille, év.	*Birillus.*
Bernard, doct.	*Bernardus.*
Bernardin.	*Bernardinus*
Bernward.	*Bernardus.*
Beronique, m.	*Beronicus.*
Berthe ste, abb.	*Bertha.*
Bertille ste, abb.	*Berthilla.*
Bertilie ste, v.	*Bertilia.*
Bertin, abb.	*Bertinus.*
Bertoul.	*Bertulphus.*
Bertrand.	*Bertrandus.*
Bertran.	*Bertichramnus.*
Bertuin, év.	*Bertuinus.*
Bertulfe, abb.	*Bertulphus.*
Bésas, mart.	*Besa.*
Bessarion, anac.	*Bessarion.*
Beunon.	*Beoanus.*
Beuve ste, abb.	*Bova.*
Beuvon, provençal.	*Bobo.*
Bianor, mart.	*Bianor.*
Bibiane ste, v. et m.	*Bibiana.*
Bienheuré, conf.	*Beatus.*
Bienvenu, év.	*Benvenutus*
Birin, év.	*Birinus.*
Blaan, év.	*Blanus.*
Blaise, év. mart.	*Blasius.*
Blaithmaic, mart.	*Blaithmacus.*
Blanc, év.	*Blanus.*
Blanche ste.	*Blanca.*
Blande ste, mart.	*Blanda.*
Blandine ste, m.	*Blandina.*
Blimond, abbé.	*Blithmundus*
Boisil, abb.	*Boisilius.*
Bon, pr.	*Bonus.*
Bonaventure, doct.	*Bonaventura*
Bonet, év.	*Bonitus.*

Boniface, pap.	*Bonifacius.*
Bonone, abb.	*Bononia.*
Bonose, mart.	*Bonosus.*
Bonose ste, mart.	*Bonosa.*
Bont.	*Bonitus.*
Botolf.	*Botolphus.*
Botulphe, abb.	*Botulphus.*
Brandon, abb.	*Brando.*
Braule.	*Braulio.*
Braulion.	*Braulio.*
Brendan, abb.	*Brandanus.*
Bretagnon, év.	*Bretannion.*
Brice, év. et c.	*Brictius.*
Brichiésus.	*Barachisius.*
Brieuc. év.	*Briocus.*
Brigide ste, abb.	*Brigida.*
Brigite ste, veuve.	*Brigita.*
Brinstan, év.	*Brinstanus.*
Brivaud.	*Brithwaldus.*
Brix, mart.	*Briscus.*
Bruno, abb.	*Bruno.*
Brunon, év. m.	*Bruno.*
Burckard, év,	*Burchardus.*
Burgondofore ste.	*Burgondofora.*

C.

Cadoc, abb.	*Cadocus.*
Cadroël, abb.	*Cadroes.*
Caïus, pap. et m.	*Caius.*
Calais, abb.	*Calerifus.*
Calanique, mart.	*Calanicus.*
Calépode, pr. et m.	*Calepodius.*
Calétric.	*Chaletricus.*
Callinique, m.	*Callinicus.*
Callinique ste, m.	*Callinica.*
Calliope, mart.	*Calliopius.*
Calliope ste, m.	*Calliopa.*
Calliste, pap. et m.	*Callixtus.*
Callistrate, mart.	*Callistratus.*
Calocer, év. et c.	*Calocerus.*
Caloger, erm.	*Calogerus.*
Camerin, mart.	*Camerinus.*
Camille.	*Camillus.*
Cammin, abb.	*Camminicus*
Candide, mart.	*Candidus.*
Candide ste, v. et m.	*Candida.*
Cant, mart.	*Cantius.*
Cantianille ste.	*Cantianilla.*
Cantide, mart.	*Cantidius.*
Cantien, mart.	*Cantianus.*
Cantidien.	*Cantidianus*
Canut, roi mart.	*Canutus.*
Capiton, év. et m.	*Capito.*
Caprais, mart.	*Caprasius.*
Caradeu, erm.	*Caradocus.*
Caralippe, mart.	*Caralippus.*
Carine ste, mart.	*Carina.*
Cariton, mart.	*Chariton.*
Carpe, év. et m.	*Carpus.*
Carpon, mart.	*Carponius.*
Carpophore, p. m.	*Carpophorus*
Carpus.	*Carpus.*
Cartère, mart.	*Carterus.*
Carthag, abb.	*Carthagus.*
Casdoé ste, mart.	*Casdoa.*
Casimir.	*Casimirus.*
Cassie ste, mart.	*Cassia.*
Cassien, mart.	*Cassianus.*
Cassius, év.	*Cassius.*
Caste, év.	*Castus.*
Castor, mart.	*Castor.*
Castorie, mart.	*Castorius.*
Castorius, mart.	*Castorius.*
Castrense, év.	*Castrensis.*
Castritien, év.	*Castritianus*
Castule, mart.	*Castulus.*
Cat, mart.	*Catus.*
Catherine ste v. et m.	*Catharina.*
Catulin, diac. m.	*Catulinus.*
Ceadde, év.	*Ceadda.*
Cécile ste, v. et m.	*Cæcilia.*
Cécilien, mart.	*Cæcilianus.*
Cécilius.	*Cæcilius.*
Cedde.	*Cedda.*
Célerin, diac. m.	*Celerinus.*
Célerine ste, mart.	*Celerina.*
Céleste.	*Cœlestis.*
Célestin, pap.	*Cœlestinus.*
Célien, mart.	*Cœlianus.*
Céline ste, v.	*Cœlinia.*
Celse, mart.	*Celsus.*
Censure, év.	*Censurius.*
Centolle ste, m.	*Centolla.*
Céolfrid, abb.	*Ceolfridus.*
Céran.	*Ceraunus.*
Cerbonei, év. et c.	*Cerbonius.*
Céréal, mart.	*Cerealis.*
Cérénic.	*Cerenicus.*
Césaire, év.	*Cœsarius.*
Césarie ste, abb.	*Cœsaria.*
Céside, pr.	*Cœsidius.*
Ceslas.	*Ceslaus.*
Chad.	*Ceadda.*
Chadoin.	*Kaduindus.*
Chaffre, abb.	*Theofridus.*
Chagnoald.	*Chagnoaldus*
Chamant.	*Amantius.*
Charise, mart.	*Charisius.*
Charité ste, v. et m.	*Charitas.*
Charlemagne.	*Carolus magnus*
Charles, arch.	*Carolus.*
Chaumond, m.	*Enemaudus.*
Chef, abb.	*Theuderius.*
Chélidoine, m.	*Cheledonius.*
Chélidoine ste, v.	*Chelidonia.*
Chérémon, m.	*Chæremon.*
Chéron, mart.	*Ceraunus.*
Chionie ste, mart.	*Chionia.*
Christète ste, m.	*Christeta.*
Christin, erm.	*Christinus.*
Christine ste, v.-m.	*Christina.*
Christophe, m.	*Christophorus.*
Chrodegang, év.	*Chrodegandus.*
Chromace, év.	*Chromatius.*
Chronion, mart.	*Chronion.*
Chrysante, mart.	*Chrysantus.*
Chryseuil.	*Chrysolus.*
Chrysogone, m.	*Chrysogonus.*
Chrysophore, m.	*Chrysophorus.*
Chrysole.	*Chrysolus.*
Chrysologue.	*Chrysologus.*
Chrysostôme.	*Chrysostomus.*
Christotèle, pr.	*Christotelus.*
Chumald.	*Chumaldus.*
Cindée, pr.	*Cyndeus.*
Ciran, abb.	*Cyranus.*
Cisel, mart.	*Cisellus.*
Clair, abb.	*Clarus.*
Claire ste, abb.	*Clara.*
Clarent, év. et c.	*Clarentius.*
Classique, mart.	*Classicus.*
Clatée, év.	*Clateus.*
Claude, év.	*Claudius.*
Claude ste, mart.	*Claudia.*
Claudien, mart.	*Claudianus.*
Clément, pap. m.	*Clemens.*

Clementien, mart.	*Clementianus.*
Clémentin, mart.	*Clementinus*
Cléomène.	*Cleomenes, is.*
Cléonice, mart.	*Cleonicus.*
Cléopâtre (ste).	*Cleopatra.*
Cléophas, mart.	*Cleophas.*
Cler, diacr. m.	*Clerus.*
Clet, pap. mart.	*Cletus.*
Clicère.	*Clicerius.*
Cligne, conf.	*Clinius.*
Climaque.	*Climacus.*
Clodoalde.	*Clodoaldus.*
Clodulphe, pr.	*Clodulphus.*
Cloman, mart.	*Clomanus.*
Clotilde.	*Clotildis.*
Clou, pr.	*Clodulphus.*
Cloud.	*Clodoaldus.*
Codrat, mart.	*Codratus.*
Cointe (ste), m.	*Cointha.*
Colette.	*Coleta.*
Colman, abb.	*Colomanus.*
Colomb, abb.	*Columbus.*
Colomban, abb.	*Columbanus*
Colombe, v.-m.	*Columba.*
Colombini.	*Columbinus.*
Colomkille.	*Columbus.*
Côme.	*Cosmas, æ.*
Comgall, abb.	*Congallus.*
Concesse, mart.	*Concessus.*
Concesse, marte.	*Concessa.*
Concorde, mart.	*Concordius.*
Concorde, mre.	*Concordia.*
Condé, erm.	*Condedus.*
Congel, abbé.	*Congellus.*
Conon, év.	*Conon.*
Conrad, év.	*Conradus.*
Conran, év.	*Conranus.*
Consolate (ste).	*Consolata.*
Consorce, v.	*Consortia.*
Constable.	*Constabilis.*
Constance, év.	*Constantius.*
Constance (ste).	*Constantia.*
Constant.	*Constans.*
Constantien.	*Constantianus.*
Constantin, m.	*Constantinus.*
Convoyon, abb.	*Convoio.*
Coprès, mart.	*Copres, tis.*
Corbinien, év.	*Corbinianus*
Cordule, marte.	*Cordula.*
Corèbe, mart.	*Corebus.*
Corentin. év.	*Corentinus.*
Cormac, abb.	*Cormacus.*
Corneille, pap. m.	*Cornelius.*
Cornélie, marte.	*Cornelia.*
Corpophore, m.	*Corpophorus*
Corsique.	*Corsicus.*
Cosme, mart.	*Cosmas, æ.*
Cot, mart.	*Cottus.*
Cottide, diac. m.	*Cottidus.*
Couronne, marte.	*Corona.*
Craton, mart.	*Craton.*
Crémence.	*Crementius.*
Crépin, mart.	*Crispinus.*
Crépinien, mart.	*Crispinianus.*
Crescence, mart.	*Crescentius.*
Crescence (ste), m.	*Crescentia.*
Crescent, mart.	*Crescens.*
Crescentien, m.	*Crescentianus.*
Crescentienne, m.	*Crescentiana.*
Crescone, év. et c.	*Cresconius.*
Crespin, mart.	*Crispinus.*
Crespinien, mart.	*Crispinianus*
Crispe, pr.	*Crispus.*
Crispin év. et m.	*Crispinus.*
Crispine, mart.	*Crispina.*
Crispule, mart.	*Crispulus.*
Crispus.	*Crispus.*
Cronidas, mart.	*Cronidas.*
Crotate, mart.	*Crotates.*
Ctésiphon.	*Ctesiphon.*
Cucufat, mart.	*Cucuphas.*
Culmace, diacre.	*Culmatius.*
Cunégonde.	*Cunegondis.*
Cunibert, év.	*Cunibertus.*
Curcodême, diac.	*Curcodomus*
Curonote, év.	*Curonotus.*
Cuthbert.	*Cuthbertus.*
Cuthburge, abbe.	*Cuthburga.*
Cuthman.	*Cuthmannus.*
Cutias, mart.	*Cutias.*
Cybar, reclus.	*Eparchius.*
Cyprien, év. et m.	*Cyprianus.*
Cyr, év.	*Cyrus.*
Cyran, abbé.	*Cygiranus.*
Cyre, marte.	*Cyria.*
Cyrenie (ste).	*Cyrenia.*
Cyriaque, mart.	*Cyriacus.*
Cyriaque (ste), m.	*Cyriaca.*
Cyric.	*Cyriacus.*
Cyrie (ste)	*Cyria.*
Cyrille, év.	*Cyrillus.*
Cyrille (ste), mart.	*Cyrilla.*
Cyrin.	*Cyrinus.*
Cyrion, pr. mart.	*Cyrio.*
Cythin.	*Cythinus.*

D.

Dace, év. et conf.	*Datius.*
Dacien, mart.	*Dacianus.*
Dadas, mart.	*Dadas.*
Dafrose (ste).	*Dafrosa.*
Dagée.	*Dagæus.*
Dagobert, mart.	*Dagobertus.*
Dalmace, év. m.	*Dalmatius.*
Damase, pape.	*Damasus.*
Damien, mart.	*Damianus.*
Daniel, mart.	*Daniel.*
Darie, mart.	*Darius.*
Darie (ste), mart.	*Daria.*
Darius, mart.	*Darius.*
Dase, év. et mart.	*Dasius.*
Dathe, év. et c.	*Datus.*
Datif, mart.	*Dativus.*
Dative, marte.	*Dativa.*
David, prop.	*David.*
Davids, roi.	*David.*
Davin, conf.	*Davinus.*
Dèce, mart.	*Dacius.*
Déclan, év.	*Declanus.*
Décorose, év. et c.	*Decorosus.*
Déel, abbé.	*Deicolus.*
Déicole, abb.	*Deicola.*
Delphin, év.	*Delphinus.*
Delphine.	*Delphina.*
Démètre, év. m.	*Demetrius.*
Démétrie, vierge.	*Demetria.*
Démocrite, mart.	*Democritus.*
Denys, pape.	*Dionysius.*
Denys, év.	*Dionysius.*
Denyse, marte.	*Dionysia.*
Déodat.	*Deodatus.*
Deogratias, év.	*Deogratias.*
Derphute, marte.	*Derphuta.*
Désiré, év.	*Desideratus.*
Deusdedit.	*Deusdedit.*
Didace.	*Didacius.*

Didaque.	*Didacus.*
Didie, mart.	*Didius.*
Didier, év.	*Desiderius.*
Didyme, mart.	*Didymus.*
Dié, év.	*Deodatus.*
Dieudonné,	*Deodatus.*
Digne, vierge.	*Digna.*
Dioclès, mart.	*Diocletius.*
Diodore, mart.	*Diodorus.*
Diogène, mart.	*Diogenes.*
Diomède, mart.	*Diomedes.*
Dion.	*Dion.*
Dioscore, mart.	*Dioscorus.*
Diocoride, mart.	*Dioscorides.*
Disciole (ste).	*Disciola.*
Disen.	*Disibundus.*
Disibode.	*Disibundus.*
Divitien, év.	*Divitianus.*
Dizier, ermite.	*Desiderius.*
Docmaël.	*Dogmael.*
Doctrovée, abbé.	*Doctroveus.*

Dode (ste).	*Doda.*
Dodon, mart.	*Dodo.*
Dolmace.	*Dolmatius.*
Domé.	*Domus.*
Domèce, moine.	*Dometius.*
Domice, pr.	*Domitius.*
Dominateur, év.	*Dominator.*
Domingue.	*Dominicus.*
Dominique, abb.	*Dominicus.*
Dominique v. et m.	*Dominica.*
Domitian, abb.	*Domitianus.*
Domitien, év.	*Domitianus.*
Domitille (ste).	*Domitilla.*
Domne.	*Domnus.*
Domne, martyre.	*Domna.*
Domniate (ste).	*Domniate, cs.*
Domnin, mart.	*Domninus.*
Domnine (ste), m.	*Domnina.*
Domnion, év.	*Domnio.*
Domnole, év.	*Domnolus.*
Donat, mart.	*Donatus.*

Donate, martyre.	*Donata.*
Donatien, mart.	*Donatianus.*
Donatille, v. et m.	*Donatilla.*
Donstain, év.	*Dunstanus.*
Donvine (ste).	*Donvina.*
Dorimédon, m.	*Dorymedon.*
Dorothée, m.	*Dorotheus.*
Dorothée, v. et m.	*Dorothea.*
Dosithée.	*Dositheus.*
Dotton, abb.	*Dotto.*
Drausin, év.	*Drausinus.*
Dreux.	*Drogo.*
Drogon.	*Drogo.*
Druon.	*Drogo.*
Druse, mart.	*Drusus.*
Dubrice, év.	*Dubricius.*
Dulas, mart.	*Dulas.*
Dule, martyre.	*Dula.*
Dunstan, év.	*Dunstanus.*
Duthac, év.	*Duthacus.*
Dympne, v. et m.	*Dympna.*

E.

Eadbert, év.	*Eadbertus.*
Eadburge (ste).	*Eadburgis.*
Eadmond.	*Eadmundus.*
Eanswide, abbsse.	*Eanswida.*
Ebbe, abbsse.	*Ebba.*
Ebbon, év.	*Ebbo.*
Eberhard, abb.	*Eberhardus.*
Ebes, év.	*Ebbo.*
Ebrisigiles, év.	*Ebrigisilus.*
Ecclées, év.	*Ecclesius.*
Edbert.	*Eadbertus.*
Edburge (ste).	*Eadburgis.*
Edelburge, abbsse.	*Edilburgis.*
Edèse, mart.	*Edesius*
Edilbert.	*Edilbertus.*
Ediltrude, vierge.	*Ediltrudes.*
Ediste, mart.	*Edistius.*
Edithe, vierge.	*Editha.*
Edme, mart.	*Edmus.*
Edmond, mart.	*Edmundus.*
Edouard, mart.	*Eduardus.*
Eduin.	*Edwinus.*
Edwige.	*Edwigis.*
Edwin, mart.	*Edwinus.*
Efrique.	*Africanus.*
Egbert, pr.	*Egbertus.*

Egbin.	*Egbinus.*
Egbin.	*Ethbinus.*
Egdume, pr.	*Egdumus.*
Egdune.	*Egdunius.*
Eguignier, m.	*Fingar.*
Egwin.	*Egwinus.*
Einard, abb.	*Einardus.*
El, abb.	*Agilus.*
Elade, év.	*Elladius.*
Elaphe, év.	*Elaphius.*
Eléazar, mart.	*Eleazarus.*
Eléazarum, mart.	*Eleazarus.*
Eléonore, marte.	*Eleonora.*
Elesbaan, roi.	*Elesbaan.*
Eleucade, év. c.	*Eleuchadius.*
Eleusippe, mart.	*Eleusippus*
Eleuthère, abb.	*Eleutherius.*
Elfège, év.	*Elfegius.*
Elflède (ste).	*Elfledis.*
Elie, proph.	*Elias.*
Eliphe, mart.	*Eliphius.*
Elisabeth.	*Elisabeth.*
Elisée, proph.	*Eliseus.*
Elisiaire.	*Edelsarius.*
Elme.	*Petrus-Gonzales*
Eloi, év.	*Eligius.*

Elouan, abb.	*Lugidianus.*
Elphège, mart.	*Elphegus.*
Elpide, év. et m.	*Elpidius.*
Elpidephore.	*Elpidephorus.*
Elpinien, pr.	*Elpinianus.*
Elsiaire.	*Edelsarius.*
Elzéar.	*Eleazarus.*
Emebert, év.	*Embertus.*
Emérentienne, v. m	*Emerentiana.*
Emeri, conf.	*Emericus.*
Emérite, v. et m.	*Emerita.*
Emétère, mart.	*Hemiterius.*
Emila, mart.	*Æmilianus.*
Emilas, diac. m.	*Emilas.*
Emile, mart.	*Æmilius.*
Emilian.	*Æmilianus.*
Emilien, mart.	*Æmilianus.*
Emilienne, mart.	*Æmiliana.*
Emmanuel, mart.	*Emmanuel.*
Emmélie.	*Emmelia.*
Emméran, év. m.	*Emmeramus.*
Emygde, év. m.	*Emygdius.*
Encratide (ste).	*Encratis.*
Endée, abb.	*Endeus.*
Engelbert, mart.	*Engelbertus.*
Engelmer.	*Engelmerus.*

Engrasse (ste).	*Encratides.*
Engratide (ste).	*Encratis.*
Engratie (ste).	*Encratis.*
Enna, abbé.	*Endeus.*
Ennathe, v. et m.	*Ennatha.*
Ennemond*, év.	*Ennemundus.*
Ennode, év.	*Ennodius.*
Ensevide (ste).	*Eanscitha.*
Eoban.	*Eobanus.*
Eon, év.	*Œonius.*
Eone, év.	*Œonius.*
Epagathe*, mart.	*Epagathes.*
Epain, mart.	*Spanus.*
Epaphras, év.	*Epaphras.*
Epaphrodite, év.	*Epaphroditus.*
Eparque, mart.	*Eparchius.*
Ephèbe, mart.	*Ephebus.*
Ephise, mart.	*Ephisius.*
Ephrem, év. et m.	*Ephrem.*
Ephysius.	*Ephysius.*
Epicaris (ste).	*Epicharides.*
Epicharis, marte.	*Epicharis.*
Epictète, mart.	*Epictetus.*
Epigmène, pr.	*Epigmenius.*
Epimaque, mart.	*Epimachus.*
Epiphane, év. m.	*Epiphana.*
Epiphane, marte.	*Epiphana.*
Epiphanes, év.	*Epiphanius.*
Epiphanie (ste.).	*Epiphania.*
Epipode, mart.	*Epipodius.*
Epipoix, mart.	*Epipodius.*
Epistème, marte.	*Epistemis.*
Epitace.	*Epitacius.*
Epolône.	*Epolonius.*
Equice, abb.	*Equitius.*
Erasme, év. m.	*Erasmus.*
Erasme, vierg. m.	*Erasma.*
Eraste. mart.	*Erastus.*
Erbland, abb.	*Ermelandus.*
Erconvald.	*Erconvaldus*
Erembert, ermit.	*Erembertus.*
Eremberte (ste.)	*Eremberta.*
Ergnate (ste).	*Ergnata.*
Erhard, abb.	*Erhardus.*
Eric, roi mart.	*Ericus.*
Erinchard, moine.	*Erinchardus*
Erkembode, év.	*Erkembodus.*
Erkonwald.	*Erkonwaldus.*
Erlulph, év. m.	*Erluphius.*
Erme, abb.	*Erminius.*
Ermélinde, vierg.	*Ermelindis.*
Ermenfroy.	*Erminfridus.*
Ermenilde.	*Eormenehildis.*
Ermin, abb.	*Erminius.*
Erminold, abb. m.	*Erminoldus.*
Ernest*, abb. m.	*Ernestus.*
Ernestine.	*Ernestina.*
Erothéide (ste).	*Erotheides.*
Erotide, martyre.	*Erotis, idis.*
Esaïas.	*Esaias.*
Esdras, prophète.	*Esdras.*
Eskill, év. m.	*Æschillus.*
Espérance, v.	*Exuperantia.*
Estère.	*Eutychius.*
Estève.	*Stephanus*
Ethbin, abb.	*Ethbinus.*
Ethelbert, roi.	*Edilbertus.*
Ethelburge, abbsse.	*Etherbulga.*
Etheldrède, abbsse.	*Ediltrudis.*
Etheldrithe (ste).	*Etheldrithe.*
Ethelvide (ste).	*Ethelvides.*
Ethelwold, év.	*Ethelwoldus.*
Ethère, mart.	*Ætherius.*
Etienne, pap. et m.	*Stephanus.*
Eubert.	*Eubertus.*
Eubule, mart.	*Eubulus.*
Eubule (ste).	*Eubule, es.*
Eucaire, év.	*Eucharius.*
Eucarpe, mart.	*Eucarpius.*
Eucher.	*Eucherius.*
Eude, év.	*Odo.*
Eudocie.	*Eudocia.*
Eudoxe, mart.	*Eudoxius.*
Eudoxie, mart.	*Eudoxia.*
Eufraise.	*Euphrasius.*
Eugène, pape.	*Eugenius.*
Eugénie, v. et m.	*Eugenia.*
Eugénien, mart.	*Eugenianus.*
Eugraphe, mart.	*Eugraphus.*
Eulalie, v. et m.	*Eulalia.*
Eulalius.	*Eulalius.*
Eulampe, mart.	*Eulampius.*
Eulampie, v. et m.	*Eulampia.*
Euloge, patriarche.	*Eulogius.*
Eumène, év. et c.	*Eumenus.*
Eune, mart.	*Eunus.*
Eunicien.	*Eunicianus.*
Eunomie (ste).	*Eunomia.*
Eunus.	*Eunus.*
Euperge, conf.	*Eupergius.*
Euphèbe, év.	*Euphebius.*
Euphémie, v. et m.	*Euphemia.*
Euphraise, év.	*Euphrasius.*
Euphrase.	*Euphrasius.*
Euphrasie, mart.	*Euphrasia.*
Euphraxie, mart.	*Euphrasia.*
Euphrone, év.	*Euphronius.*
Euphrosine, v.	*Euphrosina.*
Euple, mart.	*Euplius.*
Euplius, mart.	*Euplius.*
Eupore.	*Euporus.*
Euprèpe, év. et c.	*Euprepius.*
Euprépie (ste).	*Euprepia.*
Euprépite, mart.	*Euprepis.*
Euprépite (ste).	*Euprepis.*
Eupsyque, mart.	*Eupsychius.*
Eupsychius, mart.	*Eupsychius.*
Eurose, v. et m.	*Eurosia.*
Eusèbe, pape.	*Eusebius.*
Eusébie, v. et m.	*Eusebia.*
Eusée.	*Euseus.*
Eusice, abb.	*Eusitius.*
Eusigne, mart.	*Eusignius.*
Eusquemon, év.	*Euschemon.*
Eustache, év. et c.	*Eustachius.*
Eustadiole (ste).	*Eustadiola.*
Eustase, abb.	*Eustasius.*
Eustathe, patriarc.	*Eustathius.*
Eustère.	*Eusterius.*
Eustiche.	*Eutichias.*
Eustoche, mart.	*Eustochius.*
Eustochie, vierge.	*Eustochium.*
Eustochium, v. m.	*Eustochium.*
Eustolie, vierge.	*Eustolia.*
Eustorge, év. et c.	*Eustorgius.*
Eustose, mart.	*Eustosius.*
Eustrate, mart.	*Eustratius.*
Euthalie, v. et m.	*Euthalia.*
Euthyme, mart.	*Euthymius.*
Eutique, mart.	*Eutychius.*
Eutrope, mart.	*Eutropius.*
Eutrope (ste).	*Eutropia.*
Eutropie, martre.	*Eutropia.*
Eutyche, mart.	*Eutychius.*
Eutychès, mart.	*Eutyches.*
Eutychien, pap. m.	*Eutychianus*
Eutyme.	*Eutymius.*
Eutyque, moine.	*Eutychius.*
Euverte, év.	*Evertius.*
Evagre, év.	*Evagrius.*
Evariste, pape m.	*Evaristus.*
Evase, év.	*Evasius.*
Eve (ste).	*Eva.*

Evelle, mart.	*Evellius.*
Evence, mart.	*Eventius.*
Evergille, év. m.	*Evergisilius.*
Evergiste.	*Evergistus.*
Evérilde, vierge.	*Everilde, es.*
Evermer.	*Evermerus.*
Evilasse, mart.	*Evilasius.*
Evode, mart.	*Evodius.*
Evrard, arch.	*Eberardus.*
Evrau, abb.	*Ebrulphus.*
Evre, év.	*Aprus.*
Evremond, abb.	*Evremundus*
Evrols, abb.	*Ebrulphus.*
Evronie (ste).	*Apronia.*
Evrou, abb.	*Ebrulphus.*
Evroul, abb.	*Ebrulphus.*
Exanthe, mart.	*Exanthus.*
Expédit, mart.	*Expeditus.*
Exupérance, év. c.	*Exuperantius.*
Exupérance (ste).	*Exuperantia*
Exupère, mart.	*Exuperius.*
Exupérie (ste).	*Exuperia.*
Ezéchias.	*Ezechias.*
Ezéchiel, proph.	*Ezechiel.*

F.

Fabien, pape m.	*Fabianus.*
Fabio.	*Fabius.*
Fabiole.	*Fabiola.*
Fabius, mart.	*Fabius.*
Fabricien, mart.	*Fabricianus.*
Facond, mart.	*Facundus.*
Factor.	*Factor.*
Faine, v. et m.	*Fauchea.*
Fale, abb.	*Fidolus.*
Famien.	*Famianus.*
Fandilas.	*Fandila.*
Fantin.	*Fantinus.*
Fare, abbe.	*Fara.*
Fargeau, mart.	*Fareolus.*
Fargeon, mart.	*Ferrutio.*
Faron, év.	*Faro.*
Fauste, mart.	*Faustus.*
Fauste, v. et m.	*Fausta.*
Faustien.	*Faustianus.*
Faustin, év.	*Faustinus.*
Faustine (ste).	*Faustina.*
Faustinien, év.	*Faustinianus.*
Fazius.	*Fazius.*
Fébronie, v. et m.	*Febronia.*
Féchin, abb.	*Fechinus.*
Félan, abb.	*Filanus.*
Félicien, év.	*Felicianus.*
Félicissime, mart.	*Felicissimus.*
Félicissime, v. m.	*Felicissima.*
Félicité, marte.	*Felicitas.*
Félicule, v. et m.	*Felicula.*
Félin, mart.	*Felinus.*
Félix, pape.	*Felix.*
Fens, év.	*Fidentius.*
Ferdinand.	*Ferdinandus.*
Fergeon, mart.	*Ferrutio.*
Fergeux, mart.	*Ferrutio.*
Ferréol.	*Ferreolus.*
Ferruce, mart.	*Ferrutius.*
Ferrucion.	*Ferrucio.*
Festus, mart.	*Festus.*
Fiacre, anach.	*Fiacrius.*
Fiari.	*Phœbadius.*
Fibice, év.	*Fibitius.*
Fidèle, mart.	*Fidelis.*
Fidence, mart.	*Fidentius.*
Fidentien, mart.	*Fidentianus.*
Finbarr.	*Finbarus.*
Fingar, mart.	*Fingarus.*
Finian.	*Finianus.*
Finien, év.	*Finianus.*
Fintan, abb.	*Fintanus.*
Firmat, diac.	*Firmatus.*
Firme, év.	*Firmus.*
Firmin, év.	*Firminus.*
Firmine, v. et m.	*Firmina.*
Flaive.	*Flavitus.*
Flamidien, mart.	*Flamidianus.*
Flamine (ste).	*Flaminia.*
Flavie, v. et m.	*Flavia.*
Flavien, év.	*Flavius.*
Flavienne, vierge.	*Flaviana.*
Flavius, mart.	*Flavius.*
Fleury.	*Floridus.*
Flieu, év.	*Flavius.*
Floberde (ste).	*Frodoberta.*
Flocelle, mart.	*Flocellus.*
Flore, mart.	*Florius.*
Flore, v. et m.	*Flora.*
Florence, mart.	*Florentius.*
Florence, marte.	*Florentia.*
Florent, év.	*Florentius.*
Florentien, év.	*Florentianus.*
Florentin, mart.	*Florentinus.*
Florian, mart.	*Florianus.*
Floride (ste).	*Florida.*
Florien, mart.	*Florianus.*
Florimond.	*Florimundus.*
Florus, mart.	*Florus.*
Floscule, év.	*Flosculus.*
Flou, év.	*Flosculus.*
Flour, év.	*Florus.*
Fluscole, év.	*Plusculus.*
Foélan, abb.	*Filanus.*
Foi, marte.	*Fides.*
Foillan, mart.	*Foillanus.*
Folcuin, év.	*Folquinus.*
Fortunat, mart.	*Fortunatus.*
Fortunate, vierge.	*Fortunata.*
Fortuné, év.	*Fortunatus.*
Foulques, arch.	*Fulcus.*
Frambourg, solit.	*Frambaldus.*
François.	*Franciscus.*
Françoise (ste).	*Francisca.*
Francque, v. et abb.	*Franca.*
Fraterne, év. et m.	*Fraternus.*
Frédéric, év. m.	*Fridericus.*
Frédin, év.	*Frigidianus.*
Fréwisse (ste).	*Fredeswinda.*
Friard, solit.	*Friarius.*
Frideswide (ste).	*Fridesvitha.*
Fridien, év.	*Frigidianus.*
Fridolin, abb.	*Fridolinus.*
Frobert, abb.	*Frodobertus.*
Froilan, év.	*Froilanus.*
Front, év.	*Fronto.*
Fronton, mart.	*Fronto.*
Fructueux, mart.	*Fructuosus.*
Fructule, mart.	*Fructulus.*
Fructuose, marte.	*Fructuosa.*
Frumence.	*Frumentius.*
Fulbert, abb.	*Fulbertus.*
Fulcran, év.	*Fulcranus.*
Fulgence, doct.	*Fulgentius.*
Fulrad, abb.	*Fulradus.*
Fursy, abb.	*Furseus.*
Fuscien, mart.	*Fuscianus.*
Fuscole, év.	*Flusculus.*
Fuscule, év.	*Fusculus.*
Fusque, v. et m.	*Fusca.*

G.

Gabdelas, mart.	*Gabdelas.*
Gabin, pr. mart.	*Gabinus.*
Gabriel, archange.	*Gabriel.*
Gaëtan.	*Gaetanus.*
Gal, év.	*Gallus.*
Galatas, mart.	*Galatas.*
Galation, mart.	*Galatio.*
Galdin, év.	*Galdinus.*
Galfard.	*Gualfardus.*
Galgan, ermite.	*Galganus.*
Gall, abb.	*Gallus.*
Galla, veuve.	*Galla.*
Galle (ste).	*Galla.*
Gallican, mart.	*Callicanus.*
Galmier.	*Baldomerus.*
Gamaliel.	*Gamaliel.*
Gaon, moine.	*Gao.*
Garnier, mart.	*Varnerus.*
Gaspard.	*Gaspardus.*
Gatien, év.	*Gatianus.*
Gaubert, abb.	*Valdebertus.*
Gaucher, abb.	*Valcarius.*
Gaud.	*Valdus.*
Gaudence, év. et c.	*Gaudentius.*
Gaudence. v. et m.	*Gaudentia.*
Gaudin, év.	*Galdinus.*
Gaudiose, év.	*Gaudiosus.*
Gausbert, erm.	*Gausbertus.*
Gautier, abb.	*Galterius.*
Gébuin, archev.	*Gebuinus.*
Gédéon.	*Gedeo.*
Gédoin, diacr.	*Gilduinus.*
Gélase, pape.	*Gelasius.*
Gélasin.	*Celasinus.*
Gémel, mart.	*Gemellus.*
Gémine, mart.	*Geminus.*
Géminien, év.	*Geminianus.*
Gemme (ste).	*Gemma.*
Gendolfe.	*Ganduphus.*
Gendulphe, év.	*Gendulfus.*
Génébaud, év.	*Genebaldus.*
Général, mart.	*Generalis.*
Généreuse (ste).	*Generosa.*
Généreux, mart.	*Generosus.*
Genès, mart.	*Genesius.*
Genest.	*Genetius.*
Geneviève, vierg.	*Genovefa.*
Gengolph, mart.	*Gangulfus.*
Gengoul, mart.	*Gangulfus.*
Gengout, mart.	*Gandulphus.*
Geniez.	*Genierus.*
Gennade, mart.	*Gennadius.*
Génoin, év.	*Genuinus.*
Gentien, mart.	*Gentianus.*
Geoffroy.	*Gaufridus.*
Geofroy, év.	*Geofridus.*
Georges, m.	*Georgius.*
Georgie, vierge.	*Georgia.*
Gérald, év.	*Geraldus.*
Gérard, év.	*Gerardus.*
Gérasime, abb.	*Gerasimus.*
Géraud.	*Geraldus.*
Gerbaud, év.	*Gereboldus.*
Gerbuge (ste).	*Gerbugis.*
Géréon, mart.	*Gereo.*
Gerlac.	*Gerlacus.*
Gerland, év.	*Gellandus.*
Germain, év.	*Germanus.*
Germaine, mart.	*Germana.*
German, mart.	*Germanus.*
Germanique, m.	*Germanicus.*
Germer, abb.	*Geremarus.*
Germier, abb.	*Geremares.*
Géronce, év.	*Geruntius.*
Gerrolde, abb.	*Giroaldus.*
Gertrude, abb.	*Gertrudis.*
Gervais, mart.	*Gervasius.*
Géry, év.	*Gaugericus.*
Gétule, mart.	*Getulius.*
Gézelin, solit.	*Gezzelinus.*
Gibrien, pr.	*Gibrianus.*
Gilbert, év.	*Gilbertus.*
Gildard, év.	*Gildardus.*
Gildas.	*Gildas.*
Gilles, abb.	*Ægidius.*
Girard, moine.	*Gerardus.*
Giroal.	*Giroaldus.*
Giroux, conf.	*Geruntius.*
Glaphyre, vierge.	*Glaphyra.*
Glastien, év.	*Glastianus.*
Glossinde (ste).	*Chlodesendis.*
Glossine, v. abb.	*Chlodesendis.*
Glycère, év. et c.	*Glycerius.*
Glycère, martyre.	*Glyceria.*
Gnoffe, erm.	*Gnoffius.*
Goar, solitaire.	*Goar.*
Gobain, mart.	*Gobbanus.*
Gobin, mart.	*Gobbanus.*
Godard, év.	*Gothardus.*
Godeberte, vierge.	*Godeberta.*
Godefroi, év.	*Godefridus.*
Godegrand, év.	*Chrodogangus.*
Godeleine (ste).	*Godoleva.*
Godelieve (ste).	*Godoleva.*
Godenard.	*Godehardus.*
Godescale, mart.	*Godescalus.*
Godrick, ermite.	*Godricus.*
Gombaut.	*Winibaldus*
Gombert, év.	*Gumbertus.*
Gomer.	*Gummarus.*
Gommer.	*Gummarus.*
Gonçale.	*Gundisalvus.*
Gondèle.	*Gunthleus.*
Gondène, vierge.	*Gundenes.*
Gondolphe, év.	*Gundulphus.*
Gondulphe, év.	*Gundulphus.*
Gonsalès.	*Gundisalous.*
Gontard, abb.	*Gontardus.*
Gonthier, sol.	*Guntherus.*
Gonthilde (ste).	*Gunthildis.*
Gontran.	*Guntramnus.*
Gorde, mart.	*Gordius.*
Gordien, mart.	*Gordianus.*
Gorgon.	*Gorgonius.*
Gorgonie (ste).	*Gorgonia.*
Gorgonius, mart.	*Gorgonius.*
Gorry, ermite.	*Godricus.*
Gory.	*Godericus.*
Gothard.	*Gothardus.*
Goufier.	*Vilferus.*
Goustans.	*Gulstanus.*
Gracilien, mart.	*Gracilianus.*
Gradulfe, abb.	*Gradulfus.*
Grat, mart.	*Gratus.*
Grate, veuve.	*Grata.*
Gratien, mart.	*Gratianus.*
Gratinien, sold. m.	*Gratianus.*
Grégoire, pap.	*Gregorius.*
Grimbald.	*Grimbaldus.*
Grimbaud.	*Grimbaldus.*
Grimoald, pr. et c.	*Grimoaldus.*
Gualfard.	*Gualfardus.*
Gudélie, martyre.	*Gudelia.*
Gudilanes.	*Gudilas.*
Gudule, vierge.	*Gudila.*
Gudwall.	*Gudwalus.*
Guénau, abb.	*Guinailus.*

Guérin, év.	*Guarinus.*
Guerfroy.	*Verinfridus.*
Gui, abb.	*Guido.*
Guibert, moine.	*Vichbertus.*
Guiborat, marte.	*Viborata.*
Guibrande (ste).	*Vibrandis.*
Guigner.	*Guignerus.*
Guignolé, abb.	*Winwaloëus.*
Guiguel.	*Judicael.*
Guilein, abb.	*Gislenus.*
Guillaume, év.	*Guillelmus.*
Guillebaud, év.	*Willebaldus.*
Guinfroye (ste).	*Venefrida.*
Guiraud, év.	*Viraldus.*
Guislein, abb.	*Gislenus.*
Gumésinde, pr.	*Gumesindus.*
Gunifort, mart.	*Gunifortus.*
Gunthiern, abb.	*Gunthiernus.*
Gurie, mart.	*Gurias.*
Guthagon.	*Guthago.*
Guthlac, ermite.	*Guthlacus.*
Guthlake, erm.	*Cuthlacus.*
Guy. abb.	*Guido.*
Guyon.	*Vido.*

H.

Habacuc, proph.	*Habacuc.*
Habide, mart.	*Habidus.*
Hadelin, abb.	*Hadelinus.*
Hadulfe, év.	*Adulfus.*
Hardouin.	*Haduindus.*
Harduin.	*Harduinus.*
Havence, moine.	*Habentius.*
Havoie (ste).	*Hedvigis.*
Héand, abb.	*Eugendus.*
Hébedjésus.	*Hebedjesus.*
Hedde, év.	*Hedda.*
Hedwige (ste).	*Hedvigis.*
Hégésippe.	*Hegesippus.*
Hélain, pr.	*Helanus.*
Helconide, marte.	*Helconides.*
Hélène, impérat.	*Helena.*
Héliène (ste).	*Helena.*
Hélier, ermite.	*Helerius.*
Hélimenas, pr. m.	*Helimenas.*
Heliodore, mart.	*Heliodorus.*
Hellade, év. et c.	*Helladius.*
Heltrude (ste).	*Hiltrudes.*
Hémétère.	*Hemiterius.*
Hemme (ste).	*Hemma.*
Hénédine, marte.	*Henedina.*
Henri, emp.	*Henricus.*
Héraclas, év.	*Heraclas.*
Héracle, év.	*Heraclius.*
Héraclée, mart.	*Heracleas.*
Héraclide, mart.	*Heraclides.*
Héraclius, mart.	*Heraclius.*
Herbland, abb.	*Hermelandus.*
Herculan, év.	*Herculanus.*
Hérénas, mart.	*Herena.*
Hérénie (ste).	*Herenia.*
Héribert, év.	*Heribertus.*
Herlinde (ste).	*Harelindis.*
Hermagoras, mart.	*Hermagoras.*
Herman.	*Hermannus.*
Hermas, mart.	*Hermas.*
Hermel, mart.	*Hermelus.*
Hermeland, abb.	*Hermelandus.*
Hermelinde (ste).	*Hermelindis.*
Herménegilde.	*Hermenegildus.*
Hermengaud, év.	*Hermengaudius.*
Herménigilde, m.	*Hermenigildus.*
Hermès, mart.	*Hermes.*
Hermias, sold. m.	*Hermias.*
Hermione (ste).	*Hermione.*
Hermippe, mart.	*Hermippus.*
Hermocrate, mart.	*Hermocrates.*
Hermogène, mar.	*Hermogenes.*
Hermolas, pr.	*Hermolaus.*
Hermolaüs, pr.	*Hermolaus.*
Hermyle, mart.	*Hermylus.*
Hérodion, mart.	*Herodion.*
Héron, mart.	*Heron.*
Hérondine, vierge.	*Herundo.*
Héros, sold. mart.	*Heros.*
Hervé.	*Herveus.*
Hervien.	*Herveus.*
Hésique, sold. m.	*Hesychius.*
Hésychius.	*Hesychius.*
Hidulphe, év.	*Hidulphus.*
Hiéron, mart.	*Hieron.*
Hiéronide, mart.	*Hieronides.*
Hiérothée.	*Hierontheus.*
Hilaire, pap. et c.	*Hilarius.*
Hilarie, marte.	*Hilaria.*
Hilarin, mart.	*Hilarinus.*
Hilarion, abb.	*Hilarion.*
Hilde, abbse.	*Hilda.*
Hildebaud, év.	*Hildebaldus.*
Hildebert, év. m.	*Hildebertus.*
Hildegarde, abbse.	*Hildegardis.*
Hildelite (ste).	*Hildelita.*
Hildeman, év.	*Hildemannus.*
Hildevert, év.	*Hildevertus.*
Hilier, mart.	*Hilarius.*
Hiltrude, vierge.	*Hiltrudes.*
Himère, év.	*Himerius.*
Himier, conf.	*Himerius.*
Hippolyte, mart.	*Hippolytus.*
Hirénarque, mart.	*Hirenarcus.*
Hitbert.	*Hitbertus.*
Homberge (ste).	*Homberga.*
Hommebon.	*Homobonus.*
Homobon.	*Homobonus.*
Honest, pr.	*Honestus.*
Honfroy, év.	*Honfridus.*
Honorat, év.	*Honoratus.*
Honorate, vierge.	*Honorata.*
Honoré, év.	*Honoratus.*
Honorine, v. et m.	*Honorina.*
Honorius, mart.	*Honorius.*
Hormisdas, pape.	*Hormisda.*
Horrès, mart.	*Horres.*
Hortulan, év.	*Hortulanus.*
Hospice, reclus.	*Hospitius.*
Hou.	*Haildis.*
Hubert, év.	*Hubertus.*
Hugolin.	*Hugolinus.*
Hugues, év.	*Hugo.*
Humbert, pr.	*Humbertus.*
Humilite (ste).	*Humilitas.*
Hunégonde (ste).	*Hunegundis.*
Hunfroi, év.	*Honfridus.*
Hyacinthe, mart.	*Hyacinthus.*
Hyacinthe, marte.	*Hyacintha.*
Hygen, pap. et m.	*Hyginus.*
Hypace, év. m.	*Hypatius.*

I.

Idaberge, vierge.	*Eadburgis.*
Ide (ste).	*Ida.*
Iē, martyre.	*Ia.*
Ignace, év. mart.	*Ignatius.*
Ildefonse, év.	*Ildefonsus.*
Illuminat, conf.	*Illuminatus.*

Illuminate, vierg. *Illuminata.*
Illuminé, conf. *Illuminatus.*
Illuminée, vierge. *Illuminata.*
Iltut, abbé. *Iltutus.*
Imier, conf. *Himerius.*
Impère (ste). *Imperia.*
Inciscole. *Incischolus.*
Indalèce. *Indaletius.*
Indès, mart. *Indes.*
Ingaud. *Ingaudius.*
Ingène, sold. m. *Ingen.*
Injurieux. *Injuriosus.*
Innocent, pape. *Innocentius.*
Invelte (ste). *Invelta.*
Ion, pr. et mart. *Ionas.*
Iphigénie, vierge. *Iphigenia.*
Iraïde, v. et m. *Iraides.*
Irène, mart. *Irene.*
Irène, v. et mart. *Irene.*
Irénée, év. mart. *Irenæus.*
Irénion, év. *Irenion.*
Irmine, vierge. *Irmina.*
Irmonz. *Irmundus.*
Isaac, mart. *Isaac.*
Isaace, év. m. *Isacius.*
Isabelle (ste). *Isabella.*
Isace, év. et m. *Isacius.*
Isaïe, proph. *Isaias.*
Isarne. *Isarnus.*
Isaure, diac. m. *Isaurus.*
Ischyrion, mart. *Ischyrion.*
Isidore, év. *Isidorus.*
Isidore (ste). *Isidora.*
Isigne. *Esychius.*
Ismaël, mart. *Ismael.*
Isméon, év. *Ismido.*
Ite, abbse. *Ita.*
Ived. *Evodius.*
Ives, pr. *Ivo.*

J.

Jacinte, rel. *Hyacinthus.*
Jacques, ap. *Jacobus.*
Jadère. *Jader.*
Janvier, mart. *Januarius.*
Janvière, martr. *Januaria.*
Jarlatée, év. *Hierlatius.*
Jason, mart. *Jason.*
Jean, ap. *Joannes.*
Jean-Baptiste. *Joannes-Bapt.*
Jeanne (ste). *Joanna.*
Jérémie, proph. *Jeremias.*
Jérôme, doct. *Hieronymus.*
Joachim. *Joachim.*
Joannice, abbé. *Joannicius.*
Joavan, év. *Joava.*
Job, proph. *Job.*
Joconde, év. *Jocundus.*
Joconde (ste). *Jocunda.*
Joël, proph. *Joel.*
Joëvin, év. *Joava.*
Jogond, év. *Jocundus.*
Jonas, proph. *Jonas.*
Josaphat, archev. *Josaphates.*
Joseph. *Joseph.*
Josse, pr. *Jodocus.*
Josué. *Josue.*
Jovien, mart. *Jovinus.*
Jovin, mart. *Jovinus.*
Jovinien, mart. *Jovinianus.*
Jovite, mart. *Jovita.*
Jubin. *Gebuinus.*
Jucond, mart. *Jucundus.*
Juconde, vierge. *Jucunda.*
Jucondien, mart. *Jucundianus.*
Jucondin, mart. *Jucundinus.*
Jude, apôtre. *Judas.*
Judicaël, roi. *Judicaël.*
Judith (ste). *Judith.*
Judoce, pr. *Judocus.*
Jules, pr. *Julius.*
Julie, v. et m. *Julia.*
Julien, év. *Julianus.*
Julienne, v. mre. *Juliana.*
Julitte, martr. *Julitta.*
Junien, abb. *Junianus.*
Just, év. *Justus.*
Juste, mart. *Justus.*
Juste, mart. *Justa.*
Justin, pr. mart. *Justinus.*
Justine, martr. *Justina.*
Jutte (ste). *Juditta.*
Juvénal, mart. *Juvenalis.*
Juvence, év. *Juventius.*
Juventin, mart. *Juventinus.*

K.

Kenerin, abb. *Kieranus.*
Kennoque, vierg. *Kennoca.*
Kenny, abb. *Kennicus.*
Kentigern. *Kentigernus.*
Kentigerne (ste). *Kentigerna.*
Kessoge, év. *Kessogus.*
Keyne, vierge. *Keyna.*
Kiaran, év. *Kieranus.*
Kilien, mart. *Chilianus.*
Kinéburge (ste). *Kineburgis.*
Kinédride. *Kinedrides.*
Kineswide (ste). *Kinesvitha.*
Kinge (ste). *Cunegundis.*
Kinnie, vierge. *Kinnia.*
Kucley. *Antonius.*

L.

Labre. *Josephus.*
Lactein, abb. *Lactenus.*
Ladislas, roi. *Ladislaus.*
Lain. *Latuinus.*
Lamalisse. *Malitius.*
Lambert, mart. *Lambertus.*
Landelin. *Landelinus.*
Landoald. *Landoaldus.*
Landolf, év. *Landulfus.*
Landon. *Lando.*
Landrade (ste). *Landradis.*
Landri, év. *Landericus.*
Landric. *Landericus.*
Landulfe, év. *Landulfus.*
Large, mart. *Largius.*
Largion, mart. *Largio.*
Latin, év. *Latinus.*
Latuin. *Latuinus.*
Laudon. *Laudo.*
Laumer, abb. *Laudomarus.*
Launomar, abb. *Laudomarus.*
Laure, mart. *Laurus.*
Laurence (ste). *Laurentia.*
Laurent, pr. m. *Laurentius.*

Laurentin, mart.	*Laurentinus.*
Laurien, év.	*Laurianus.*
Lautein.	*Lautenus.*
Lauton.	*Lauto.*
Lazare, év.	*Lazarus.*
Léandre, év.	*Leander.*
Lebwin.	*Livinus.*
Lée (ste).	*Lea.*
Léger, év.	*Leodegarius.*
Léobard, reclus.	*Leobardus.*
Léocadie, v. marte.	*Leocadia.*
Leocrice, v. mre.	*Leocritia.*
Leofrone (ste).	*Leofrona.*
Léon, pape.	*Leo.*
Léonard.	*Leonardus.*
Léonce (ste).	*Leontia.*
Léonce, év.	*Leguntius.*
Léonide, mart.	*Leonides.*
Léonide (ste).	*Leonides.*
Léonille (ste).	*Leonilla.*
Léonissa.	*Leonissa.*
Léonore, év.	*Leonorius.*
Léopard, mart.	*Leopardus.*
Léopold.	*Leopoldus.*
Léovigilde, mart.	*Leovigildus.*
Létace, mart.	*Lætatius.*
Létance, mart.	*Lætantius.*
Léthard, év.	*Leothardus.*
Létus.	*Lætus.*
Leu, év.	*Lupus.*
Leubasse.	*Leobatius.*
Leuce, év. et c.	*Leucius.*
Leudomire, év.	*Ludomirus.*
Leufroi, abbé.	*Leufridus.*
Lévange, év.	*Libanius.*
Lewine, vierge.	*Levinna.*
Lézin.	*Lizinius.*
Libéral, conf.	*Liberalis.*
Libérat, mart.	*Liberatus.*
Libérate, vierge.	*Liberata.*
Libère, év.	*Liberius.*
Libert, mart.	*Libertus.*
Libesse.	*Leobatius.*
Libière (ste).	*Leobaria.*
Liboire, év.	*Liborius.*
Libre (ste).	*Libera.*
Libye, martyre.	*Libya.*
Licar, év.	*Glycerius.*
Licard, év.	*Licerius.*
Licarion.	*Licarion.*
Licère, év.	*Licerius.*
Licinius, mart.	*Licinius.*
Lidoire.	*Lidorius.*
Lidwine, vierge.	*Lidwina.*
Lié, solitaire.	*Lætus.*
Liébard, reclus.	*Leobardus.*
Liébaud, abb.	*Leodovaldus.*
Liède, mart.	*Lætus.*
Lietbert, év.	*Liberatus.*
Liey, confesseur.	*Lætus.*
Lifard, abbé.	*Liphardus.*
Ligoire, mart.	*Ligorius.*
Ligori, év.	*Liguorio.*
Liliose, marte.	*Liliosa.*
Limnée, solit.	*Limnæus.*
Lin, pape mart.	*Linus.*
Lindru (ste).	*Lintrudis.*
Linguin, mart.	*Limininus.*
Liobe, abbsse.	*Lioba.*
Lioubète (ste).	*Lubetia.*
Liphard, pr. et c.	*Liphardus.*
Littée, év.	*Litteus.*
Livin, mart.	*Livinus.*
Livrade (ste).	*Liberata.*
Lizier.	*Glycerius.*
Lô, év.	*Laudus.*
Lollien, mart.	*Lollianus.*
Loman.	*Lumanus.*
Longin, mart.	*Longinus.*
Longis, abb.	*Launogisilus.*
Lorge, mart.	*Lorgius.*
Lothier, conf.	*Eleutherius.*
Lothin, pr.	*Lautenus.*
Louève (ste).	*Ludoveva.*
Louis, roi.	*Ludovicus.*
Louis de Gonzague.	*Aloysius.*
Louise (ste).	*Ludovica.*
Loup, év.	*Luppus.*
Louveins, pr.	*Lubentius.*
Louvent.	*Lupentius.*
Lubin.	*Leobinus.*
Lublin, év.	*Leobinus.*
Luc, évangél.	*Lucas.*
Lucain, mart.	*Lucanus.*
Luce, mart.	*Lucius.*
Luce, vierge et m.	*Lucia.*
Lucide, év.	*Lucidius.*
Lucie, vierg. et m.	*Lucia.*
Lucien, pr. mart.	*Lucianus.*
Lucille, vierge m.	*Lucilla.*
Lucillien, mart.	*Lucillianus.*
Lucine (ste).	*Lucina.*
Lucinien.	*Lucinianus.*
Lucinius.	*Lucinius.*
Luciole, mart.	*Luciolus.*
Lucius, év.	*Lucius.*
Lucrèce, vierg. m.	*Lucretia.*
Ludard.	*Leodardus.*
Ludger, év.	*Ludgerus.*
Ludmier, év.	*Ludomirus.*
Ludmille (ste).	*Ludmilla.*
Luftolde (ste).	*Leuchteldis.*
Lugil, abb.	*Luanus.*
Lugle, mart.	*Luglius.*
Luglien, mart.	*Luglianus.*
Luglius, mart.	*Luglius.*
Luguson.	*Luguso.*
Luivin, év.	*Ludovinus.*
Lul.	*Lullo.*
Lulle.	*Lullus.*
Luman.	*Lumanus.*
Luminose (ste).	*Luminosa.*
Lunaire, év.	*Leonorius.*
Lupède, abb.	*Elpidius.*
Lupère, év. et c.	*Luperius.*
Luperque, mart.	*Lupercus.*
Lupicin, abb.	*Lupicinus.*
Lupin.	*Lupinus.*
Luppe, mart.	*Luppus.*
Lutgarde, vierge.	*Lutgardes.*
Luxore, mart.	*Luxorius.*
Ly.	*Lætus.*
Lybose, mart.	*Lybosus.*
Lycarion, mart.	*Lycarion.*
Lydie, martyre.	*Lydia.*

M.

Macaire, év.	*Macarius.*
Macarie, martyre.	*Macaria.*
Macédo, mart.	*Macedo.*
Macédone, mart.	*Macedonius.*
Macédonius, m.	*Macedonius.*
Mackessoge, év.	*Mackessogus.*
Maclou, év.	*Maclovius.*
Macre, v. et m.	*Macra.*
Macrine, vierge.	*Macrina.*
Macrobe, mart.	*Macrobius.*
Macull.	*Macallius.*
Madir, m.	*Hemeterius.*

Maëdoc, év.	*Aidanus.*
Magdeleine, v.	*Magdalena.*
Magin, mart.	*Maginus.*
Magine, marte.	*Magina.*
Magloire, év.	*Maglorius.*
Magne, év. mart.	*Magnus.*
Magnence (ste).	*Magnentia.*
Magneric, év. et c.	*Magnericus.*
Magnus, mart.	*Magnus.*
Mahanès, mart.	*Mahanes.*
Maharsapor, m.	*Maharsapor.*
Mahaut (ste).	*Mathildis.*
Mahout, év.	*Machutus.*
Maïdoc, év.	*Aideus.*
Maïeul, abb.	*Mayolus.*
Maigrin, mart.	*Macrinus.*
Maimbeuf.	*Magnobodus*
Maimbod, mart.	*Maymbodus.*
Maing, év. mart.	*Magnus.*
Majoric, mart.	*Majoricus.*
Maixent, abb.	*Maxentius.*
Malachie, proph.	*Malachias.*
Malc, moine.	*Malcus.*
Malch, mart.	*Malcus.*
Malo, év.	*Machutus.*
Malrube, mart.	*Malrubius.*
Mamelte, marte.	*Mamelta.*
Mamert, év.	*Mamertus.*
Mamertin.	*Mamertinus.*
Mamès, mart.	*Mamans.*
Mamilien, mart.	*Mamilianus.*
Mamille.	*Mamillus.*
Mamme, mart.	*Mammius.*
Mammès, mart.	*Mamas.*
Manahem.	*Manahes.*
Manços, mart.	*Mancius.*
Mandale, mart.	*Mandal.*
Mandé, sold.	*Mandetus.*
Manne, vierge.	*Manna.*
Mannée, marte.	*Mannea.*
Mans, év. mart.	*Magnus.*
Mansu, év.	*Mansuetus.*
Mansuet, év. et m.	*Mansuetus.*
Mansuy, év.	*Mansuetus.*
Manuel, mart.	*Manuel.*
Mappalique, mart.	*Mappalicus.*
Mapril, mart.	*Maprilis.*
Marane (ste).	*Marana.*
Marc, évangél.	*Marcus.*
Marcel, pap. m.	*Marcellus.*
Marcelle, veuve.	*Marcella.*
Marcellien, mart.	*Marcellianus.*
Marcellin, pap. m.	*Marcellinus.*
Marcelline, v.	*Marcellina.*
Marcie, marte.	*Martia.*
Marcien, év. et m.	*Marcianus.*
Marcienne, v. et m.	*Marciana.*
Marcionille (ste).	*Marcionilla.*
Marcou, abb.	*Marculfus.*
Marculfe, abb.	*Marculfus.*
Mardaire, mart.	*Mardarius.*
Mardoine, mart.	*Mardonius.*
Maréas.	*Mareas.*
Marême (ste).	*Mederasma.*
Marguerite, v. m.	*Margareta.*
Marianne (ste).	*Marianna.*
Marie, m. de N.-S.	*Maria.*
Marien, mart.	*Marianus.*
Marin, mart.	*Marinus.*
Marine, vierge.	*Marina.*
Maris, mart.	*Marius.*
Marius, mart.	*Marius.*
Marnan, év.	*Marnanus.*
Marole, év. et c.	*Marolus.*
Maron, abb.	*Maro.*
Marotas, mart.	*Marotas.*
Mars, abb.	*Martius.*
Marsal.	*Marsalius.*
Martane (ste).	*Martana.*
Marthe, v. et m.	*Martha.*
Martial, mart.	*Martialis.*
Martien, év.	*Marcianus.*
Martin, pape m.	*Martinus.*
Martine, v. et m.	*Martina.*
Martinien, év.	*Martinianus*
Martory, mart.	*Martyrius.*
Marts, abb.	*Martius.*
Martyre, s.-diac. m.	*Martyrius.*
Martyrie (ste).	*Martyria.*
Martyrius, mart.	*Martyrius.*
Maruthas, év.	*Marutha.*
Mary, abb.	*Maurus.*
Mascule.	*Masculas.*
Materne, év. m.	*Maternus.*
Mathias, ap.	*Mathias.*
Mathilde, reine.	*Mathildes.*
Mathurin, conf.	*Mathurinus.*
Matrone, marte.	*Matrona.*
Matronien, erm.	*Matronianus*
Matthias, év.	*Matthias.*
Matthieu, ap. év.	*Matthæus.*
Matur.	*Maturus.*
Mature (ste).	*Matura.*
Mauberte (ste).	*Maldeberta.*
Maughold.	*Machutus.*
Mauguille, solit.	*Madelgesilus*
Maur, év.	*Maurus.*
Maure, v. et m.	*Maura.*
Maurice, mart.	*Mauritius.*
Maurille, év.	*Maurilius.*
Maurin, abb. m.	*Maurinus.*
Mauront.	*Maurontus.*
Mauvieu.	*Mauvæus.*
Mauxe, mart.	*Maximus.*
Mavile.	*Mavilus.*
Maws.	*Mancus.*
Maxence, mart.	*Maxentius.*
Maxence, v. et me.	*Maxentia.*
Maxime, év.	*Maximus.*
Maxime, v. et m.	*Maxima.*
Maximien, év. m.	*Maximianus.*
Maximilien, év. m.	*Maximilianus.*
Maximin, mart.	*Maximinus.*
May, abb.	*Marius.*
Mayeul, abb.	*Mayolus.*
Médard, év.	*Medardus.*
Médéric, abb.	*Medericus.*
Médule, marte.	*Medula.*
Méen, abb.	*Mevennus.*
Meinard, erm.	*Meinardus.*
Mélaine, év.	*Melanius.*
Mélanie (ste).	*Melania.*
Mélas, év.	*Melas.*
Mélasippe, mart.	*Melasippus.*
Melchiade, pap.	*Melchiades.*
Mélèce, év. et c.	*Meletius.*
Mélène, év.	*Melanius.*
Méleusippe, m.	*Meleusippus.*
Mélitine, marte.	*Melitina.*
Méliton, év.	*Melito.*
Mellit, év.	*Mellitus.*
Mellon, év.	*Mellonus.*
Même, abb.	*Maximus.*
Mémiers.	*Nemorius.*
Memin, conf.	*Maximinus.*
Memmie, év.	*Memmius.*
Memmie (ste).	*Memmia.*
Memnon, mart.	*Memnon.*
Ménalippe, mart.	*Menalippus.*
Ménandre, mart.	*Menander.*
Ménedème, mart.	*Menedemus.*
Menée, mart.	*Meneus.*
Ménehaut (ste).	*Manechildis.*

Ménéhoud (ste).	*Manechildis.*
Ménélé, abb.	*Meneleus.*
Menge, év.	*Memmius.*
Ménigne, mart.	*Menignus.*
Mening, mart.	*Menignus.*
Mennas, solit.	*Mennas.*
Menne, mart.	*Mennas.*
Menodore, v. m.	*Menodora.*
Méraud, abb.	*Meraldus.*
Mercure, mart.	*Mercurius.*
Mercurial, év.	*Mercurialis.*
Mercurie (ste).	*Mercuria.*
Mériadec, év.	*Mereodocus.*
Merre, mart.	*Mitrius.*
Merri, abb.	*Medericus.*
Mérule, moine.	*Merulus.*
Mesme, solit.	*Maximus.*
Mesmin.	*Maximinus.*
Metellus, mart.	*Metellus.*
Méthode, év.	*Methodius.*
Métran, mart.	*Metranus.*
Métrobe, mart.	*Metrobius.*
Métrodore, v. m.	*Metrodora.*
Métrope, mart.	*Metrobius.*
Métrophane, év. c.	*Metrophanes*
Meuris, mart^e.	*Meuris.*
Michée, proph.	*Michæas.*
Michel, arch.	*Michael.*
Mide (ste).	*Ita.*
Mie.	*Medicus.*
Migdoine, mart.	*Migdonius.*
Milburge, vierge.	*Milburges.*
Mildrède (ste).	*Mildradis.*
Milguie, vierge.	*Milvida.*
Milès.	*Miles.*
Milet, év.	*Miletus.*
Milhan, pr.	*Emilianus.*
Milhey, mart.	*Milles.*
Milhon.	*Emilianus.*
Millès, mart.	*Milles.*
Miltiade.	*Miltiades.*
Minerf, mart.	*Minervus.*
Minerve, mart.	*Minervus.*
Minervien, mart.	*Minervinus.*
Miniat, sold. m.	*Minias.*
Minnain, mart.	*Monanus.*
Miroclès, év. et c.	*Mirocles.*
Miron, pr. m.	*Miro.*
Misaël.	*Misael.*
Mitre, mart.	*Mitrius.*
Mochoemoc, abb.	*Mochoemocus.*
Mochua.	*Mochua.*
Modan, abb.	*Modanus.*
Modeste, mart.	*Modestus.*
Modeste, mart^e.	*Modesta.*
Modoald.	*Modoaldus.*
Modwéne, vierge.	*Modovena.*
Moïse, lég. et pr.	*Moyses.*
Moïsète, mart.	*Moysetes.*
Molock, év.	*Molocus.*
Mommolin, év.	*Mummolus.*
Monan, mart.	*Monanus.*
Monas, év.	*Monas.*
Moncain, abb.	*Mochua.*
Mond, abb.	*Mundus.*
Mondolphe.	*Munulphus.*
Monegonde (ste).	*Monegundus*
Monique, veuve.	*Monica.*
Moniteur, év. et c.	*Monitor.*
Monolphe, év.	*Munulphus.*
Monon, anach.	*Mono.*
Montan, mart.	*Montanus.*
Monulphe, év.	*Monulphus.*
Moràn.	*Moderamnus.*
Mosée, sold. m.	*Moseus.*
Moyse, mart.	*Moyses.*
Muce, pr. mart.	*Mucius.*
Mucien, mart.	*Mucianus.*
Mucius, diac. m.	*Mucius.*
Muin, év.	*Munis.*
Munde, abb.	*Mundus.*
Munnu, abb.	*Fintanus.*
Murite, mart^e.	*Murita.*
Muson, mart.	*Musonius.*
Mustiole, mart^e.	*Mustiola.*
Myron, év.	*Myron.*
Myrope, mart^e.	*Myrops.*

N.

Nabor, mart.	*Nabor.*
Nahum, proph.	*Nahum.*
Namase, év.	*Namasius.*
Namphanion, m.	*Namphanion.*
Nane, év.	*Narnus.*
Napoléon, mart.	*Napoleo.*
Narcisse, év.	*Narcissus.*
Narne, év.	*Narnus.*
Narsée, mart.	*Narseus.*
Narsès, mart.	*Narses.*
Narzale, mart.	*Narzales.*
Natalie, mart^e.	*Natalis.*
Nathalan.	*Nathalanus.*
Nathalie, mart^e.	*Natalia.*
Naval, mart.	*Navalis.*
Nazaire, mart.	*Nazarius.*
Nectaire, év.	*Nectarius.*
Néeds, moine.	*Neotus.*
Némèse, diac. m.	*Nemesius.*
Némésien, mart.	*Nemesianus.*
Némésion, mart.	*Nemesius.*
Némiers.	*Nemorius.*
Nemorius.	*Nemorius.*
Nennie, abb.	*Nennius.*
Néomaie (ste).	*Neomadia.*
Néomise, vierge.	*Neomisia.*
Néon, mart.	*Neon.*
Néophyte, mart.	*Neophytus.*
Néopole, mart.	*Neopolus.*
Néopule., mart.	*Neopulus.*
Néot, moine.	*Neotus.*
Néotère, mart.	*Neoterius.*
Népotien, pr.	*Nepotianus.*
Nérée, mart.	*Nereus.*
Nersès.	*Nersas.*
Nestable, mart.	*Nestabus.*
Nestor, év.	*Nestor.*
Nicaise, év.	*Nicasius.*
Nicandre, év. m.	*Nicander.*
Nicanor, mart.	*Nicanor.*
Nicarète (ste).	*Nicaretes.*
Nicéas, év.	*Nicæas.*
Nicéphore, mart.	*Nicephorus.*
Nicérate, vierge.	*Nicerates.*
Nicet.	*Nicetius.*
Nicétas, év.	*Nicetas.*
Nicète (ste).	*Niceta.*
Niciéce.	*Nicetius.*
Nicodème.	*Nicodemus.*
Nicolas, pape.	*Nicolaus.*
Nicomède, mart.	*Nicomedes.*
Nicon, mart.	*Nicon.*
Nicostrate, mart.	*Nicostratus.*
Nigaise, pr.	*Nicasius.*
Nil, anach.	*Nilus.*
Nilammon, rec.	*Nilammon.*
Ninge, mart^e.	*Nimmia.*
Ninien.	*Ninianus.*
Nisier, év.	*Nicetius.*
Nivard, év.	*Nivardus.*

Nizier, év.	*Nicetius.*
Nizilon, mart.	*Nizilo.*
Noé, patr.	*Noe.*
Noflète (s^{te}).	*Onofledis.*
Nomadie (s^{te}).	*Neomadia.*
Nomèse (s^{te}.).	*Neomadia.*
Nominande, m^{re}.	*Nominanda.*
Nonce.	*Nuntius.*
Nonne, év.	*Nonnus.*
Nonne (s^{te}).	*Nonna.*
Nonnose, abb.	*Nonnosus.*
Norbert, év.	*Norbertus.*
Nothburge (s^{te}).	*Nothburgis.*
Novat, conf.	*Novatus.*
Numérien, év.	*Numerianus.*
Numidique.	*Numidicus.*
Nunillon, v. et m.	*Nunilo.*
Nymphas.	*Nymphas.*
Nymphe (s^{te}).	*Nympha.*
Nymphodora, m^{re}.	*Nymphodora*
Nymphodore, v. m.	*Nymphodora*

O.

Obdule, vierge.	*Obdulia.*
Obice.	*Obicius.*
Océan, mart.	*Oceanus.*
Octave, sold. m.	*Octavius.*
Octavien, archid.	*Octavianus.*
Odde (s^{te}).	*Oda.*
Odile, abb^{se}.	*Othilia.*
Odilie (s^{te}).	*Othilia.*
Odilon, abb.	*Odilo.*
Odon, év.	*Odo.*
Odrain.	*Odranus.*
Odulphe, chan.	*Odulphus.*
Oduvald, abb.	*Oduvaldus.*
Olaf, roi mart.	*Olavus.*
Olaüs, roi mart.	*Olaus.*
Olga, reine.	*Helena.*
Olive, vierge.	*Oliva.*
Ollegaire.	*Ollegarius.*
Olympe, év.	*Olympius.*
Olympe (s^{te}).	*Olympia.*
Olympiade, m.	*Olympiades.*
Olympiade, veuv.	*Olympias.*
Omer, év.	*Audomarus.*
Onésime, discip.	*Onesimus.*
Onésiphore, mart.	*Onesiphorus.*
Onuphre, erm.	*Onuphrius.*
Opportune, abb^{e}.	*Opportuna.*
Optat, év. et c.	*Optatus.*
Optatien, év.	*Optatianus.*
Orence, sold. m.	*Orentius.*
Orens, mart.	*Orentius.*
Oreste, mart.	*Orestes.*
Oricle, mart.	*Oriculus.*
Orience, mart.	*Orientius.*
Oronce, mart.	*Orontius.*
Orseline (s^{te}).	*Ursulina.*
Ortaire, conf.	*Ortarius.*
Osée, proph.	*Osee.*
Osithe, mart^{re}.	*Osgitha.*
Osmanne, vierge.	*Osmanna.*
Osmond, év.	*Osmundus.*
Ostien, pr. conf.	*Ostianus.*
Oswald, mart.	*Oswaldus.*
Oswin, roi.	*Oswinus.*
Othilde (s^{te}).	*Othildis.*
Othilie (s^{te}).	*Othilia.*
Othmar, abb.	*Othmarus.*
Othon, mart.	*Othon.*
Otte (s^{te}).	*Juditta.*
Ou, mart.	*Ulfus.*
Oudocée, év.	*Odoceus.*
Ouen, év.	*Audoenus.*
Ouflay, solit.	*Eufronius.*
Ours, év. et c.	*Ursus.*
Outrille, év.	*Austregesillus.*
Oyen, abb.	*Eugendus.*
Oyend, abb.	*Eugendus.*

P.

Pacien, év.	*Pacianus.*
Pacôme, mart.	*Pachomius.*
Padern, év.	*Paternus.*
Pair, év.	*Paternus.*
Palaciate (s^{te}).	*Palatias.*
Palais.	*Palladius.*
Palatin, mart.	*Palatinus.*
Palémon, abb.	*Palæmon.*
Pallade.	*Palladius.*
Pallade, mart^{e}.	*Palladia.*
Palmace, mart.	*Palmatius.*
Palphètre, mart.	*Palphetrus.*
Pambon, abb.	*Pambo.*
Pammaque.	*Pammachius.*
Pamphile, pr. m.	*Pamphilus.*
Panacée (s^{te}).	*Panacæa.*
Panchaire, mart.	*Pancharius.*
Pancrace, év.	*Pancratius.*
Pantagape, m.	*Pantagapes.*
Pantagathe, év.	*Pantagathus.*
Pantalémon, m.	*Pantaleemon.*
Pantaléon, mart.	*Pantaleon.*
Pantène, doct.	*Pantænus.*
Papas, mart.	*Papa.*
Papias, mart.	*Papias.*
Papinien, év. m.	*Papinianus.*
Papius, mart.	*Papius.*
Papnuce, év.	*Paphnutius.*
Papoul, pr. m.	*Papulus.*
Papyle, diac.	*Papylus.*
Papyre, mart.	*Papyrius.*
Paquier, év.	*Pascharius.*
Paracode, év.	*Paracodas.*
Paragrus, mart.	*Paragrus.*
Paramon, mart.	*Paramon.*
Parascève, mart^{e}.	*Parasceves.*
Pardou.	*Pardulphus.*
Parégoire, mart.	*Paregorius.*
Parfait, pr.	*Perfectus.*
Paris, év.	*Paris.*
Parise, conf.	*Parisius.*
Parize, abb.	*Patroclus.*
Parmenas, diac. m.	*Parmenas.*
Parmène, pr. m.	*Parmenius.*
Parre, mart.	*Patroclus.*
Parthène, mart.	*Parthenius.*
Pascal, relig.	*Pascalis.*
Pascase, mart.	*Paschasius.*
Paschal, pape.	*Paschalis.*
Paschase, abb.	*Paschasius.*
Paschase (s^{te}).	*Paschasia.*
Pasicrate, mart.	*Pasicrates.*
Pasteur, év.	*Pastor.*
Patape, solit.	*Patapius.*
Patère, év.	*Paterius.*
Patermuthe, m.	*Patermuthius.*
Paterne, év.	*Paternus.*

Paternien, év.	*Paternianus*
Patience, mart.	*Patiens.*
Patience (ste).	*Patientia.*
Patient, év.	*Patiens.*
Patier, év. mart.	*Paternus.*
Patrice, év.	*Patritius.*
Patrice, vierg.	*Patritia.*
Patrobas.	*Patrobas.*
Patrocle, mart.	*Patroclus.*
Patu, chan.	*Patusius.*
Paul, apôt.	*Paulus.*
Paule, v. et m.	*Paula.*
Paulille, mart.	*Paulillus.*
Paulin, év. mart.	*Paulinus.*
Pauline, martyre.	*Paulina.*
Pauside, mart.	*Pausides.*
Pausilippe, mart.	*Pausilippus.*
Pavin, abb.	*Paduinus.*
Paxent, mart.	*Paxentius.*
Pégase, mart.	*Pegasius.*
Pègue, vierge.	*Pega.*
Pélage, év.	*Pelagius.*
Pélagie, v. et m.	*Pelagia.*
Pélay, mart.	*Pelagius.*
Pélée, mart.	*Peleus.*
Péleuse.	*Pelusius.*
Pélin, év. m.	*Pelinius.*
Pellegrini, erm.	*Pelegrinus.*
Péluse, pr. et m.	*Peleusius.*
Pémen, abb.	*Pœmenes.*
Pémon.	*Pœmon.*
Pérégrin, év. m.	*Peregrinus.*
Pergentin, mart.	*Pergentinus.*
Perpet, év.	*Perpetuus.*
Perpete, év.	*Perpetuus.*
Perpétue, év.	*Perpetuus.*
Perpétue, martre.	*Perpetua.*
Perreuze, abb.	*Petrocus.*
Perrine (ste).	*Petronilla.*
Perronnelle (ste).	*Petronilla.*
Persévérande, v.	*Perseveranda.*
Pétrock, abb.	*Petrocus.*
Pétrone, év. et c.	*Petronius.*
Pétronille, vierg.	*Petronilla.*
Phalier, conf.	*Pharatrius.*
Phare (ste).	*Phara.*
Pharnace, sold. m.	*Pharnacius.*
Phébade.	*Phœbadius.*
Phébé (ste).	*Phebe.*
Phébus, mart.	*Phœbus.*
Pherburthe, m.	*Pherburthe.*
Philadelphe, m.	*Philadelphus.*
Philadelphie, m.	*Philadelphus.*
Philappien, mart.	*Philappianus.*
Philaret.	*Philaretus.*
Philastre, év.	*Philastrius.*
Philbert, mart.	*Philibertus.*
Phileas, év.	*Phileas.*
Philémon, mart.	*Philemon.*
Philet, sénateur.	*Philetus.*
Philibert.	*Philibertus.*
Philippe, apôtre.	*Philippus.*
Philippe, martre.	*Philippa.*
Philocarpe, m.	*Philocarpus.*
Philogone, év.	*Philogonius.*
Philologue.	*Philologus.*
Philomène, mart.	*Philomenus.*
Philomène, vierge.	*Philomena.*
Philon, diacre.	*Philo.*
Philonille (ste).	*Philonilla.*
Philorome, mart.	*Philoromus.*
Philothée, mart.	*Philotheus.*
Philotère, mart.	*Philoterus.*
Phlégon.	*Phlegon.*
Phocas, év. m.	*Phocas.*
Phœbé (ste).	*Phœbe.*
Photide, mart.	*Photides.*
Photin, mart.	*Photinus.*
Photine (ste).	*Photina.*
Photius, mart.	*Photius.*
Piale (ste).	*Piala.*
Piat, mart.	*Piato.*
Pie, pape.	*Pius.*
Pie (ste).	*Pia.*
Pience (ste).	*Pientia.*
Piérius, pr.	*Pierius.*
Pierre, apôtre.	*Petrus.*
Pigmène, pr.	*Pigmenius.*
Pinien.	*Pinianus.*
Pinyte.	*Pinytus.*
Pione, pr. m.	*Pionius.*
Pipe, diac.	*Pipio.*
Pipérion, mart.	*Piperion.*
Pirmin, év.	*Pirminus.*
Piste (ste).	*Pistis.*
Placide, mart.	*Placidus.*
Placide, vierge.	*Placida.*
Placidie (ste).	*Placidia.*
Platon, abb.	*Plato.*
Platonide, mart.	*Platonides.*
Plaute, mart.	*Plautus.*
Plautille (ste).	*Plautilla.*
Plechelm.	*Plechelmus.*
Plutarque, mart.	*Plutarchus.*
Poge, év. et conf.	*Podius.*
Pol-de-Léon.	*Paulus.*
Pole, diac.	*Polius.*
Pollalion (ste).	*Pollalionæa.*
Pollion, mart.	*Pollio.*
Polyane.	*Polyanus.*
Polycarpe, mart.	*Polycarpus.*
Polychrone, év.	*Polychronius.*
Polyclet, mart.	*Polycletus.*
Polyène, mart.	*Polyænus.*
Polyeucte, mart.	*Polyeuctus.*
Polyxène (ste).	*Polyxena.*
Pome, vierg.	*Poma.*
Pompée, év.	*Pompeius.*
Pompin, mart.	*Pompinus.*
Pompone, év.	*Pomponius.*
Pompose, v. m.	*Pomposa.*
Ponce, diac.	*Pontius.*
Pons, mart.	*Pontius.*
Pontien, pr. m.	*Pontianus.*
Pontique, mart.	*Ponticus.*
Popon, abb.	*Popo.*
Poppon, abb.	*Poppon.*
Porcaire, mart.	*Porcarius.*
Porphyre, mart.	*Porphyrius.*
Portien.	*Portianus.*
Possidius.	*Possidius.*
Potamie, martre.	*Potamia.*
Potamienne, mre.	*Potamiæna.*
Potamion, mart.	*Potamion.*
Potamon, mart.	*Potamon.*
Potentien, mart.	*Potentianus.*
Potentienne (ste).	*Potentiana.*
Pothame, mart.	*Pothamius.*
Pothin, mart.	*Pothinus.*
Potit, mart.	*Potitus.*
Pourçain, abb.	*Portianus.*
Pragmace, év. c.	*Pragmatius.*
Praxède, vierge.	*Praxedes.*
Préject.	*Præjectus.*
Prépédigne, mre.	*Præpedigna.*
Préside, év.	*Præsidius.*
Prétextat.	*Prætextatus.*
Preuil, mart.	*Proculus.*
Preuts.	*Protasius.*
Prex.	*Priscus.*
Priam, mart.	*Priamus.*
Prilidien.	*Prilidianus.*
Primaël, pr.	*Primael.*

Prime, diac. m.	*Primus.*
Primien, mart.	*Primianus.*
Primitif, mart.	*Primitivus.*
Primitive, v. et m.	*Primitiva.*
Primole, mart.	*Primolus.*
Principe, év.	*Principius.*
Prior, erm.	*Prior.*
Priscien, mart.	*Priscianus.*
Priscille (ste).	*Priscilla.*
Priscillien, clerc.	*Priscillianus.*
Prisque, év.	*Priscus.*
Prisque, v. martr.	*Prisca.*
Privat, mart.	*Privatus.*
Prix, év. mart.	*Præjectus.*
Probe, év.	*Probus.*
Processe, mart.	*Processus.*
Prochore, diac. m.	*Prochorus.*
Procle.	*Proclus.*
Procope, mart.	*Procopius.*
Procul, év. et m.	*Proculus.*
Procule, év. et m.	*Proculus.*
Project.	*Projectus.*
Prosdocime.	*Prosdocimus.*
Prosper, doct.	*Prosper.*
Protais, m.	*Protasius.*
Prote, pr. m.	*Protus.*
Proté, mart.	*Protus.*
Protère, év.	*Proterius.*
Prothadius, év.	*Prothadius.*
Protogène, év.	*Protogenes.*
Protolique, mart.	*Protolicus.*
Proton.	*Proto.*
Prudence, év. c.	*Prudentius.*
Prudence (ste).	*Prudentia.*
Psalmode, anach.	*Psalmodius.*
Ptolémée, mart.	*Ptolemæus.*
Ptolomée, év. m.	*Ptolomæus.*
Publie, mart.	*Publius.*
Publie, abbss.	*Publia.*
Publion, mart.	*Publio.*
Publius, év. m.	*Publius.*
Pudent, sén. rom.	*Pudens.*
Pudentienne, v.	*Pudentiana.*
Pulchérie, impér.	*Pulcheria.*
Pupule. mart.	*Pupulus.*
Pusice.	*Pusicius.*
Pusinne (ste).	*Pusinna.*
Pyran.	*Kieranus.*

Q.

Quadragésime, s.-d.	*Quadragesimus.*
Quadrat, év.	*Quadratus.*
Quart, mart.	*Quartus.*
Quartille (ste).	*Quartilla.*
Quartus, mart.	*Quartus.*
Quentin, mart.	*Quintinus.*
Quéran.	*Queranus.*
Quiète (ste).	*Quieta.*
Quince.	*Quinctius.*
Quinct, mart.	*Quinctus.*
Quinctien.	*Quinctianus*
Quinctus, mart.	*Quinctus.*
Quinibert, pr.	*Quinibertus.*
Quinide.	*Quinidius.*
Quiniz.	*Quinidius.*
Quintien, év.	*Quinctianus*
Quintilien, mart.	*Quintilianus.*
Quintille, év. m.	*Quinctilis.*
Quintille (ste).	*Quinctilla.*
Quintin, mart.	*Quintinus.*
Quiriaque, év. m.	*Quiriacus.*
Quiric, mart.	*Quiricus.*
Quirin, mart.	*Quirinus*
Quiterie, v.-m.	*Quiteria.*

R.

Raban.	*Rabanus.*
Rabulas, abb.	*Rabulas.*
Rachilde (ste).	*Rachildis.*
Rachon.	*Rocho.*
Radbert.	*Radbertus.*
Radbod.	*Radbodus.*
Radégonde, reine.	*Radegundis.*
Ragnobert, év.	*Regnobertus.*
Raymond.	*Raymundus.*
Rainelde, vierge.	*Raineldes.*
Raingarde, veuve.	*Raingardes.*
Rainier, év.	*Rainerius.*
Rambert.	*Rembertus.*
Ramezy, év.	*Remedius.*
Randaut, mart.	*Randoalbus.*
Ranulphe.	*Ranulphus.*
Raoul.	*Radulfus.*
Raphaël, arch.	*Raphael.*
Rasyphe, mart.	*Rasiphus.*
Raymond.	*Raymundus.*
Réate, mart.	*Reatus.*
Rèdempt, év.	*Redemptus.*
Rédempte, vierge.	*Redempta.*
Reine, vierg. m.	*Regina.*
Remacle.	*Remaclus.*
Rembert.	*Rembertus.*
Remi, archev.	*Remigius.*
Renaud, év.	*Ragenaldus.*
Réné, év.	*Renatus.*
Rénelde (ste).	*Raineldis.*
Rénelle (ste).	*Reinila.*
Rénobert, év.	*Regnobertus.*
Rénon, mart.	*Ranulphus.*
Rénovat, év.	*Renovatus.*
Rénule, év.	*Reinila.*
Rénus, mart.	*Regnus.*
Réole, év.	*Regulus.*
Réparate, v. et m.	*Reparata.*
Rephaire, év.	*Rompharius*
Respice, mart.	*Respicius.*
Restitut, év. m.	*Restitutus.*
Restitute, v. m.	*Restituta.*
Réverien, év. m.	*Reverianus.*
Révocat, mart.	*Revocatus.*
Révocate, mre.	*Revocata.*
Rhaïde (ste).	*Rhaïs.*
Rhétice. év.	*Rhetitius.*
Ribier, moine.	*Ribarius.*
Ricard, év.	*Richardus.*
Riccius.	*Rixius.*
Richard, roi.	*Richardus.*
Richarde (ste).	*Richarda.*
Rictrude (ste).	*Rictrudis.*
Rieu.	*Riocus.*
Rieul, év.	*Régulus.*
Rieule, év.	*Regulus.*
Rigaud, mart.	*Ricaldus.*
Rigobert, év.	*Rigobertus.*
Rigomert, év.	*Rigomeres.*
Riok.	*Riocus.*
Ripsime, v.-m.	*Ripsimis.*
Riquier, abb.	*Richarius.*
Rite, veuve.	*Rita.*
Robert, abb.	*Robertus.*
Robustien, mart.	*Robustianus*
Roch, conf.	*Rockus.*
Rocques, év.	*Rocko.*
Rodolphe.	*Rodolfus.*
Rodopien, mart.	*Rodopianus.*

Rodrigue, pr. m. *Rodericus.*
Rodru (ste). *Ortrudis.*
Rogat, mart. *Rogatus.*
Rogatien, pr. m. *Rogatianus.*
Rogel. *Rogellus.*
Roger, mart. *Rogerius.*
Roland. *Rolandus.*
Romain, év. m. *Romanus.*
Romaine, vierge. *Romana.*
Romaric, abb. *Romaricus.*
Rombaud, év. m. *Rumoldus.*
Romualde. *Romualdus.*
Romule, év. m. *Romulus.*
Romule, vierg. *Romula.*
Romulus, mart. *Romulus.*
Rosalie, vierge. *Rosalia.*
Rose, vierge. *Rosa.*
Rosius. *Rosius.*
Rosseline (ste). *Rossolina.*
Rosule, maatr. *Rosula.*
Rotiri. *Rusticus.*
Rouin. *Rodingus.*
Ruf, év. et m. *Rufus.*
Ruffe. *Rufus.*
Rufil. *Rufillus.*
Rufin, év. mart. *Rufinus.*
Rufine, v.-m. *Rufina.*
Rufinien, év. m. *Rufinianus.*
Rufus, mart. *Rufus.*
Rumold, év. et m. *Rumoldus.*
Rumon, év. *Rumonus.*
Rumwold, év. m. *Rumoldus.*
Rupert, év. *Rupertus.*
Rusticle, év. *Rusticles.*
Rusticule (ste). *Rusticula.*
Rustique, év. *Rusticus.*
Rustique, mre. *Rustica.*
Rutile, mart. *Rutilus.*
Rutule, mart. *Rutulus.*

S.

Sabas, abb. *Sabas.*
Sabbace, mart. *Sabbatius.*
Sabbas, abb. *Sabbas.*
Sabel, mart. *Sabel.*
Sabin, év. et conf. *Sabinus.*
Sabine, martr. *Sabina.*
Sabinien, mart. *Sabinianus.*
Sadoth, mart. *Sadoth.*
Saens, abb. *Sidonius.*
Sagar, év. et m. *Sagar.*
Saintin, év. *Sanctinus.*
Saire, pr. *Sarius.*
Salaberge, abbss. *Salaberga.*
Salluste (ste). *Salustia.*
Sallustien, conf. *Salustianus.*
Salomé (ste). *Salome.*
Salomée (ste). *Salomea.*
Salomon, év. c. *Salomon.*
Salonius, év. *Salonius.*
Salutaire. *Salutaris.*
Salvator, év. *Salvator.*
Salve, év. *Salvius.*
Salvi. *Salvius.*
Salvin, év. *Salvinus.*
Samonas, mart. *Samonas.*
Sampson, év. *Sampson.*
Samuel, proph. *Samuel.*
Sanche, mart. *Sancius.*
Sancte. *Sanctes.*
Sancte, diac. *Sanctus.*
Sanctus, mart. *Sanctus.*
Sandale, mart. *Sandalus.*
Sandou, év. conf. *Sindulphus.*
Sanson, pr. *Sampso.*
Santuce (ste). *Sanctucia.*
Sapor, mart. *Sapor.*
Sara (ste). *Sara.*
Sarbel, mart. *Sarbelius.*
Sardos. *Sacerdos.*
Sarmate, mart. *Sarmata.*
Satur, mart. *Saturus.*
Sature, mart. *Saturus.*
Saturien, mart. *Saturianus.*
Saturnien. *Saturnianus*
Saturnin, év. et c. *Saturninus.*
Saturnine, v.-m. *Saturnina.*
Satyre, mart. *Satyrus.*
Sauge. *Salvius.*
Saule, v.-m. *Saula.*
Saumay, anach. *Psalmodius.*
Sauve, év. mart. *Salvius.*
Sauveur. *Salvator.*
Savin, év. *Savinus.*
Savine (ste). *Savina.*
Savinien, mart. *Savinianus.*
Scariberge (ste). *Scariberga.*
Scocelin, solit. *Gezzelinus.*
Scholastique, v. *Scholastica.*
Scubicule. *Scubiculus.*
Sébastie, martr. *Sebastia.*
Sébastien, mart. *Sebastianus.*
Sébastienne, mre. *Sebastiana.*
Sebba, roi. *Sebbus.*
Sebbi, roi. *Sebbus.*
Second, év. *Secundus.*
Secondaire, m. *Secundarius*
Seconde, v.-m. *Secunda.*
Secondien, m. *Secundianus*
Secondille, mre. *Secundilla.*
Secondin, év. m. *Secundinus.*
Secondine, v.-m. *Secundina.*
Secondole. *Secundulus.*
Sécur, mart. *Securus.*
Sédolphe, mre. *Sedolpha.*
Segonde, v.-m. *Secunda.*
Seine, abb. *Sequanus.*
Selèse. *Selesius.*
Sélenque, conf. *Seleucus.*
Sénan, év. *Sennatus.*
Sénateur, év. *Senator.*
Sendou, pr. *Sendulphus.*
Sennen, mart. *Sennen.*
Senoch, abb. *Senoch.*
Septime. *Septimus.*
Séraphin. *Seraphinus.*
Séraphine (ste). *Seraphina.*
Sérapie, v.-m. *Serapia.*
Sérapion, év. *Serapion.*
Serdieu, mart. *Servusdeus.*
Serdon, év. *Sacerdos.*
Serdot, év. *Sacerdos.*
Sérein, mart. *Serenus.*
Sérène, mart. *Serenus.*
Sérène (ste). *Serena.*
Sérénus, mart. *Serenus.*
Serf, mart. *Servus.*
Serge, mart. *Sergius.*
Serné, solit. *Serenedus.*
Séronne (ste). *Seronna.*
Sérotine, martr. *Saturnina.*
Servais, év. *Servatius.*
Servand, mart. *Servandus.*
Servile, mart. *Servilius.*
Servilien, mart. *Servilianus.*
Servol. *Servulus.*
Servule, mart. *Servulus.*
Sévard. *Siviardus.*
Séver, év. et m. *Severus.*

Sévère, év. et c.	*Severus.*
Sévère, vierge.	*Severa.*
Sévérien, mart.	*Severianus.*
Sévérin, év. et c.	*Severinus.*
Sexburge, abbss.	*Sexburgis.*
Sexte, mart.	*Sextus.*
Sice.	*Sicius.*
Sidoine, év.	*Sidonius.*
Sidroin, mart.	*Sidronius.*
Sidronius, mart.	*Sidronius.*
Siffrein, év.	*Sigifridus.*
Sifroy, év.	*Sigifridus.*
Sigebert, roi.	*Sigebertus.*
Sigefride.	*Sigifridus.*
Sigismond, roi m.	*Sigismundus.*
Sigouleine, veuv.	*Sigolena.*
Sigues, év.	*Sigo.*
Silas.	*Silas.*
Silfrein, év.	*Sigifridus.*
Silvain, év. et c.	*Silvanus.*
Silvère, pap. m.	*Silverius.*
Silvestre, pape.	*Silvester.*
Silvie.	*Silvius.*
Silvie (ste).	*Silvia.*
Silvin, év.	*Silvinus.*
Siméon, év. mart.	*Simeon.*
Simètre.	*Simitrius.*
Similien, év. et c.	*Similianus.*
Simon, apôt.	*Simon.*
Simplice, pap.	*Simplicius.*
Simplicien, év.	*Simplicianus.*
Simplides, év.	*Simplicidas.*
Sina, mart.	*Sina.*
Sinice, év.	*Sinicius.*
Sinier, év.	*Senator.*
Sire (ste).	*Sire.*
Sirène.	*Sirenus.*
Sirice, pap. et c.	*Siricius.*
Siridion, év.	*Siridion.*
Sisenand, dia. m.	*Sisenandus.*
Sisinius, mart.	*Sisinius.*
Sisinne, diac. m.	*Sisinius.*
Sisoès, sol.	*Sisoes.*
Sisoy, sol.	*Sisoes.*
Sissetrude (ste).	*Sisintrudis.*
Siviard.	*Siviardus.*
Sixte, pap. mart.	*Sixtus.*
Smaragde, mart.	*Smaragdus.*
Sobel, mart.	*Sobel.*
Socrate, mart.	*Socrates.*
Sol, erm.	*Solus.*
Sola, erm.	*Solus.*
Solange, v.-m.	*Solongia.*
Solenne, év.	*Solemnius.*
Soline (ste).	*Solina.*
Solocane, mart.	*Solochanus.*
Soluteur, mart.	*Solutor.*
Sopâtre, vierge.	*Sopatra.*
Sophie, v. et m.	*Sophia.*
Sophronie, proph.	*Sophonias.*
Sophrône, év.	*Sophronius.*
Sorlin, év.	*Saturnius.*
Sosie, diac. m.	*Sosius.*
Sosipatre.	*Sosipater.*
Sosithée, mart.	*Sositheus.*
Sostegno.	*Sosteneus.*
Sosthène, mart.	*Sosthenes.*
Soter, pap. mart.	*Soter.*
Sotère, v.-m.	*Soteres.*
Soulange, v.-m.	*Solingia.*
Souleine, év.	*Solemnis.*
Souplex.	*Supplicius.*
Sour.	*Sorus.*
Sozont, mart.	*Sozon.*
Spécieux, moine.	*Speciosus.*
Spérande (ste).	*Speranda.*
Spérat, mart.	*Speratus.*
Spès, abb.	*Spes.*
Speusippe, m.	*Speusippus.*
Spire, év.	*Exuperius.*
Spiridion, év.	*Spiridion.*
Stable, év.	*Stabilis.*
Stachys, év.	*Stachys.*
Stactée, mart.	*Stacteus.*
Stanislas, év. m.	*Stanislaus.*
Stercace.	*Stercatius.*
Straton, mart.	*Straton.*
Stratonique, m.	*Stratonicus.*
Sturmes.	*Sturmius.*
Stylien, anach.	*Stylianus.*
Styriaque, mart.	*Styriacus.*
Suard (ste).	*Coteres.*
Subran, abb.	*Cyprianus.*
Succès, mart.	*Successus.*
Successe, mart.	*Successus.*
Suitbert.	*Suitbertus.*
Sulpice, év.	*Sulpicius.*
Sulpice, mart.	*Sulpicius.*
Supéry, mart.	*Superius.*
Suran, abb.	*Suranus.*
Sure (ste).	*Soteres.*
Surin, év.	*Severinus.*
Suzanne, v.-m.	*Susanna.*
Swibert.	*Suitbertus.*
Swidbert.	*Suitbertus.*
Swithin, év.	*Swithinus.*
Swithum, év.	*Swishinus.*
Syagre, év.	*Syagrinus.*
Syagrius, év.	*Syagrinus.*
Sylvain.	*Sylvanus.*
Sylvère, pap. m.	*Sylverius.*
Sylvestre, pap.	*Sylvester.*
Sylvie (ste).	*Sylvia.*
Sylvius.	*Sylvius.*
Syméon.	*Symeon.*
Symmaque, pap.	*Symmachus.*
Symphorien, m.	*Symphorianus.*
Symphorose, mre.	*Symphorosa.*
Symphrone, m.	*Symphronius.*
Synclétique, v.	*Syncletica.*
Syndard.	*Syndardus.*
Syndime, mart.	*Syndimius.*
Synèse, mart.	*Synesius.*
Syntiche (ste).	*Syntiche.*
Syque, mart.	*Sycus.*
Syr, év.	*Syrus.*
Syre (ste).	*Syria.*
Syrice, mart.	*Syricius.*
Syricie.	*Syricius.*

T.

Talalée.	*Thalalæus.*
Talide (ste).	*Ammatalis*
Tamare.	*Tammarus.*
Tancon, év.	*Tanco.*
Tanneguy.	*Tanneguidus.*
Taraise.	*Tharasius.*
Taraque, mart.	*Taracus.*
Tarbule (ste).	*Tarbula.*
Tarsice (ste).	*Tarsitia.*
Tason, abb.	*Taso.*
Tate, mart.	*Tate.*
Tatevin, év.	*Tatvinus.*
Tatien, mart.	*Tatianus.*
Tatienne, mre.	*Tatiana.*
Tation, mart.	*Tatio.*
Tatte, mart.	*Tatta.*
Taurin, év.	*Taurinus.*
Taurion, mart.	*Taurio.*

Télesphore.	*Telesphorus.*
Télion, év.	*Telialus.*
Terce.	*Tertius.*
Térence, év.	*Terentius.*
Térentien, év. m.	*Terentianus.*
Terrède, év.	*Tigides.*
Tertius, mart.	*Tertius.*
Tertulle, v.-m.	*Tertula.*
Tertullien, év. c.	*Tertullianus.*
Tertullin, pr. m.	*Tertullinus.*
Tétrie.	*Tetricus.*
Tétrique.	*Tetricus.*
Thadée.	*Thadæus.*
Thaïs (ste).	*Thais.*
Thalasse, solit.	*Thalassius.*
Thale, mart.	*Thalus.*
Thalélée, solit.	*Thalelæus.*
Thamel, mart.	*Thamel.*
Tharace.	*Tharacus.*
Tharaise, év.	*Tarasius.*
Tharsée.	*Tharseas.*
Tharsice, mart.	*Tharsicius.*
Tharsille (ste).	*Tharsilla.*
Théau.	*Thilo.*
Thècle, v.-m.	*Tecla.*
Thécuse (ste).	*Thecusa.*
Thée, marte.	*Thea.*
Théliau, év.	*Thelialus.*
Thémiste, mart.	*Themistius.*
Thémistocle, m.	*Themistocles.*
Théoctiste, vierg.	*Theoclistes.*
Théodard, év. m.	*Theodardus.*
Theodomir, m.	*Theodomirus.*
Théodora, imp.	*Theodora.*
Théodore, év. m.	*Theodorus.*
Théodore (ste).	*Theodora.*
Théodoret, mart.	*Theodoretus.*
Théodorit, pr.	*Theodoretus.*
Théodose, év.	*Theodosius.*
Théodose (ste).	*Theodosia.*
Théodosie, v. et m.	*Theodosia.*
Théodote, év.	*Theodotus.*
Théodote, marte.	*Theodota.*
Théodule, mart.	*Theodulus.*
Théodulphe.	*Theodulphus*
Théogène, év.	*Theogenes.*
Théogone, mart.	*Theogonius.*
Théole (ste).	*Theola.*
Théonas, mart.	*Theonas.*
Théoneste, év. m.	*Theonestus.*
Théonille, marte.	*Theonilla.*
Théopempte.	*Theopemptus.*
Théophane, abb.	*Theophanes.*
Théophanon (ste).	*Theophano.*
Théophile, év.	*Theophilus.*
Théophile, v. m.	*Theophila.*
Théopiste.	*Theopistus.*
Théopiste (ste).	*Theopistes.*
Théopompe, mart.	*Theopompus*
Théoprépide, m.	*Theoprepides.*
Théotime, év.	*Theotimus.*
Théotique, mart.	*Theoticus.*
Thérèse (ste).	*Teresia.*
Thespèse, mart.	*Thespesius.*
Thessalonice, mre.	*Thessalonica.*
Theusetas, mart.	*Theusetas.*
Thibaud, év.	*Theobaldus.*
Thibaut, erm.	*Theobaldus.*
Thierri, abb.	*Theodoricus.*
Thilberth.	*Thilbertus.*
Thiou, év.	*Theodulphus*
Thomaïde, mre.	*Thomaides.*
Thomas, ap.	*Thomas.*
Thraséas, mart.	*Thraseas.*
Thrasille, vierge.	*Thrasillis.*
Thrason, mart.	*Thrason.*
Thyrse, mart.	*Thyrsus.*
Tibba (ste).	*Tibba.*
Tibère, mart.	*Tiberius.*
Tibery, mart.	*Tiberius.*
Tiburce, mart.	*Tiburtius.*
Tigernake.	*Tigernake.*
Tigre, pr.	*Tigrius.*
Timolas, mart.	*Timolaus.*
Timolaüs.	*Timolaus.*
Timoléon, diac.	*Timoleo.*
Timon, diac. m.	*Timon.*
Timothée, év. m.	*Timotheus.*
Tite, év.	*Titus.*
Tithoès, abb.	*Tithoes.*
Titien, év.	*Titianus.*
Tobie, mart.	*Tobias.*
Toribio.	*Turibius.*
Torpès, mart.	*Torpes.*
Torpet.	*Torpetius.*
Torquat.	*Torquatus.*
Totnan, mart.	*Totnanus.*
Tranquille, abb.	*Tranquillus.*
Tranquillin, mart.	*Tranquillinus.*
Trasaire.	*Trasarius.*
Trésain, pr.	*Tresanus.*
Tréty, év.	*Tetricus.*
Triduane (ste).	*Triduana.*
Triphène, marte.	*Triphenes.*
Triphine, mart.	*Triphina.*
Triphon, mart.	*Tryphon.*
Triphyle.	*Triphylius.*
Tripode, mart.	*Tripos.*
Trivier.	*Triverius.*
Troade, mart.	*Troadius.*
Trojan.	*Trojanus.*
Tron.	*Trado.*
Tronquets.	*Torquatus.*
Tropès, mart.	*Tropes.*
Trophime, mart.	*Trophimus.*
Trophimène (ste).	*Trophimes.*
Trudon.	*Trudo.*
Tryphenne (ste).	*Tryphænna.*
Tryphille.	*Tryphillus.*
Tryphon, mart.	*Tryphon.*
Tryphonie (ste).	*Tryphonia.*
Tryphose (ste).	*Tryphosa.*
Tugal.	*Tugdualus.*
Tugdual.	*Tugdualus.*
Tulle (ste).	*Tullia.*
Turbon.	*Turbo.*
Turiaf.	*Turiavus.*
Turibe, év.	*Turibius.*
Tychique.	*Tychicus.*
Tycon, év.	*Tychon.*
Tygride, pr.	*Tygridius.*
Tyrannion, mart.	*Tyrannio.*

U.

Ubald, év.	*Ubaldus.*
Udegèbe (ste).	*Udegeba.*
Uguccione.	*Uguccio.*
Uladomir.	*Vladimirus.*
Ulbert.	*Odelbertus.*
Uldaric.	*Uldaricus.*
Ulface.	*Ulfacius.*
Ulfrid, mart.	*Wolfridus.*
Ulmer, abb.	*Vilmarus.*
Ulphe (ste).	*Ulphia.*
Ulpien, mart.	*Ulpianus.*
Ulric.	*Uldaricus.*
Urbain, pap. m.	*Urbanus.*
Urbice.	*Urbicius.*
Ursice, mart.	*Ursicius.*

Ursicin, év. et c.	*Ursicinus.*
Ursin, conf.	*Ursinus.*
Ursiscènes, év. c.	*Urciscenus.*
Ursmar.	*Ursmarus.*
Ursule, marte.	*Ursula.*
Urthazane, mart.	*Usthazanes.*

V.

Vaast, év.	*Vedastus.*
Vaise.	*Vasius.*
Valabonse, diac.	*Valabonsus.*
Valbert, ab.	*Valdebertus.*
Valburge (ste).	*Valburgis.*
Valens, év.	*Valens.*
Valentin, év.	*Valentinus.*
Valentine (ste).	*Valentina.*
Valentineste (ste).	*Valentina.*
Valention, mart.	*Valentio.*
Valère, év.	*Valerius.*
Valère (ste), v. m.	*Valeria.*
Valéri, abbé.	*Walaricus.*
Valérie, marte.	*Valeria.*
Valérien, év.	*Valerianus.*
Valéry, abbé.	*Valaricus.*
Valez, pr.	*Vales.*
Valhère, pr.	*Valtherus.*
Valier, év.	*Valerius.*
Valtrude (ste).	*Waldetrudes*
Vandelein, ab.	*Vandelenus.*
Vandon.	*Vando.*
Vandrille, ab.	*Vandregisilus.*
Vaneng.	*Vaningus.*
Vanne.	*Vannus.*
Vare, sold. mart.	*Varus.*
Varique, mart.	*Varicius.*
Vas, év. et m.	*Evasius.*
Vast, év.	*Vedastus.*
Vaudru (ste).	*Waldetrudes*
Vautrude (ste).	*Waldetrudes*
Venance, év. m.	*Venantius.*
Venant, mart.	*Venantius.*
Venceslas.	*Wenceslaus.*
Vénérand, mart.	*Venerandus.*
Vénérande (ste).	*Veneranda.*
Vénère, év.	*Venerius.*
Vénéré, év.	*Venerius.*
Venoux, év.	*Bonosus.*
Vénuste, mart.	*Venustus.*
Vénustien, mart.	*Venustianus*
Ver, év.	*Verus.*
Véran, év.	*Veranus.*
Verda, marte.	*Verda.*
Vère, év.	*Verus.*
Vérécond, év. c.	*Verecundus.*
Vérédème.	*Veredemus.*
Vérène, vierge.	*Verena.*
Véridienne (ste).	*Veridiana.*
Vérien.	*Verianus.*
Vérissime, mart.	*Verissimus.*
Vérocien, mart.	*Verocianus.*
Verone (ste).	*Verona.*
Véronique, vierge.	*Veronica.*
Vérule, mart.	*Verulus.*
Vesta (ste).	*Vestina.*
Vestine (ste).	*Vestina.*
Vétérin, conf.	*Veterinus.*
Véture, mart.	*Veturius.*
Vial, solit.	*Vitalis.*
Viateur, év. et c.	*Viator.*
Viatre, mart.	*Viator.*
Victeur, év.	*Victorius.*
Victoire, mart.	*Victorius.*
Victoire, v. mart.	*Victoria.*
Victor, mart.	*Victor.*
Victoric, mart.	*Victoricus.*
Victorien, mart.	*Victorianus.*
Victorin, mart.	*Victorinus.*
Victorine (ste).	*Victorina.*
Victorique.	*Victoricus.*
Victre, conf.	*Victor.*
Victrice.	*Victricius.*
Victur, mart.	*Victurus.*
Vigile, mart.	*Vigilius.*
Vigor.	*Vigor.*
Vilfère.	*Vilferus.*
Vilfétrude (ste).	*Vilfetrudis.*
Villétrude (ste).	*Vilfetrudis.*
Villhem.	*Villhelmus.*
Vilmer, abbé.	*Vilmarus.*
Vimien, év.	*Bibianus.*
Vimin, év.	*Bibianus.*
Vincent, mart.	*Vincentius.*
Vinceslas.	*Vinceslaus.*
Vincienne (ste).	*Vinciana.*
Vindémial, év. m.	*Vindemialis.*
Vindicien, év.	*Vindicianis.*
Vinébaud, ab.	*Winebaldus.*
Virgile, év.	*Virgilius.*
Visse, vierge m.	*Vissia.*
Vistremond, m.	*Wistremundus.*
Vit.	*Vitus.*
Vital, mart.	*Vitalis.*
Vitalien, pap. m.	*Vitalianus.*
Vitaline (ste).	*Vitalina.*
Vitalique, mart.	*Vitalicus.*
Viteburge (ste).	*Vitburga.*
Vitre, conf.	*Victor.*
Vivent, conf.	*Viventius.*
Viventiol, év.	*Viventiolus.*
Vivien, év.	*Bibianus.*
Vivine, vierge.	*Vivina.*
Vivrède (ste).	*Viborada.*
Voël, solit.	*Vodoalus.*
Volodimer.	*Bladoremus.*
Volusien, év.	*Volusianus.*
Vozy.	*Evodius.*
Vrain.	*Veranus.*
Vrime, év.	*Veredemus.*
Vuillem.	*Willhelmus.*
Vulbas, mart.	*Vulbandus.*
Vulfly.	*Vulflagius.*
Vulfolède.	*Florentius.*
Vulfran, év.	*Vulfrannus.*
Vulpien, mart.	*Vulpeanus.*
Vulsin.	*Vulsinus.*

W.

Walbert.	*Waldebertus*
Walburge, abbss.	*Walburga.*
Walène.	*Waltenus.*
Walstan.	*Walstanus.*
Walthen.	*Waltenus.*
Waltrude (ste).	*Waldetrudes*
Wasnon.	*Wasnulphus*
Wasnulphe.	*Wasnulphus*
Wauburge, vierg.	*Walburga.*
Wenceslas, mart.	*Wenceslaus.*
Wénéfride, v. m.	*Wenefrida.*
Wilfrid, év.	*Wilfridus.*
Wilgain.	*Wulganius.*
Willebrod, év.	*Wilbrordus.*
Willibrord, év.	*Willibrordus.*
Withburge, v.	*Withburga.*
Wolfred.	*Wolfridus.*
Wulfran, év.	*Wulfrannus*

f

X.

Xantipe (ste).	*Xantippa.*
Xavier (François).	*Xaverius.*
Xène (ste).	*Xena.*
Xénophon.	*Xenophon.*
Xiste I, pap et m.	*Xistus.*
Xixte III, pape.	*Xystus.*

Y.

Y, ou Aile, ab.	*Agilus.*
Ybergue (ste).	*Itisberga.*
Ymas, conf.	*Eumachius.*
Ymelin, ab.	*Emilianus.*
Yon, pr. mart.	*Ionius.*
Yriez, abbé.	*Aredius.*
Ysarn, ab.	*Isarnus.*
Ysice, év.	*Esychius.*
Ysis, ab.	*Usitius.*
Ysoie (ste).	*Eusebia.*
Ysvie (ste).	*Eusebia.*
Ythier, év.	*Itherius.*
Yved.	*Evodius.*
Yves, pr.	*Yvo.*
Yvore, év.	*Ibarus.*

Z.

Zacharie, év. m.	*Zacharias.*
Zachée, mart.	*Zachæus.*
Zamas, év.	*Zamas.*
Zambdas, év.	*Zambdas.*
Zanitas, mart.	*Zanitas.*
Zarbel, mart.	*Sarbellus.*
Zébinas, marte.	*Zebina.*
Zénaïde, martr.	*Zenaides.*
Zénaïs (ste).	*Zenaides.*
Zénas, mart.	*Zenas.*
Zénobe, év. mart.	*Zenobius.*
Zénobie, marte.	*Zenobia.*
Zénon, mart.	*Zeno.*
Zéphirin, pap. m.	*Zephyrinus.*
Zétique.	*Zeticus.*
Zite, vierge.	*Zita.*
Zocle, mart.	*Zoelus.*
Zoé (ste).	*Zoa.*
Zoël, mart.	*Zoellus.*
Zoïl, mart.	*Zoilus.*
Zosime, mart.	*Zosimus.*
Zotique, mart.	*Zoticus.*
Zozime, mart.	*Zosimus.*
Zozime, marte.	*Zosima.*

NOMS TRONQUÉS OU DÉFIGURÉS ET AUTRES,

AVEC LES NOMS DES SAINTS DONT ILS DÉRIVENT.

*Abel (a).	*Abel.*
*Adèle (ste).	*Adelaïs.*
*Adelin.	*Adelinus.*
*Adile (ste).	*Adilia.*
*Adolphe.	*Adolphus.*
*Agathope.	*Agathopus.*
*Adrie (ste).	*Adria.*
*Aimée (ste).	*Amata.*
*Aimmée (ste).	*Amatalis.*
*Albain.	*Albanus.*
*Albéric.	*Albericus.*
Albertine.	(d'Albert).
*Albin.	*Albinus.*
*Alcibiade.	*Alcibiades.*
*Alde (ste).	*Auda.*
*Alène (ste).	*Alena.*
Alexandrine.	(d'Alexandre)
*Alix (ste).	*Adelaïs.*
*Alphius.	*Alphius.*
Alphonsine.	(d'Alphonse).
Almire, d'Ermin et Ermine.	
*Altrude (ste).	*Ildetrudis.*
*Alvère (ste).	*Alvenena.*
*Ambert.	*Ambertus.*
Ambroisie.	(d'Ambroise)
Ambroisine.	(Idem.)
Amélie.	(d'Emmélie).
Anaïs.	(d'Anne).
*Andrie (ste).	*Ediltrudes.*
*Anségise.	*Ansegisus.*
*Ansèric.	*Ansericus.*
Antonie.	(d'Antoine.)
Antonio.	(Idem).
*Ardon.	*Ardo.*
*Artaxès.	*Artaxes.*
*Arthaud.	*Arthaldus.*
*Artongate (ste).	*Eorcungoda.*
*Athanasie (ste).	*Athanasia.*
*Attale (ste).	*Attala.*
*Aubry.	*Albricus.*
*Audrie (ste).	*Ediltrudes.*
*Auge (ste).	*Augia.*
*Aurélie (ste).	*Aurelia.*

*Balsamie (ste).	*Balsamia.*
*Bebée (ste).	*Bebea.*
*Bée (ste).	*Bega.*
*Bénite (ste).	*Benitius.*
*Blandina (ste).	*Blandina.*
*Buriens (ste).	*Buriena.*
*Bysse (ste).	*Byssa.*
*Cajétan.	*Cajetanus.*
*Caliste.	*Calistus.*
*Callisthènes (ste).	*Callisthene.*
*Callixte.	*Callixtus.*
*Capitoline (ste).	*Capitolina.*
*Carite (ste).	*Charis.*
*Caritine (ste).	*Caritine.*
Caroline.	(de Charles).
*Casarie (ste).	*Casaria.*
*Castule (ste).	*Castula.*
*Caton.	*Catus.*
Célestine.	(de Célestin).
Célinie.	(de Céline).
*Cérin.	*Cerinus.*
*Charitine (ste).	*Charitina.*
Charlotte.	(de Charles).
*Chrétienne (ste).	*Christiana.*
*Christien.	*Christianus.*
*Cilinie (ste).	*Cilinia.*
*Cirice.	*Ciricus.*
Clara.	(de Claire).
Clarice.	(Idem).
Claudine.	(de Claude).
Clémence.	(de Clément).
Clémentine.	(Idem).
Constantine.	(de Constantin).
Coralie.	(de Charles).
Délia.	(d'Adélaïde).
Domingo.	(de Domingue).
Elise.	(d'Elisabeth).
Elisa.	(Idem).
Emma. (d'Emmanuel ou Gemme).	
Evelina.	(de Sigouleine).
Fanny.	(de Françoise).
Fernand.	(de Ferdinand).
Fifine.	(de Joséphine).

Florentine.	(de Florentin)
Franck.	(de François)
Francis.	(Idem).
Francisque.	(Idem).
Gaïetta.	(de Gaëtan).
Gaston.	(de Vaast).
Gustave.	(d'Augustin).
Héloïse.	(de Louise).
Hercule.	(d'Herculan).
Hermance.	(d'Hermas).
Irma. (d'Ermine ou Irmine).	
Jenny.	(de Jeanne).
James.	(de Jacques).
Joséphine.	(de Joseph).
Juliette.	(de Julie).
Laure.	(de Laurent).
Léonie.	(de Léonide).
Léontine.	(de Léon.)
Lise.	(de Louise).
Ludovic.	(de Louis).
*Liduvine (ste).	*Liduvina.*
Majorien.	(de Majoric).
Mariette.	(de Marie).
Nanine.	(d'Anne).
Nina.	(Idem).
Ninie.	(de Virginie).
Nectaric.	(de Nectaire).
Octavie.	(d'Octave).
Parthenie.	(de Parthène).
Pascaline.	(de Pascal).
Rosa.	(de Rose).
Silvine.	(de Silvin).
Stéphare.	(d'Etienne).
Stéphanie.	(d'Etienne).
Tibérien.	(de Tibère).
Tony.	(d'Antoine).
Uranie.	(de Véronique).
Virginie.	(de la Ste Vierge).
Zéide.	(de Zénaïde).
Zélie.	(de Soline).
Zéline.	(Idem).
Zénonie.	(de Zénon).
Zéphirine.	(de Zéphirin).

(a) Les noms précédés d'un astérisque sont extraits du Martyrologe.

NOMS USITÉS DANS QUELQUES FAMILLES,

QUE L'ON PEUT DONNER AU BAPTÊME, POURVU QU'ON LES ACCOMPAGNE D'UN NOM DE SAINT OU DE SAINTE.

POUR LES GARÇONS.

Adémar.	*Ademarus.*	Ermenaud.	*Ermenaldus.*	Liziard.	*Eliziardus.*
Aymar.	*Ademarus.*	Esnard.	*Eginardus.*	Manassès.	*Manasses, is.*
Airvaud.	*Ariovaldus.*	Foulques.	*Falco, onis.*	Manfroi.	*Manfredus.*
Alcindor.	*Alcindor.*	Galéas.	*Galeacius.*	Maphée.	*Maphœus.*
Alvarez.	*Alvarus.*	Galeran.	*Galerannus.*	Maynard.	*Magenardus.*
Amataire.	*Amalarius.*	Ganelon.	*Denilo, onis.*	Melchior.	*Melchior, oris.*
Amanieu.	*Amanevus.*	Garcias.	*Garcias, æ.*	Mirza.	*Mirsa.*
Amaury.	*Amalaricus.*	Godemar.	*Godemarus.*	Natalis.	*Natalis.*
Annibal.	*Annibal.*	Guénégaud.	*Vinevaldus.*	Nithard.	*Nithardus.*
Anseau.	*Ansellus.*	Guichard.	*Viscardus.*	Nivelon.	*Nivelo, onis.*
Armand.	*Armandus.*	Guigues.	*Guigo, onis.*	Odet.	*Odetus.*
Arthur.	*Arthurus.*	Gusman.	*Gusmannuus.*	Oscar.	*Oscar.*
Ascagne.	*Ascanius.*	Haymon.	*Hageno, onis.*	Palamède.	*Palamedes, is.*
Astolfe.	*Astulfus.*	Hector.	*Hector.*	Pandolfe.	*Pandulfus.*
Azon.	*Azo, onis.*	Herbert.	*Herbertus.*	Polydore.	*Polydorus.*
Balthasar.	*Balthasar.*	Hildebrand.	*Hildebrandus.*	Rohaud.	*Rothaldus.*
Bozon.	*Bozo.*	Hildegaire.	*Hildegarius.*	Scévole.	*Scevola, æ.*
Bouchard.	*Burcardus.*	Horace.	*Horatius.*	Scipion.	*Scipio, onis.*
César.	*Cesar.*	Imbaut.	*Ingelbaudus.*	Tancrède.	*Tancaredus.*
Coriolan.	*Coriolanus.*	Imbert.	*Imbertus.*	Théophraste.	*Theophrastus.*
Démosthène.	*Demosthenes.*	Isembert.	*Isembertus.*	Théodebert.	*Theodebertus.*
Durand.	*Durandus.*	Jonathas.	*Jonathas.*	Tristan.	*Tristannus.*
Edgar.	*Edgar, is.*	Joscelin.	*Joscelinus.*	Valefrid.	*Valafridus.*
Edmer.	*Eadmerus.*	Josias.	*Josias.*	Vespasien.	*Vespasianus.*
Eménon.	*Emeno, onis.*	Lancelot.	*Lancelatus.*	Xercès.	*Xerxes, is.*
Engueran.	*Ingeltramnus.*	Lanfranc.	*Lanfrancus.*	Xiphilin.	*Xiphilinus.*

POUR LES FILLES.

Abigaïl.	*Abigail.*	Clorinde.	*Clorindis.*	Jugonde.	*Jugundis.*
Alboflède.	*Albofledis.*	Cynthie.	*Cynthia.*	Macolde.	*Macoldis.*
Aldéarde.	*Aldeardis.*	Damarisse.	*Damarissa.*	Maflée.	*Magdefledis.*
Amathée.	*Amathea.*	Diane.	*Diana.*	Méroflède.	*Merofledis.*
Amaltrude.	*Amaltrudis.*	Eremburge.	*Eremburgis.*	Nanthide.	*Nanthildes.*
Argine.	*Argina.*	Euphronie.	*Euphronia.*	Urgonne.	*Uregundis.*
Arthémise.	*Arthemissa.*	Galsonde.	*Galsandis.*	Palmyre.	*Palmyra.*
Athénaïs.	*Athenaïs, idis.*	Hermance.	*Hermantia.*	Rhodopie.	*Rhodopia.*
Augine.	*Algina.*	Hermentrude.	*Hermentrudis.*	Roscelinde.	*Roscelendis.*
Basine.	*Basina.*	Hersende.	*Hersendis.*	Rosemonde.	*Rosimunda.*
Bertaude.	*Berteldis.*	Ismerie.	*Ismeria.*	Sibylle.	*Sibylla.*
Blithilde.	*Blithildis.*	Jornande.	*Jornandis.*	Théodelinde.	*Theodelendis.*
Chrodielde.	*Chrodieldis.*	Jugaberge.	*Jugalberga.*	Théophanie.	*Theophania.*

AMIENS. — Typographie de CARON-VITET, libraire de Mgr. l'Évêque.

TABLE DES MATIÈRES.

PREMIÈRE PARTIE.

TABLE DES MATIÈRES.

TABLE DES MATIÈRES.

FIN DE LA TABLE DE LA PREMIÈRE PARTIE.

AMIENS. — Typographie de CARON-VITET, Imp.-Libraire, Place du Grand-Marché.

www.ingramcontent.com/pod-product-compliance
Ingram Content Group UK Ltd.
Pitfield, Milton Keynes, MK11 3LW, UK
UKHW022325190726
13856UKWH00001B/213